Martin Apolin

Big Bang 5

öbv
www.oebv.at

INHALT

VORWORT

Liebe Schülerin!
Lieber Schüler!

Nimm an, du bekommst einen **Rundstab** und ein **Brett** zum Feuermachen. Nach einer halben Stunde werden zwar deine Hände brennen, aber das Feuer ziemlich sicher nicht. Wenn du dann eine Schachtel **Streichhölzer** bekommst wirst du dir denken: „Wow! Was für eine tolle Erfindung!" Hättest du sie schon zu Beginn gehabt, würdest du dir beim Anzünden nichts denken. Was lernen wir daraus? **Man kann die Lösung eines Problems nur dann würdigen, wenn man das Problem durch und durch kennt!**

Das ist einer der Gründe, warum in diesem Buch **Fragen zu Beginn eines Kapitels** gestellt werden. Dabei geht es gar nicht so sehr darum, dass du sie beantworten kannst, sondern dass du über die Probleme nachdenkst oder mit deinen KlassenkollegInnen diskutierst. Je intensiver du vorher nachgedacht hast, desto mehr wirst du die Antworten zu schätzen wissen.

Angeblich wurde Albert Einstein einmal gefragt, woher er seine Begabung habe. Er soll geantwortet haben: „Ich habe keine besondere Begabung, ich bin nur leidenschaftlich neugierig." Hier hat er ziemlich tiefgestapelt, weil tatsächlich war er ein wirklich genialer Physiker. Aber der Punkt ist der: **Neugierde ist der Motor, um Dinge zu hinterfragen, zu verstehen und Neues zu entdecken.** Das gilt auch für die Physik!

In diesem Sinne: Viel Spaß beim Nachdenken!

Martin Apolin

i

| Bedienungsanleitung für dieses Buch |

Du kannst mit diesem Buch auf verschiedene Weise arbeiten. Wenn du nur den **Fließtext** liest, kannst du dich auf schnelle Weise über die wesentlichen Gedanken in diesem Abschnitt informieren.

In den **Infoboxen** i befinden sich vertiefende Informationen. Aus optischen Gründen sind diese oft aus dem Fließtext herausgezogen, es befinden sich aber entsprechende Verweise im Text:

▸▸▸ i **| Infobox |**

Zu Beginn jedes Abschnitts gibt es eine **Fragenbox** ?. Diese befindet sich in der Nähe der Kapitelüberschrift nach der **Einleitung** (wie im Kap. 1.2, Seite 5). Die Philosophie des Buches ist, dass es besonders sinnvoll ist, über diese Fragen vor dem Lesen des Textes nachzudenken. Natürlich kannst du sie aber auch nach dem Lesen quasi als Wiederholung beantworten.

Am Ende der meisten Großkapitel befinden sich **Arbeitsboxen** a, in denen vertiefende Fragen und Aufgaben zu finden sind (etwa auf Seite 39). Generell gilt: Die meisten Fragen sind direkt im Fließtext beantwortet, Fragen mit dem Symbol ▸L (etwa **F20**, Seite 15) im Lösungsteil.

i

Eine **Online-Ergänzung** zum Lehrgang (Bilder, Videos, Simulationen, Vertiefung und Kompetenzüberprüfung, Hinweis für die Matura, ...) findest du unter

bigbang.oebv.at

1 | DIE ARBEITSWEISE DER PHYSIK

| Prolog |

Es gibt eine Anekdote über einen Schauspieler, dem die Souffleuse verzweifelt – aber ohne Erfolg – den Text zuflüstert. Der Schauspieler geht zum Souffleurkasten und fleht: „Keine Details, welches Stück!“
Manchmal ist eben der Überblick wichtiger als das Detail. Deshalb gibt es vor jedem Kapitel immer einen **Prolog**, also ein Vorwort, damit du nicht einfach so in die jeweiligen Kapitel hineinstolperst. In diesem erfährst du etwas über das „Stück“, also in einigen Worten, worum es in diesem Kapitel geht. Ähnlich ist es vor jedem einzelnen Unterkapitel (Abschnitt).
In diesem Kapitel ist von der **Arbeitsweise der Physik die Rede.** Wir werden dabei einen Streifzug vom 4. Jh. v. Chr. bis in das Jahr 2004 machen und dabei ein paar berühmte Persönlichkeiten der Wissenschaft kennen lernen.

1.1 Im Falle eines Falles

Wissenschaft und Hypothesen

In diesem Abschnitt geht es darum, dass man in der Wissenschaft alle Behauptungen experimentell überprüfen muss. Sonst kann es passieren, dass eine falsche Behauptung nicht erkannt wird und sogar Tausende von Jahren geglaubt werden kann. Der freie Fall eignet sich sehr gut, um sich einige grund legende Gedanken über die Physik zu machen.

?

F1 Ein Stein fällt schneller zu Boden als eine Feder. Wie ist es aber mit zwei ungleich schweren Steinen? Fallen diese gleich schnell oder nicht? Und wie wäre das am Mond?

F2 Ein Blatt Papier fällt langsamer zu Boden als wenn du es zusammenknüllst. Warum ist das so?

F3 Abbildung 1.1 zeigt eine Spirale! Es ist doch eine Spirale, oder? Oder doch besser nachmessen?

Abb. 1.1: „Wades Spirale“

Abb. 1.2: Aristoteles (384–323 v. Chr.)

Der große Aristoteles (Abb. 1.2) behauptete vor beinahe 2400 Jahren, dass **schwere** Gegenstände **schneller** fallen als leichte. Klar, ein Stein fällt schneller als eine Feder. Aber das hat mit dem Luftwiderstand und nicht mit der Masse zu tun. Weil der Luftwiderstand stärker bremst, fällt ja auch ein Blatt Papier langsamer als ein Papierknäuel (F2).

Es dauerte etwa 2000 Jahre, bis Galileo Galilei (Abb. 1.3) experimentell nachweisen konnte, **dass alle Gegenstände gleich schnell fallen,** wenn man den Luftwiderstand vernachlässigt. Wenn man grad zufällig am Mond ist, könnte man das sofort nachprüfen (F1). **1971** ließ der amerikanische Astronaut David Scott am Mond zwar keinen Stein, aber einen Hammer und eine Adlerfeder gleichzeitig fallen. Und weil es am Mond keine Atmosphäre gibt, kamen sie auch gleichzeitig am Boden an. Gut, sehr wissenschaftlich war die Sache nicht, weil die Videoaufnahme davon so schlecht ist, dass man mit Mühe gerade mal den Astronauten erkennen kann (Abb. 1.4). Aber die Idee war schon sehr gut.

Abb. 1.3: Galileo Galilei (1564–1642)

Abb. 1.4: David Scott lässt Hammer und Feder am Mond fallen.

Am Beispiel des freien Falls kann man ein wichtiges Prinzip der Physik bzw. aller Wissenschaften erkennen: Man darf nicht einfach nur etwas behaupten, man muss diese Behauptung auch durch **Experimente überprüfen**. In der Wissenschaft nennt man eine unüberprüfte Behauptung eine **Hypothese**. Man kann also so sagen: Aristoteles stellte die Hypothese auf, dass schwere Gegenstände schneller zu Boden fallen. Weil er einer der ganz großen und einflussreichen Denker seiner Zeit war, hat man an seiner Hypothese nicht gezweifelt und deshalb 2000 Jahre lang nicht einmal den Versuch unternommen, sie zu überprüfen. Sonst hätte man schon vorher gemerkt, dass sie nicht stimmen kann. Naja, auch große Denker irren hin und wieder!

Die „Spirale“ in Abbildung 1.1 ist übrigens keine Spirale, sondern es handelt sich dabei um konzentrische Kreise. Die **Behauptung**, dass es sich um eine Spirale handelt, kannst du ganz leicht widerlegen, indem du einem der Kreise mit einem Stift nachfährst.

1.2 Galilei wiegt die Zeit
Hypothese, Theorie und Experiment

In diesem Abschnitt geht es darum, wie aus einer Hypothese eine Theorie werden kann, wenn sie durch Experimente bestätigt wird. Weiters geht es darum, dass man nur dann genaue Wissenschaft betreiben kann, wenn man auch genau messen kann.

?

F4 Nimm einmal an, Aristoteles hätte recht gehabt und schwere Gegenstände würden tatsächlich schneller fallen. Der kleine Ziegel (1) in Abb. 1.5 würde dann also langsamer zu Boden fallen als der große (2). Was würde aber passieren, wenn man den kleinen Ziegel unter den großen legt (3)? Würden beide zusammen schneller oder langsamer fallen?

Abb. 1.5

F5 Galilei hat die Fallgesetze entdeckt, indem er Kugeln vom Schiefen Turm von Pisa heruntergeworfen hat! Stimmt das, oder nicht?

Galilei kam zunächst durch rein logische Überlegungen zu dem Schluss, dass sich Aristoteles geirrt haben muss. Wenn nämlich der kleine Ziegel unter dem großen liegt, dann würde er diesen bremsen, und beide gemeinsam müssten langsamer fallen als der große alleine (F4). Auf der anderen Seite sind beide Ziegel zusammen schwerer als der große und daher müssten sie eigentlich schneller fallen, als der große alleine.

Aber sie können doch nicht gleichzeitig schneller **und** langsamer fallen als der große Ziegel alleine! Das ist doch ein Widerspruch, oder wie man auch sagt, eine **Paradoxie**. Daher kann die Annahme des Aristoteles nicht stimmen. Durch diese Überlegung kam Galilei also zu dem Schluss, dass alle Gegenstände gleich schnell fallen müssen. Dann nämlich löst sich diese Paradoxie auf.

Galilei ist für die Physik deshalb ein so wichtiger Mann, weil er wesentlich dazu beigetragen hat, dass diese zu einer exakten Naturwissenschaft wurde. Er war der Auffassung, dass alle **Hypothesen** durch **Experimente** überprüfbar sein müssen (das haben wir gerade besprochen). Diese Experimente sollten möglichst einfach sein, damit man ganz spezielle Fragen gezielt untersuchen kann. Galilei brauchte also ein Experiment, mit dem er den freien Fall ohne Luftwiderstand überprüfen konnte. Und das bringt uns nun zum Schiefen Turm von Pisa. Stimmt die Geschichte? Nein (F5)! Aber du wirst immer wieder solche Geschichten über die Entdeckung von Gesetzen hören. Warum? Weil wir Menschen einfach solche Geschichten lieben!

Es wäre völlig sinnlos gewesen, Kugeln vom Schiefen Turm zu werfen, weil es damals keine Uhren gab, die genau genug gewesen wären, um kleine Zeitunterschiede zu messen. Galilei ließ deshalb Kugeln über eine **schiefe Ebene** rollen. Dadurch entsteht praktisch eine **„Fallbewegung in Zeitlupe"**, und der Luftwiderstand spielt keine Rolle (siehe Abb. 4.16, Seite 38). Als Zeitmesser hatte er einen Eimer voll Wasser. Ein kleiner Wasserstrahl wurde mit einem Becher aufgefangen und die Wassermenge dann auf einer genauen Waage gewogen. Galilei hat also sozusagen die Zeit gewogen, und der Spruch von der „verrinnenden Zeit" bekommt hier noch eine zusätzliche Dimension. Man muss sich nur zu helfen wissen!

Von Galilei stammt der Ausspruch: **„Alles, was messbar ist, messen, alles was nicht messbar ist, messbar machen."** Galilei konnte durch seine Messungen zeigen, dass leichte und schwere Kugeln gleich schnell rollen und bestätigte somit seine eigene Hypothese (und widerlegte damit natürlich die des Aristoteles). Das führte ihn zur Theorie des freien Falles. War das nun wirklich eine Theorie? Ja, weil sie nicht nur einfach so dahingesagt, sondern durch viele Experimente überprüft worden war.

Eine Hypothese wird also dann zur Theorie, wenn sie sich durch wiederholte Experimente erhärten lässt, und sie erweist sich als falsch, wenn die Experimente zu anderen Ergebnissen führen. Eine Hypothese wie die des Aristoteles zu widerlegen nennt man in der Wissenschaft **Falsifizieren**. Davon ist im nächsten Kapitel genauer die Rede.

1.3 Der schwebende Stein

Das Prinzip der Induktion

In diesem Abschnitt geht es darum, wie sicher man sich sein kann, dass eine Theorie richtig ist. Und wir lernen die wissenschaftlichen Prinzipien der Verallgemeinerung und des Falsifizierens kennen und wie dadurch die Theorien immer besser und sicherer werden.

?

F6 Was kann man mit einem Experiment machen: eine Theorie beweisen, belegen oder widerlegen (mehrere Antworten sind möglich)?

F7 Du stellst die Hypothese auf, dass ein losgelassener Stein immer zu Boden fällt und überprüfst sie, indem du einen Stein 99-mal fallen lässt. Du findest, dass das Beweis genug ist und erhebst deine Hypothese zur Theorie: „Ein losgelassener Stein fällt immer zu Boden!“. Kannst du völlig sicher sein, dass deine Theorie stimmt?

Fangen wir einmal mit F7 an. Die Antwort lautet: Leider nein! Niemand kann **ganz sicher** sein, dass der Stein beim 100sten-mal nicht plötzlich in der Luft schweben bleibt. Warum?

Man kann immer nur eine endliche Anzahl von Experimenten durchführen. Irgendwann muss schließlich einmal Schluss sein. Und dann kommt man an einer Sache nicht vorbei: Man muss verallgemeinern und in diesem Beispiel von 99 Experimenten auf „es ist immer so“ schließen. In der Wissenschaft nennt man eine solche Verallgemeinerung **Induktion**. Und sie bereitet das Problem, dass man sich eben niemals zu 100 % sicher sein kann, ob die Theorie wirklich stimmt. Darauf hat bereits der englische Philosoph David Hume (1711–1776) im 18. Jh. hingewiesen.

Dass es niemals völlig sicheres Wissen von der Welt geben kann, heißt aber nicht, dass wir gar nichts wissen. Die Sicherheit, dass der Stein auch beim 100sten Versuch zu Boden fällt, ist auf jeden Fall beruhigend groß! Aber der springende Punkt ist: Wir können uns **niemals völlig sicher** sein!

Können Experimente Theorien beweisen (F6)? Nein, Experimente können Theorien niemals beweisen! Warum? Ein Beweis ist 100%ig. Dazu wären aber unendlich viele Experimente notwendig. Deswegen sollte man nie von einem experimentellen Beweis, sondern von einem Beleg sprechen. Ein Beleg ist ein guter Hinweis, aber er ist nicht 100%ig.

Experimente können aber Theorien widerlegen, denn bleibt tatsächlich einmal der Stein schweben, dann wäre die Theorie, dass er **immer** zu Boden fällt, für immer erledigt. Es ist also ironisch: Experimente können eine Theorie nicht beweisen, sondern nur widerlegen. Diese Argumentation geht auf den in Österreich geborenen Philosophen Sir Karl Popper (Abb. 1.6) zurück.

Abb. 1.6: Sir Karl Popper (1902–1994)

Auf Popper geht auch noch eine andere, ganz wichtige Auffassung zurück: **Eine Hypothese ist nur dann sinnvoll, wenn sie sich widerlegen lässt.** Man spricht dann von Falsifizieren, also für falsch befinden.

Es hat keinen Sinn, eine Hypothese so schwammig zu halten, dass man sie nicht falsifizieren kann. Die Aussage „Irgendwann gibt es vielleicht irgendwo im Weltall einen Planeten, auf dem der Stein schweben bleibt“ ist – weil sie sehr schwammig ist – praktisch nicht zu widerlegen und daher auch wissenschaftlich völlig unbrauchbar. Die Aussage „Morgen um 17:21 wird die Schwerkraft auf der Erde für exakt 5 Sekunden aufgehoben sein und der Stein deshalb schweben bleiben“ ist zwar eine etwas seltsame Hypothese, sie lässt sich aber leicht überprüfen, indem wir ein wenig warten.

Widerlegt zu werden, ist keine Schande, sondern der **eigentliche Sinn** aller wissenschaftlichen Arbeit. Dadurch werden falsche Theorien verworfen und richtige genauer, zuverlässiger und vollständiger.

1.4 Die Sache mit dem Apfel...

Newton und die Deduktion

Die Sache mit den Fallgesetzen ist aber noch lange nicht zu Ende. Jetzt kommt einer der genialsten Physiker aller Zeiten ins Spiel: Sir Isaac Newton. Und wir lernen noch ein weiteres wissenschaftliches Prinzip kennen: die Deduktion. Dabei schließt man von einer bereits fertigen, allgemeinen Theorie wieder auf etwas Spezielles zurück.

?

F8 Angenommen, du besitzt Superkräfte. Du stehst auf dem Mount Everest und wirfst einen Apfel mit enormer Geschwindigkeit ab. Ist es möglich, dass du ihn einmal um die ganze Erde wirfst (wenn wir den Luftwiderstand vernachlässigen)?

F9 Wieso fällt ein Apfel vom Baum zu Boden, der Mond aber nicht vom Himmel? Gilt das Gravitationsgesetz nur für den Apfel?

Abb. 1.7 Sir Isaac Newton (1643–1727)

Früher glaubte man, dass **am Himmel** ganz **andere Gesetze** herrschen als auf der Erde. Wie konnte man sonst erklären, dass auf der Erde alles zu Boden fällt, während der Mond unablässig um die Erde kreist? Newton hatte aber eine geniale Idee. Und hier kommt der berühmte Apfel ins Spiel (das ist wieder eine von den gut erfundenen Geschichten).

Newton beobachtete angeblich unter einem Apfelbaum liegend den Mond am Himmel, als ihm besagter Apfel auf den Kopf fiel (F9). Er empfand in diesem Augenblick die Bewegung des Mondes als ein **„Fallen um die Erde"** und kam zu dem Schluss, dass die Umlaufbahn des Mondes und der Fall des Apfels auf dieselben Gesetzmäßigkeiten zurückzuführen sind. Diese Erkenntnis hatte er so um das Jahr **1660**.

Wie kann man sich das vorstellen? Wenn du auf einem Berg einen Apfel waagrecht immer schneller abwirfst, wird er auch immer weiter um die Erde herum fallen (Abb. 1.8). Bei einer Abwurfgeschwindigkeit von fast **8 km/s** fliegt ein abgeworfener Apfel auf einer Kreisbahn um die Erde (F8, der Luftwiderstand wird dabei vernachlässigt). Er befindet sich zwar immer noch im freien Fall, aber weil er so schnell ist, fliegt er genau parallel zur Erdoberfläche. Wie nennt man Gegenstände, die sich so bewegen, allgemein? Satelliten! Sie sind, so wie auch der Mond, im Prinzip also eine Art sauschneller Apfel. Weil sie außerhalb der Atmosphäre fliegen, gibt es dort auch keinen Luftwiderstand, der sie bremsen könnte.

Diese Vereinheitlichung war, im wahrsten Sinn des Wortes, ein genialer Wurf von Newton. Indem er erkannte, dass die Gesetze der Mechanik überall gelten, konnte er die Bahnen des Mondes und der Planeten mit denselben Gesetzen erklären wie auch den „normalen" freien Fall auf der Erde. Dieser freie Fall ist also nichts anderes als eine **spezielle Anwendung** der Gesetze der Mechanik, die Newton selbst vorher aufgestellt hatte.

Galilei überprüfte seine Hypothesen und kam dann durch Induktion zu den Fallgesetzen, er kam also vom Speziellen zum Allgemeinen. Newton kam quasi von der anderen Richtung. Er konnte den Spezialfall des freien Falls auf der Erde aus den allgemeinen Gesetzen der Mechanik ableiten. Diesen Weg vom Allgemeinen zum Speziellen nennt man **Deduktion**. Dadurch war die Theorie des freien Falles wieder verbessert worden, denn nun konnte man auch zum Beispiel den freien Fall des Mondes berechnen.

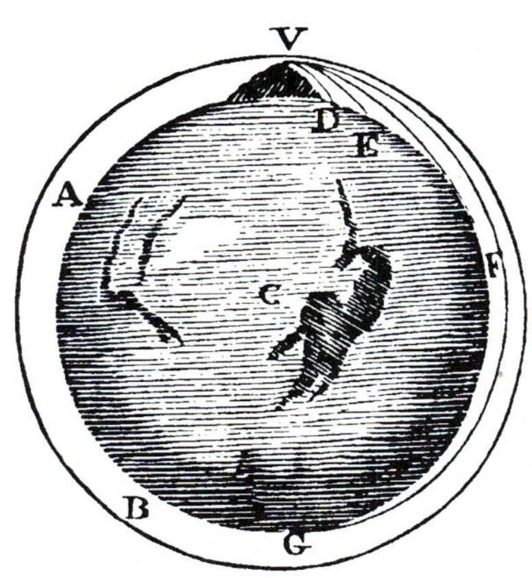

Abb. 1.8: Flugbahnen bei verschiedenen Abwurfgeschwindigkeiten. Es handelt sich hier um eine Originalzeichnung Newtons.

1.5 Einsteins Zwillingsbruder

Relativitätstheorie und freier Fall

Unser erster Streifzug durch die Physik ist damit aber noch nicht ganz zu Ende. Ein weiterer Gigant unter den Physikern betritt die Bühne: Albert Einstein. Mit ihm kommt die Relativitätstheorie ins Spiel und ein Effekt, der erst im Jahre 2004 experimentell bestätigt werden konnte.

F10 ?

Nehmen wir einmal an, Einstein hätte einen Zwillingsbruder gehabt. Als beide 20 Jahre alt waren, bestieg der eine ein Raumschiff und machte eine Weltallreise. Er war für seine Begriffe ein paar Jahre mit beinahe Lichtgeschwindigkeit unterwegs. Als er wieder zurückkehrte, war sein Zwillingsbruder Albert bereits ein alter Mann (Abb. 1.10). Diese Geschichte ist erfunden, aber wäre sie im Prinzip möglich?

Abb. 1.10: Albert Einstein (links) und sein weniger gealterter (fiktiver) Zwillingsbruder.

F11

Welche der Satellitenbahnen in Abbildung 1.11 sind möglich und welche unmöglich?

Abb. 1.11: Welche Satellitenbahnen sind möglich?

Abb. 1.9: Albert Einstein (1879–1955)

Die berühmte Relativitätstheorie hat zwei Teile. Der erste wurde **1905** veröffentlicht und wird heute als **spezielle Relativitätstheorie (SRT)** bezeichnet. Der zweite Teil ist aus dem Jahr **1916** und heißt **allgemeine Relativitätstheorie (ART)**. Zugegeben, die Theorien sind ziemlich schwere Kost und werden daher erst in der 8. Klasse genau besprochen. Wir werden uns hier deshalb nur zwei Details herausgreifen. Das erste führt uns noch einmal zu Popper zurück, und das zweite schließt das Kapitel des freien Falls ab.

Die SRT macht kuriose Voraussagen, unter anderem die, dass die Zeit umso langsamer vergeht, je schneller man sich bewegt! Die Sache mit den Zwillingen könnte also im Prinzip tatsächlich klappen (F10). Die Geschichte ist sehr bekannt und wird auch **Zwillingsparadoxon** genannt. Dieser Effekt wurde mit sehr hoher Genauigkeit im Experiment nachgewiesen, allerdings nicht mit Zwillingen, sondern mit zerfallenden Elementarteilchen, den **Myonen**.

Denken wir noch einmal an Popper zurück. Er meinte, dass eine Theorie umso sinnvoller ist, je leichter sie widerlegt, also **falsifiziert** werden kann. Ist die Relativitätstheorie in diesem Sinne eine gute Theorie? Ja, sie ist sogar sehr gut! Sie ist nicht nur in sich völlig schlüssig, sie macht vor allem sehr konkrete und dadurch leicht widerlegbare Aussagen. Hätte man seit 1905 auch nur ein einziges Experiment entdeckt, das nicht mit der Theorie übereingestimmt hätte, so wäre die gesamte Theorie widerlegt. Alle durchgeführten Experimente führten jedoch zu einer Bestätigung. Und das bringt uns zur ART und einem Experiment aus dem Jahr 2004.

In einer umfangreichen Theorie steckt oft sehr viel drinnen, was erst nach und nach entdeckt wird. Zum Beispiel sagt die ART die Möglichkeit von **schwarzen Löchern** voraus. Diese sind so eine Art kosmischer Staubsauger, deren Anziehungskraft so stark ist, dass nicht einmal das Licht entweichen kann. Daher kommt auch der Name. Tatsächlich wurde die Existenz von schwarzen Löchern bereits indirekt belegt.

Die ART sagt auch – vereinfacht gesagt – voraus, dass der Raum um einen Planeten wie die Erde sich wie **klebriger Sirup** verhält und mit der **Drehung mitgezogen** wird. Dieser Effekt ist ebenfalls eine Ableitung (also eine Deduktion) aus der ART. Er wurde von den Österreichischen Physikern Thirring und Lense bereits **1918** vorhergesagt.

Manchmal muss man sehr viel Geduld haben, bis eine Vorhersage tatsächlich auch im Experiment belegt werden kann. Denn in diesem Fall gelang das erst 86 Jahre später, nämlich **2004**.

Erinnere dich: Newton hat festgestellt, dass sich Satelliten im freien Fall um die Erde befinden. Wie können diese Bahnen aussehen? Nehmen wir der Einfachheit halber an, es handelt sich um Kreisbahnen (es könnten nämlich auch Ellipsen sein). Der Mittelpunkt dieser Kreisbahnen muss mit dem Massenzentrum der Erde zusammenfallen (F11; siehe auch Abb. 1.12). Bahn c (Abb. 1.11) ist also nicht möglich. Außerdem hätte Newton gesagt, dass die Bahnen **geschlossen** sein müssen, dass also ein Satellit nach einer Umrundung wieder genau an derselben Stelle ist.

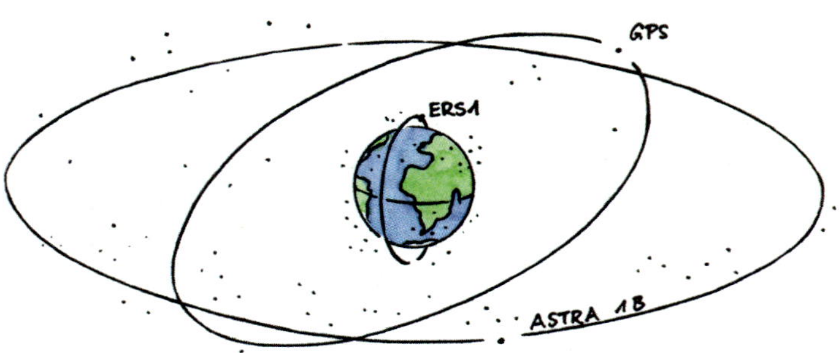

Abb. 1.12: Maßstabsgetreue Darstellung von Satellitenpositionen: Jeder der Punkte stellt einen Satelliten dar. Besonders viele befinden sich in einigen 100 km Entfernung von der Erde (Beispiel: Der Radar-Satellit ERS-1). Die **GPS-Satelliten** fliegen in einer Höhe von etwa **20 000 km** (eine Bahn ist exemplarisch eingezeichnet), die **geostationären Satelliten** in einer Höhe von **36 000 km** (Beispiel Astra 1B, einer der TV-Satelliten). Alle diese Satelliten kreisen so, dass der Erdmittelpunkt in ihrer Bahnebene liegt.

Und jetzt kommt Einstein mit seiner ART ins Spiel. Aus dieser lässt sich ableiten, dass der Raum um die Erde durch die Drehung wie Sirup etwas mitgezogen wird. Was bedeutet das für den freien Fall des Satelliten? Dass seine Kreisbahn nicht ganz geschlossen ist! Das sieht dann so aus wie in der Abbildung 1.13.

Abb. 1.13: Durch den **Thirring-Lense-Effekt** zieht die rotierende Erde den Raum mit sich herum und die Satellitenbahnen sind nicht geschlossen.

Dieser Effekt wurde im Jahr 2004 mit Hilfe von zwei Satelliten auf 6 % genau belegt. Die **Abweichungen** sind im Übrigen **winzig**. Sie machen in einem ganzen Jahr nur etwa 1 m aus und werden von vielen anderen Effekten überlagert. Die Messung war also eine technische Meisterleistung.

Die Newton'sche Mechanik sagt diesen Effekt nicht voraus. Die Theorie des freien Falls eines Satelliten um die Erde kann nur mit der ART wirklich exakt berechnet werden. Damit endet die Geschichte des freien Falls, die vier Jahrhunderte v. Chr. begonnen hat, zumindest für den Moment im Jahr 2004.

| Epilog |

Ein **Epilog** ist das Gegenteil eines Prologs. Er befindet sich also am Ende des „Stücks". Versuchen wir den Inhalt des Stücks kurz nachzuerzählen:
Wenn man in der Wissenschaft eine **Hypothese** aufstellt, muss man diese auch durch **Experimente** absichern. Nur dann kann diese zu einer **Theorie** werden. Weil man nur eine endliche Anzahl von Experimenten machen kann, ist der Vorgang der **Induktion** leider nicht zu 100 % sicher. Deshalb können Experimente eine Theorie zwar widerlegen, aber niemals beweisen. Weiters ist eine Theorie nur dann sinnvoll, wenn sie auch **falsifizierbar** ist. Aus einer fertigen Theorie lassen sich wieder Spezialfälle **deduzieren**, etwa der freie Fall aus den allgemeinen Gesetzen der Mechanik oder die Satellitenbahnen aus der **ART**. Dass sich eine **Theorie** als völlig falsch herausstellt, kommt selten vor. Meist wird sie durch neue Erkenntnisse **verbessert** und **genauer**. Im Alltag kommt man mit den Fallgesetzen des Galilei auch heute noch recht gut über die Runden. Wenn man aber etwas ganz exakt haben möchte (etwa die Satellitenbahnen), dann muss die Relativitätstheorie her.

2 | DIE SIEBEN SI-EINHEITEN

| Prolog |

Im ersten Kapitel hast du gehört, dass das Messen eine wichtige und elementare Rolle in der Physik spielt. Denn nur durch das Messen kann man Hypothesen belegen. Was braucht man aber zum Messen? **Größen und Einheiten!** Und davon handelt dieses Kapitel.

2.1 Die Entwirrung des Einheitenchaos

Das Internationale Einheitensystem

In diesem Abschnitt geht es um das Chaos, das es früher beim Messen gegeben hat. Jeder verwendete andere Einheiten. Den Franzosen haben wir zu verdanken, dass es heute geordneter zugeht.

?

F1 Im Jahr **1999** verglühte der Mars Climate Orbiter (Abb. 2.1) in der Atmosphäre unseres Nachbarplaneten. Was war der wesentliche Grund dafür? a) Sonnensegel war verklemmt, b) Treibstoff war alle, c) Kollision mit Meteorit oder d) Rechenfehler der Ingenieure?

Abb. 2.1: Der Mars Climate Orbiter

F2 ▸L Zur Längenmessung werden auch heute noch folgende Einheiten verwendet: Zoll (= Inch), Yard und Fuß. Weißt du, wie viel das in cm oder m wäre?

F3 ▸L Die Auflösung eines Druckers beträgt zum Beispiel 600 dpi! Weißt du, was damit gemeint ist?

F4 ▸L Kannst du dich aus dem Geschichteunterricht erinnern, welche Einheiten früher einmal in Österreich verwendet wurden?

F5 ▸L Ein Dutzend ist 12. Weißt du, wie man früher 144 bezeichnet hat?

F6 Neben dem Riesentor beim Stephansdom in Wien befinden sich zwei Eisenstangen an der Wand (Abb. 2.2). Welchen Zweck erfüllten diese früher?

Abb. 2.2: Welchen Zweck erfüllen die Metallstäbe am Eingang des Stephansdomes?

F7 Wiederhole noch einmal, was Galilei über das Messen gesagt haben soll! Warum ist dieses Prinzip für die Physik so wichtig?

Die Geschichte vom **Mars Climate Orbiter** zeigt sehr gut, wie wichtig einheitliche Messsysteme sind. Der Orbiter sollte in etwa 140 km Höhe in eine Umlaufbahn um den Mars einschwenken. Durch eine Schlamperei wurden aber Meter und Fuß (das ist etwa 0,3 m) vertauscht. Die Sonde flog viel zu nah an den Mars heran und verglühte in der Atmosphäre, und mit ihr über 100 Millionen Euro!

Erinnere dich, was Galilei über das Messen gesagt hat (F7): „Alles, was messbar ist, messen, alles was nicht messbar ist, messbar machen." Damit die Physiker auf dieser Welt eine „einheitliche Sprache" sprechen, sind zwei **Dinge notwendig:** Erstens müssen die Einheiten exakt sein und zweitens müssen alle dieselben Einheiten verwenden.

Die historischen Einheiten waren oft höllisch unexakt. Ein **Morgen** war ursprünglich die mit einem Ochsen an einem Vormittag pflügbare Fläche, ein **Rieß** die Menge Papier, die ein Esel schleppen konnte oder eine **Elle** die Länge vom Ellbogen bis zur Spitze des Mittelfingers. Ein Glück für kleine Schneider! Später wurden die Einheiten zwar genormt und zum Beispiel die große und kleine Wiener Elle am Stephansdom zum Nachmessen angebracht (F6; Abb. 2.2), aber damit blieb immer noch das zweite Problem: Überall verwendete man andere Maßeinheiten.

Die Entwirrung des Einheitenchaos wurde in Frankreich eingeleitet. Dort wurde nach der Französischen Revolution um etwa **1800 das Meter** erfunden (mehr dazu in Kapitel 2.3). Auch die Unterteilung in Zentimeter oder Millimeter stammt aus dieser Zeit. Diese ist deswegen praktisch, weil es sich immer um glatte Zehnerpotenzen handelt und man leichter umrechnen kann (was beim Dutzend nicht der Fall ist!).

Das System breitete sich langsam auf die Nachbarländer aus, und **1875** fand die **Meterkonvention** statt, die viele Staaten unterzeichneten. Ein unglaublich wichtiger Schritt, denn dadurch wurde das Messwesen endgültig neu geordnet und vereinheitlicht. Ohne diese Maßnahme wäre die weitere Entwicklung der industrialisierten Welt wahrscheinlich unmöglich gewesen.

Außerdem war die Meterkonvention der Grundstein für die Entwicklung des modernen Internationalen Einheitensystems, das **1960** entstand. Das so genannte **SI-System** (Système International d'Unités) wird heute von nahezu allen Staaten der Welt angewendet. Das Tolle

daran: Man kommt mit nur 7 „Bausteinen" aus. Man nennt diese die **Basiseinheiten** (Tab.2.1), aus denen sich alle anderen Einheiten ableiten lassen. Für uns sind momentan drei Basiseinheiten wichtig: **Meter, Sekunden und Kilogramm.**

Basisgröße und Formelbuchstabe	Basiseinheit	Kapitel, Big Bang – Band
Länge l	m (Meter)	2.3, 5
Zeit t	s (Sekunde)	2.4, 5
Masse m	kg (Kilogramm)	2.5, 5
Stoffmenge n	mol (Mol)	3.5, 5
Temperatur T	K (Kelvin)	18.2, 6
Stromstärke I	A (Ampere)	24.1, 6
Lichtstärke I_V	Cd (Candela)	

Tabelle 2.1: Die 7 Basiseinheiten nach dem SI-System. Wenn man die Einheiten angibt, dann setzt man die Größe in Klammer. Statt „Die Einheit der Länge ist das Meter" schreibt man also kurz und bündig $[l]$ = m.

2.2 Astronomische Zahlen

Größenordnungen in der Physik

Bevor wir uns mit den Basisgrößen genauer beschäftigen, müssen wir noch darüber sprechen, wie Physiker große und kleine Zahlen darstellen, ohne dass sie dabei vollkommen den Überblick verlieren.

F8 Wie groß ist die Masse der Erde? Und der Durchmesser eines kleinen Atoms? Tippe einmal!

F9 ▸L Ist die Masse der Erde eigentlich konstant? Oder ändert sie sich irgendwie mit der Zeit?

F10 ▸L Vom PC kennst du die Größen Kilo-, Mega- und Gigabyte. Was versteht man aber darunter? Und was ist ein Teraflop?

F11 Was meint man, wenn man von einer astronomischen Summe Geld spricht?

F12 Was versteht man unter einem Lichtjahr? Ist das eine Zeit- oder eine Entfernungsangabe?

In der Physik kommen manchmal absurd große oder kleine Zahlen vor. Diese haben dermaßen viele Nullen vor oder hinter dem Komma, dass man leicht den Überblick verlieren kann. Nehmen wir als Beispiel die Masse der Erde (F8)! Was hast du getippt? Die Masse der Erde beträgt unfassbare 5 973 600 000 000 000 000 000 000 kg. Und der Durchmesser eines Atoms beträgt etwa 0,000 000 000 1 m. Verdammt viele Nullen!

▸▸▸ i | **Umwandlung in Zehnerpotenzen** |
▸▸▸ i | **Rechnen mit Zehnerpotenzen** |

Vielfaches der Einheit	Vorsilbe	Abkürzung	Beispiel
10^{12}	Tera	T	2007 kamen die ersten Terabyte-Platten auf den Markt
10^{9}	**Giga**	**G**	Lichtgeschwindigkeit $3 \cdot 10^8$ m/s = 0,3 Gm/s
10^{6}	**Mega**	**M**	RAM-Speicher: z. B. 512 MB (Megabyte)
10^{3}	**Kilo**	**k**	Kilometer, Kilogramm
10	Deka	da	wird nur für 10 g = 1 dag benützt
10^{-1}	Dezi	d	wird nur für Dezimeter und Deziliter benützt
10^{-2}	Centi	c	wird nur für cm benützt
10^{-3}	**Milli**	**m**	z. B. Millimeter
10^{-6}	**Mikro**	**µ**	Blattgold, Virus: ca. 1 µm
10^{-9}	**Nano**	**n**	Haarwuchs: 4 nm pro Sekunde
10^{-12}	Pico	p	Der Durchmesser eines Atomkerns liegt um 0,01 pm

Tabelle 2.2: Eine Auswahl von Größen und Vorsilben, die in Physik und Alltag verwendet werden. Die Tabelle geht in beide Richtungen noch weiter, das ist aber nur für Wissenschaftler bedeutsam. Für den Physikunterricht sind vor allem die fett markierten Einheiten wichtig.

i

| Umwandlung in Zehnerpotenzen |

Wie wandelt man eine Zahl in eine Zehnerpotenz um? Anstelle von 100 schreibt man $1 \cdot 10^2$, statt 1000 schreibt man $1 \cdot 10^3$, usw. Die Hochzahl (der Exponent) gibt also an, wie viele Stellen das Komma nach rechts verschoben wird. $1{,}5 \cdot 10^3$ ist zum Beispiel 1500.

Diese Schreibweise kann auch bei Zahlen angewendet werden, die kleiner als 1 sind. Ein Zehntel oder 0,1 sind $1 \cdot 10^{-1}$, ein Hundertstel oder 0,01 sind $1 \cdot 10^{-2}$, ein Millionstel oder 0,000 001 sind $1 \cdot 10^{-6}$. Der negative Exponent gibt an, wie viele Stellen das Komma nach links verschoben wird. $1{,}5 \cdot 10^{-3}$ ist zum Beispiel 0,0015.

i

| Rechnen mit Zehnerpotenzen |

Bei einer Multiplikation werden die Exponenten addiert: z. B. $10^5 \cdot 10^2 = 10^{(5+2)} = 10^7$

Bei einer Division werden die Exponenten subtrahiert:
z. B. $10^5/10^2 = 10^{(5-2)} = 10^3$

Wird eine Zehnerpotenz nochmals potenziert, multipliziert man die Exponenten:
z. B. $(10^2)^3 = 10^{2 \cdot 3} = 10^6$

Zieht man die Wurzel aus einer Potenz, dividiert man die Exponenten: z. B.

$$\sqrt[2]{10^6} = 10^{6/2} = 10^3$$

Um den Überblick bei solch extremen Zahlen nicht zu verlieren, hat man beschlossen, diese in **Zehnerpotenzen** zu schreiben. Die Masse der Erde beträgt demnach $5{,}973\,6 \cdot 10^{24}$ kg oder gerundet $6 \cdot 10^{24}$ kg und der Durchmesser eines kleinen Atoms 10^{-10} m. Man kann sich zwar unter dieser Darstellung noch immer nicht wirklich etwas vorstellen, aber du musst zugeben, dass die Schreibweise übersichtlicher ist.

Außerdem hat man sich darauf geeinigt, dass einige der Zehnerpotenzen eine bestimmte Vorsilbe bekommen (Tabelle 2.2). Du kennst manche von ihnen aus dem Alltag, **Kilo**meter, **Kilo**gramm und **Milli**meter, oder vom Computer **Mega-**, **Giga-** und **Tera**byte. Weil in der Astronomie so große Zahlen vorkommen (denk bloß mal an die Masse der Erde), spricht man auch im Alltag von astronomischen **Zahlen**, wenn man unvorstellbar große Zahlen meint (F11). Wer kann sich schon ein Budgetdefizit von 5 Milliarden Euro vorstellen? Niemand!

Wenn man eine knifflige Berechnung macht (etwa die Eintrittshöhe des Mars Climate Orbiter), dann ist Exaktheit natürlich oberstes Gebot. Du weißt ja, was damals passiert ist! Manchmal will man sich aber bloß einen zahlenmäßigen **Überblick** verschaffen. Dabei interessiert man sich nur für die Größenordnung, also die Zehnerpotenz, und nicht für die genaue Zahl davor. Dieses Rechnen in Größenordnungen nennt man **Abschätzen**. Man rundet mal ein bisschen auf, mal ein bisschen ab und kann das daher im Kopf rechnen. Lass also den Rechner in der Schultasche! Wir wollen nur die **Größenordnung** wissen!

▸▸▸ i | Andromedanebel |

a

F13 | Schreibe folgende Zahlen als Zehnerpotenzen auf |

a) 3,7 Millionen
b) 52 Milliarden
c) Zweihunderttausend
d) Zwölftausend
e) 2 Millionstel
f) 7 Milliardstel
g) sieben Hundertstel
h) drei Tausendstel
i) 0,000 000 5 m (Wellenlänge des grünen Lichts)
j) 6,37 Mm (Erdradius)
k) 0,37 Gm (Abstand Erde–Mond)
l) 0,3 nm (Durchmesser eines Wassermoleküls)

i

| Andromedanebel |

Hier werden wir einmal gemeinsam eine Abschätzung machen, damit du das Prinzip kennen lernst. Die erste Frage lautet: **Wie viele Sekunden hat ein Jahr?** Gib zuerst einen Tipp ab! Und jetzt die Abschätzung:

1. Schritt: Wie viele Sekunden hat eine Stunde?
Eine Minute hat 60 Sekunden und eine Stunde hat 60 Minuten, also $60 \cdot 60\ \text{s} = 3\,600\ \text{s} = 3{,}6 \cdot 10^3\ \text{s}$. Da ist noch nichts gerundet.

2. Schritt: Wie viele Sekunden hat ein Tag?
Ein Tag hat 24 Stunden, also $24 \cdot 3{,}6 \cdot 10^3$ s! Und hier runden wir einmal ein bisschen auf und rechnen $25 \cdot 4 \cdot 10^3\ \text{s} = 100 \cdot 10^3\ \text{s} = 10^2 \cdot 10^3\ \text{s} = 10^5\ \text{s}$. Ein Tag hat also größenordnungsmäßig 10^5 oder 100 000 s.

3. Schritt: Wie viele Sekunden hat ein Jahr?
Ein Jahr hat 365 Tage, macht also $3{,}65 \cdot 10^2 \cdot 10^5$ s oder aufgerundet $4 \cdot 10^7$ s. Die Sekunden in einem Jahr liegen also in der Größenordnung von einigen Zehnmillionen Sekunden! Was hast du getippt?

Die zweite Frage lautet: **Welche Strecke legt das Licht in einem Jahr zurück?** Diese Strecke nennt man übrigens ein Lichtjahr (Abkürzung LJ oder ly). Tippe wieder zuerst!

Und jetzt die Abschätzung in Größenordnungen:

Die **Lichtgeschwindigkeit** beträgt etwa $3 \cdot 10^8$ m/s (Tabelle 2.2). Wir müssen also noch die Geschwindigkeit mit der Zeit multiplizieren.
$4 \cdot 10^7\ \text{s} \cdot 3 \cdot 10^8\ \text{m/s} = 12 \cdot 10^{15}\ \text{m} \approx 10^{16}\ \text{m}$

Das Licht legt also in einem Jahr die unvorstellbare Strecke von etwa 10^{16} m zurück. Im Alltag würden wir sagen, das sind 10 Billiarden Meter. Wie du siehst, liegt das sogar außerhalb von Tabelle 2.2. Der Gesamtfehler bei unserer Abschätzung ohne Taschenrechner ist nur 6 %, weil wir zweimal aufgerundet und zum Schluss wieder abgerundet haben. So schätzt man eben in Größenordnungen ab. In der Umgangssprache wird die Einheit Lichtjahr auch gerne fälschlicherweise für lange Zeiten benutzt („... es ist Lichtjahre her, dass ..."). Das ist natürlich Quatsch (F12). Wie weit ist übrigens ein LJ aus der Sicht des Universums? Gar nicht weit! Der uns nächste Fixstern, **Proxima Centauri**, ist bereits 4,2 LJ von der Erde entfernt. Und die nächsten großen Galaxien (etwa der majestätische Andromedanebel, Abb. 2.3) bereits ein paar Millionen Lichtjahre!

Abb. 2.3: Der **Andromedanebel**, eine unserer Nachbargalaxien

2.3 Das Maß der Welt

Längenmessung

In diesem Kapitel geht es darum, wie schwierig es war und wie lange es dauerte, bis man auf eine möglichst exakte Definition des Meters kam. Und du erfährst, was man unter einem Naturmaß und einem Kunstmaß versteht.

F14 Miss einmal die Breite deines Daumens ab! Und dann miss von deiner Nasenspitze bis zum Daumen deines waagrecht ausgestreckten Armes (wie in Abb. 2.4)! Wie weit ist das?

F15 Stell dir einmal vor, es gibt noch kein einheitliches Längenmaß. Gibt es etwas in der Natur, das sich nicht verändert und das es überall gibt, sodass du es für eine Definition einer Längeneinheit verwenden könntest?

F16 ▸L Was machen Gegenstände aus Metall, wenn sie wärmer oder kälter werden? Warum kann das zu Problemen bei der Längenmessung führen?

F17 ▸L Gibt es eine größte und kleinste Länge?

Ein Problem der früheren Längenmessungen war, dass praktisch jeder Herrscher seine eigenen Einheiten hatte. **Yard** und **Inch**, die heute noch in vielen englischsprachigen Ländern verwendet werden (etwa in den USA), sollen zum Beispiel auf den englischen König Heinrich I. zurückgehen (etwa um **1100 n. Chr.**). Ein Yard war der Abstand von seiner Nasenspitze bis zum Daumen seines ausgestreckten Armes und ein Inch die Breite seines Daumens (F14; Abb. 2.4). Was aber machen, wenn grad kein König zum Nachmessen da ist? Wie groß sind etwa dein Yard und dein Inch?

Abb. 2.4: Yard (0,91 m) und Inch (2,54 cm) nach König Heinrich I

Um das Problem der individuellen Maße zu umgehen versuchte man in Frankreich, das Maß der Länge über den **Erdumfang** zu definieren. Der bleibt ja schließlich immer gleich! Die Einheit **Meter** wurde **1793** „geboren". Ludwig XVI. von Frankreich erließ ein Dekret, in dem diese neue Längeneinheit als der **zehnmillionste Teil** der Strecke vom Nordpol zum Äquator definiert wurde (Abb. 2.5). Anders gesagt: Ein Viertel des Erdumfangs sind 10^7 m. Das Meter (in der Technik verwendet man tatsächlich den etwas schrägen Artikel „das") wurde daher zum **Naturmaß**. Zur genauen Vermessung wählte man das Teilstück des Meridians aus, das zwischen Barcelona und Dünkirchen durch Paris verläuft.

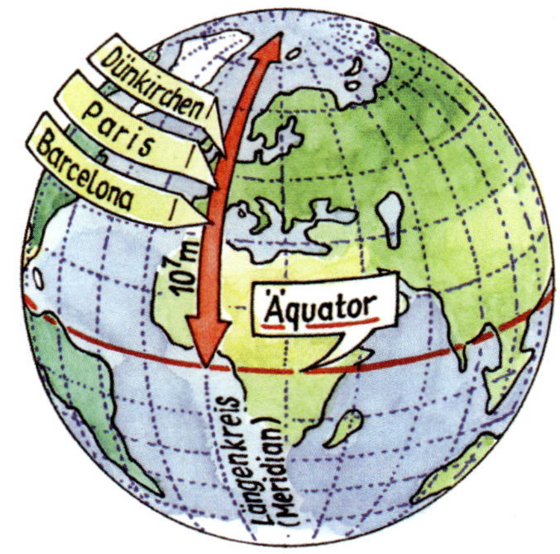

Abb. 2.5: Definition des Meters nach **1793**

Die Forscher waren zur Vermessung des Meridians 7 Jahre unterwegs, und es wäre unglaublich aufwändig gewesen, diese Messung zu wiederholen! Deshalb wurde **1799** das **Naturmaß** durch ein **Kunstmaß** ersetzt, nämlich einen Maßstab aus einer Platin-Iridium-Legierung. Dieser Urmeterstab wird in Paris aufbewahrt. Die Länge des Meters wurde zwischen den Mittelstrichen an beiden Enden (Abb. 2.6) bei 0 °C mit einer Genauigkeit von 0,01 mm gemessen.

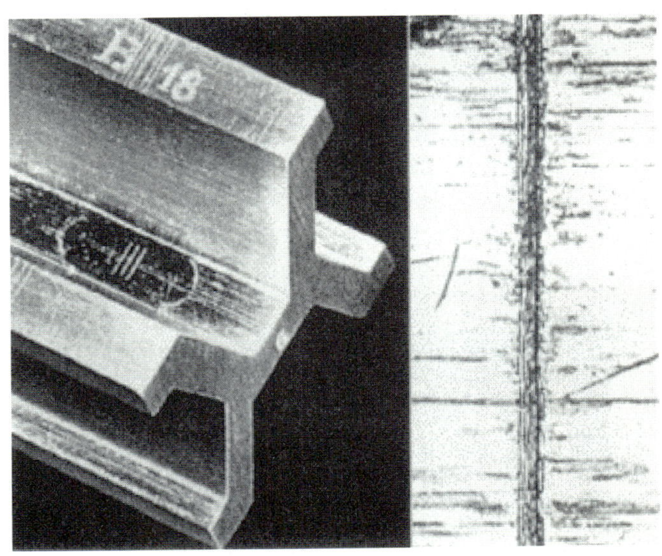

Abb. 2.6: Ein Ende des Urmeterstabs. Die Abmessung erfolgt beim mittleren der drei Striche. In der Vergrößerung sieht man, dass der Strich natürlich etwas „ausgefranst" ist, was Ungenauigkeiten hervorruft.

a

| Schublehre |

Das Messen mit Maßband (Genauigkeit etwa 1 cm) und Lineal (Genauigkeit etwa 0,5 mm) ist dir bekannt. Hier geht es um ein Gerät, mit dem man ohne Aufwand noch viel genauer messen kann: Die **Schublehre** (Genauigkeit etwa 0,1 mm).

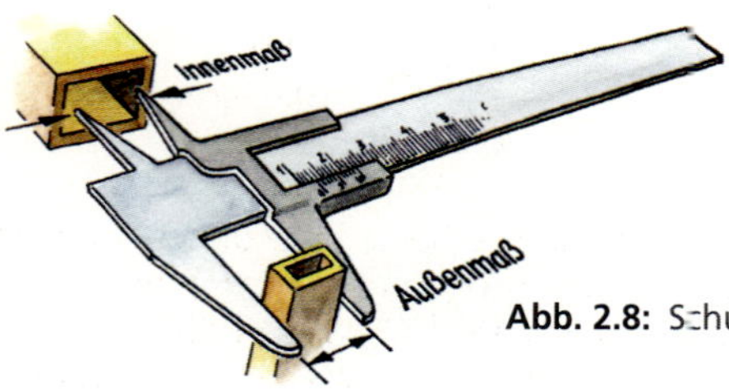

Abb. 2.8: Schublehre

Die Schublehre ist ein Art Lineal mit Zusatzmaßstab, den man **Nonius** nennt. Das Geheimnis des Nonius: Er hat etwas engere Striche als der normale Zentimetermaßstab. Die Millimeter werden an der oberen Skala abgelesen, die 1/10 mm an der unteren. Und so geht's:

Zuerst schaut man, wo sich der Nullpunkt des unteren Maßstabes auf der Skala des oberen befindet. In unserem Beispiel (Abb. 2.9) ist das zwischen 0,2 und 0,3. Wir wissen also bereits, dass das vermessene Objekt zwischen 2 und 3 mm dick ist. Und jetzt die 1/10 mm!

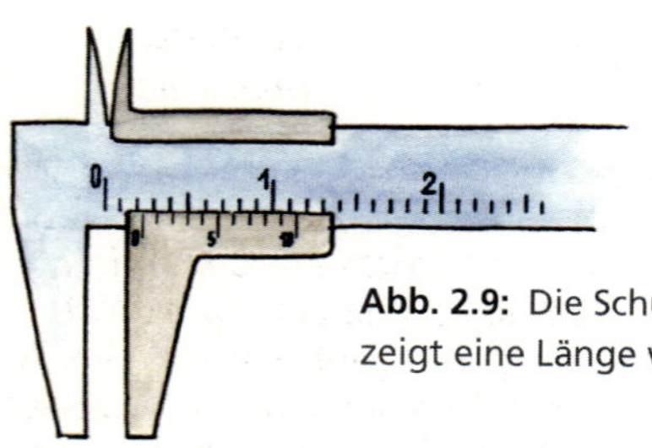

Abb. 2.9: Die Schublehre zeigt eine Länge von 2,3 mm!

Weil die unteren Striche enger beieinander sind, liegen an irgendeiner Stelle die **Striche der beiden Skalen in einer Linie.** Das ist hier bei 3 auf der unteren Skala der Fall. Das gibt also zusätzliche 3/10 mm. Unser Gegenstand ist daher 2 mm und 3/10 mm bzw. 2,3 mm dick!

F18 ▸L Lies jetzt selbständig die Dicke der Gegenstände in Abb. 2.10 ab.

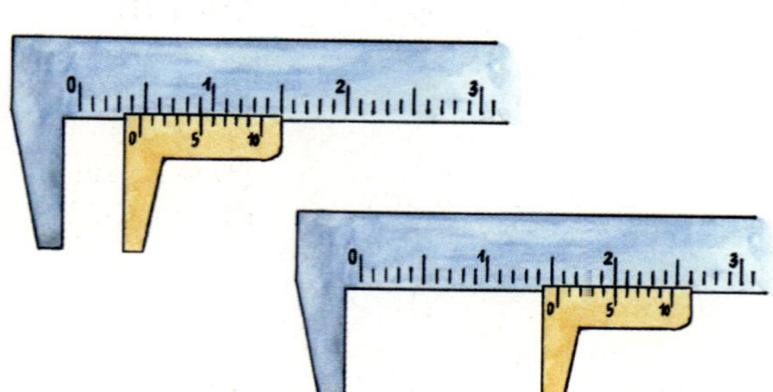

Abb. 2.10: Welche Längen zeigen die Schublehren?

Mit zunehmendem technischem Fortschritt war aber auch diese Meterfestlegung nicht mehr genau genug. Daher vereinbarte man **1960**, dass 1 Meter ein bestimmtes Vielfaches der **Wellenlänge** des Lichtes ist, das von einem **Krypton-86-Atom** ausgesandt wird (es ist genau das 1 650 763,73-fache dieser Wellenlänge; Abb. 2.7). Dabei handelt es sich wieder um ein Naturmaß.

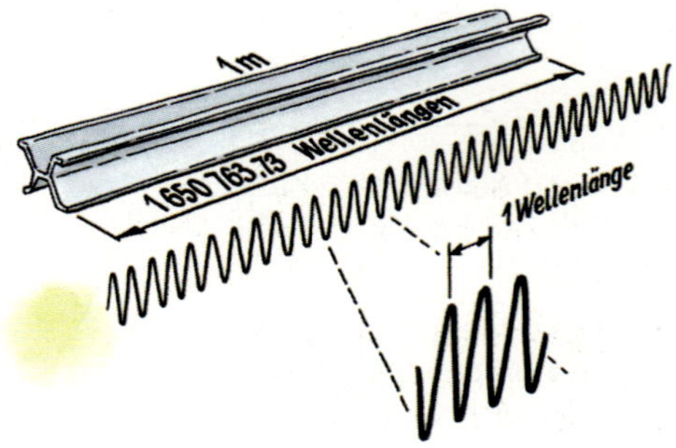

Abb. 2.7: Definition des Meters mit Hilfe der Wellenlänge von Krypton-86 aus dem Jahr **1960**

Am genauesten ist die momentan gültige Definition, die aus dem Jahr **1983** stammt. **Dabei gibt man die Zeit an, die das Licht benötigt, um die Strecke von einem 1 Meter im Vakuum zurückzulegen.** Diese Zeit ist unglaublich kurz, nämlich 1/299 792 458tel einer Sekunde (also etwa der 300 Millionste Teil einer Sekunde). Was war der Grund für diese Neudefinition? Die Zeit konnte damals wegen der Atomuhren bereits wesentlich genauer gemessen werden als die Länge.

▸▸▸ **a** | **Schublehre** |
▸▸▸ **e** | **Dicke eines Blatts Papier** |

e

| Dicke eines Blatts Papier |

Miss nun mit Hilfe einer Schublehre die **Dicke eines Blatts** aus diesem Buch. Natürlich ist ein einziges Blatt zu dünn für eine genau Messung. Nimm deshalb möglichst viele Blätter und dividiere nach der Messung. Beachte: 100 Seiten sind zum Beispiel 50 Blatt Papier. Mache mehrere Messungen an verschiedenen Stellen des Buches und ziehe dann das arithmetische Mittel. Vergleiche diese Werte mit denen deiner MitschülerInnen.

2.4 Gezähmte Zeit
Zeitmessung

Was ist Zeit? Warum können wir uns an die Vergangenheit erinnern, aber nicht an die Zukunft? Gab es Zeit bereits vor dem Urknall? Leider wissen wir wenig über das Wesen der Zeit, und die oben gestellten Fragen lassen sich auch nicht befriedigend beantworten. Es ist ironisch: Obwohl uns die Zeit ziemlich unklar ist, können wir sie trotzdem sehr exakt messen.

?

F19 Diskutiere mit deinem Nachbarn darüber, was für dich Zeit ist! Wie könnte man sie beschreiben?

F20 ▸L Seit **1983** kann man die Lichtgeschwindigkeit nicht mehr messen. Klingt komisch, ist aber so! Aber warum? Es hat mit der Definition des Meters zu tun!

F21 Stell dir vor, du lebst vor 10.000 Jahren und willst eine Uhr bauen. Was würde sich zum Messen der Zeit am besten eignen?

F22 ▸L Um wie viel Grad bewegt sich die Sonne in einer Stunde am Himmel? Versuche im Kopf abzuschätzen!

F23 Wie viele Sekunden hat ein Tag genau? Und bleibt diese Anzahl gleich groß, oder haben die Tage unterschiedlich viele Sekunden?

F24 ▸L Gibt es eine längste und eine kürzeste Zeit?

Werfen wir zuerst einmal einen Blick auf die **Geschichte der Zeitmessung.** Die Sonne war das allererste Hilfsmittel, um die Zeit zu bestimmen. Die ersten **Sonnenuhren** sind wahrscheinlich bereits vor einigen tausend Jahren gebaut worden. Man steckte im einfachsten Fall einen Stab in die Erde, und sein Schatten lief im Laufe eines Tages um ihn herum. Mittag war dann, wenn der Schatten am kürzesten war, also die Sonne am höchsten stand. Später wurden die Sonnenuhren trickreicher und genauer (Abb. 2.11)! Aber das Prinzip blieb immer dasselbe: Zeitmessung mit Hilfe der Erddrehung!

Abb. 2.11: Die große Sonnenuhr in Jaipur. Die Rampe links (über 30 m hoch) wirft den Schatten, der auf der runden Skala rechts entlangläuft und mit einer Genauigkeit von 2 Sekunden abgelesen werden kann.

▸▸▸ e | Sonnenuhr |

e

| Sonnenuhr |

Wir bauen nun eine recht einfache **Sonnenuhr**. Wenn sie fertig ist, dann sieht sie so aus:

Abb. 2.12 Die fertige Sonnenuhr

Du brauchst dazu eine Scheibe, auf der du die Stunden einträgst. Der Abstand zwischen den einzelnen Stundenstrichen beträgt 15° (F22). Damit die Uhr richtig funktioniert, muss der Schattenwerfer parallel zur Erdachse stehen. Das ist dann der Fall, wenn der Winkel α (Abb. 2.13) der **geografischen Breite** deines Wohnortes entspricht. Wenn du diese nicht weißt, dann musst du schätzen oder im Atlas nachsehen. Der südlichste Punkt Österreichs liegt bei etwa 46°, der nördlichste bei 49°.

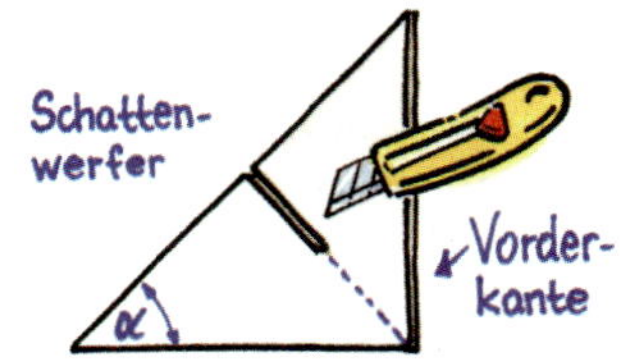

Abb. 2.13: Der Schattenwerfer. Der Winkel α sollte der geografischen Breite entsprechen. Den Karton 5 cm einschneiden.

Abb. 2.14: Auch auf der Scheibe den Karton einschneiden.

Nun musst du Scheibe und Schattenwerfer nur mehr wie in Abb. 2.12 einschneiden, zusammenstecken und 12 Uhr genau nach Norden ausrichten – und hoffen, dass gerade die Sonne scheint. Wundere dich nicht, wenn die Uhr nicht ganz genau geht. Erstens zeigt sie **deine Ortszeit** an. Auf der Erde gibt es aber **Zeitzonen** (Abb. 2.15). Österreich liegt mit den grün markierten Länden in einer Zeitzone. Alle diese Länder haben zur selben Zeit 12 h, egal, ob die Sonne grad wirklich am höchsten steht oder nicht. Außerdem sind die Tage nicht gleich lang (Abb. 2.17), und Sonnenuhren kennen keine Sommerzeit!

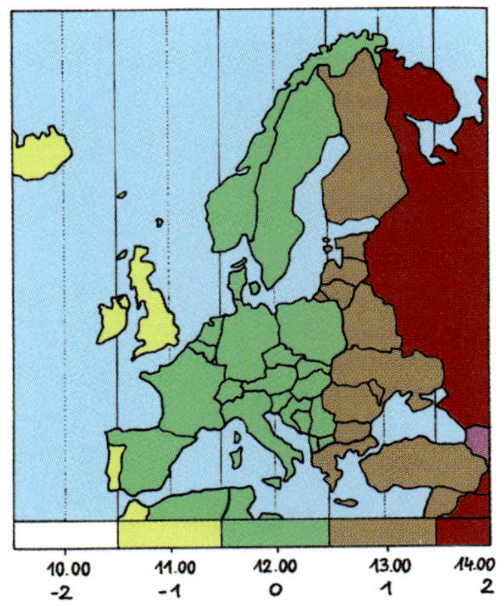

Abb. 2.15: Die Zeitzonen (Zeitunterschiede gegenüber der Mitteleuropäischen Zeit)

Später versuchte man, von der Sonne unabhängig zu werden und entwickelte Wasseruhren, Kerzenuhren und Sanduhren. Diese hatten aber alle einen großen Nachteil: Man musste auf sie aufpassen, also Wasser nachfüllen, sie umdrehen oder neu anzünden.

Um **1300** wurde eine Erfindung von enormer kulturhistorischer Reichweite gemacht: die Räderuhr (Abb. 2.16). Beim Absinken des Gewichts wickelt sich ein Seil langsam ab und bewegt dadurch die Zeiger. Die **Räderuhr** verbreitete sich rasant über ganz Europa, weil sie ein Symbol für Reichtum und Tatkraft war. Viele Städte beschafften sich deshalb eine Uhr, weil andere auch schon eine hatten. Die Räderuhr war noch ziemlich ungenau, zuerst etwa 1 bis 2 Stunden, später etwa 15 Minuten pro Tag.

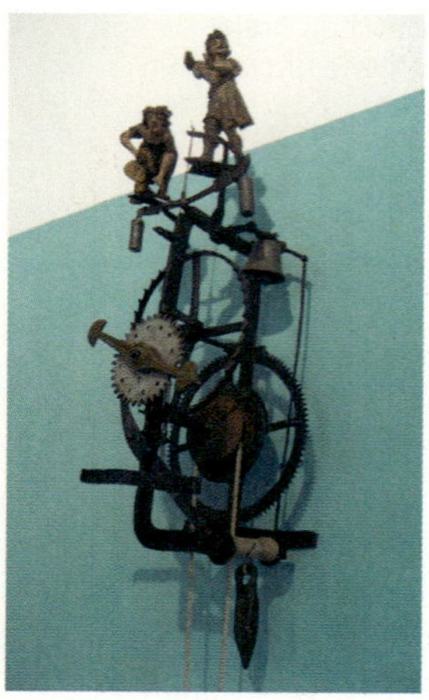

Abb. 2.16: Eine alte Räderuhr mit Gewichten

Um etwa **1660** gelang es dem Holländer Christian Huygens, die Zeitmessung wieder entscheidend zu verbessern. Er nutzte Galileis Idee, ein Pendel als Taktgeber für Uhren einzusetzen und konnte die Ganggenauigkeit auf etwa 1 Sekunde pro Tag steigern. Pendeluhren wurden damit zu einer unentbehrlichen Hilfe bei astronomischen Beobachtungen (siehe auch Kap. 14.1, „Big Bang 6").

▸▸▸ e | Pendel |

Huygens fand also im Pendel einen sehr genauen Taktgeber für seine Uhren. Eine Halbschwingung dauert genau eine Sekunde. Heutige Taschenuhren sind da wesentlich genauer, weil diese haben bis zu 8 Halbschwingungen in der Sekunde. Es gibt aber noch zwei weitere Meilensteine in der Genauigkeit der Zeitmessung.

1927 wurde die **Quarzuhr** erfunden. Bei ihr ist ein elektromagnetischer Schwingkreis der Taktgeber, der eine Frequenz von knapp 33 000 Schwingungen pro Sekunden hat! Ein Quarz hilft dabei, dass diese Frequenz ganz genau eingehalten wird. Quarzuhren gehen in einem Monat nur etwa 1 Sekunde falsch. Das ist schon verdammt gut! Es gibt aber eine Uhr, die noch mal um Weltklassen genauer geht: Die **Atomuhr**! Die erste wurde **1948** gebaut. Heute sind die besten dieser Uhren so genau, dass sie in **10 Millionen Jahren nur um 1 Sekunde** falsch gehen! Beeindruckend, oder?

Vereinfacht gesagt nutzt man bei diesen Uhren die Eigenschaft von Atomen aus, beim Übergang zwischen zwei Energiezuständen **elektromagnetische Wellen** mit einer ganz bestimmten Frequenz abstrahlen oder aufnehmen zu können. Der Taktgeber sind Mikrowellen (eine bestimmte Art der elektromagnetischen Wellen, die du vom Mikrowellenherd kennst), die über 9 Milliarden Mal pro Sekunde schwingen. Und die heute meistens verwendeten Cäsium-133-Atome dienen dazu, dass diese vorgegebene Frequenz so genau wie möglich eingehalten wird. Und das führt uns zur Definition der Sekunde.

Ein Tag hat im Prinzip 86 400 Sekunden (F23). So wurde die Sekunde früher auch definiert. Das Problem ist aber: Das ist ein Durchschnittswert, denn der Zeitraum zwischen 2 Sonnenhöchstständen (also von Mittag zu Mittag) schwankt im Laufe eines Jahres um ein paar Sekunden. Das hat damit zu tun, dass die Erde eine Ellipse um die Sonne beschreibt und die Erdachse um 23,5° auf diese Bahn geneigt ist. So kommt es, dass Sonnenuhren mal nach- und mal vorgehen, im Extremfall bis zu 16 Minuten (Abb. 2.17).

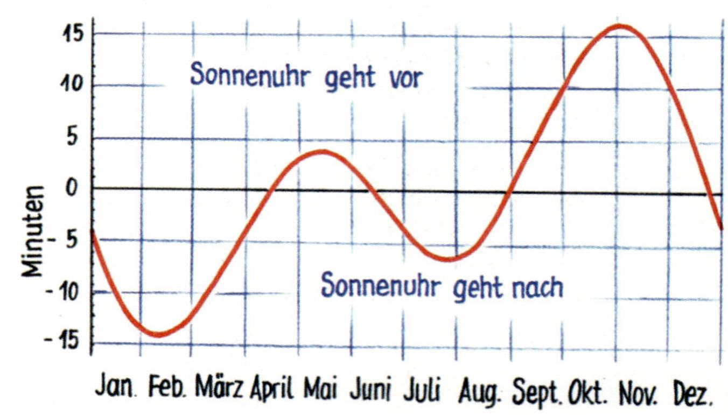

Abb. 2.17: Summe der Gangungenauigkeiten von Sonnenuhren

e

| Pendel |

Bau dir ein einfaches Pendel aus einem dünnen Faden und einem kleinen Gewicht. Das nennt man ein **Fadenpendel**. Führe nun folgende Versuche durch:

F25 ▸L Wovon hängt es ab, wie schnell ein Pendel schwingt? Vom Gewicht? Vom Grad der Auslenkung? Von der Länge? Finde es durch Experimente heraus!

F26 ▸L Versuche ein Fadenpendel zu konstruieren, das für eine halbe Schwingung (Mitte bis Mitte) eine Sekunde braucht (somit für Hin und Her 2 Sekunden). Verwende dazu eine Stoppuhr.

Aus diesem Grunde kam es **1967** zu einer neuen Definition, die unabhängig von der Bewegung der Himmelskörper war. **Seit damals definiert man die SI-Sekunde über die Schwingungen jener Mikrowellen, die von den Cäsium-133-Atomen geschluckt werden. Es genügt wenn du weißt, dass es über 9 Milliarden Schwingungen pro Sekunde sind** (genau sind es 9 192 631 770).

Man hat übrigens auch im Alltag etwas von der Genauigkeit der Atomuhren, wenn man eine **Funkuhr** besitzt. Knapp 600 km von Wien entfernt befindet sich in Frankfurt am Main ein Sender, der die genaue Zeit einer Atomuhr über Funk an diese Uhren weitergibt. Quasi Atomzeit am Handgelenk! Die Atomuhr dazu steht übrigens in Braunschweig.

2.5 Die letzte ihrer Art

Massenmessung

Die SI-Einheit der Masse ist etwas Besonderes. Es ist nämlich die letzte Basiseinheit, die noch nicht über Naturkonstanten definiert ist. Aber es wird daran gearbeitet.

?

F27 ▸L Du kennst die Bilder von den am Mond springenden Astronauten. Das kommt daher, weil am Mond a) ihr Gewicht geringer ist, b) ihre Masse geringer ist, c) beides, d) keines von beiden.

F28 Welcher Unterschied besteht eigentlich zwischen Masse und Gewicht? Und was ist Masse eigentlich? (Siehe Kap. 8.1, S. 71 und 8.4, S. 77!)

Die Einheit Kilogramm lässt sich vom Meter ableiten und wurde gemeinsam mit diesem im Zuge der Meterkonvention eingeführt (siehe Kapitel 2.1). 1 kg war nach dieser Definition die Masse eines **Kubikdezimeter reinsten Wassers** bei 4 °C. Aber dann fand man, das sei nicht genau genug und schuf neben dem Urmeterstab **1889** auch das Urkilogramm, das in einem Tresor in Paris unter drei „Käseglocken" aufbewahrt wird (Abb. 2.18) – bis zum heutigen Tag. **1 kg ist also auch heute noch genau die Masse, die das Urkilogramm besitzt.**

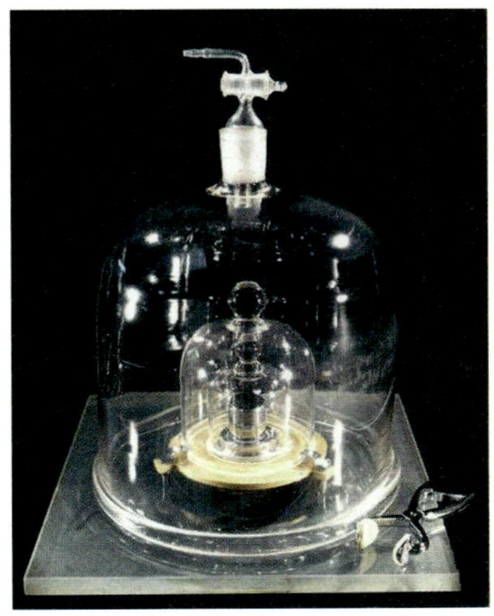

Abb. 2.18: Eine der Kopien des Pariser Urkilogramms.

▸▸▸ i **| Aliens in Paris |**

Die 42 Duplikate des Urkilogramms sind auf der ganzen Welt verstreut. Bei Vergleichsmessungen wurde vor einiger Zeit festgestellt, dass das Urkilogramm im Schnitt um 50 μg leichter geworden ist als alle anderen Kopien. Es hat also um den Faktor $5 \cdot 10^{-8}$ an Masse verloren. Die Experten rätseln, niemand weiß warum. Vielleicht wurde es nur zu stark poliert?

i

| Aliens in Paris |

Konstant bedeutet unveränderlich! Eine **Naturkonstante beschreibt eine Eigenschaft der Natur, die sich nicht verändert,** zum Beispiel die Lichtgeschwindigkeit. Es gibt Einheiten, die sich von solchen Naturkonstanten direkt oder indirekt ableiten lassen. Die Sekunde etwa oder das Meter.

Du willst einem Alien mitteilen, wie lang deine Sekunde ist? Kein Problem. Du musst ihm nur sagen, dass sie 9 192 631 770 Schwingungen der elektromagnetischen Welle entspricht, die ein Cäsium-133-Atom schluckt. Damit kann das Alien, ohne die Erde jemals zu besuchen, „deine" Sekunde ganz exakt „nachbauen". Ähnlich ist es mit dem Meter. Aber ein Kilogramm kann das Alien nicht exakt nachbauen! Warum? Dazu müsste es nach Paris kommen, denn ein Kilogramm ist nach der heutigen Definition immer noch die Masse des **Urkilogramms** in Paris und nicht durch Naturkonstanten definiert.

Der Verlust mag zwar winzig erscheinen, ist aber sehr unangenehm. **Jede Waage,** egal ob im Badezimmer, beim Juwelier oder im Supermarkt, verdankt ihre Anzeige indirekt dem Urkilogramm. Und deshalb sollte 1 kg eben genau 1 kg sein. Und sollte der Pariser Metallzylinder gar mal runterfallen und eine Schramme bekommen wie die deutsche Kopie im Zweiten Weltkrieg, wäre das ein Waagen-GAU. Deshalb wird heftig daran gearbeitet, das Kilogramm – wie auch alle anderen 6 Basiseinheiten – mit Hilfe von Naturkonstanten zu definieren.

▸▸▸ **i** | **Wettlauf um das neue Kilogramm** |

i

| Wettlauf um das neue Kilogramm |

Im Streit um den Nachfolger hat längst ein technisches Wettrüsten begonnen. Da gibt es einmal die Methode mit einer reinen **Siliciumkugel**, in der sich eine bestimmte und möglichst genau abgezählte Anzahl von Atomen befindet. Diese Kugeln sind verdammt rund! Wäre sie so groß wie die Erde, dann wären die höchsten Berge nur ein paar Meter hoch – der Mount Everest ist 8848 m hoch! Eine ähnliche Methode ist die, **Goldatome** zu sammeln, bis man eine wägbare Masse hat. Bei beiden Methoden könnte man später angeben, ein Kilogramm ist das Soundsovielfache eines bestimmten Atoms.

Und dann gibt es die Methode des **„elektrischen Kilogramms"** („Watt-Waage"). Dabei ermittelt man die Gewichtskraft einer kg-Kopie mit Hilfe eines Elektromagneten, also mit Hilfe von Strom. Diese Methode ist momentan am genauesten.

Alle Methoden haben ihre Tücken, und man weiß nicht, welche letztlich gewinnt. Aber alle sind sich einig: Das Urkilogramm muss weg. Und in jedem Fall könnte man dann das kg endlich über eine natürliche Einheit definieren.

	ungefähre Dichte in kg/m³
Helium	0,18
Luft, 20 °C, Normaldruck	1,20
Kohlenstoffdioxid	1,98
Olivenöl	910
Eis 0 °C	917
Mensch, eingeatmet	940– 990
Wasser, 4 °C	1000
Mensch, ausgeatmet	1010–1100
Meerwasser normal	1025
Totes Meer	1170
Quecksilber	13546

Tabelle 2.3: Beispiele für Dichten verschiedener Flüssigkeiten und Gase

2.6 Ein Loch extremer Dichte

Dichte und Dichtemessung

In der Physik kommt man mit 7 Basiseinheiten aus (die drei wichtigsten haben wir schon genauer kennen gelernt). Alle anderen Einheiten lassen sich aus diesen ableiten. Wir greifen exemplarisch ein paar heraus.

?

F29 ▸L Welche Masse hat eine Korkkugel mit einem Radius von einem Meter? Rate zuerst und dann schätze ab.

F30 Versuche möglichst einfach zu begründen, warum du im Wasser untergehst! Warum geht ein Eisberg nicht unter? Und warum geht ein Dampfer nicht unter, obwohl er aus Stahl ist?

F31 ▸L Schätze die Masse der Luft im Physiksaal ab. Verwende dazu Tabelle 2.3.

Ein einfaches Beispiel für eine abgeleitete Größe ist die **Geschwindigkeit**. Sie hat die Einheit m/s (oder km/h, aber das ist keine SI-Einheit). Eine andere abgeleitete Größe ist die **Dichte**. Sie gibt die Masse pro Volumen an und hat daher die SI-Einheit kg/m³.

▸▸▸ **a** | **Dichtemessung** |

a

| Dichtemessung |

Die Dichte hat in der Physik den griechischen Buchstaben „rho" (ρ):

$$\rho = \frac{m}{V} = \frac{\text{Masse}}{\text{Volumen}};\ [\rho] = 1\,\frac{\text{kg}}{\text{m}^3}$$

Bestimme die Dichte einiger Gegenstände. Sie sollten durch und durch aus einem Material sein. Verwende für das Bestimmen des Volumens eine **Schublehre**. Wichtig: Achte darauf, dass du **SI-Einheiten** verwendest, also kg und m. Schätze die Richtigkeit deiner Ergebnisse mit Hilfe der Tabellen 2.3 und 2.4 ab.

	ungefähre Dichte in kg/m³
Styropor	20–60
Kork	120–550
Holz	450–900
Aluminium	2700
Eisen	7860
Kupfer	8920
Blei	11340
Gold	19320
Schwarze Löcher	$\geq 10^{30}$

Tabelle 2.4: Beispiel für Dichten verschiedener Festkörper. Naturstoffe und Stoffe mit Hohlräumen haben je nach Beschaffenheit ziemlich schwankende Dichten.

Generell kann man sagen: Hat ein Stoff eine geringere Dichte als ein anderer, dann steigt er auf (außer es sind beides Festkörper). Auf Wasser schwimmen daher Kork, Holz, Öl oder Eis (Tab. 2.3 und 2.4). Wenn der **Mensch** eingeatmet hat, geht er nicht unter, weil seine Dichte dann geringer ist als die von Wasser (F30). Ähnlich ist das mit einem Dampfer: Er ist zwar aus Stahl, aber drinnen ist viel Luft und im Schnitt ist die Dichte geringer als die von Wasser. Helium steigt in Luft auf und eignet sich daher für Ballons. Kohlenstoffdioxid sinkt zu Boden und kann in einem Silo tödlich sein. Im **Toten Meer** ist das Wasser auf Grund des extremen Salzgehalts so dicht, dass man dort niemals untergehen kann (Abb. 2.19).

Abb. 2.19: Schwimmen im toten Meer

Bei großem Volumen versagt unsere Intuition, dann läppert sich die Masse auch bei geringer Dichte ganz schön zusammen. Denn hättest du gedacht, dass eine Korkkugel mit 1 m Radius eine Masse von weit über 1000 kg hat (F29)? Die größte Dichte im gesamten Universum haben übrigens **Schwarze Löcher**. Das sind wirklich faszinierende Objekte.

››› i | Schwarze Löcher |

Wie schwer war es wohl vor etwa 150 Jahren, als im Zuge der Meterkonvention von Elle und Zoll auf das metrische System umgestellt wurde? Eine Ahnung davon kannst du bekommen, wenn du weißt, dass die Einheiten **Kalorie** (cal) und **Pferdestärke** (PS) seit **1978** in Österreich eigentlich nicht mehr verwendet werden sollten. Die neuen SI-Einheiten, die sie ersetzten, sind **Joule** (J) und **Watt** (W). Während nach wie vor der Nährwert auf Lebensmitteln auch in Kalorien angegeben ist (Abb. 2.20), ist zumindest seit einiger Zeit das PS aus den Zulassungsscheinen für Autos verschwunden.

››› i | Ein Würfel aus Zeit |

Abb. 2.20 : Nährstoffangabe auf einem Molkeprodukt

| Schwarze Löcher |

Ein **Schwarzes Loch** entsteht, wenn ein massenreicher Stern von einigen Sonnenmassen ausbrennt und in sich zusammenstürzt. Seine Dichte wird dann so unglaublich groß, dass nicht einmal Licht entweichen kann, daher auch der Name. Die Erde wird zwar niemals in sich zusammenstürzen, aber nehmen wir mal an, jemand presst sie auf ein Schwarzes Loch zusammen, dann hätte sie nur mehr einen Radius von 9 mm (Abb. 2.20). Daraus kann man eine Dichte von mindestens 10^{30} kg/m³ abschätzen. Unvorstellbar! Schwarze Löcher sind die dichtesten **Objekte im Universum** und sie stecken nach wie vor voller Rätsel.

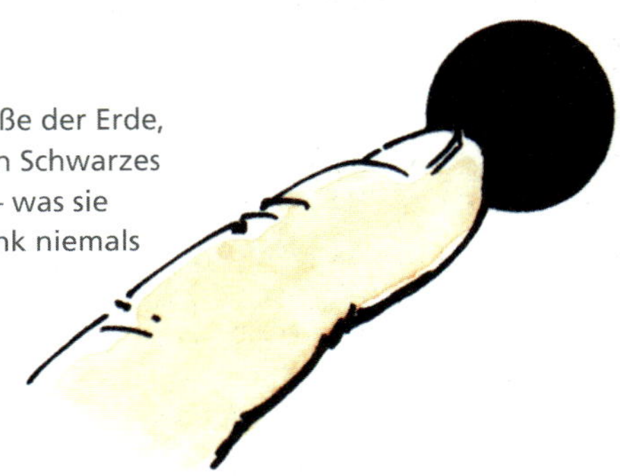

Abb. 2.21: Originalgröße der Erde, wenn sie ein Schwarzes Loch wäre – was sie Gott sei Dank niemals sein kann!

| Ein Würfel aus Zeit |

Alle SI-Einheiten lassen sich durch eine Kombination der 7 Basiseinheiten ausdrücken. 1 Joule ist 1 kg · m²/s², und 1 Watt ist 1 kg · m²/s³. Und daran lernst du etwas Wichtiges. Oft kann man sich von Einheiten kein Bild machen. Denn was soll man sich unter einer Quadrat- oder gar unter eine Kubiksekunde vorstellen? Ein Quadrat oder einen Würfel aus Zeit?

Wie werden die alten Einheiten in die neuen umgerechnet? **1 Kalorie sind rund 4,2 Joule und 1 PS rund 736 Watt,** oder, wie man bei der Leistung von Autos oft liest, 0,736 Kilowatt.

| Epilog |

Damit die Physiker auf dieser Welt eine einheitliche Sprache sprechen, müssen alle dieselben und exakt definierten Einheiten verwenden. Erst seit **1960** gibt es das **SI-System**, das mit nur **7 Basiseinheiten** auskommt (etwa kg, m oder s). Alle anderen Einheiten sind daraus abgeleitet. Bis auf das Kilogramm werden heutzutage alle Basiseinheiten mit Hilfe von **Naturmaßen** beschrieben. Außerdem schreibt man in der Physik die Zahlen in **Zehnerpotenzen** an und einige davon haben bestimmte Vorsilben.

3 | WORAUS ALLES BESTEHT

| Prolog |

In diesem Kapitel beschäftigen wir uns mit der **Materie**, also mit dem, woraus alles besteht. Du lernst dabei das **Teilchenmodell** kennen, und wir machen eine Reise vom Kleinsten, was wir heute kennen, bis zum gesamten Universum.

3.1 Beam me up, Scotty!

Die Geschichte des Atommodells

In diesem Abschnitt geht es darum, woraus Materie besteht und was das für Konsequenzen für uns hat. Du musst dir mal vorstellen: Noch vor etwas mehr als 100 Jahren hatten wir keine Ahnung, woraus Atome bestehen. Unser Bild von den kleinsten Teilchen war damit eigentlich fast noch am Stand der Antike. Aber dann ging alles ziemlich schnell.

?

F1 Wenn man Materie teilt und teilt und teilt, kommt man dann irgendwann auf eine kleinste Struktur oder kann man im Prinzip immer weiter teilen? Diskutiere Argumente dafür und dagegen!

F2 Kannst du dich aus der Unterstufe noch erinnern, woraus ein Atom aufgebaut ist?

F3 ▸L Hast du schon einmal davon gehört, dass es einem Österreicher gelungen ist, Photonen zu „beamen"? Was versteht man eigentlich darunter?

Bereits der griechische Philosoph DEMOKRIT (460 bis 371 v. Chr.) meinte, dass alle Stoffe aus kleinsten, nicht mehr trennbaren Teilchen aufgebaut sein müssten. Weil unteilbar auf Griechisch „atomos" heißt, nennt man diese kleinsten Teilchen **Atome**, also die „Unteilbaren". Man stellte sich damals die Atome wie feste Kugeln vor. Es sollten nach Demokrit etwa 2300 Jahre vergehen, bis man den Beleg hatte, dass Atome doch noch weiter teilbar sind. Dann ging es aber Schlag auf Schlag. Daran kannst du sehr schön erkennen, wie in der Physik Modelle immer mehr verbessert werden (siehe auch Kap. 1).

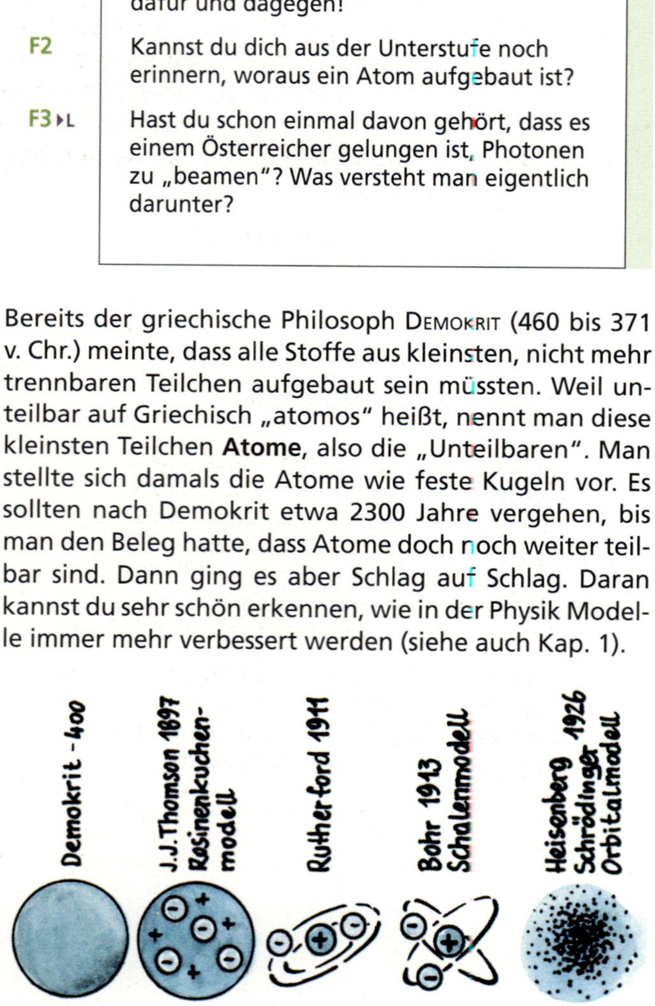

Abb. 3.1: Wichtige Stationen in der Entwicklung des Atommodells. Du siehst, der Weg von den harten Kugeln bis zum modernen Modell dauerte nur etwa 30 Jahre!

1897 konnte der britische Physiker JOSEPH J. THOMSON (1856–1940) die Existenz von **Elektronen** nachweisen. Er vermutete, dass das Atom aus einer gleichmäßig verteilten positiven Ladung und den negativ geladenen Elektronen besteht, die sich darin wie Rosinen in einem Kuchen befinden. Deshalb nannte man das Modell auch **Rosinenkuchenmodell**.

Abb. 3.2: ERNEST RUTHERFORD (1871–1937)

Der Traum vom Kuchen war vorbei, als ERNEST RUTHERFORD **1911** zeigen konnte, dass die Masse im Atom keineswegs gleichmäßig verteilt, sondern auf einen überaus winzigen Kern konzentriert ist. Rund um den Kern kreisten nach diesem Modell die **Elektronen**, ähnlich wie Planeten um die Sonne.

Abb. 3.3: NIELS BOHR (1885–1962)

NIELS BOHR verbesserte **1913** dieses Modell, indem er annahm, dass die Elektronen nur auf bestimmten Bahnen um den Kern laufen können. Man nennt sein Modell deshalb auch das **Schalenmodell**. Es galt wissenschaftlich als fraglich, aber man konnte damit gewisse Beobachtungen sehr anschaulich erklären.

Die Quantenmechanik lieferte in den **1920ern** dann das Atommodell, das heute immer noch gültig ist. WERNER HEISENBERG (1901–1976) und der Österreicher ERWIN SCHRÖDINGER (1887–1961) haben maßgeblich zur Entwicklung dieses Modells beigetragen. Dabei wird den Elektronen keine bestimmte Bahn zugeordnet, sondern eine so genannte Aufenthaltswahrscheinlichkeit, die man auch **Orbital** nennt. In diesem Modell hat das Atom keine festen Grenzen mehr. Die Quantenmechanik ist eine ziemlich harte Nuss, auf die wir später („Big Bang 7") noch einmal ausführlich zurückkommen werden.

Abb. 3.4: ERWIN SCHRÖDINGER (1887–1961)

▸▸▸ i **| Beam me up, Scotty! |**

3.2 Im Wesentlichen leer

Woraus Atome bestehen

In diesem Abschnitt geht es um die Größenordnungen von Atom und Atomkern. Du wirst mehr über die Bestandteile eines Atoms erfahren und über die kleinsten bekannten Teilchen im Universum!

F4 Nimm einmal an, dass ein Atomkern 1 cm groß wäre. Was meinst du, wie groß wäre dann das ganze Atom?

F5 ▸L Was glaubst du, wie viele Atome man auf 1 cm hintereinander reihen kann?

F6 Gibt es Flächen, die zu 100 % glatt sind? Versuche zu begründen?

F7 Hast du schon einmal etwas von Quarks gehört? Weißt du, was man darunter versteht?

Die Größe der **Atome** anzugeben ist schwierig, weil sie nach außen hin keine festen Grenzen haben. Man kann sich aber helfen und ihren Abstand im festen Zustand bestimmen, und dann haben sie einen Durchmesser von 10^{-10} m (bedenke, dass uns momentan nur die Größenordnungen interessieren). Die Atome sind also unglaublich winzige Dinger!

▸▸▸ i | Ein gewaltiger Haufen Atome |

| Beam me up, Scotty |

Abb. 3.5

Stell dir einmal vor, du könntest durch die Wand gehen oder mit dem Snowboard gleichzeitig links und rechts an einem Baum vorbeifahren (Abb. 3.5). Klingt sehr nach Sciencefiction?! In der Welt der großen Objekte ist das natürlich unmöglich, in der Welt des Allerkleinsten passiert so etwas aber pausenlos. Kleinste Objekte wie Elektronen nennt man **Quanten**, und die Physik, die sich mit ihnen beschäftigt, **Quantenmechanik**. Die genannten Effekte entstehen dadurch, dass Quanten nicht nur Teilchen-, sondern auch Welleneigenschaften aufweisen.

Die Effekte in der Quantenwelt sind oft sehr absurd, und kein Mensch kann sie sich bildlich vorstellen. Richard Feynman, der den Physik-Nobelpreis für seine Arbeiten im Bereich der Quantenmechanik bekommen hat, soll einmal gesagt haben: „Ich gehe davon aus, dass niemand die Quantenmechanik versteht". Das beruhigt doch ziemlich! Obwohl wir viele Effekte nicht verstehen, können wir sie aber berechnen und auch durch Experimente belegen, etwa das „Beamen", das die Wissenschaftler lieber als **Teleportation** bezeichnen (Kap. 29.4, „Big Bang 7").

Abb. 3.6: Anton Zeilinger

Abb. 3.7. Beam me up …

Der österreichische Physiker Anton Zeilinger (Abb. 3.6) ist einer der Pioniere des Teleportierens von Quanten. Er hat aber auch immer wieder betont, dass diese Technologie wohl niemals für große Objekte wie etwa Menschen technisch möglich sein wird. Eines der Probleme ist, dass die Datenmengen einfach zu groß wären. Schade, denn es wäre wirklich faszinierend!

Zusammenfassung

Nach heutiger Auffassung besteht das Atom aus einer Elektronenhülle und einem Kern, der praktisch die gesamte Masse besitzt. Die Elektronen haben keine bestimmten Bahnen, sondern Aufenthaltswahrscheinlichkeiten.

| Ein gewaltiger Haufen Atome |

Weil Atome so klein sind, besteht jedes Objekt aus unvorstellbar vielen von ihnen. Schauen wir uns die Größenordnungen an. Schon ein winziges **Grippevirus** hat 10^7 Atome (also 10 Millionen), **ein Liter Wasser 10^{26}**, der **Mensch** bereits **10^{28}**. Klar, denn Menschen haben etwa die Dichte von Wasser (Tab. 2.4; Kap. 2.6) und eine Masse von rund 100 kg.

Unser **Sonnensystem** hat bereits **10^{57}** Atome und das ganze **Universum** besteht aus wohl **10^{80}** Atomen, also einem 1er mit 80 Nullen hinten dran! Alles natürlich geschätzt, nachgezählt hat noch niemand.

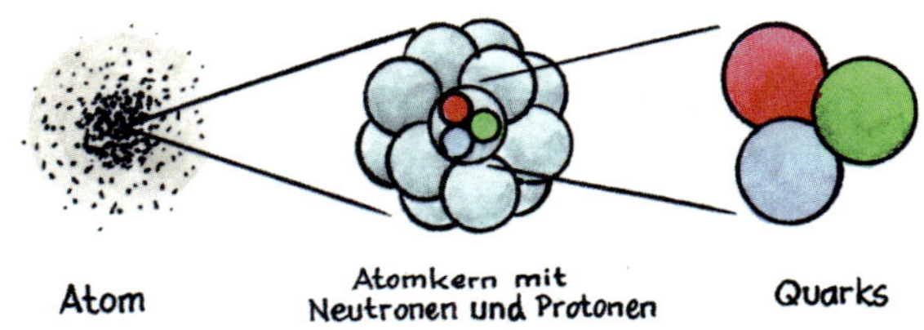

Abb. 3.9: Aufbau eines Atoms

Obwohl sie so winzig sind, gibt es heute Verfahren, mit denen man sie sichtbar machen kann. Abb. 3.8 zeigt die Oberfläche von Nickel, die mit einem so genannten **Raster-Tunnelmikroskop** gemacht wurde. Man kann dabei die Atome nicht direkt sehen, und das Bild wird mit Hilfe eines Computers erstellt. Die Atome sind also in Wirklichkeit nicht bunt. Man sieht aber, dass es keine Oberflächen geben kann, die zu 100 % glatt sind. Selbst wenn man auf eine Atomschicht genau arbeitet, machen die Atome Beulen (F6).

Abb. 3.8: Die Oberfläche von regelmäßig angeordneten Nickelatomen in einem Rastertunnelmikroskop

Atomkerne sind noch viel winziger als Atome, nämlich um den Faktor 10^{-4} bis 10^{-5} (Abb. 3.9). Wenn der Kern also einen Durchmesser von 1 cm hätte, dann wäre die Atomhülle unglaubliche 100 m bis 1 km groß (F4)! Und woraus besteht der Kern? Aus **Protonen** und **Neutronen**! Diese nennt man gemeinsam **Nukleonen**. Sind wir damit schon bei den kleinsten Strukturen angelangt? Nein, denn beide bestehen noch einmal aus kleineren Bausteinen, den so genannten **Quarks** (Abb. 3.9). Diese Quarks werden von einer Kraft zusammengehalten, die man die starke Wechselwirkung nennt (Kap. 3.6).

››› i | Teilchenzoo |

Neutronen und Protonen haben etwa die 2000fache Masse von Elektronen (Tabelle 3.1). Fast die ganze Masse eines Atoms befindet sich somit im **Kern**. Stell dir mal eine Person mit 100 kg vor. Mehr als 99,95 kg macht dann die Masse ihrer Protonen und Neutronen aus, und nur mickrige 50 g beträgt die ihrer Elektronen. Ihr Volumen bekommt die Person aber durch die Elektronen. Es ist paradox: Das, was die Masse von allen Objekten verursacht (die Atomkerne), hat fast kein Volumen, und das, was das Volumen verursacht (die Atomhüllen), hat fast keine Masse. **Atome sind im Wesentlichen leer!**

Abb. 3.11

i

| Teilchenzoo |

Wenn man in Teilchenbeschleunigern Protonen oder Elektronen mit fast Lichtgeschwindigkeit aufeinander schießt, dann kann man eine unglaubliche Vielfalt von neuen Teilchen erzeugen (Abb. 3.10). Weil man bereits über 300 neue Teilchen kennt, spricht man auch liebevoll vom **„Teilchenzoo"**. Aber nur die wenigsten der Teilchen sind wirklich elementar, bestehen also nicht noch einmal aus kleineren Teilchen.

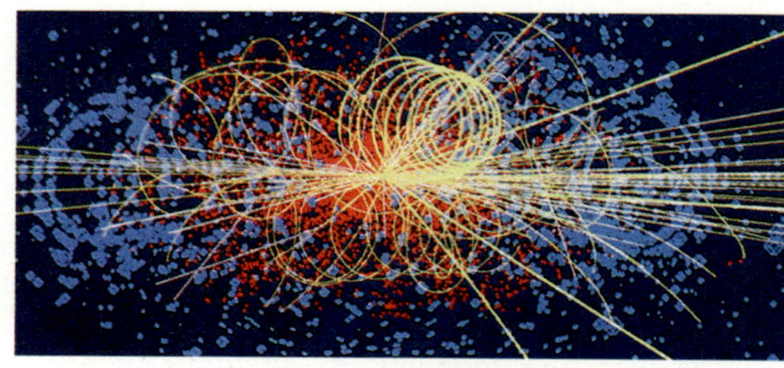

Abb. 3.10: Ein fast unüberschaubarer Teilchenschauer bei der Kollision von nur 2 Protonen.

Das Elektron scheint elementar zu sein, Protonen und Neutronen setzen sich aber jeweils noch einmal aus drei **Quarks** zusammen (Abb. 3.9). Die Quarks wurden erstmals **1964** vorausgesagt und später indirekt experimentell bestätigt. Quarks kommen nämlich niemals alleine vor. Es ist natürlich nicht ausgeschlossen, dass man irgendwann noch kleinere Teilchen finden wird, aus denen sogar Quarks und Elektronen aufgebaut sind.

Teilchen	Masse in kg	Ladung	relative Masse
Neutron (n)	$1{,}675 \cdot 10^{-27}$	neutral	1838,7
Proton (p^+)	$1{,}673 \cdot 10^{-27}$	plus	1836,2
Elektron (e^-)	$9{,}109 \cdot 10^{-31}$	minus	1

Tabelle 3.1: Die Masse der Protonen und Neutronen ist etwa 2000-mal größer als die der Elektronen.

Elektronen (–) und Protonen (+) haben die **kleinste elektrische Ladung**, die in der Natur frei vorkommt. Jedes Atom hat gleich viele Protonen im Kern wie Elektronen in der Hülle. Weil die Ladungen gleich groß, aber entgegengesetzt sind, sind alle Atome nach außen hin **elektrisch neutral**. Und weil sich gegengleiche Ladungen anziehen, kann der Kern die Elektronen in der Hülle halten.

Zusammenfassung

Fast die gesamte Masse eines Atoms wird durch den Kern verursacht und das Volumen durch die Elektronenhülle. Elektronen sind elementar, Neutronen und Protonen bestehen aus den elementaren Quarks. Elektronen und Protonen haben die kleinste elektrische Ladung, die in der Natur frei vorkommt.

3.3 Wir bestehen aus Sternenstaub!

Das Periodensystem der Elemente

Stoffe, die nur aus einer einzigen Atomsorte bestehen, nennt man Elemente. Wie man diese nach ihren Eigenschaften ordnen kann, hörst du in diesem Abschnitt. Und du erfährst auch, dass wir fast ausschließlich aus Sternenstaub bestehen und jeder ein bisschen Supernova in sich hat.

?

F8 ▸L Weißt du, was das Besondere an den Elementen Wasserstoff, Quecksilber, Brom und Kohlenstoff ist?

F9 Mit dem Urknall wurden nur die Elemente Wasserstoff und Helium erzeugt! Wo zum Teufel kommen dann all die anderen Elemente her?

F10 Aus wie viel verschiedenen Elementen besteht der Mensch? Und wie sieht es mit niederen Lebensformen aus, etwa den Bakterien?

Du musst dir einmal vorstellen: Es gibt Chemiebücher, in denen über 15 Millionen verschiedener Stoffe aufgelistet sind! Aber alle diese Stoffe bestehen letztlich bloß aus etwa **100 Elementen** und diese wieder nur aus drei „Bausteinen", nämlich Elektronen, Protonen und Neutronen. Es ist schon sehr erstaunlich, auf wie viele Arten man diese zusammensetzen kann!

Schon Anfang des 19. Jahrhunderts kannte man eine große Zahl an Elementen, aber erst **1869** fassten der Russe Dimitrij Mendelejew und der Deutsche Lothar Meyer unabhängig voneinander deren Eigenschaften zu einem **Periodensystem** zusammen. Dieses System hatte bereits große Ähnlichkeit mit dem, das wir heute verwenden (Abb. 3.12).

Weil noch einige Elemente unbekannt waren, blieben Lücken. Mendelejew schloss daher auf die Existenz von noch fehlenden Elementen. Die wurden tatsächlich bald entdeckt (etwa das Germanium) und verhalfen dem Periodensystem zum Durchbruch.

Im Periodensystem sind die Elemente nach steigenden **Atommassen** geordnet: Je größer die Ordnungszahl, desto größer die Masse. Die Ordnungszahl gibt gleichzeitig an, wie viel Elektronen bzw. Protonen ein Element besitzt. Der **Wasserstoff** (H; Z=1) ist gleichzeitig das mit Abstand häufigste Element im Universum (92 % aller Atome), und **Helium** (He; Z=2) ist das zweithäufigste (7,8 %). Der mickrige Rest von nur etwa 0,2 % sind schwerere Elemente. Wie wir aber gleich hören werden, machen gerade die das Universum erst so richtig spannend!

Die Elemente in einer **Periode** (Zeile) haben die gleiche Anzahl von Elektronenschalen. Also Natrium (Na) und Magnesium (Mg) haben z. B. drei Schalen. Die Elemente einer **Gruppe** (Spalte) haben gleich viele Elektronen auf der äußersten Schale. Wasserstoff und Lithium (Li) haben z. B. ein Elektron auf der äußersten Schale. Die chemischen Eigenschaften eines Elements werden nur von der Elektronenhülle bestimmt, der Kern spielt keine Rolle.

Das Gegenstück zum Wasserstoff ist **Uran** (U, Z = 92). Es ist nämlich das schwerste natürlich vorkommende Element im Universum. Alle höheren Elemente können nur künstlich durch Kernreaktionen hergestellt werden (siehe Kap. 3.5).

Aber nun zu dem, was das Universum so spannend macht: das Leben! Jene sechs Elemente, die das Entstehen des Lebens erst ermöglicht haben sind Wasserstoff, Kohlenstoff, Stickstoff, Sauerstoff, Phosphor und Schwefel (Abb. 3.12).

Ordnungszahl Z

relative Atommasse

1 H 1.0079																	2 He 4.00260
3 Li 6.941	4 Be 9.01218											5 B 10.81	6 C 12.011	7 N 14.0067	8 O 15.9994	9 F 18.99840	10 Ne 20.179
11 Na 22.98977	12 Mg 24.305											13 Al 26.98154	14 Si 28.0855	15 P 30.97376	16 S 32.06	17 Cl 35.453	18 Ar 39.948
19 K 39.098	20 Ca 40.08	21 Sc 44.9559	22 Ti 47.90	23 V 50.9414	24 Cr 51.996	25 Mn 54.9380	26 Fe 55.847	27 Co 58.9332	28 Ni 58.71	29 Cu 63.546	30 Zn 65.38	31 Ga 69.72	32 Ge 72.59	33 As 74.9216	34 Se 78.96	35 Br 79.904	36 Kr 83.80
37 Rb 85.4678	38 Sr 87.62	39 Y 88.9059	40 Zr 91.22	41 Nb 92.9064	42 Mo 95.94	43 Tc 98.9062	44 Ru 101.07	45 Rh 102.9055	46 Pd 106.4	47 Ag 107.868	48 Cd 112.40	49 In 114.82	50 Sn 118.69	51 Sb 121.75	52 Te 127.60	53 I 126.9045	54 Xe 131.30
55 Cs 132.9054	56 Ba 137.34	57-71 La - Lu	72 Hf 178.49	73 Ta 180.947	74 W 183.85	75 Re 186.2	76 Os 190.2	77 Ir 192.22	78 Pt 195.09	79 Au 196.9665	80 Hg 200.59	81 Tl 204.37	82 Pb 207.2	83 Bi 208.9804	84 Po (210)	85 At (210)	86 Rn (222)
87 Fr (223)	88 Ra 226.0254	89-103 Ac - Lr	104 Rf (257)	105 Db (260)	106 Sg (263)	107 Bh (262)	108 Hs (264)	109 Mt (266)	110 Ds	111 Rg	112 Co	113 Uut	114 Uuq	115 Uup	116 Uuh		118 Uuo

Abb. 3.12: Die Elemente des Periodensystems. Alle Elemente ab Plutonium sind künstlich hergestellt. Momentan (2010) ist man bereits bei Z = 118. Hier siehst du wichtige Elemente, aus denen der Mensch aufgebaut ist. Blau sind die 6 Grundelemente, aus denen alles Leben besteht, rot Mineralstoffe und grün Spurenelemente. In einem menschlichen Körper befinden sich also rund 1/4 aller Elemente, die es gibt.

i

| Nur in Spuren |

Du kennst sie sicher aus der Werbung, wo sie gestressten Mamis und Managern angeboten werden: **Mineralstoffe** (Tagesbedarf >100 mg) und **Spurenelemente** (Tagesbedarf <100 mg).

Diese Einteilung nach dem Tagesbedarf kommt aus der Medizin, denn für einen Physiker sind alle ohne Unterscheidung Elemente! Aber sie sind für uns unglaublich wichtig. Ohne die Mineralstoffe **Kalium** (K) und **Natrium** (Na) könnten zum Beispiel keine elektrischen Reize in den Nerven weitergeleitet werden, ohne **Calzium** (Ca) wären Zähne und Knochen weich und die Muskeln könnten sich nicht zusammenziehen, und **Chlor** (Cl) brauchen wir zur Bildung der Salzsäure im Magen. Das Spurenelement **Fluor** (F) dient zur Kariesverhütung, **Eisen** (Fe) ist für den Sauerstofftransport unerlässlich und **Iod** (I) für die Bildung des Schilddrüsenhormons.

i

| Eine verdammt heiße Sache |

Unter dem Einfluss der Gravitation beginnt sich eine Staubwolke zusammenzuziehen (Abb. 3.13) und wird dabei dichter und wärmer. Wenn die Temperatur etwa 10 Millionen Grad erreicht hat, dann setzt die so genannte **Kernfusion** ein. Wie der Name vermuten lässt, ist das eine Kernverschmelzung der Atome. Der Prozess der Fusion ist sehr kompliziert, aber eines kann man ganz einfach sagen: Es entstehen dabei erstens enorm viel Hitze und zweitens schwere Elemente bis hin zum Eisen (Abb. 3.29, Kap. 3.6). Eisen entsteht aber nur in sehr massereichen Sternen, weil man Temperaturen von sage und schreibe 3 Milliarden Grad benötigt!

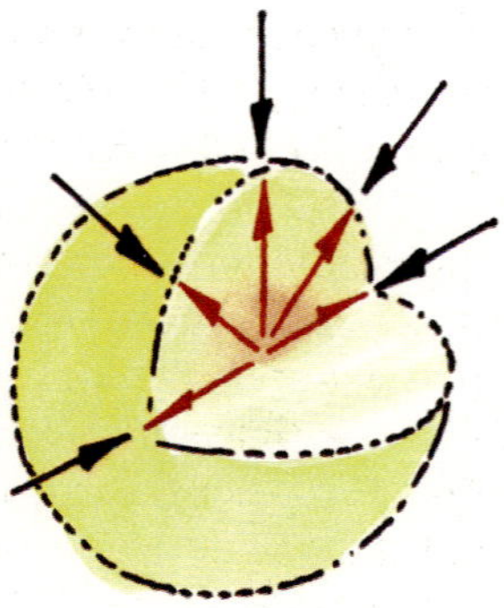

Abb. 3.14:
Solange die Kernfusion abläuft, bleibt der Stern stabil!

Solange der Brennstoff nicht ausgegangen ist, halten einander **Gravitation** und der durch die Hitze entstehende **Gasdruck** die Waage (Abb. 3.14). Aber irgendwann ist der Brennstoff zu Ende, der Gegendruck sinkt und der Stern fällt in sich zusammen. Keine Angst: Bei der Sonne wird das noch etwa 5 Milliarden Jahre dauern!

DNA und **Proteine** lassen sich zum Beispiel vollkommen aus nur diesen Elementen aufbauen (wobei man für die DNA den Schwefel gar nicht benötigt; Abb. 3.22, Seite 27). Auch einfachste Lebewesen und Viren enthalten genau diese Elemente. Der **Kohlenstoff** ist ganz besonders hervorzuheben. Er ist das einzige Element, das bei lebensfreundlichen Temperaturen (also unter 100 °C) lange Kettenmoleküle bilden kann, und die sind wiederum Voraussetzung für jedes Leben. Der **Mensch** als hoch entwickelte Lebensform braucht darüber hinaus noch weitere Elemente (Abb. 3.12; **F10**).

▸▸▸ i | Nur in Spuren |

Woher kommen aber die restlichen 0,2 % der Atome, die die Entstehung von Leben ermöglicht haben? Beim Urknall sind ja praktisch ausschließlich Wasserstoff und Helium entstanden (**F9**)! Und hier kommt der Sternenstaub ins Spiel! Im heutigen Universum kommen vor allem zwei Formen von Materie vor: **Sterne** und **Sternenstaub**. Diese beiden Zustände befinden sich im ständigen Kreislauf. Die gesamte Materie, aus der alles rund um uns und auch wir selbst bestehen, hat diesen Kreislauf schon mehrmals durchlaufen.

Sternenstaub sind winzig kleine Partikel im Weltall, die vermutlich durch das Ausbrennen von Sternen entstanden sind. Man nennt den Sternenstaub auch **interstellare Materie.** Zu Beginn des Universums stammte dieser natürlich noch vom Urknall selbst. Sie ballte sich zusammen, und nach einigen 100 Millionen Jahren entstanden die ersten Sterne. Diese bestanden so gut wie nur aus Wasserstoff und Helium, und es konnten daher auch keine Planeten aus Stein und somit auch kein Leben entstehen. Wie langweilig!

Ein Stern erzeugt aber **schwere Elemente** und wenn er stirbt, dann werden diese wieder frei, manchmal durch eine sehr spektakuläre Explosion, die die Materie weit ins Weltall hinausschleudert. Dadurch werden die interstellaren Wolken mit schweren chemischen Elementen angereichert. Und aus diesem neuen Sternenstaub entstehen später auch wieder neue Sterne (Abb. 3.13). Das ist der **Kreislauf des Universums!**

▸▸▸ i | Eine verdammt heiße Sache |

Abb. 3.13:
Im Adler-Nebel in 6000 LJ Entfernung kann man Sternenstaub beobachten, der sich gerade zusammenballt und neue Sterne hervorbringt. Der linke Pfeiler hat eine Länge von einem Lichtjahr!

Die chemischen Elemente, aus denen alles in unserem Sonnensystem besteht, sind von mindestens einer, wahrscheinlich sogar zwei Sterngenerationen „erbrütet" worden. **Also bestehen wir Menschen fast ausschließlich aus Sternenstaub!** Und fast alle Elemente in dir, die schwerer sind als Eisen (etwa Zink, Kupfer oder Iod) stammen von einer Sternenexplosion. Also sind Reste einer **Supernova** in dir!

››› i | **Supernova** |

Zusammenfassung

Es gibt knapp 100 natürliche Elemente, die im Periodensystem ihrer Masse nach geordnet sind. Die häufigsten sind Wasserstoff und Helium. Fast alle schwereren Elemente sind in den Sternen entstanden. Weil man für höheres Leben auch viele schwere Elemente braucht, verdanken wir unser Leben den ersten Sternengenerationen, die diese Elemente „erbrütet" haben. Wir sind Kinder der Sterne.

| Supernova |

Wenn ein Stern mit über 8 Sonnenmasse ausgebrannt ist, dann wird's spektakulär! Weil der Gegendruck durch die Hitze fehlt, stürzt er in sich zusammen und bildet einen unglaublich dichten Kern. Die äußeren Teile prallen an diesem ab und werden mit unermesslicher Wucht ins All geschleudert. Genau genommen geht der Explosion eine Implosion voraus! Auf jeden Fall verteilen sich dabei die im Stern entstandenen Elemente.

Atomkerne stoßen einander natürlich ab, weil sie positiv geladen sind. Durch das Abprallen der Materie können aber Atomkerne einander so nahe kommen, dass die starke Wechselwirkung überwiegt (siehe Kap. 3.6). Auf diese Weise können „Superkerne" entstehen, die durch Kernverschmelzung in Sternen nicht möglich sind. Fast alle schwereren Elemente als Eisen im Universum, etwa Platin, Gold und sogar **Uran**, sind auf diese Weise entstanden. Manchmal beginnt der Stern dabei für kurze Zeit so stark zu leuchten wie eine ganze **Galaxis**! Am Nachthimmel leuchtet dann ein scheinbar neuer, oft vorher unbekannter Stern auf. Deshalb nannte man diese Erscheinung auch **Supernova** (nova bedeutet neuer Stern). Heute wissen wir, dass hier aber kein Stern geboren wurde, sondern gerade einer stirbt.

Abb. 3.15: Ein besonders aufregendes Ereignis für die Astronomen war **1987** die Supernova in unserer Nachbargalaxie, der **Großen Magellanschen Wolke**. Zu sehen ist der Stern (links) und die spätere Supernova.

3.4 Hat die Sache einen Haken?
Chemische Bindungen

Bis jetzt war nur von einzelnen Atomen die Rede, also von Elementen. Jetzt geht es darum, dass und wie sich Atome verbinden können. Diese Verbindungen nennt man Moleküle. Und wir hören von einem wichtigen Grundsatz der Physik.

F11 Was denkst du, wie lang die längsten Moleküle im Menschen sind?

F12 Warum rollt eine Kugel in einer Schale immer an die tiefste Stelle? Und warum ist der Tee in einer Tasse immer unten und hat eine glatte Oberfläche? Und wieso fällt ein Gegenstand zu Boden, wenn man ihn fallen lässt?

In der **Antike** stellte man sich vor, dass die **Atome Haken** haben, mit denen sie sich **verbinden** können (Abb. 3.16). Das kommt uns heute irgendwie lustig vor, aber bevor du lachst, kannst du so aus dem Stegreif sagen, wie und warum Moleküle zustande kommen?

Abb. 3.16: Vorstellung von Bindungen zwischen Atomen in der Antike nach Epikur (341–270 v. Chr.).

Alle Kräfte zwischen Atomen haben immer einen elektrischen Ursprung. Man unterscheidet **drei** verschiedene **Bindungsarten**. So wirklich verstehen kann man diese nur mit Hilfe der Quantenmechanik. Aber wir können uns trotzdem einen recht guten Überblick verschaffen.

Bei den **Metall- und Ionenbindungen** entstehen sehr geordnete Strukturen. Anders ist das bei den **Atombindungen**, die den überwiegenden Anteil aller bekannten Verbindungen ausmachen. Dabei verbinden sich ausschließlich Nichtmetalle. Die Außenelektronen bilden eine gemeinsame Hülle, und die Atome teilen sich sozusagen die Elektronen geschwisterlich (Abb. 3.19).

››› i | **Wirklich sehr geordnet | Seite 26**

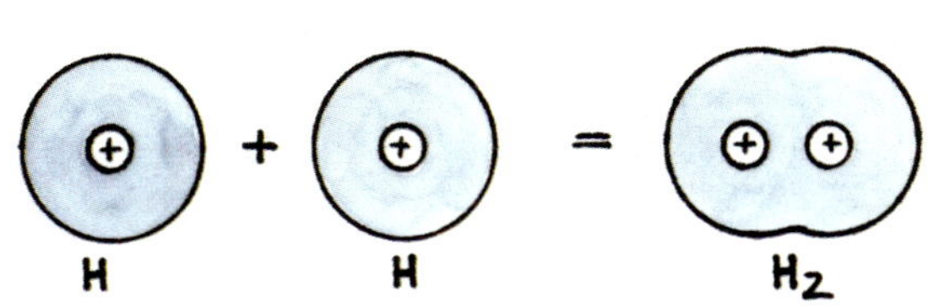

Abb. 3.19: Schematische Darstellung der Überlappung der Elektronenorbitale von zwei Wasserstoffatomen zu einem H_2-Molekül.

| Wirklich sehr geordnet |

Alle Metalle haben die Eigenschaft, dass sie ihre Elektronen sehr leicht abgeben. In Metallbindungen bewegen sich die Elektronen ähnlich wie ein Gas frei im Metall. Sie gehören dann praktisch allen Atomen. Die Kerne ordnen sich dabei regelmäßig an.

Ein Ion ist ein geladenes Teilchen. Es kann z. B. ein Atom sein, das ein Elektron zu viel hat oder zu wenig. Und so entstehen auch die **Ionenbindungen**. Sie treten zwischen einem Metall (z. B. Natrium) und einem Nichtmetall (z. B. Chlor) auf. Das Nichtmetall zieht die Elektronen des Metalls stark an und wird dadurch negativ geladen, das Metallatom positiv. Es entstehen also Ionen. Den Rest besorgt die elektrische Anziehung und sie formt einen regelmäßigen Kristall, wie etwa beim Kochsalz (Na^+Cl^-).

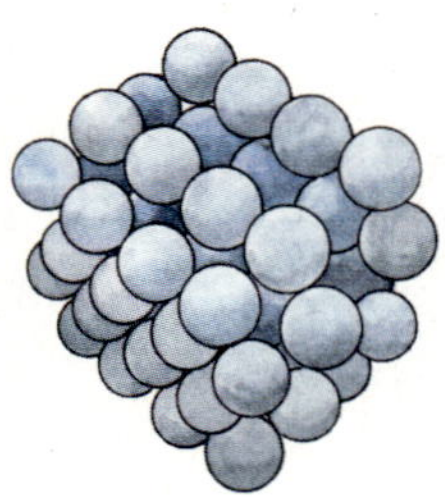

Abb. 3.17: Das **„Elektronengas"** bewegt sich frei zwischen den Atomrümpfen.

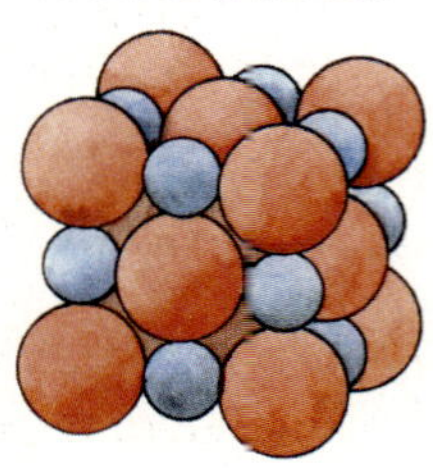

Abb. 3.18: **Atomgitter** aus positiven Metallionen und negativen Nichtmetallionen.

Die Frage ist aber, warum machen das die Atome? Sieh dir Abb. 3.20 a an. Wenn du die Kugel in der Grube nach rechts rausrollen willst, musst du Energie aufwenden. Nach links geht's praktisch gar nicht weiter. Wenn Energie notwendig ist, damit man die Kugel rausrollen kann, bedeutet das umgekehrt, dass **Energie frei** wird, wenn sie reinrollte. Wenn du nicht glaubst, dass Energie frei wird, wenn die Kugel eine tiefere Lage einnimmt, dann lass sie auf deinen Fuß fallen, dann kannst du diese freiwerdende Energie sogar spüren. Letztlich wird sie zu 100 % in Wärmeenergie umgewandelt.

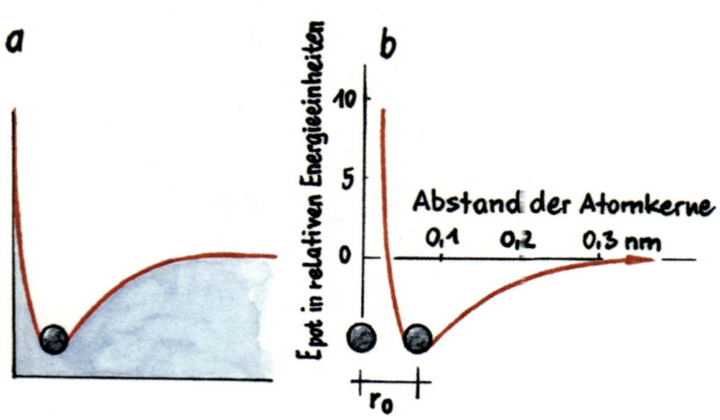

Abb. 3.20: Zustand der minimalen E_p bei einer Kugel und zwei Wasserstoffatomen. Eine Senke der potenziellen Energie nennt man übrigens allgemein einen **Potenzialtopf**.

Die Energie, die ein Gegenstand bekommt, wenn er gehoben oder gespannt wird, nennt man **potenzielle Energie** oder E_p. Und es gibt ein wichtiges Prinzip in der Physik, das besagt, dass sich alles so anordnet, dass die potenzielle Energie **ein Minimum** wird (F12). Man kann es also auch so sagen: Die Kugel rollt dort hin, wo die potenzielle Energie minimal ist, und das ist an der tiefsten Stelle. Das ist auch der Grund, warum sich Tee nicht auf der Seite der Tasse zusammenrottet, sondern am Boden, und seine Oberfläche glatt ist. Dann nämlich ist seine potenzielle Energie ein Minimum.

Mit Wasserstoffatomen zum Beispiel ist das im Prinzip genauso (Abb. 3.20 b). Es gibt einen bestimmten Abstand der Kerne, da ist ihre potenzielle Energie ein Minimum, nämlich bei etwas unter 10^{-10} m (0,1 nm). Treffen zwei Wasserstoffatome aufeinander, dann ergibt sich dieser Abstand automatisch, so wie auch die Kugel automatisch an der tiefsten Stelle liegen bleibt. Um den Abstand zu vergrößern oder zu verkleinern, ist Energie nötig. Wenn also keine Energie von außen kommt, dann bleiben die Atomkerne in diesem Abstand und bilden somit ein **H_2-Molekül**. Das Prinzip der niedrigsten potenziellen Energie gilt übrigens auch für die beiden anderen Bindungsarten (siehe auch Kap. 5.3 und 9.2).

››› i | Seifenblasen |

| Seifenblasen |

Eine sehr nette Analogie zu den beiden Wasserstoffatomen sind zwei gleich große **Seifenblasen**. Seifenflächen stellen sich so ein, dass ihre Oberfläche so klein wie möglich ist. Was passiert, wenn sich zwei berühren? Sie verschmelzen, aber nicht ganz (Abb. 3.21). Sie nähern sich so weit, bis ihre Gesamtfläche wieder ein Minimum ist, weil dann auch die potenzielle Energie ein Minimum ist (Vergleiche mit Abb. 3.19). Natürlich hat das nichts mit den elektrischen Kräften einer Atombindung zu tun, aber sehr wohl mit dem gleichen Prinzip, nämlich dem Zustand der niedrigsten potenziellen Energie.

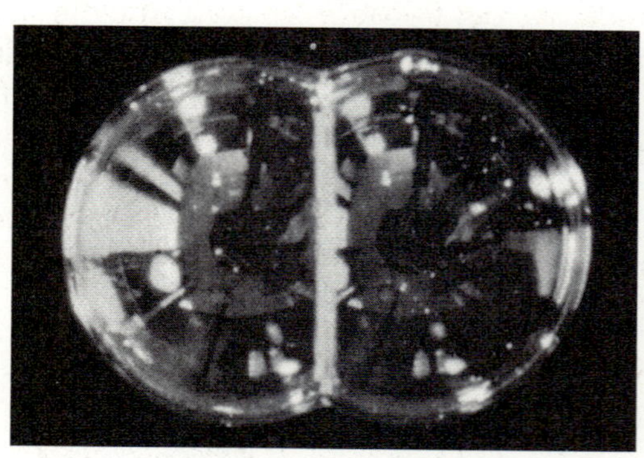

Abb. 3.21: 2 Seifenblasen verbinden sich ähnlich wie die Orbitale von 2 Wasserstoffatomen.

Das interessanteste Element für die Atombindung ist der **Kohlenstoff**, weil er als einziges Element sehr lange Moleküle bilden kann, die **Makromoleküle**. Wie lange können diese sein? Seeehr lang!

Jeder Mensch besitzt in jeder Zelle 46 Chromosomen, und in diesen befindet sich das komplexeste Makromolekül des Sonnensystems, nämlich die **DNS** (Desoxyribonukleinsäure). Sie ist ein Makromolekül, das den gesamten Bauplan des Menschen enthält. Und sie besteht aus nur fünf Elementen (Abb. 3.22)! Die Art und Weise, wie diese scheinbar läppischen fünf Elemente angeordnet sind, bestimmt also, ob deine Haare blond sind oder nicht, ob du Sommersprossen bekommst und welche Schuhgröße du hast!

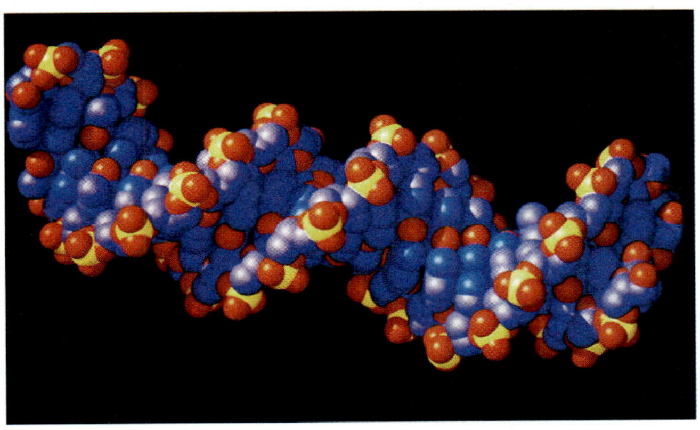

Abb. 3.22: Ausschnitt aus einem DNS-Molekül: **Sauerstoff** (rot), **Phosphor** (gelb), **Stickstoff** (blau) und **Kohlenstoff** (lila). Der **Wasserstoff** ist nicht abgebildet, weil dann die Darstellung zu unübersichtlich wäre.

DNS-Moleküle haben eine Länge von einigen Zentimetern! Würdest du die DNS-Fäden von einer einzigen Zelle (also von allen 46 Chromosomen) aufdröseln und hintereinander legen, dann wären sie in Summe fast 2 m lang (F11)!

Zusammenfassung

Es gibt drei Arten von Bindungen zwischen Atomen, die Ionenbindung, die Metallbindung und die Atombindung. Verbundene Atome nennt man Moleküle. Alle Bindungen basieren auf elektrischen Kräften und dem Prinzip der niedrigsten potenziellen Energie. Das wichtigste Element für das Leben ist der Kohlenstoff, weil nur er in der Lage ist, Makromoleküle zu bilden, etwa in der DNS.

3.5 Ein gewaltiger Haufen

Mol und atomare Masseneinheit

Man sollte immer SI-Einheiten verwenden, damit es keine Probleme mit Berechnungen gibt (Kap.2.1). In diesem Kapitel lernst du die vierte SI-Einheit kennen und dass jede Regel auch ihre Ausnahmen hat.

?

F13 Was denkst du, wie viele Moleküle befinden sich in einem Schnapsglas, das du bis 2 cl (Zentiliter) mit Wasser anfüllst?

F14 Tippe mal, um welchen Faktor die Dichte von Wasserdampf geringer ist als die von Wasser!

F15 Was bedeuten eigentlich die Zahlen unter den Elementen im Periodensystem (Abb. 3.11)? Und um wie viel mal mehr Masse hat das schwerste Element im Vergleich mit dem leichtesten?

F16 ▸L Du markierst die Wassermoleküle in einem Schnapsglas, schüttest das Ganze ins Meer und rührst gut um. Wie viele Atome von dem ursprünglichen Wasser sind dann in jedem Liter Wasser auf allen Weltmeeren enthalten?

Wenn man kocht, dann findet man in den Rezepten Angaben wie ein Stückchen Butter, ein gestrichener Löffel Zucker oder eine Prise Salz. Das ist „Pi mal Daumen" und in der Wissenschaft nicht brauchbar. Wenn man in der Physik oder Chemie eine Stoffmenge angibt, dann macht man das in **Mol**.

Dieser Begriff ist vom lateinischen „moles" abgeleitet, was man etwas frei mit „gewaltiger Haufen" übersetzen kann. Und das ist eigentlich noch stark untertrieben, denn **ein Mol (Einheit mol) eines Stoffes hat die unvorstellbare Anzahl von $6 \cdot 10^{23}$ Teilchen** (genau sind es $6{,}022 \cdot 10^{23}$). Diese Zahl nennt man Avogadro-Konstante oder Loschmid'sche Zahl. Das Mol ist die vierte SI-Einheit, die du kennen lernst. Obwohl die Anzahl an Teilchen so absurd groß ist, ist ein Mol eine gar nicht so große Volumsmenge.

››› i | **Bloß ein Schnaps** |

Im Prinzip sollte man immer SI-Einheiten verwenden. Aber manchmal ist das sehr unpraktisch, zum Beispiel, wenn man die Masse von Atomen angibt. Erinnere dich: Die Masse von Protonen und Neutronen liegt in der Größenordnung von 10^{-27} kg (Tab. 3.1). Deshalb hat man die **atomare Masseneinheit u** erfunden und **1961** festgesetzt, dass sie **1/12 der Masse eines Kohlenstoffatoms C-12 entspricht.** In absoluten Zahlen sind das $1{,}7 \cdot 10^{-27}$ kg (genau sind es $1{,}6605 \cdot 10^{-27}$ kg). Aber der Witz dran ist ja der, dass man eben diese absolute Zahl nicht anschreiben muss.

| Bloß ein Schnaps |

Welche Menge soll man sich unter einem Mol vorstellen? Schauen wir uns mal etwas Konkretes an. Ein **Mol Wasser** hat zum Beispiel 18 g. Wenn du also ein Schnapsglas bis knapp unter 2 cl mit Wasser anfüllst, dann hat dieses bisschen Nass $6 \cdot 10^{23}$ Teilchen (Abb. 3.23, F13)! Das ist irgendwie schon sehr erstaunlich. Ein Liter Wasser hat dann knapp 56 mol oder $3{,}3 \cdot 10^{26}$ Teilchen. Vergleiche mit der Infobox in Kapitel 3.2.

Allgemein kann man sagen: Die **Molmasse** ist die Summe der Massenzahlen des Stoffes in Gramm (zu den Massenzahlen siehe Abb. 3.11). Die Summenformel von Wasser ist H_2O und daher hat es die Massenzahlen 1 + 1 + 16. Somit hat ein Mol Wasser 18 g.

Abb. 3.23: Ein Mol Wasser

Das **Molvolumen** (siehe auch Kap. 21.3, „Big Bang 6") vom Wasserdampf ist natürlich um vieles größer und beträgt etwa 22,4 l. Wie groß ist das? Das entspricht einem Würfel mit der Seitenlänge von 28 cm, also grob gesagt der Länge dieses Buches. Aus diesen Zahlen kann man auch den **Dichteunterschied** abschätzen:

$22\,400 \text{ ml}/18 \text{ ml} = 1244 \approx 10^3$.

Dieser Faktor kommt übrigens für alle Stoffe recht gut hin (F14).

| Homöopathie |

In homöopathischen Mitteln sind die Wirkstoffe teilweise **unheimlich stark verdünnt.** Wenn man den Ausgangsstoff auf **1:100** verdünnt, dann nennt man das C1. Wenn man das noch mal macht, dann ist vom Ausgangsstoff nur mehr $1:10^4$ da. Das nennt man C2. Bei einer Verdünnung von C12 ist vom Ausgangsstoff nur mehr $1:10^{24}$ da.

Ein Mol sind gerundet 10^{24} Teilchen. Wenn du ein Mol auf C12 verdünnst, dann befindet sich in ihm nur mehr ein einziges mickriges Teilchen der Ausgangssubstanz.

Die Verdünnungen reichen oft bis weit über C30! Der Ausgangsstoff ist dann auf ein $1:10^{60}$ verdünnt. Wow! Würdest du das ganze Sonnensystem (10^{57} Atome) auf C30 verdünnen, dann wäre statistisch gesehen nur mehr 1/1000 Teilchen da. Auf gut Deutsch: Das Sonnensystem wäre weg. Und ab C40 könntest du das ganze Universum (10^{80} Atome) praktisch in Nichts auflösen.

Ab C12 befindet sich also kein einziges Atom der Ausgangssubstanz im Fläschchen. Es wundert daher nicht, dass neueste wissenschaftliche Untersuchungen ergeben haben, dass die Wirkung der Homöopathie nicht über den Placebo-Effekt hinausgeht.

Anmerkung: Es gibt auch die D-Verdünnungen. D1 bedeutet eine Verdünnung von 1:10. D2 entspricht also C1, D4 entspricht C2 und so weiter.

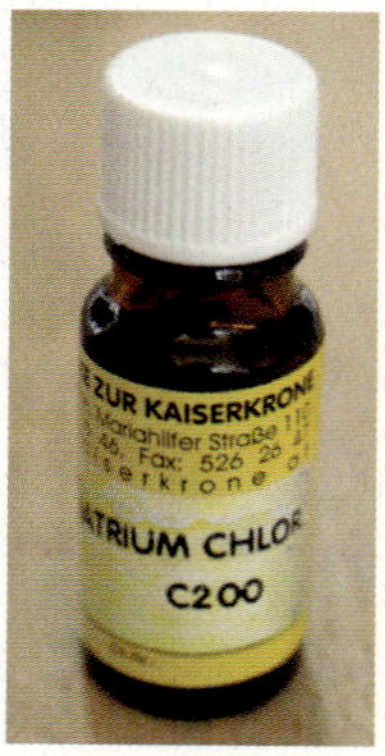

Abb. 3.24: Natriumchlorid (Kochsalz) in der Verdünnung C200! Der Ausgangsstoff ist somit auf $1:10^{400}$ verdünnt. Damit ließen sich sämtliche Mulitversen auflösen.

Schau dir noch einmal das Periodensystem in Abb. 3.11 an. Oben steht bei jedem Element die Ordnungszahl und unten die atomare Masseneinheit. Und daran kannst du sehen, dass das schwerste natürliche Element Uran ($Z = 94$) die 238fache Masse des leichtesten Elements Wasserstoff hat (F15).

››› i | **Homöopathie** |

Zusammenfassung

In Physik und Chemie gibt man die Stoffmenge in Mol an. Ein Mol ist eine SI-Einheit und hat etwa $6 \cdot 10^{23}$ Teilchen. Außerdem hat man die atomare Masseneinheit u erfunden, die 1/12 der Masse von C-12 entspricht. Dadurch vermeidet man das Anschreiben von lästig großen oder kleinen Zahlen.

3.6 $E = mc^2$
Isotope

Zugegeben, jetzt kommt wahrscheinlich der schwerste Brocken im Kapitel 3, weil wir streifen mit den Isotopen gleich zwei moderne Theorien: die Quantenmechanik und die Relativitätstheorie. Aber die berühmteste Gleichung der Physik sollte man sich nicht entgehen lassen!

?

F17 Was bedeutet eigentlich die Zahl bei C-12, Kr-86 oder Cs-133?

F18 Wenn u 1/12 eines C-12-Atoms ist, wieso ist dann die Massenzahl von Kohlenstoff im Periodensystem 12,011 (Abb. 3.11)? Dann kann doch die Definition nicht stimmen?

F19 Warum fliegen die Nukleonen im Atomkern nicht mit Karacho auseinander? Dieser besteht doch nur aus positiven und neutralen Teilchen. Wodurch entsteht die Anziehung?

F20 Du kennst sicher die Gleichung $E = mc^2$! Aber was bedeutet sie eigentlich?

F21 In Kapitel 3.3 hast du von der Kernfusion gehört. Wie entsteht dabei aber eigentlich diese unglaubliche Energie, die die Sonne viele Milliarden Jahre lang abstrahlt?

In Kapitel 2 kam bei der Atomuhr Cäsium-133 vor und jetzt gerade eben Kohlenstoff-12. Aber was bedeutet eigentlich diese Zahl hinter dem Element? Sie gibt an, wie viele **Nukleonen** (Kernbausteine) das Element hat (F17). C-12 besitzt also 12 Nukleonen, nämlich 6 Neutronen und 6 Protonen (Tab. 3.2). Eine andere Schreibweise für C-12 ist ^{12}C. Du darfst aber die hochgestellte Zahl nicht mit der Ordnungszahl im Periodensystem verwechseln! Manchmal schreibt man auch noch die Kernladungszahl dazu, also $^{12}_{6}C$.

	Masse in u	Kernladung Z	Neutronenzahl N	Nukleonenzahl A	Anteil in %	relative Atommasse
Neutron	1,007	0	1	1		**1,007**
Proton	1,009	1	0	1		**1,009**
1H	1,008	1	0	1	99,985	**1,008**
2H	2,014	1	1	2	0,015	
3H	3,016	1	2	3	radioaktiv	
12C	12,000	6	6	12	98,89	**12,011**
13C	13,003	6	7	13	1,11	
14C	14,003	6	8	14	$\approx 10^{-10}$	

Tabelle 3.2.: Auswahl für **Isotope** bei **Wasserstoff** und **Kohlenstoff** und der Vergleich mit den einzelnen Nukleonen. Die anderen 12 Isotope von Kohlenstoff sind nicht eingetragen.

Aber warum hat das Element Kohlenstoff nicht genau die Atommasse 12? Diese wird doch über den Kohlenstoff definiert! Das liegt daran, dass Kohlenstoff nicht gleich Kohlenstoff ist. Jedes Element besteht nämlich aus Isotopen (Abb. 3.25). Das sind Atome, die zwar gleich viele Elektronen und Protonen, aber unterschiedlich viele Neutronen haben. Kohlenstoff gibt es zum Beispiel mit 2 bis 16 Neutronen im Kern (Tab. 3.2), also neben C-12 noch in 14 anderen Varianten. Diese Isotope kommen in unterschiedlicher Häufigkeit vor. Es gibt zwar nur zirka 100 Elemente, aber es gibt etwa 2700 Kernsorten!

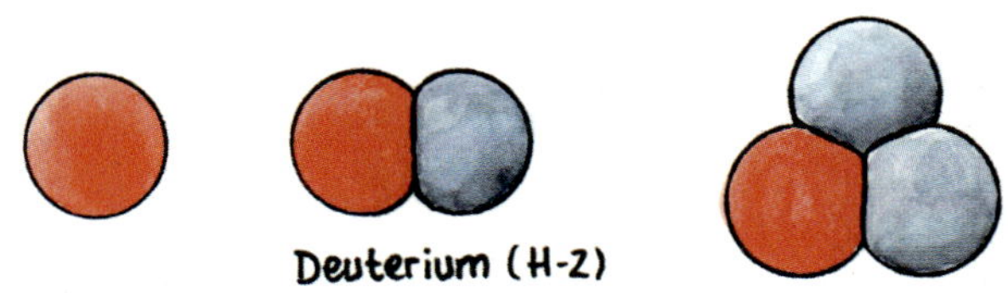

Abb. 3.25: Die Atomkerne der **Isotope des Wasserstoffs.** H-1 hat kein Neutron, H-2 hat eines und H-3 hat sogar zwei.

Aber wie ist das nun mit der atomaren Masseneinheit? Die Definition für die atomare Masseneinheit u bezieht sich auf reinen C-12! Den muss man künstlich herstellen, also man muss ihn von den anderen Isotopen trennen! Der Kohlenstoff aus der „freien Wildbahn" enthält aber auch etwa 1 % des schwereren Isotops C-13 (die anderen Isotope sind vernachlässigbar). Die Angaben im Periodensystem beziehen sich also auf das natürliche Gemisch, und das ist dann ein bisschen schwerer als reiner C-12 (F18; siehe Tab. 3.2).

Wenn man genau hinschaut, dann stimmt aber scheinbar noch etwas nicht mit den relativen Atommassen. **C-12** besteht ja aus jeweils 6 Protonen, Neutronen und Elektronen und **H-2** (Deuterium) aus jeweils 2 davon. H-2 ist also genau ein Sechstel von C-12!! Aber warum hat dann H-2 nicht exakt die Atommasse 2, sondern noch ein paar Zerquetschte? Um das zu verstehen, müssen wir zwei Dinge kombinieren: Noch einen **Potenzialtopf** und **Einsteins berühmte Gleichung.**

Warum fliegen die Nukleonen nicht mit Karacho auseinander (F19)? Das ist der Kraft zu verdanken, die auch die Quarks zusammenhält: Der **starken Wechselwirkung**! Diese bindet Quarks zu Nukleonen und Nukleonen zu Atomkernen. Wie der Name schon vermuten lässt, ist sie sehr stark. Sie ist die stärkste Kraft im Universum! Nur deshalb kann der Atomkern zusammengehalten werden, sonst peng!

Die starke Wechselwirkung herrscht zwischen allen Nukleonen, also zum Beispiel auch zwischen zwei Neutronen oder zwischen Proton und Neutron (Abb. 3.26).

Aber ihre Reichweite ist extrem kurz, nur etwa 10^{-15} m. Und das führt uns zu einem weiteren Potenzialtopf (Abb. 3.27).

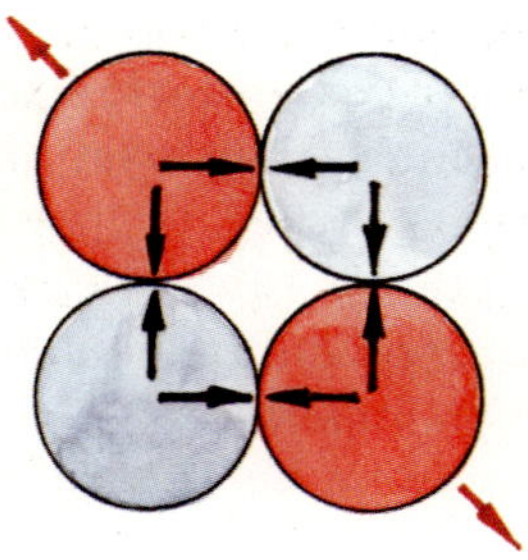

Abb. 3.26: Schematische Darstellung der Kräfte in einem Atomkern. Nur die Protonen stoßen einander ab (rote Pfeile), die **starke Wechselwirkung** (schwarze Pfeile) herrscht zwischen allen benachbarten Nukleonen. Die Kräfte sind nicht maßstabsgetreu dargestellt!

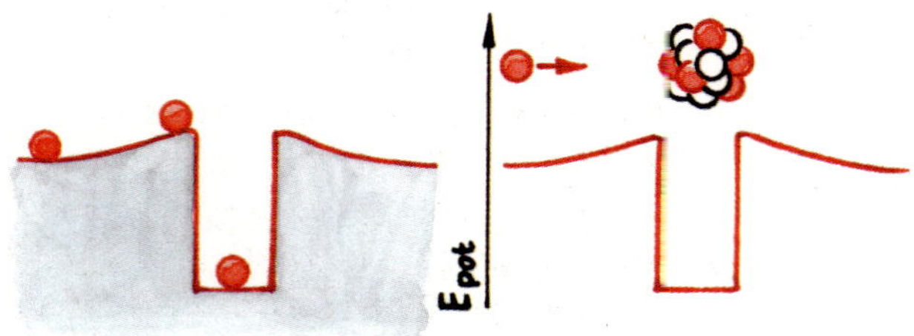

Abb. 3.27: Wenn ein Proton an den Atomkern herangeschoben wird, dann muss es zuerst eine so genannte Potenzialwand überwinden. Man muss also zu Beginn Energie aufwenden.

Wir fangen wieder mit der **Kugel** an. Um sie in die Senke zu bekommen, musst du diesmal zuerst Energie aufwenden, weil es bergauf geht. Aber wenn du an der höchsten Stelle vorbei bist, dann fällt die Kugel hinein, und du bekommst in Form von Wärme mehr Energie zurück als du aufgewendet hast. In der Senke ist die **potenzielle Energie ein Minimum,** sie liegt weit unter dem Anfangsniveau.

Ähnlich ist es beim **Atomkern**. Wenn du ein Proton an einen Atomkern heranschiebst, dann musst du zuerst die elektrische Abstoßung überwinden. Deshalb geht die Potenzialkurve zuerst nach oben. Aber wenn du sehr nahe an den Atomkern herankommst, eben auf etwa 10^{-15} m, dann überwiegt auf einmal die starke Wechselwirkungskraft und zieht das Proton stark an. Im gebundenen Zustand hat es dann die geringste potenzielle Energie, so wie auch die Kugel (siehe auch Kap. 5.3). Die Kurzzusammenfassung lautet also: Beim „Zusammenbauen" eines Atomkerns wird Energie frei. Und jetzt kommt Einstein.

Die berühmteste Gleichung der Physik ist aus der **Relativitätstheorie** und lautet $E = mc^2$. Fast alle kennen sie, aber was bedeutet sie eigentlich (F20)? Sie stellt einen Zusammenhang zwischen Energie und Masse her und deutet schon an, dass eines in das andere umgewandelt werden kann. Beim Zusammenbauen des Atomkerns wird Energie frei. Diese **freiwerdende Energie** hat aber eine **Masse** und macht tatsächlich den Atomkern etwas leichter. Sehr verblüffend! Die Bindung der Nukleonen bedeutet also gleichzeitig einen Verlust ihrer Masse. Dieser liegt in der Größenordnung bis 1 % (Abb. 3.29)!

▸▸▸ i | Kernfusion |

Jetzt können wir auch verstehen, warum die **Fusion** im Inneren der Sonne nur bis **Eisen** abläuft. Bei Eisenkernen sind die Nukleonen am stärksten gebunden. Bis Eisen wird der Potenzialtopf immer tiefer und somit bei der Fusion von leichteren Kernen Energie frei. Deshalb hat auch C-12 weniger Masse als sechs H-2-Atome zu-

i

| Kernfusion |

Die Gleichung $E = mc^2$ stellt einen Zusammenhang zwischen Energie und Masse her. Man sagt auch, **Masse und Energie sind äquivalent,** also gleichwertig. Und das hat absurde Folgen: Eine aufgeladene Batterie hat mehr Energie als eine leere und somit auch mehr Masse, ebenso eine aufgezogene Uhr, und wenn ich was erwärme, dann erhöht sich die Masse auch. Klingt komisch, ist aber so!

Ist die **Massenänderung** groß? Nein, sie ist winzig und fällt uns im Alltag daher nicht auf. Du kannst die Gleichung auch umformen und so anschreiben: $\Delta m = \Delta E/c^2$. Δ ist ein großes griechisches Delta und bedeutet Änderung, also **Massenänderung = Energieänderung durch c^2.** Jetzt erinnere dich, dass die Lichtgeschwindigkeit $3 \cdot 10^8$ m/s beträgt. c^2 liegt dann in der Größenordnung 10^{17} m²/s² und weil es im Nenner steht, ist die Massenänderung im Alltag winzig und liegt weit außerhalb der Messbarkeit.

Manchmal ist die Energieabgabe aber dermaßen groß, dass die Massenänderung dramatisch ist, zum Beispiel im Inneren der Sonne. Durch **Kernfusion** wird enorm viel Energie erzeugt, und diese führt zu einem **Massenverlust** von sage und schreibe **10^9 kg pro Sekunde**. Das entspricht der Masse eines Wasserwürfels mit einer Seitenlänge von 100 m. Welche Energie produziert der „Brennofen" im Inneren der Sonne pro Sekunde?
$E = mc^2 \approx 10^9\ \text{kg} \cdot 10^{17}\ \text{m}^2/\text{s}^2 = 10^{26}$ J. In nur einer Sekunde! Schon wieder eine astronomische Zahl!

Einsteins Gleichung macht auch klar, warum bei der **Kollision von Teilchen** mit fast *c* jedes Mal ein Teilchenzoo entsteht (Kap. 3.2, Abb. 3.10): Hier ist es umgekehrt: die Energie wird in Masse, also in neue Teilchen umgewandelt. Im Alltag wär das so wie in Abbildung 3.28. Aber die Effekte gibt's eben nur in der Quantenmechanik!

▸▸▸ i | Teilchenzoo |

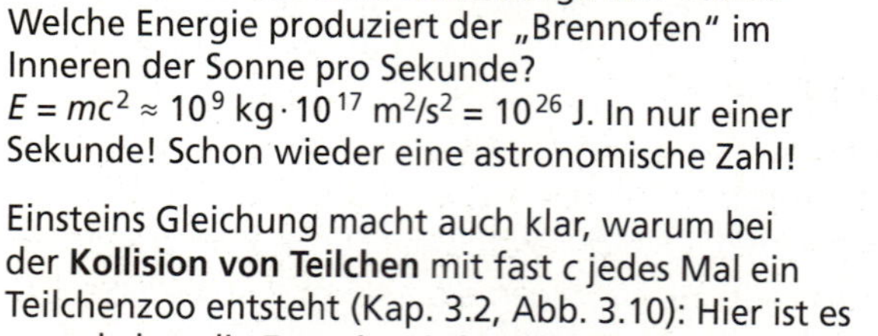

Abb. 3.28: Analogie zu Abb. 3.10 im Alltag, die es (leider?) nicht geben kann.

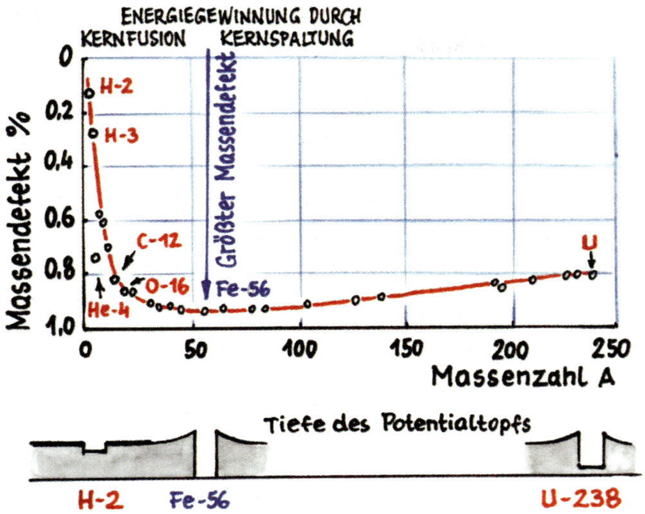

Abb. 3.29: Massendefekt in % und schematisch die Tiefe einiger Potenzialtöpfe. Fe-56 hat den tiefsten Potenzialtopf.

sammen. Die Nukleonen sind stärker gebunden und haben somit auch weniger Masse.

Wenn du nun versuchst, Eisenkerne noch weiter zu fusionieren, dann ist das so, als ob du die Kugel aus einem tiefen Topf in einen weniger tiefen gibst. Dafür benötigst du in Summe Energie und deswegen kann die Reaktion nicht mehr von selbst ablaufen. Du kannst aber Kerne, die schwerer sind als Eisen, spalten. Dabei wird auch Energie frei. Genau das passiert in einem **Kernkraftwerk**.

Zusammenfassung

Isotope haben gleich viele Elektronen und Protonen, aber unterschiedlich viele Neutronen. Die starke Wechselwirkung bindet Quarks zu Nukleonen und Nukleonen zu Atomkernen. Sie ist die stärkste Kraft im Universum!
Die Masse der im Kern gebundenen Nukleonen ist geringer als die Summe ihrer Einzelmassen. Das nennt man den Massendefekt, und dabei wird Energie frei, die die Sonne am Brennen hält.

Abb. 3.31 Zerfall von ^{238}Uran in ^{234}Thorium und ein α-Teilchen. Auf einen solchen Zerfall muss man allerdings sehr lange warten (siehe Tab. 3.4).

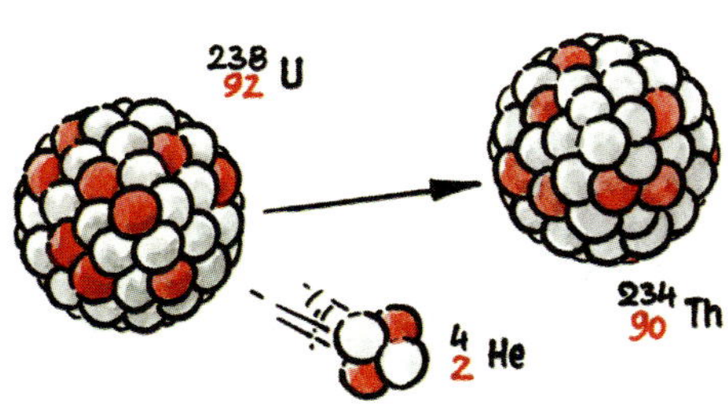

3.7 Alpha, Beta, Gamma

Radioaktivität

Man kann die Zahl der Protonen und Neutronen zwar nicht beliebig variieren, aber es gibt trotzdem eine unglaublich große Anzahl von verschiedenen Kernsorten. 2700 wurden davon bereits in Labors erzeugt und untersucht (Abb. 3.30), 2400 davon sind radioaktiv. Darunter versteht man, dass sich die Kerne nach einer gewissen Zeit von selbst umwandeln. Darum geht es in diesem Abschnitt.

?

F22 Weißt du eigentlich, wie der Warp-Antrieb (theoretisch) funktioniert?

F23 Wenn man eine Mumie wie Ötzi findet, wie kann man ihr Alter feststellen?

F24 ▸L Jeder Schüler in einer Klasse mit 32 steht auf und wirft eine Münze. Wer Kopf wirft, muss sich setzen. Nach wie viel Würfen dürfte theoretisch nur mehr ein Schüler stehen?

F25 Kann man den Zufall berechnen? Suche Argumente dafür und dagegen.

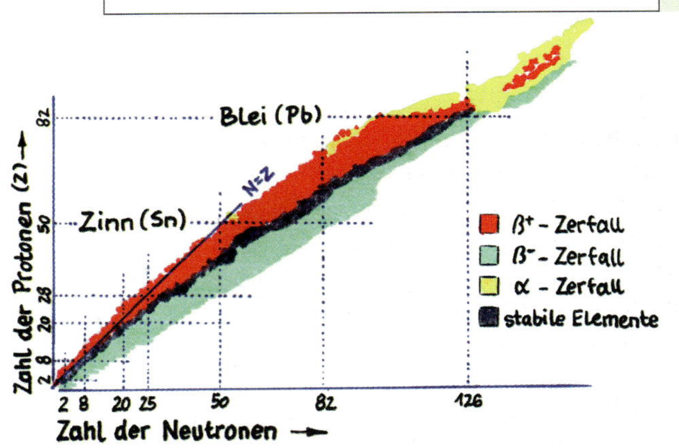

Abb. 3.30: Eine **Nuklidkarte** zeigt die bisher bekannten Atomsorten. In den horizontalen Schichten ist immer ein einziges Element zu finden, hier am Beispiel einer „Blei-" und einer „Zinnschichte". Zinn gibt es in den Varianten ^{100}Sn bis ^{137}Sn und Blei von ^{178}Pb bis ^{214}Pb. γ-Strahlung tritt immer in Kombination mit α- und β-Strahlung auf und ist nicht extra eingezeichnet.

Bei der Radioaktivität treten drei Arten von Strahlung auf, die man mit den ersten drei Buchstaben des griechischen Alphabets benannt hat: **α-, β- und γ-Strahlung**. Zwei Dinge haben sie gemeinsam: Ihr Ursprung ist im Kern und durch die Strahlung gehen die Kerne in eine stabilere Lage über. Anders gesagt: die potenzielle Energie des Kerns wird dabei geringer.

Bei der **α-Strahlung** wird ein Heliumkern (2 Protonen, 2 Neutronen) weggeschleudert (Abb. 3.31). Bei der **β⁻-Strahlung** wird ein Elektron, bei der **β⁺-Strahlung** ein Positron ausgesendet. Dabei wird im Kern entweder ein Neutron in ein Proton umgewandelt oder umgekehrt und es entstehen Neutrinos oder Antineutrinos.

	α-Strahlung	β-Strahlung	γ-Strahlung
Ursache	Kern zu schwer	zu viele Protonen od. Neutronen	Kern hat zu viel Energie
Beispiel	${}^{238}_{92}U \rightarrow {}^{234}_{90}Th + \alpha$	${}^{14}_{6}C \rightarrow {}^{14}_{7}N + e^{-} + \nu_e$	
Reichweite in Luft	10^{-1} m	10 m	10^{3} m
Reichweite in Wasser	10^{-4} m	10^{-3} m	10^{0} m
Reichweite in Blei	10^{-5} m	10^{-4} m	10^{-1} m
relative Schädlichkeit	10–20	1	1

Tabelle 3.3: Die Arten der radioaktiven Strahlung. Bei der β-Strahlung entstehen immer auch **Neutrinos** (ν). Sie haben keine elektrische Ladung, praktisch keine Masse, und sie wechselwirken so gut wie nie mit anderer Materie (siehe „Big Bang 8").

i

| Warp-Antrieb im Kopf |

Wie funktioniert der legendäre **Warp-Antrieb** der Enterprise (F22)? Dort werden Materie und Antimaterie zu reiner Energie zerstrahlt – zumindest theoretisch. Das ist die effizienteste Art der Energiegewinnung im ganzen Universum. Aus je 5 kg Antimaterie und Materie kann man folgende Energie gewinnen:

$$E = mc^2 \approx (5 + 5) \cdot 10^{17}\,\text{J} \approx \mathbf{10^{18}\,J}.$$

Wow! Das entspricht dem Energieverbrauch von ganz Österreich in zehn Jahren!

Abb. 3.33: Die Enterprise.

Nach diesem Zerstrahlungsprinzip funktioniert auch der **PET-Scanner** (Positron-Emissions-Tomografie). Mit dieser Technik kann man zum Beispiel dem Hirn beim Denken zusehen. Die gerade aktiven Stellen im Gehirn brauchen mehr **Zucker**. Deshalb markiert man diesen mit einem β^+-Strahler (etwa C-11) und bringt ihn in die Blutbahn. Wo das Gehirn aktiver ist, wird mehr Zucker verbraucht und somit mehr β^+-Strahlung produziert. Die bei der Zerstrahlung mit Materie entstandene Energie misst der PET-Scanner und macht daraus ein färbiges Bild (Abb. 3.34). Auch die höhere Aktivität von Krebszellen kann man auf diese Weise erkennen.

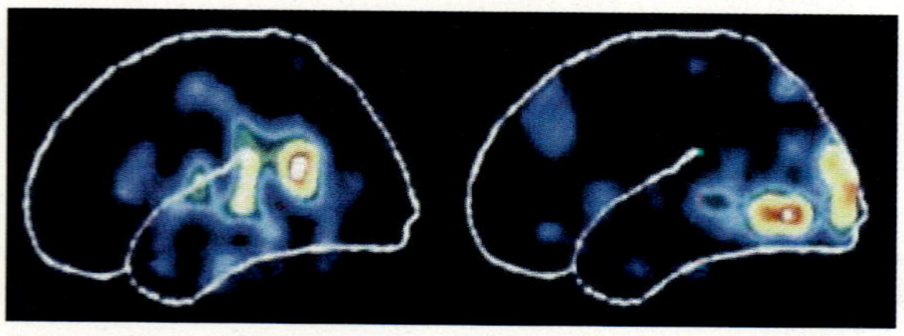

Abb. 3.34: Links die aktivierten Hirnbereiche, wenn man Worte hört, rechts, wenn man sie sieht. Je heller die Farbe, desto stärker die Aktivität der Hirnzellen.

Das **Positron** gehört zur so genannten **Antimaterie**. Diese hat mit Materie bis auf die Ladung alles gemeinsam. Ein Positron ist also der positiv geladene Zwilling eines Elektrons, und ein Antiproton ist negativ geladen (Abb. 3.32). Antimaterie lebt nicht lang! Wenn sie auf Materie trifft, **zerstrahlt** sie zu reiner Energie. Gib also deinem Anti-Ich niemals die Hand.

▸▸▸ i | Warp-Antrieb im Kopf |

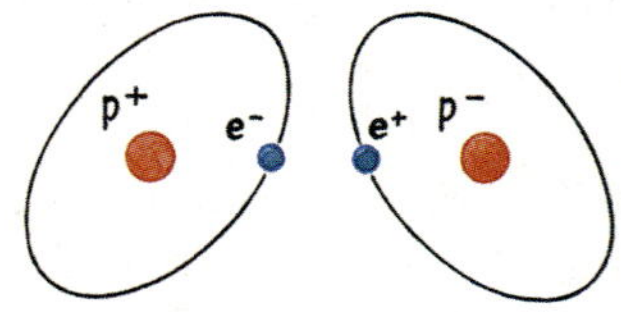

Abb. 3.32: Wasserstoff und Antiwasserstoff. Nur wenige Antiteilchen haben Eigennamen wie das Positron. Normalerweise setzt man einfach die Silbe „Anti-" davor.

Bei der **γ-Strahlung** verändert sich die Zusammensetzung der Nukleonen im Kern nicht, sondern dieser geht in einen energetisch tieferen Zustand über. Die überschüssige Energie wird in Form eines oder mehrerer **γ-Quanten** abgegeben. Man nennt diese Teilchen auch **Photonen**. Das sind dieselben Teilchen, aus denen das Licht besteht, nur sind sie um ein Vielfaches energiereicher.

Die **drei Arten von radioaktiver Strahlung** sind in der Tabelle zusammengefasst. Da der Mensch zu etwa 80 % aus Wasser besteht, gelten für ihn näherungsweise die Strahlungsreichweiten für Wasser. α- und β-Strahlung dringen demnach nur größenordnungsmäßig Millimeter in den Körper ein, γ-Strahlung kann den Menschen problemlos durchdringen. Das liegt daran, dass Photonen keine Ladung besitzen. Weil die Masse der α-Teilchen so groß ist, richten diese den größten Schaden im Körper an.

Die Strahlung ist in der Lage, Elektronen aus den Atomhüllen herauszuschlagen. Jedes einzelne α- und β-Teilchen kann etwa 10^4 bis 10^5 Ionenpaare erzeugen. Man spricht daher von **ionisierender Strahlung**. Das führt letztlich dazu, dass Makromoleküle wie die DNS aufgebrochen werden, was zu **Krebs** oder **Erbschäden** führen kann. Unkontrollierte Radioaktivität macht also keine Superhelden, wie das in Comics und Filmen immer wieder zu sehen ist (Abb. 3.35).

Abb. 3.35: Naives Bild von der Radioaktivität: Bruce Banner bekommt eine normalerweise tödliche Dosis γ-Strahlen ab und wird dadurch zum Hulk! Es ist wichtig, Fiktion und Wirklichkeit auseinander zu halten!

Kontrolliert eingesetzt kann man mit Radioaktivität in der **Medizin** aber viel Positives bewirken. Vor allem kann man durch radioaktive Markierung die Verteilung von bestimmten Elementen im Körper feststellen, sei das der Kohlenstoff im Zucker (PET-Scanner), Iod in der

Schilddrüse oder Calzium im Knochen. Mit gezielt eingesetzten β-Strahlern kann man eventuell gefundene Krebsherde dann zerstören.

Es ist ironisch, aber man kann tatsächlich **den Zufall berechnen**. Gut, beim Roulette bringt dir das nichts. Du kannst nicht voraussagen, ob beim nächsten Wurf rot oder schwarz kommt. Aber du kannst voraussagen, dass die Wahrscheinlichkeit im Schnitt 50:50 sein muss (wenn nicht, dann wurde am Roulette wirklich was „gedreht“). Bei sehr vielen Ereignissen kann man den Zufall also tatsächlich berechnen (F25).

Beim radioaktiven Zerfall ist das auch so. Du kannst nicht sagen, wann ein bestimmtes Atom zerfällt. Du kannst aber sehr exakt sagen, nach welcher Zeit die Hälfte der Atome zerfallen ist. Diese Zeit nennt man die **Halbwertszeit** ($T_{1/2}$).

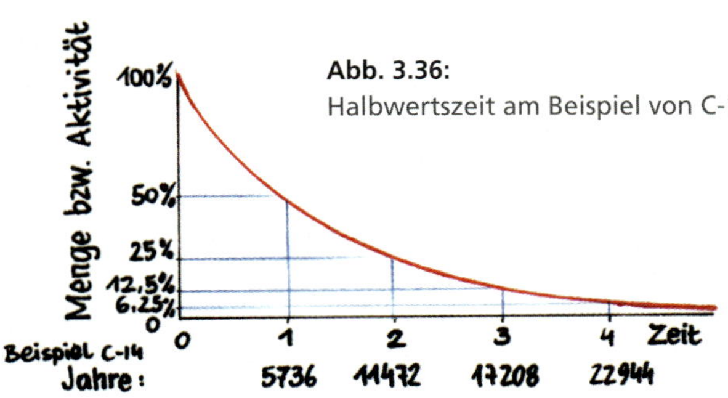

Abb. 3.36:
Halbwertszeit am Beispiel von C-14.

Atomsorte	Halb-wertszeit	Ursprung/Anwendung
Tellur-128	$7{,}7 \cdot 10^{24}$ Jahre	natürliches Isotop mit extremer Halbwertszeit; das Alter des Universums ist „nur“ $1{,}4 \cdot 10^{10}$ Jahre
Uran-238	$4{,}5 \cdot 10^{9}$ Jahre	natürlich vorkommendes langlebiges Nuklid
Kohlen-stoff-14	5736 Jahre	Altersbestimmung
Cäsium-137	30,2 Jahre	„Tschernobyl-Isotop“
Iod-131	8 Tage	„Tschernobyl-Isotop“
Kohlen-stoff-11	20,4 min	Markierung bei PET-Scanner; kurze Halbwertszeit
Rutherfor-dium-254	0,5 ms	nach Rutherford benanntes künstliches Isotop mit extrem kurzer Halbwertszeit

Tabelle 3.4: Beispiele für den extremen Unterschied in den **Halbwertszeiten** verschiedener Isotope.

Dabei gibt es bei den verschiedenen Atomsorten extreme Unterschiede von Zeiten weit jenseits des Alters des Universums bis hinunter zu Bruchteilen von Sekunden (Tab. 3.4). Beim Reaktorunfall von **Tschernobyl 1986** waren die Hauptbestandteile des radioaktiven Niederschlags Iod-131 und Cäsium-137. Während Iod-131 eine sehr kurze Halbwertszeit hat und heutzutage nicht mehr nachzuweisen ist, wird Cäsium-137 im Jahr **2016** erst zur Hälfte zerfallen sein und es wird bis **2186** dauern (also bis 200 Jahre nach dem Unfall), bis davon nur mehr 1 % übrig ist. Radioaktiver Zerfall lässt sich also wie eine Uhr verwenden, und das macht man sich bei der **Altersbestimmung mit Hilfe der C-14-Methode** zu Nutze.

››› i | Ötzi |

i

| Ötzi |

1991 wurde in den Ötztaler Alpen eine Mumie entdeckt, die Jahrtausende lang im Gletscher eingefroren war (Abb. 3.37). Wie konnte man sein Alter schätzen? Mit der **C-14-Methode!**

In unserer Atmosphäre gibt es nicht nur C-12, sondern auch das **radioaktive Isotop C-14** (Tab. 3.2, Kap. 3.6), das in der Atmosphäre durch Strahlung aus dem Weltall entsteht. C-12 und C-14 stehen in der Atmosphäre in einem ganz bestimmten Verhältnis. C-14 ist aber sehr selten. Auf 10^{12} C-12-Atome kommt nur ein einziges C-14-Atom! Pflanzen wachsen, indem sie unter anderem Kohlenstoff einlagern. Menschen und Tiere (fr)essen diese Pflanzen. In allen Lebewesen herrscht daher dasselbe Kohlenstoffverhältnis wie in der Atmosphäre.

Stirbt ein Organismus, dann nimmt er keinen Kohlenstoff mehr auf. Der Anteil von C-12 bleibt erhalten, während C-14 zerfällt. **Die Halbwertszeit von C-14 beträgt 5736 Jahre** (Tab. 3.4). Im Fall von Ötzi waren noch etwas mehr als 50 % des C-14 vorhanden, das in einem lebenden Organismus vorkommt. Weil die Genauigkeit der Methode unter ±5 % liegt, konnte man Ötzis Alter auf 5100 bis 5400 Jahre schätzen.

Abb. 3.37

| Epilog |

Bei der Radioaktivität treten **α-, β- und γ-Strahlung** auf, deren **Ursprung** immer **im Kern** liegt. Radioaktivität tritt immer dann auf, wenn der Kern instabil ist, also seine potenzielle Energie kein Minimum hat. Unkontrolliert ist Radioaktivität für deine Gesundheit nicht gut. Aber kontrolliert eingesetzt ist sie ein wichtiges Instrument bei der Erforschung und Behandlung von Krankheiten. Die Halbwertszeit gibt an, wie lange es dauert, bis die Hälfte des Stoffes zerfallen ist. Diese Tatsache nutzt man bei der Altersbestimmung mit der C-14-Methode aus.

4 | TOOLTIME

| Prolog |

Das ist ein Aufwärmkapitel zur **Mechanik**, in dem du einige Tools (also Werkzeuge) kennen lernst, mit deren Hilfe du physikalische Probleme lösen kannst. Du lernst einige Fachbegriffe kennen und auch, dass man in der Physik Begriffe oft anders verwendet als im Alltag, vor allem aber exakter. Und das ist leider manchmal etwas verwirrend.

4.1 Was misst ein Tacho?

Vektor und Skalar

In diesem Abschnitt lernst du Vektoren und Skalare kennen. Besonders ausführlich werden wir uns mit dem Geschwindigkeitsvektor beschäftigen.

?

F1 Was haben folgende Größen gemeinsam: Masse, Mol, Dichte und Energie? Und diese: Gewicht, Kraft, Geschwindigkeit und Beschleunigung?

F2 Welche physikalische Größe zeigt eigentlich ein Tachometer an?

F3 Wie nennt man eine Geschwindigkeitsänderung in der Physik ganz allgemein?

F4 Du fährst mit konstant 80 km/h durch eine Kurve. Ändert sich dabei die Geschwindigkeit?

F5 Was kannst du spüren, wenn du im Auto oder auf der Achterbahn eine scharfe Kurve fährst? Kennst du den physikalischen Ausdruck dafür?

F6 Es gibt eine Beschleunigung, bei der man gleich schnell bleibt. Kannst du dir vorstellen, was damit gemeint ist?

Masse, Mol, Dichte und Energie haben eines gemeinsam (F1): Man kann sie mit nur einer Zahl beschreiben (verwechsle nicht Zahl und Ziffer!). Das Urkilogramm hat klarer Weise 1 kg und ein Mol hat $6 \cdot 10^{23}$ Teilchen. **Größen, die man mit nur einer Zahl beschreiben kann, nennt man Skalare.** Sie haben keine Richtung.

Gewicht, Kraft, Geschwindigkeit und Beschleunigung haben auch eines gemeinsam: Sie haben nämlich eine **Richtung**. Es macht ja einen großen Unterschied, ob dich dein Gewicht auf den Boden drückt oder an die Decke. Dein Gewicht zeigt immer in Richtung Erdmitte. Daran siehst du schon einen großen Unterschied zur Masse, die leider immer mit Gewicht verwechselt wird: Die Masse hat keine Richtung (siehe Kap. 8.4.1)!

Auch bei der Geschwindigkeit spielt die Richtung eine Rolle. Wenn du nach Westen willst, musst du über die Westautobahn. **Größen mit Richtung nennt man Vektoren. Zu ihrer Beschreibung braucht man mehrere Zahlen.** Grafisch werden sie als Pfeile dargestellt.

▸▸▸ i | Vektoren |

Sind Kraft oder Geschwindigkeit Vektoren? Nein, sie können so **dargestellt** werden, das ist ein Unterschied! Wir wissen nicht, was die Kraft wirklich ist, aber wir können sie als Vektor darstellen. Die Formulierungen „Kraft ist ein Vektor" und „Kraft kann als Vektor dargestellt werden" sind zwar nicht ganz gleich, werden aber oft gleich verwendet, weil es die Sprache einfacher macht. Auch in diesem Buch ist das so.

Nehmen wir mal zwei praktische Beispiele zu Vektoren. In Abb. 4.2 siehst du die **Geschwindigkeitsvektoren** von zwei Autos auf der Westautobahn. Die Vektoren geben

i

| Vektoren |

In der Physik kommen meistens **2- oder 3-dimensionale Vektoren** vor. In diesem Buch sind Vektoren fett gedruckt. Die Kraft ist also zum Beispiel so dargestellt: ***F***. Es gibt Spalten- und Zeilenform – Geschmackssache. Die Kraft ***F*** in drei Dimensionen kann man so darstellen:

$$\boldsymbol{F} = \begin{pmatrix} F_x \\ F_y \\ F_z \end{pmatrix} \text{ oder } \boldsymbol{F} = \left(F_x \mid F_y \mid F_z\right)$$

Eine solche Darstellungsform nennt man übrigens **Matrix** (bitte deutsch aussprechen). Damit meint man allgemein tabellenartig angeschriebene Zahlen. Die Vektoren oben nennt man 3x1- und 1x3-Matrizen. Die Matrix im gleichnamigen Film ist seeeehr kompliziert und noch dazu in 3D (siehe Abb. 4.1).

Abb. 4.1: Hollywood-version einer (bzw. „der") Matrix

Für unsere Abschätzungen und Berechnungen ist meist die Länge der Vektoren wichtig, also der **Betrag**. Man berechnet ihn mit Hilfe des Satzes von Pythagoras:

$$|\boldsymbol{F}| = \sqrt{F_x^2 + F_y^2 + F_z^2}$$

Wichtig: **Der Betrag eines Vektors ist ein Skalar** und hat dann natürlich keine Richtung mehr! Man kann es auch so schreiben:

$$|\boldsymbol{F}| = F$$

Richtung und Größe der Geschwindigkeiten an. Je höher die Geschwindigkeit, desto länger der Vektor. Frau Mayer fährt auf der Strecke von Wien nach Salzburg gerade mit 100 km/h bei St. Pölten vorbei. Dort führt die Autobahn genau nach Westen. Herr Müller kommt aus Salzburg und bolzt mit seinem neuen Sportwagen mit 200 km/h (das ist natürlich viel zu schnell) am Mondsee vorbei. Dort führt die Autobahn in Richtung Nordosten.

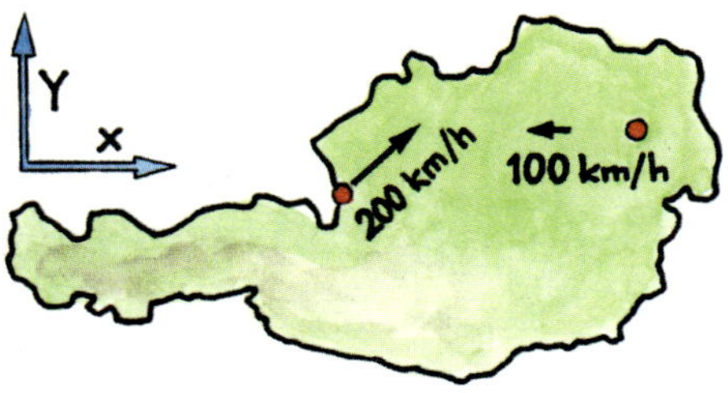

Abb. 4.2: Beispiel für zwei zweidimensionale Geschwindigkeitsvektoren.

In Abbildung 4.3 siehst du die **Gewichtskraft**, mit der Herr Müller und Frau Mayer von der Erde angezogen werden. Der gewichtige Herr Müller befindet sich am Nordpol, die schlanke Frau Mayer am Südpol. Die Einheit der Kraft ist das Newton (N), aber dazu kommen wir noch später (Kap. 8.3).

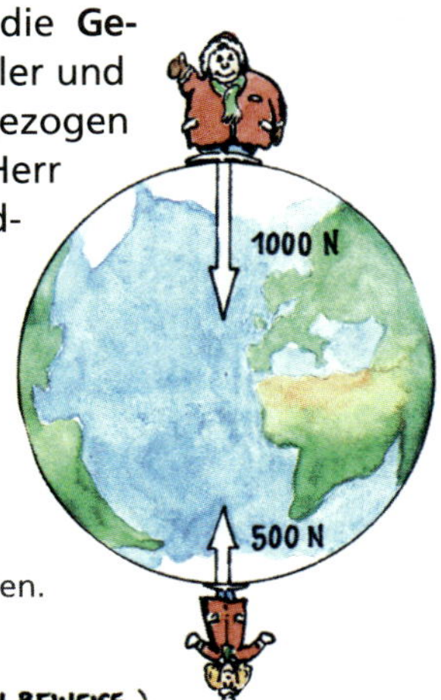

Abb. 4.3: Beispiel für zwei dreidimensionale Kraftvektoren.

| Fachchinesisch |

In der Physik kommen viele Fachwörter vor, die du aus dem Alltag nicht kennst. **Skalar** ist so eines. Es kommen aber auch Wörter aus dem Alltag vor, die in der Physik eine andere Bedeutung haben. Das ist schwierig, weil es dann zu Missverständnissen kommen kann.

In diesem Abschnitt kommt das Wort **Beschleunigung** vor. Im Alltag meint man damit, dass etwas schneller wird. In der Physik meint man damit aber **jede Änderung der Geschwindigkeit** (F3), also auch Kurvenfahrten oder Abbremsen (das wäre eine negative Beschleunigung). Denn denk daran: Die Geschwindigkeit ist ein Vektor. Die Kurvenfahrt ist daher eine Beschleunigung, bei der man doch nicht schneller wird (F6)!

Wann sind zwei **Skalare** gleich? Wenn beide Zahlenwerte gleich groß sind! Also 1 kg ist logischerweise 1 kg. Wann sind zwei **Vektoren** gleich? Wenn sie in allen ihren Zahlen übereinstimmen. Wie sieht das grafisch aus? Zwei Vektoren sind dann gleich groß, wenn du sie durch Verschieben zur Deckung bringen kannst. Wichtig: nur schieben, nicht drehen! Nur dann bleiben nämlich alle Koordinaten des Vektors gleich. In Abb. 4.4 ist das nur bei a der Fall. Bei b und e sind die Vektoren zwar gleich lang (haben also den gleichen Betrag), aber es handelt sich trotzdem um verschiedene Vektoren.

▸▸▸ i | Pfeilvergleich |

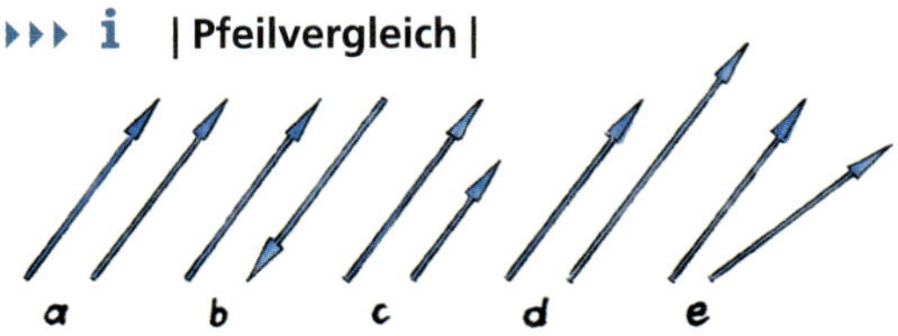

Abb. 4.4: Nur bei a sind die Vektoren gleich! Fall a nennt man **parallel**, Fall b **antiparallel**.

Was zeigt ein **Tachometer** an (F2)? Die Geschwindigkeit? Die Antwort ist verblüffender Weise: nein! Er zeigt ja nicht an, in welche Richtung ein Auto fährt. Der Tachometer zeigt dir den Betrag der Geschwindigkeit an, und das ist etwas anderes. Denn der Betrag der Geschwindigkeit ist ein Skalar. Du wirst dir vielleicht denken, dass das eine Spitzfindigkeit ist. Aber warte mal ab.

Jede Änderung der Geschwindigkeit nennt man in der Physik eine Beschleunigung.

▸▸▸ i | Fachchinesisch |

| Pfeilvergleich |

Der Betrag eines Vektors ist ein Skalar. In der Abbildung 4.5 siehst du 4 Vektoren mit gleichem Betrag, nämlich 5 (weil

$$\sqrt{3^2 + 4^2} = \sqrt{9 + 16} = \sqrt{25} = 5$$

ist). Alle Vektoren haben zwar die gleiche Länge, aber nur die Vektoren a und b sind gleich. Sie haben die Koordinaten (3,4). c hat die Koordinaten (0,5) und d (–3,4). Zwei Vektoren sind nur dann gleich, wenn sie in **allen Merkmalen** übereinstimmen. Dann kannst du sie durch reines Verschieben zur Deckung bringen.

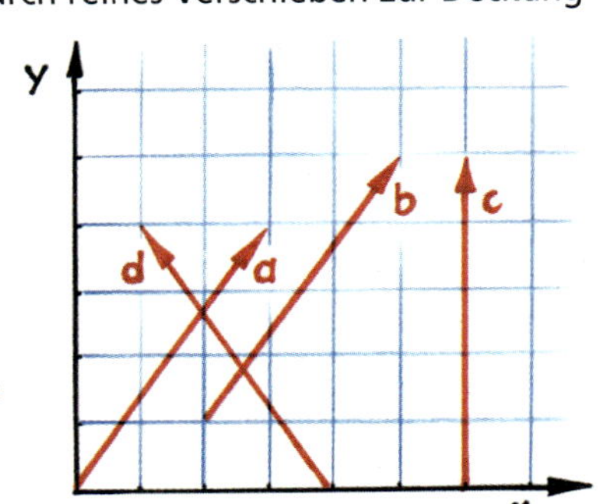

Abb. 4.5: Vier gleich lange Vektoren!

Wann ändert sich die Geschwindigkeit? Wenn man langsamer (Abb. 4.4 c) oder schneller wird (d) oder die Richtung ändert (e). Wenn du mit 80 km/h durch eine Kurve fährst, dann ändert sich die Geschwindigkeit, weil sich die Richtung des Geschwindigkeitsvektors ändert (Abb. 4.6; F4). Die Geschwindigkeitsänderung kannst du als **Beschleunigung** spüren. Im Fall einer Kurve drückt dich die Beschleunigung nach außen. Das nennt man die **Zentrifugalbeschleunigung** (siehe Kap.11.6; F5). Im schlimmsten Fall fällt man von der Fahrbahn.

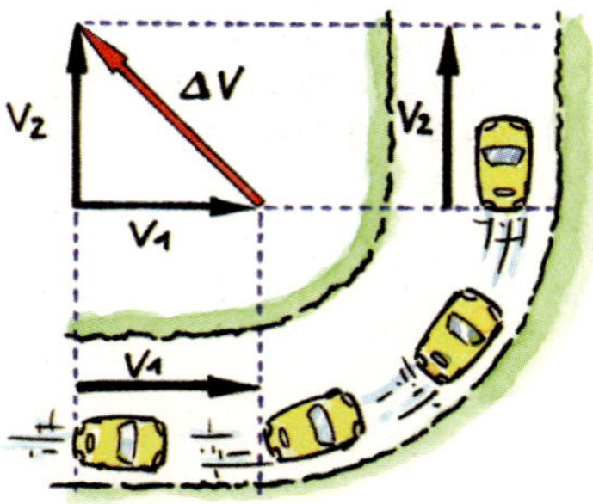

Abb. 4.6: Der Fahrer fährt durch die Kurve, ohne vom Gas zu gehen. Trotzdem ändert sich die Geschwindigkeit, weil sich der Geschwindigkeitsvektor **dreht**! Diese Beschleunigung kann der Fahrer spüren.

Du siehst also: Wäre die Geschwindigkeit ein Skalar, dann würde in der Kurve keine Beschleunigung auftreten, und dann könntest du beliebig schnell durch Kurven fahren, ohne von der Straße abzukommen.

Zum Schluss noch eine wichtige, nichtphysikalische Frage: Ist die Intelligenz eines Menschen besser mit einem Vektor oder einem Skalar zu beschreiben? Nun, der **Intelligenzquotient** (IQ) ist auf jeden Fall ein Skalar, er hat ja keine Richtung. Zwei Menschen mit IQ 120 sollten demnach dieselbe Intelligenz haben. Aber Intelligenz kann man in Wirklichkeit nur mit einem sehr komplizierten Vektor beschreiben. Denk dran, wie unterschiedlich begabt zwei Menschen mit einem IQ von 120 sein können! Und wie ist das mit den Schulnoten? Vektor oder Skalar? Dadurch gerecht oder eher ungerecht? Überlege!

Zusammenfassung

Skalare haben keine Richtung und werden mit nur einer Zahl beschrieben (z. B. die Masse). Vektoren haben eine Richtung und werden mit mindestens 2 Zahlen beschrieben (z. B. die Kraft). Die Unterscheidung zwischen Vektor und Skalar ist wichtig. Wir werden bei unseren späteren Berechnungen meistens mit dem Betrag des Vektors auskommen. In manchen Fällen ist es aber wichtig, auch die Richtung zu kennen.

4.2 Wolkenbruch und Fahrradboten

Einfache Vektoroperationen

In diesem Abschnitt geht es um einfache Vektoroperationen. Viele Probleme lassen sich grafisch lösen. Und wir werden ein paar wichtige Dinge aus späteren Kapiteln bereits vorwegnehmen.

?

F7 Du fährst mit dem Bus mit 1 m/s gemächlich von der Schule nach Hause und gehst mit 0,5 m/s nach hinten. Du schiebst dir das Mittags-Baguette mit 0,05 m/s (5 cm/s) in den Mund (du bist sehr hungrig). Auf dem Baguette läuft eine Ameise mit 0,1 m/s (10 cm/s) um ihr Leben. Wie schnell ist die Ameise relativ zur Straße?

Abb. 4.7

F8 Welchen Weg legt ein Stück Zucker zurück, das du in einem Flugzeug aus 10 cm Höhe in die Tasse fallen lässt?

F9 Ein Zeitungsbote fährt mit seinem Rad mit 10 m/s und wirft die Zeitung mit ebenfalls 10 m/s quer zur Fahrtrichtung. Wie schnell fliegt die Zeitung relativ zum Boden, und wo muss er sie wegwerfen, damit er genau die Tür trifft?

F10 Wolkenbruch! Die Tropfen fallen senkrecht mit 8 m/s zu Boden und du beginnst mit 6 m/s zu laufen. Wie fällt dann aus deiner Sicht der Regen zu Boden? Wie musst du den Schirm halten?

Wie werden Vektoren addiert? Du kannst einen Vektor beliebig verschieben, ohne dass sich seine Koordinaten verändern. Du schiebst also einfach an das Ende des ersten Vektors den Anfang des zweiten, und der **Summenvektor** zeigt dann vom Anfang des ersten Vektors zum Ende des zweiten (Abb. 4.8).

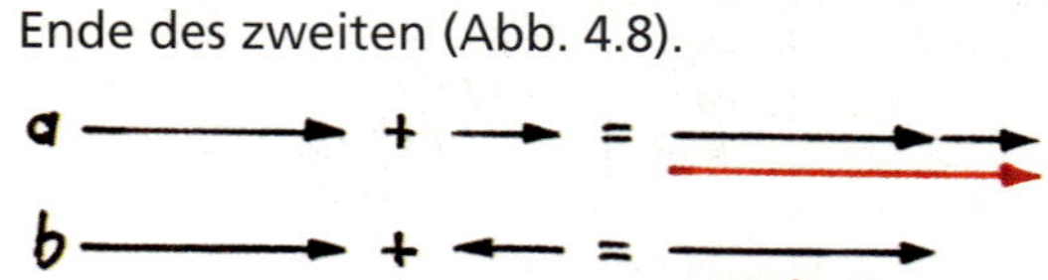

Abb. 4.8: Grafische Addition von **parallelen** und **antiparallelen** Vektoren. Der Summenvektor ist rot dargestellt.

Lösen wir F7 grafisch auf (Abb. 4.9). Hier überlagern sich vier Geschwindigkeiten. Zur besseren Übersicht sind die Vektoren untereinander gezeichnet! Die Ameise bewegt sich mit 0,45 m/s **relativ zum Boden**.

››› i | Bezugssysteme |

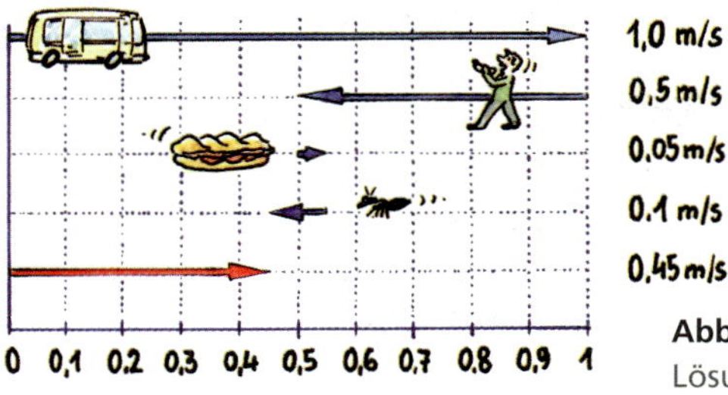

Abb. 4.9: Grafische Lösung zu F7.

In F7 waren die Vektoren alle parallel, das Problem also **1-dimensional** (wie auch in Abb. 4.8). So richtig Biss bekommt die Methode erst, wenn du dich in mindestens 2 Dimensionen begibst. Das Prinzip bleibt aber immer das gleiche: Vektoren aneinander legen!

Stell dir mal vor, drei Leute ziehen an Schnüren in drei Richtungen, so wie in Abb. 4.11 a. Es handelt sich also diesmal um **Kraftvektoren**. Die Winkel zwischen den Kräften sind 120°. Wie groß ist die Gesamtkraft? Um das grafisch zu lösen, schiebst du F_2 an die Spitze von F_1 und F_3 an die Spitze von F_2 … und dann bist du wieder am Ausgangspunkt angelangt. Was bedeutet das?

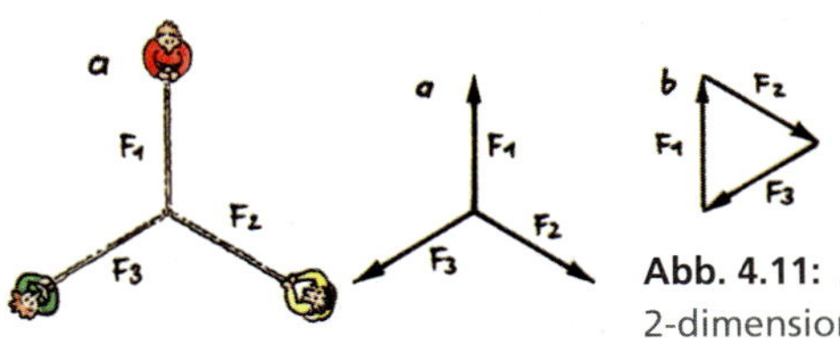

Abb. 4.11: Addition von drei 2-dimensionalen Vektoren.

Das bedeutet, dass die Gesamtkraft null ist. Wenn alle Kräfte in einem System einander die Waage halten (wenn sie sich also aufheben), dann treten keine Beschleunigungen auf (Kap. 5.3). In diesem Fall bedeutet das, dass keiner der drei Leute es schafft, die anderen wegzuziehen.

Wie ist es mit dem **Zeitungsboten** (F9)? Auch hier gibt es wieder eine grafische Lösung (Abb. 4.12). Die Darstellung ist ein bisschen anders gewählt, weil die Vektoren mit Hilfslinien zu einem Quadrat ergänzt wurden. Du siehst: Die Geschwindigkeit der Zeitung ist gleich der Diagonale des Quadrats, also etwa 14,1 m/s. Und obwohl der Junge **aus seiner Sicht** die Zeitung quer zur Fahrtrichtung wegwirft, fliegt diese vom **Boden aus gesehen** unter 45° nach vorne. Alles eine Frage des Bezugssystems! Er darf die Zeitung also nicht erst auf Höhe der Tür schmeißen, sonst landet sie im Gebüsch.

Abb. 4.12:
Diese Art der Darstellung nennt man **Vektorparallelogramm**.
Die Diagonale eines Quadrats ist Seitenlänge mal $\sqrt{2}$ (~1,414).

i

| Bezugssysteme |

Zur Angabe von Bewegungen braucht man **Bezugssysteme,** also einen Anhaltspunkt, zu dem man die **Bewegungen relativ misst**. Normalerweise ist dieses die gesamte Erde. Wenn du sagst, „ich fahre mit 10 m/s", dann meinst du eigentlich „mit 10 m/s relativ zum Boden".

Die Ameise in Frage 7 bewegt sich (relativ zur Straße) mit 0,45 m/s. Zum Baguette bewegt sie sich aber mit -0,1 m/s, zu deinem Mund mit –0,05 m/s und zum Bus mit –0,55 m/s. Alle diese Angaben sind möglich und richtig. Du siehst also, wie wichtig es ist, das **Bezugssystem** dazu zu sagen, sollte es einmal nicht die Erde sein (siehe dazu auch Abb. 4.12 und 4.13)!

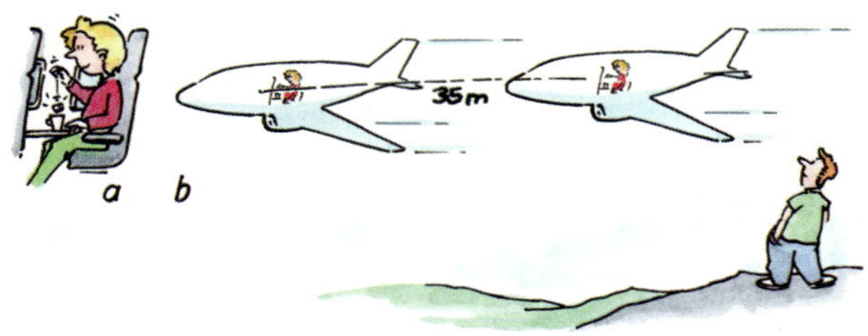

Abb. 4.10: Fall des Zuckerstücks aus deiner Sicht (a) und eines Beobachters am Boden (b).

Wenn du im Flugzeug aus 10 cm Höhe ein Stück Zucker in den Tee fallen lässt, dann legt es für einen Beobachter auf der Erde dabei **35 m in horizontaler Richtung** zurück (Abb. 4.10 b). Weil alles gleich schnell fliegt, funktioniert für dich im Flugzeug aber alles „normal" (a). Für dich ist es sinnvoller, als Bezugssystem das **Flugzeug** zu nehmen.

Wie fallen **Regentropfen** aus deiner Sicht, wenn du läufst (F10, Abb. 4.13 a)? Es addieren sich wieder zwei Geschwindigkeiten. In Summe kommen die Tropfen dadurch mit 10 m/s schräg von vorne. Deshalb musst du den Schirm kippen.

Abb. 4.13: Wenn du läufst, addieren sich die Geschwindigkeiten. Weil es sich um ein rechtwinkeliges Dreieck handelt, kannst du mit **Pythagoras** rechnen: $\sqrt{6^2+8^2}=\sqrt{36+64}=\sqrt{100}=10$
Eine solche Konstruktion nennt man **Vektordreieck**.

Zusammenfassung

Vektoren werden addiert, indem man sie aneinander legt. Der Summenvektor zeigt dann vom Anfang des ersten bis zum Ende des letzten Vektors und kann auch null sein. Es ist wichtig, welches Bezugssystem man zur Beschreibung einer Bewegung wählt. Wenn man es nicht dazu sagt, ist der Erdboden gemeint.

4.3 Gespannter Zwirn
Zerlegung von Vektoren

Im letzten Abschnitt haben wir Vektoren addiert bzw. zusammengesetzt. In diesem Abschnitt lernst du, wie man Vektoren wieder in einzelne Komponenten zerlegt. Auch das ist ein unglaublich wichtiges Tool für später, aber schon hier lernst du ein sehr verblüffendes Beispiel dazu kennen. Wir lösen hier alle Probleme grafisch.

?

F11 Wieso beschleunigt eine Kugel an einem steilen Abhang schneller als an einem flachen (probier das an einem geneigten Tisch aus)? Das Gewicht ist doch in beiden Fällen gleich groß! Und warum erzeugt eine schiefe Ebene eine Fallbewegung in Zeitlupe?

F12 Du hältst ein Gewicht von 10 N (das entspricht einer Masse von 1 kg) an einer Schnur. Mit wie viel Newton musst du an den Enden ziehen, damit sie wirklich völlig gespannt ist?

Abb. 4.14: Wie viel Kraft ist nötig, um das Seil völlig zu spannen?

In Kapitel 1.2 ist davon die Rede, dass Galileo Galilei zum Überprüfen der Fallgesetze Kugeln über schiefe Ebenen rollen ließ. Dadurch entsteht eine „Fallbewegung in Zeitlupe". Aber warum? So, wie man einen Summenvektor aus zwei Vektoren zusammensetzen kann, kann man jeden **Vektor** auch wieder „auseinander nehmen", also in seine zwei Bestandteile (Komponenten) **zerlegen.**

››› i | Vektorzerlegung |

Das Gewicht eines Gegenstandes ist die Kraft, mit der er von der Erde angezogen wird (siehe Kap. 8.4.1). Diese Gewichtskraft kann man in zwei Komponenten zerlegen: In eine, die **parallel** zum Hang zeigt (F_H) und in eine, die **normal** zum Hang zeigt (F_N) (Abb. 4.16 a).

Welche Komponente ist für die Beschleunigung der Kugel verantwortlich? Ausschließlich F_H! Weil aber F_H immer kleiner ist als G, entsteht dadurch die Zeitlupenbewegung, mit der Galilei die Fallgesetze überprüft hat.

Wie du in Abb. 4.17 siehst, ist F_H umso kleiner, je flacher die Ebene ist, und wird sogar null, wenn diese horizontal ist. Deshalb beschleunigt auf einem steilen Abhang eine Kugel schneller als auf einem flachen (F11).

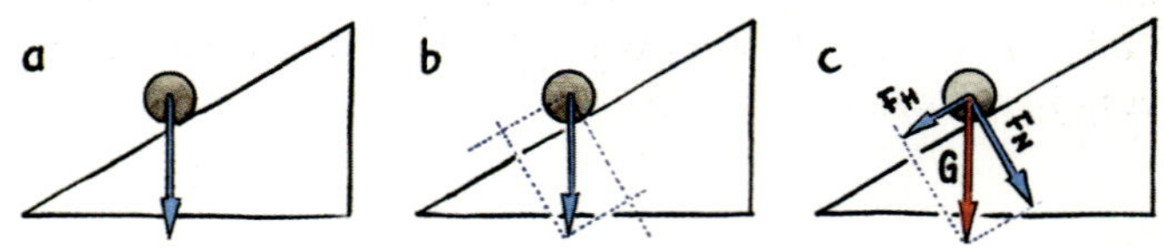

Abb. 4.16: Zerlegung des Gewichtsvektors in die Hangabtriebskraft F_H und in die Normalkraft F_N. F_H ist immer kleiner als G und daher auch die Beschleunigung der Kugel nicht so groß wie im freien Fall.

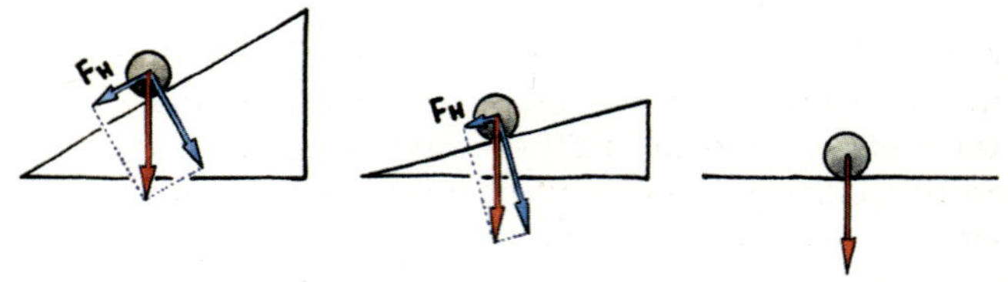

Abb. 4.17: Die **Hangabtriebkraft** F_H wird kleiner, je weniger stark die Ebene geneigt ist.

Wie stark musst du die Schnur spannen, damit sie völlig waagrecht ist (F12)? Die Antwort ist sehr verblüffend und lautet: Es ist **unmöglich**, die Schnur völlig waagrecht zu spannen! Warum? Erinnere dich: Wenn alle Kräfte einander aufheben, dann gibt es auch keine Beschleunigung!

Wenn also das Gewicht in Abb. 4.14 in Ruhe ist, dann muss es eine Kraft geben, die gleich groß, aber entgegengesetzt gerichtet ist. Diese Kraft ist in Abb. 4.18 b blau eingezeichnet.

i

| Vektorzerlegung |

In Abbildung 4.15 siehst du die x- und y-Komponenten des Vektors (3|4). Wo du die Komponenten einzeichnest, also auf den Hauptachsen oder vom Beginn des Vektors, spielt keine Rolle, weil du ihn ja parallel verschieben kannst. Die Vektorzerlegung funktioniert auch dann, wenn die Hauptachsen keinen rechten Winkel einschließen (Abb. 4.18 f).

Abb. 4.15

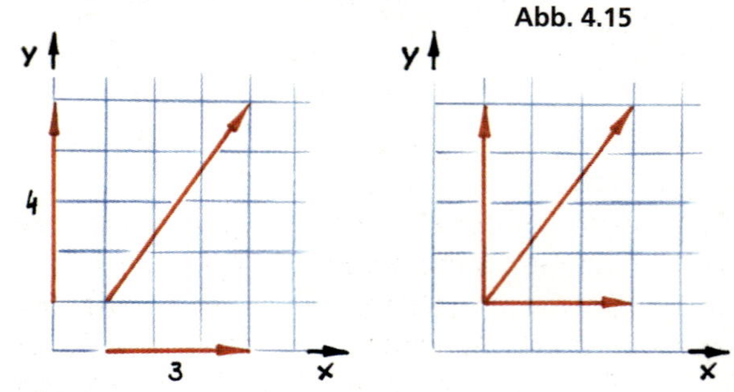

Woher kommt aber diese Kraft nach oben? Vom **Zug des Seils**. Die Kräfte in einem Seil wirken natürlich nur in Seilrichtung. Deshalb musst du diese „blaue" Kraft in jene zwei Komponenten zerlegen, die in Seilrichtung zeigen (c). Du siehst, dass du in diesem Fall mit jeweils 10 N ziehen musst. Aber wieso kann man das Seil nicht völlig spannen?

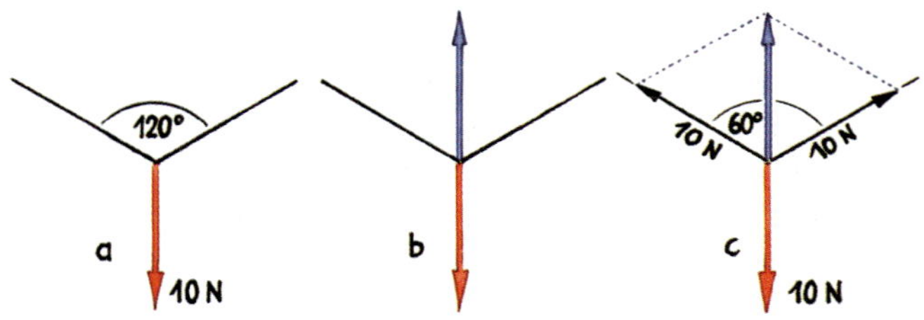

Abb. 4.18: Da das Gewicht in Ruhe ist, muss die Gewichtskraft (rot) von einer anderen Kraft (blau) kompensiert werden. Du musst diesen Vektor in die Komponenten zerlegen, die in Seilrichtung zeigen. Drei gleich große Kräfte unter 120°, die einander aufheben, hattest du schon bei Abb. 4.11!

In Abb. 4.19 siehst du, dass die benötigte Kraft schnell anwächst, wenn du das Seil noch mehr spannst (b). Willst du es völlig waagrecht spannen, dann müsste die **Kraft unendlich groß** sein, denn dann wird auch das Kräfteparallelogramm unendlich breit (c). Man kann es anders sagen: Um das Gewicht zu kompensieren, brauchst du Kräfte, die auch eine **vertikale Komponente** haben (so wie das bei a und b der Fall ist). Wenn das Seil aber völlig gespannt wäre, dann hätten die Kräfte nur **horizontale Komponenten**. Diese können nur auf die Seite, aber niemals nach oben ziehen.

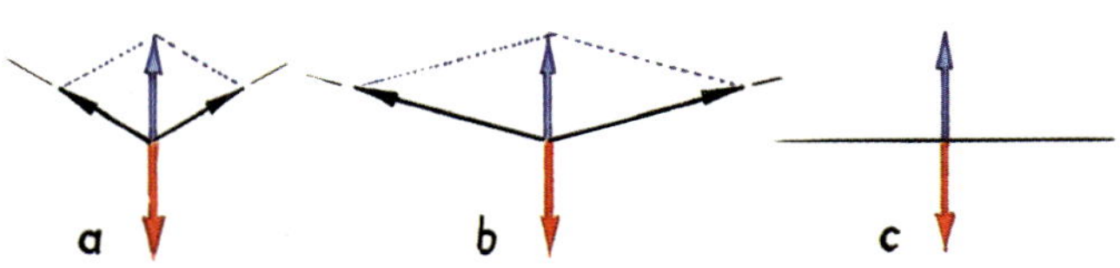

Abb. 4.19

Selbst bei einem Zug von $2{,}5 \cdot 10^5$ N an jedem Ende – und dabei würde auch Superman schon schwitzen, weil das ist das Gewicht eines 25-Tonnen-Sattelschleppers – würde das Seil immer noch 1/100 mm durchhängen. Und weil auch der dünnste Zwirn immer ein Eigengewicht hat, heißt das, dass Superman nicht mal in der Lage ist, selbst den dünnsten Faden vollkommen zu spannen. Ist das nicht erstaunlich?

| Tooltime |

F13 Fasse noch einmal den Unterschied zwischen Vektor und Skalar zusammen und gib einige Beispiele dazu.

F14 ▸L Teile folgende Einheiten in Vektoren und Skalare ein: Meter, Newton, Watt, Joule, Kilogramm, kg/m^3.

F15 Erkläre den Unterschied zwischen Masse und Gewicht mit Hilfe der Begriffe Vektor und Skalar!

F16 Beweise mit dem Satz von Pythagoras, dass alle Vektoren in Abb. 4.5 gleich lang sind. Du musst sie dazu in ihre x- und y-Komponenten zerlegen.

F17 ▸L Nimm an, dass in Abb. 4.11 eine der Kräfte doppelt so groß ist wie die anderen. Wie sieht die Summenkraft dann aus?

F18 Was versteht man in der Physik unter dem Begriff Beschleunigung?

F19 Was zeigt ein Tachometer an? Versuche, möglichst exakt zu erklären!

F20 ▸L Nimm an, Regentropfen fallen mit 8 m/s unter 45° von rechts nach links auf den Boden. Wie schnell musst du nach links laufen, dass aus deiner Sicht der Regen senkrecht fällt? Löse grafisch!

Abb. 4.20: Nicht mal Superman kann den Faden völlig spannen!

| Epilog |

Größen werden in der Physik durch **Skalare** oder **Vektoren** beschrieben. Diese Unterscheidung scheint etwas lästig zu sein, weil man sie vom Alltag her nicht gewohnt ist. Sie ist aber sehr wichtig, wenn man exakt sein will. Skalare sind normale Zahlen, mit denen du wie gewohnt rechnen kannst. Viele physikalische Probleme lassen sich grafisch durch **Vektoraddition** lösen oder, indem man einen Vektor wieder in seine einzelnen Komponenten zerlegt. Außerdem hast du den Begriff des **Bezugssystems** kennen gelernt. Es ist immer wichtig zu wissen, was man als Anhaltspunkt für seine Messungen hernimmt.

5 | GEDACHTE SINGULARITÄT

| Prolog |

Ein wichtiges Prinzip der Physik ist, dass man manche Probleme möglichst vereinfacht, um deren Lösung zu erleichtern. Man spricht dann von **Spezialfällen**. Die umfassendste Theorie zur Beschreibung des freien Falls ist zum Beispiel die Allgemeine Relativitätstheorie (Kap.1.5). Aber um den Wurf eines Balls zu berechnen, sind die Fallgesetze des GALILEI meist völlig ausreichend. Man muss also wissen, wann man was vereinfachen darf. In diesem Kapitel geht es darum, dass man in vielen Fällen Gegenstände auf einen einzigen Punkt reduzieren kann, den so genannten **Körperschwerpunkt**. Und trotzdem sind die Lösungen der Probleme völlig exakt und oft auch verblüffend!

5.1 Ein Stapelproblem

Der Körperschwerpunkt (KSP)

In diesem Abschnitt sprechen wir über den Körperschwerpunkt und lösen damit gleich ein Bücherstapel-Problem!

?

F1 Handwerker verwenden oft ein so genanntes Lot. Was ist das eigentlich und wozu braucht man es?

F2 Wie groß war das Universum vor dem Urknall?

F3 Wann befindet sich eine Wippe im Gleichgewicht? Versuche mit Hilfe des KSP zu erklären.

F4 Ist es möglich, einen Stapel Bücher so zu bauen, dass das oberste Buch ganz über die Tischplatte hängt? Wie würdest du vorgehen? Und wie viele Bücher Überhang kann man mit einem Stapel erzeugen?

Der **Körperschwerpunkt (KSP)** ist ein gedachter Punkt, an dem sich die gesamte Masse eines Gegenstandes befindet (Infobox Singularität). Wenn man einen Gegenstand an diesem Punkt unterstützt oder aufhängt, dann befindet er sich im Gleichgewicht, kippt also nicht auf irgendeine Seite. Die Bestimmung des KSP ist bei einem 2-dimensionalen geometrischen Objekt, etwa bei einem Dreieck, relativ einfach. Du musst dazu nur die **Schwerelinien** schneiden (Abb. 5.2). Wenn du deinen Zeigefinger unter eine Schwerelinie legst, dann befindet sich das Dreieck im Gleichgewicht. Der KSP eines unregelmäßigen 2-dimensionalen Gegenstandes lässt sich experimentell bestimmen.

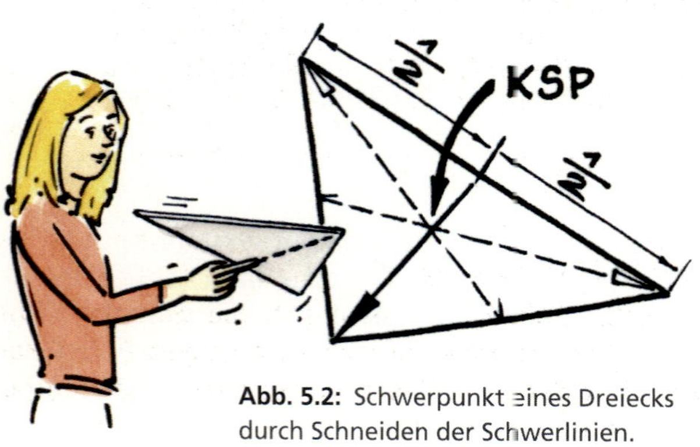

Abb. 5.2: Schwerpunkt eines Dreiecks durch Schneiden der Schwerlinien.

▸▸▸ a | KSP |
▸▸▸ i | Singularität |

Wann befindet sich eine **Wippe** im Gleichgewicht? Wenn der gemeinsame KSP von beiden Personen genau über dem Drehpunkt liegt (F3). Ein gemeinsamer Schwerpunkt liegt immer auf einer Linie, die die beiden einzelnen Schwerpunkte verbindet. Aber wo auf dieser Linie? Wenn beide Personen gleich schwer sind, in der Mitte. Wenn die Person rechts halb so viel wiegt, dann muss sie doppelt so weit rausrücken (Abb. 5.4), wenn sie ein Drittel wiegt 3-mal so weit und so weiter (siehe auch Kapitel 11.3). Mit dieser Tatsache kannst du das Stapelrätsel lösen (F4).

a

| KSP |

Wie findest du bei einem unregelmäßigen 2d-Objekt den KSP? Schneide aus Karton eine möglichst unregelmäßige Figur aus. Stich dann an einer Stelle durch und befestige dort ein **Lot** (F1). Das ist ein Faden mit einem schweren Gegenstand am Ende. Es zeigt immer in Richtung Erdmittelpunkt.

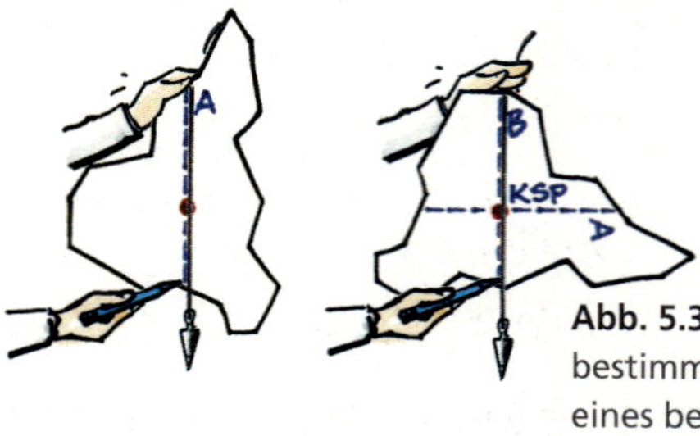

Abb. 5.3: So bestimmst du das Lot eines beliebigen 2-dimensionalen Körpers.

Wenn ein Gegenstand frei hängt, dann stellt er sich so ein, dass das Drehmoment links und rechts gleich groß ist (siehe Kap. 11.3) Das Lot zeigt dann eine **Schwerelinie** an (Abb. 5.3). Zeichne diese ein und mach das ganze noch mal von einer anderen Richtung. Dort, wo sich beide Schwerelinien schneiden, ist der KSP. Voilà! Wenn du alles richtig gemacht hast, dann kannst du dort den Gegenstand mit einem Finger unterstützen und er bleibt im Gleichgewicht!

| Singularität |

Ein Punkt hat keine Ausdehnung. Er ist also gewissermaßen **nulldimensional**. Und er hat etwas mit dem Universum gemeinsam, wie es vor etwa 13,7 Milliarden Jahren war. Denn vor dem Urknall befand sich das ganze Universum auf einen Punkt unendlich hoher Dichte zusammengepresst. Damit war es praktisch sein eigener Körperschwerpunkt (F2). Obwohl man sich das nicht vorstellen und auch nicht berechnen kann (weil man mit Unendlich schlecht rechnet), haben die Physiker diesem Zustand einen Namen gegeben: **Singularität.** Natürlich ist der Körperschwerpunkt keine wirkliche Singularität, sondern nur eine gedachte.

Abb. 5.1: Das Foto, das Gott vom Urknall schoss, ließ er sich groß einrahmen ...

Abb. 5.4: Gleichgewicht herrscht, wenn der gemeinsame KSP (rot) über dem Drehpunkt liegt (strichlierte Linie).

Wie weit kannst du ein Buch über eine Tischkante schieben? So weit, dass sein KSP **genau über der Kante liegt** (Abb. 5.5 a). Noch einen winzigen Hauch weiter, und es würde wegrutschen. Dieses Prinzip gilt auch für den ganzen Buchstapel: Der **gemeinsame KSP** aller Bücher darf im Extremfall genau über der Kante liegen.

Fang einmal mit **zwei Büchern** an. Das oberste kannst du eine halbe Länge überstehen lassen. Wie weit kannst du beide gemeinsam schieben? So weit, bis der gemeinsame KSP genau über der Kante liegt. Weil beide Bücher gleich schwer sind, liegt der gemeinsame KSP1+2 genau in der Mitte zwischen den einzelnen Bücherschwerpunkten. Das zweite Buch schaut jetzt noch zusätzlich eine Viertellänge über den Tisch (b).

Wo ist der gemeinsame KSP, wenn du **drei Bücher** nimmst (c)? Denk an die Wippe! Im KSP1+2 ist ja die Masse von 2 Büchern vereint. Der gemeinsame KSP aller drei Bücher teilt also die Linie KSP3 nach KSP1+2 im Verhältnis 2:1. Der zusätzliche Überhang ist nun 1/6. Wenn du jetzt noch ein viertes Buch dazu nimmst, hat das einen Überhang von 1/8. Schon rein optisch siehst du, dass das oberste Buch bei d ganz über der Tischplatte hängt. Wenn du die Überhänge addierst, dann kommst du auf 25/24. Na bitte!

››› i | Harmonisch |

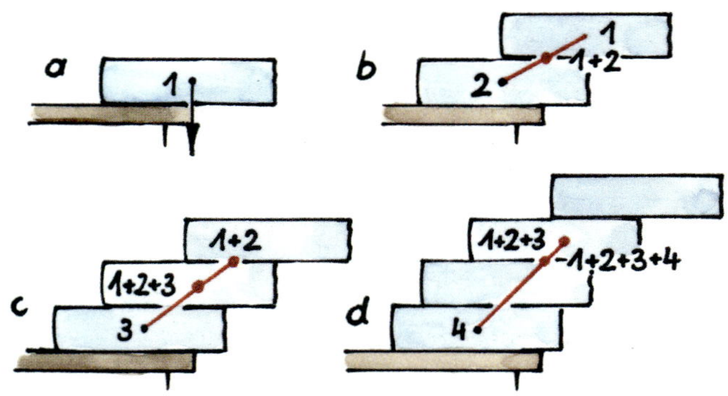

Abb. 5.5

| Harmonisch |

Du siehst, dass die Überhänge, die pro zusätzlichem Buch erzielt werden, die Kehrwerte der geraden Zahlen sind und daher rasch abnehmen. Um einen Überhang von 2 Büchern zu erzielen, musst du bereits 31 Bücher stapeln, für 3 Buchlängen 227 Bücher und für 4 Buchlängen 1674 Bücher! Prüfe das mit einem Tabellenkalkulationsprogramm nach.

Wenn du ½ heraushebst, dann bekommt die Reihe folgende Form: $\frac{1}{2} \cdot (1 + 1/2 + 1/3 + 1/4 + \ldots)$. Das in der Klammer nennt man übrigens **harmonische Reihe** und diese besitzt keinen Grenzwert (siehe F32)! Du kannst daher beim obersten Buch jeden beliebigen Überhang erzielen – wenn du genug Bücher hast! Für einen Überhang von 10 Büchern brauchst du etwa $1{,}5 \cdot 10^{43}$ Bücher ... und viel Zeit zum Stapeln!

Zusammenfassung

In vielen Fällen kann man sich die gesamte Masse eines Gegenstandes auf einen einzigen Punkt konzentriert denken. Diesen Punkt nennt man Körperschwerpunkt.

5.2 Warum der Flop kein Flop wurde

Drei Beispiele aus dem Sport

In diesem Abschnitt werden wir Fragen zum Sport mit der Lage des KSP eines Menschen erklären.

?

F5 ▸L Warum kippt das Besteck in der Abbildung nicht vom Tisch? Es befindet sich doch völlig außerhalb der Tischplatte! Probiere es selbst mal aus!

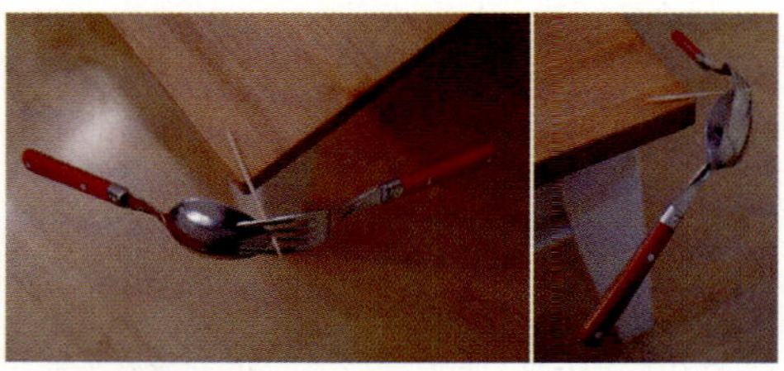

Abb. 5.6: Wie kann das sein?

F6 Manche Weitspringer laufen in der Luft weiter. Warum tun sie das? Wird dadurch die Weite größer? Können sie sozusagen durch die Luft laufen?

Abb. 5.7: Die Laufsprungtechnik beim Weitsprung.

F7 Nimm an, ein Hochspringer springt auf der Erde 2 m hoch. Am Mond beträgt die Anziehungskraft nur 1/6. Wie hoch könnte der Sportler dort springen?

F8 Kann es eigentlich sein, dass der KSP eines Gegenstandes außerhalb von diesem liegt?

F9 Alle Hochspringer verwenden heutzutage den so genannten Flop. Dabei überquert man die Latte rücklings (Abb. 5.8 links). Niemand springt mehr mit dem Wälzer (rechts). Warum?

Abb. 5.8: Links der Kubaner Javier Sotomayor, der Weltrekordhalter im Hochsprung (2007) mit sagenhaften 2,45 m in der Flop-Technik. Rechts die veraltete Wälzer-Technik.

Sobald sich der Weitspringer in der Luft befindet, befindet er sich im **freien Fall.** Egal wie sehr er auch zappelt, sein KSP beschreibt eine astreine **Flugparabel**. Das Laufen in der Luft bringt also keinen direkten Weitengewinn (F6). Es dient nur zur Vorbereitung auf die Landung und ist im Prinzip nicht notwendig. Es gibt auch andere Techniken bei denen man nicht weiterläuft (Abb. 5.11).

▸▸▸ i | **Menschen-KSP** |

Beim Hochspringer am Mond würde man mal vorschnell auf 12 m tippen (F7). Aber ehrlich, das wär doch zu einfach gewesen?! Es sind etwa 7 m. Was war der Überlegungsfehler? Es hat wieder mit dem KSP zu tun. Dieser befindet sich beim Menschen etwa auf Nabelhöhe, sagen wir mal grob bei 1 m. Wenn man also 2 m hoch springt, dann beträgt die Hebung des KSP „nur" 1 m. Nur diese Hebung ist am Mond 6-mal so groß – du wächst ja dort nicht. Und das macht in Summe eben 7 m.

▸▸▸ a | **Jump-and-Reach** |

i

| **Menschen-KSP** |

Beim **Menschen** ist die Bestimmung des KSP ziemlich aufwändig. Dazu muss nämlich der ganze Mensch sehr exakt vermessen werden. Im Prinzip ist die Berechnung des Gesamt-KSP ähnlich wie beim Bücherstapel. Du musst die **KSP der einzelnen Körperteile** kennen und der Computer berechnet dann den Gesamt-KSP. In Abb. 5.9 wurden 14 Einzelsegmente verwendet.

Abb. 5.9: Ermittlung des Gesamt-KSP bei einem Weitspringer in der Hangsprungtechnik.

Außerdem ist der Mensch kein starrer Körper und der KSP verschiebt sich, wenn man seine Haltung verändert. Im aufrechten Stand ist er etwa auf Nabelhöhe (Abb. 5.10 a). Aber wenn du zum Beispiel einen Arm wegstreckst, wandert der KSP etwas hinauf und auf die Seite (b). Und es gibt auch Positionen, in denen sich der KSP sogar **außerhalb des Körpers** befinden kann, etwa bei der Lattenüberquerung beim Flop (c; F8).

Abb. 5.10: Die Lage des KSP beim Menschen hängt von der Körperposition ab. Verblüffend: Der KSP kann außerhalb des Körpers liegen!

Abb. 5.11: Hangsprungtechnik beim Weitsprung, bei der nicht weitergelaufen wird.

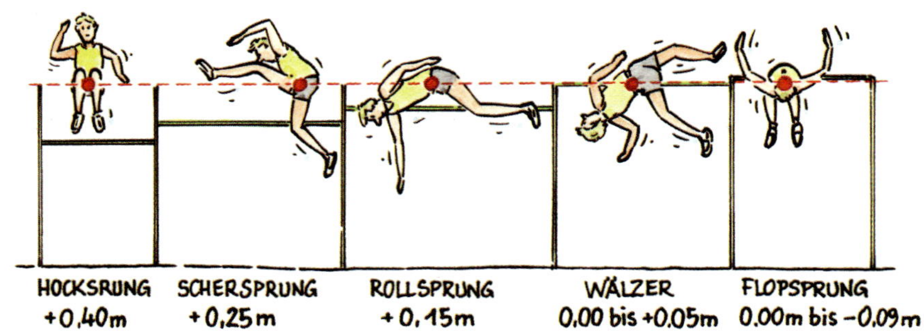

Abb. 5.13: Entwicklung der Hochsprungtechnik. Die Zahl gibt an, um wie viel der KSP über der Latte liegen muss, um sie nicht zu reißen. Verblüffend: Beim Flop kann der KSP sogar unter der Latte durchgehen.

Das Beispiel mit dem Sprung am Mond war grob gerechnet. Um zu verstehen, warum der Flop dem Wälzer überlegen ist (F9), müssen wir exakter werden. Abb. 5.13 zeigt die historische Entwicklung der Hochsprungtechnik. Du siehst den Abstand, mit dem der KSP des Springers die Latte überquert, also den **Höhenverlust**. Die Techniken wurden immer besser. Und dann erfand Dick Fosbury **1968** den Flop und wurde damit gleich Olympiasieger. Du siehst, dass beim Flop der KSP sogar **unter der Latte** durchgehen kann! Der Springer hat im Idealfall sogar einen Höhengewinn! Wie ist das möglich?

Nun, der KSP eines Gegenstandes ist ja nicht materiell, und er kann unter gewissen Umständen **außerhalb** des Gegenstandes liegen. Beim Besteck in Abb. 5.6 ist das so und auch bei der Lattenüberquerung beim Flop (Abb. 5.10 c). Beim Wälzer liegt der KSP bei der Lattenüberquerung innerhalb des Körpers. Der Unterschied im Höhenverlust zwischen Flop und Wälzer sind im Extremfall 14 cm! Das ist doch was!

Machen wir mal eine realistische Abschätzung für den **Weltrekord** von Sotomayor. Seine **KSP-Höhe** liegt bei 1,2 m, seine **KSP-Hebung** beträgt ebenfalls 1,2 m. Das macht in Summe 2,4 m. Weil aber der KSP 5 cm unter der Latte durchgeht, kann diese auf 2,45 m liegen! Wäre er einen Wälzer gesprungen, dann hätte er zum Beispiel 10 cm verloren und wäre nur auf 2,35 m gekommen (Abb. 5.14). Also ist eigentlich der Wälzer ein Flop (Flop bedeutet seltsamer Weise nämlich auch Misserfolg)!

a

| Jump-and-Reach-Test |

Teste, wie hoch du deinen KSP heben kannst! Du stellst dich dazu seitlich an eine Wand und greifst so hoch wie möglich hinauf (Abb. 5.12). Ein Helfer markiert diese Stelle. Dann springst du aus der Hocke so hoch wie möglich hinauf. Das wird wieder markiert. Die Differenz zwischen den Markierungen ist deine KSP-Hebung. Sie ist **von der Körpergröße unabhängig**. Weltklassehochspringer kommen bei diesem Test über 1 m! Für 15-jährige Mädchen sind 35 cm Durchschnitt, für Burschen etwa 43 cm (siehe auch Abb. 10.19, Kap. 10.4).

Abb. 5.12: Durchführung des **Jump-and-Reach-Tests**.

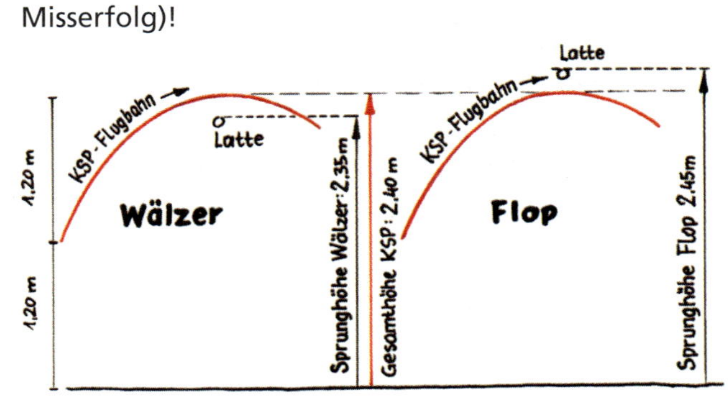

Abb. 5.14: Auch beim Hochsprung ist nach dem Verlassen des Bodens die Flugbahn des KSP nicht zu beeinflussen. Durch günstige Körperhaltung kann aber der Schwerpunkt unter der Latte durchgehen und diese höher liegen als beim Wälzer – und nur das zählt im Wettkampf!

Zusammenfassung

Der menschliche Körper ist nicht starr und die exakte Bestimmung des KSP daher sehr aufwändig. Es lassen sich aber grundlegende Fragestellungen recht einfach erklären, etwa der Erfolg des Flop-Sprungs.

5.3 Eine ziemlich tiefe Sache
Die drei Arten des Gleichgewichts

In diesem Abschnitt geht es um die drei Arten des Gleichgewichts. Wir können den Unterschied zwischen diesen mit der Lage des KSP verstehen. Und wir können das Prinzip der minimalen potenziellen Energie mit den Erkenntnissen aus Kapitel 4 sogar erklären.

?

F10 Die beiden Blöcke in der Abbildung befinden sich in Ruhe. Welcher der beiden ist schwerer?

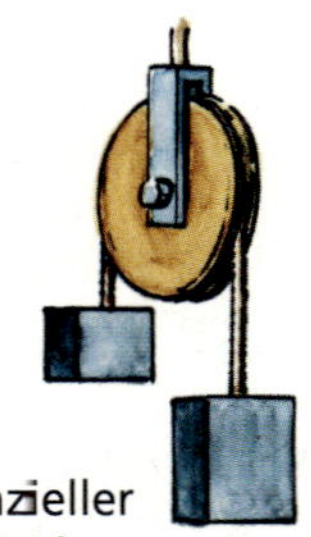

Abb. 5.15

F11 Was versteht man unter potenzieller Energie? Sieh in Kapitel 3.4 nach!

F12 ▸L Warum fließt Wasser nach unten? Warum ist die Wasseroberfläche eben, wenn sie nicht gestört wird? Warum bleibt ein Pendel irgendwann an der tiefsten Stelle stehen und warum rollt eine Kugel in die Mulde?

Wenn du bei F10 auf den größeren Block getippt hast, dann hast du dich von Größe und Lage täuschen lassen. Wenn beide Blöcke in Ruhe sind, dann müssen sie auch gleich schwer sein. Sonst würde ja der schwerere Block sofort den leichteren über die Rolle ziehen. Gleichgewicht bedeutet, dass sich **alle Kräfte in Summe aufheben.**

Die Energie, die ein Gegenstand bekommt, wenn er gehoben wird, nennt man potenzielle Energie (E_p; siehe Kap. 9.2). Man kann drei Arten des Gleichgewichts unterscheiden: stabil, labil und indifferent.

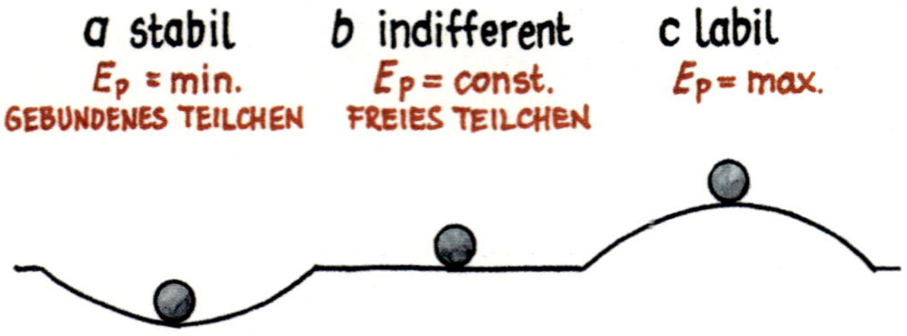

Abb. 5.16: Unterscheidung der Gleichgewichtsarten aufgrund unterschiedlicher potenzieller Energie.

Beim stabilen Gleichgewicht ist E_p ein Minimum. Die Kugel liegt an der tiefstmöglichen Stelle (Abb. 5.16). Dieses Gleichgewicht stellt sich innerhalb eines gewissen Bereichs von selbst ein, in diesem Fall innerhalb der Grube. Wenn du die Kugel rausrollst, dann ist das damit vergleichbar, dass du zwei Atome aus ihrer gegenseitigen Bindung reißt, und du erzeugst dadurch ein freies Teilchen (Kap. 3.4, Abb. 3.20; Kap. 3.6, Abb. 3.27).

Beim indifferenten Gleichgewicht ändert sich E_p nicht, wenn du den Gegenstand bewegst. Das entspricht einem freien Teilchen. Wenn es aber in die Senke gelangt, also in den **Potenzialtopf**, dann wird es dort gefangen. Das nennt man einen gebundenen Zustand.

Beim labilen Gleichgewicht ist E_p ein Maximum. Es ist aber etwas sehr seltenes und unbeständiges. Was damit gemeint ist kannst du verstehen, wenn du versuchst, einen Bleistift auf die Spitze zu stellen. Wenn im Nebenzimmer eine Fliege niest, dann ist es auch schon dahin mit dem labilen Gleichgewicht.

Warum aber stellt sich nach einer gewissen Zeit immer der Zustand der **geringsten potenziellen Energie** ein? Das kann man sich mit der Gewichtskraft überlegen. Wenn die Kugel im Gleichgewicht ist, egal in welchem, dann zeigt die Gewichtskraft normal auf den Untergrund. Es gibt also keine Kraftkomponente F_H, die die Kugel seitlich beschleunigt (Abb. 5.17; Abb. 4.16 f, Kap. 4.3).

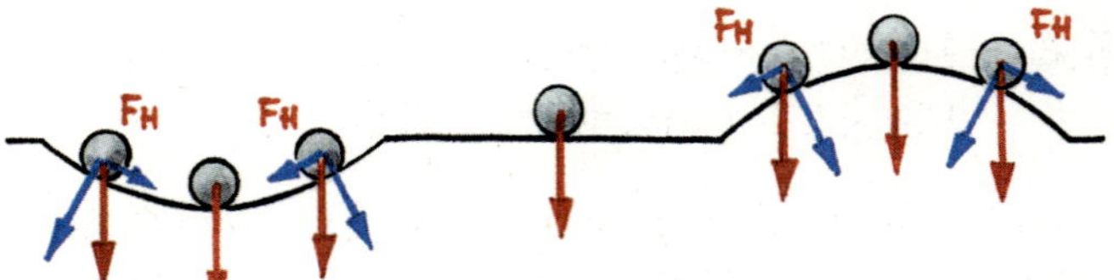

Abb. 5.17: Erklärung der Arten des Gleichgewichts mit Hilfe der Komponentenzerlegung der Gewichtskraft.

Wenn du die Kugel aus dem stabilen Gleichgewicht auslenkst, dann zeigt F_H immer in die Richtung, aus der die Kugel kam. Deshalb stellt sich das stabile Gleichgewicht wieder von selbst ein. Beim labilen Gleichgewicht ist das umgekehrt. Bei der geringsten Auslenkung entsteht eine Kraft F_H, die von der ursprünglichen Lage wegzeigt. Wenn du den Boden ein bisschen schüttelst, werden irgendwann alle drei Kugeln im stabilsten Zustand sein, also in der Mulde.

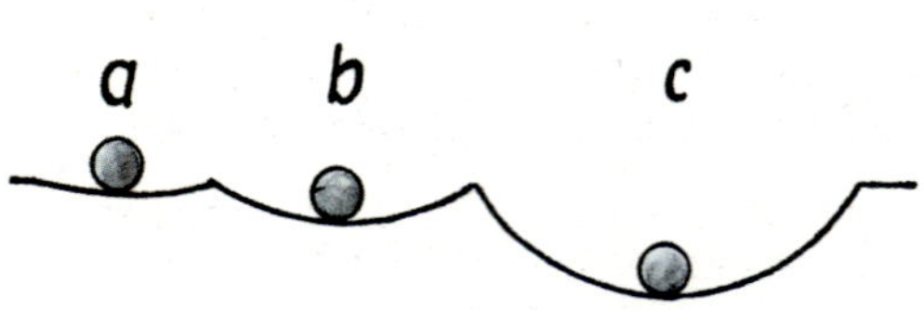

Abb. 5.18: a und b sind in Bezug auf c metastabile Lagen der Kugeln (und auch a auf b).

Stabil ist aber nicht gleich stabil! Die Kugeln in Abb. 5.18 sind alle im stabilen Gleichgewicht. Aber es ist offensichtlich, dass die linke Kugel am Stabilsten ruht. Warum? Weil am meisten Energie notwendig ist, um sie aus der Grube rauszukriegen. Deshalb ist es manchmal so, dass ein System ziemlich lange Zeit stabil sein kann und dann auf einmal **eine noch stabilere Lage** einnimmt. Es war vorher nur zwischenstabil, oder, wie man das in der Physik nennt, **metastabil**.

Die Übergänge zwischen den einzelnen Gleichgewichten können ziemlich fließend sein. In Abb. 5.19 wird der stabile Bereich immer kleiner und bei c herrscht eigentlich schon beinahe labiles Gleichgewicht. Vor allem bei Lebewesen findet man solche Übergänge, weil sie ja keine starren Körper sind. Dazu mehr im nächsten Abschnitt.

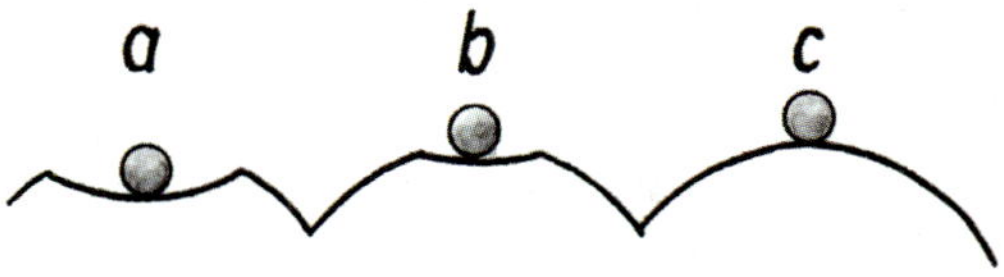

Abb. 5.19: Fließender Übergang von stabil zu labil!

Zusammenfassung

Systeme stellen sich auf die Dauer immer so ein, dass die potenzielle Energie ein Minimum ist. In diesem Zustand sind die Systeme am stabilsten. Das kann man sich gut mit Kugeln vorstellen. Aber mit diesem Modell lassen sich auch zum Beispiel Atombindungen und der Massendefekt erklären.

5.4 Lastenkran und Sumo-Ringer

Vergrößerung der Stabilität

In diesem Abschnitt geht es darum, wann ein Gegenstand umkippt und durch welche Methoden man die Stabilität vergrößern kann.

?

F13 Stell dich so an die Wand, dass die Außenseite deines rechten Fußes und die rechte Schulter die Wand berühren. Versuche nun, das linke Bein zu heben. Was passiert und wieso passiert es?

F14 Stell dich mit dem Rücken an die Wand, so dass Fersen, Gesäß und Schultern die Wand berühren. Versuche nun einen Gegenstand aufzuheben, den man dir 50 cm vor deine Füße legt. Fersen und Gesäß dürfen die Wand nicht verlassen und die Beine müssen gestreckt bleiben. Was passiert und wieso passiert es?

F15 Wie weit kannst du einen Gegenstand kippen, bevor er umfällt? Versuche die Begriffe Lot und KSP dabei zu verwenden!

F16 Welches Gleichgewicht versucht ein Sprinter in der Fertig-Position beim Sprintstart einzunehmen? Möglichst stabil? Möglichst labil? Und warum?

Abb. 5.20: Fertig-Position beim Sprintstart.

Wie weit kann man einen Gegenstand kippen, bevor er umfällt (F15)? Dazu gibt es im Prinzip zwei Erklärungen, beide mit Hilfe des KSP. Abb. 5.21 zeigt einen Quader, der gekippt wird. Du siehst links, dass sich der KSP dabei zunächst hebt. Bei b ist der Quader im labilen Gleichgewicht, weil der KSP die maximale Höhe hat. Wenn du den Quader weniger kippst, fällt er nach a zurück, und wenn du ihn mehr kippst, fällt er nach c. Die erste Erklärung lautet also: **Ein Gegenstand kippt nicht um, solange sein KSP die maximale Höhe noch nicht erreicht hat.**

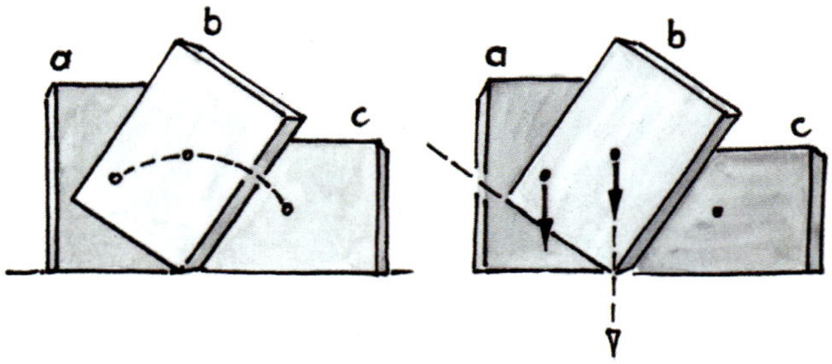

Abb. 5.21: Zwei Möglichkeiten der Erklärung, wie weit man einen Gegenstand kippen kann. Position a ist im Vergleich zu c **metastabil**. Wenn du den Quader schüttelst, wird er immer in Position c enden.

Du kannst es aber auch noch anders formulieren. Rechts ist der Gewichtsvektor, also das Lot des KSP eingezeichnet. Stell dir vor, dass du die gesamte Ebene kippst, auf der der Quader steht. Du siehst, dass in Position b das Lot genau durch den Rand der Standfläche zeigt. Deshalb kannst du auch sagen: **Ein Gegenstand kippt nicht um, solange das Lot des KSP noch durch die Standfläche zeigt.** Diese Erklärung hat den Vorteil, dass sie auch für bewegliche Objekte gilt, also etwa für Lebewesen. Mit ihr kannst du die F13 und F14 erklären (Abb. 5.22).

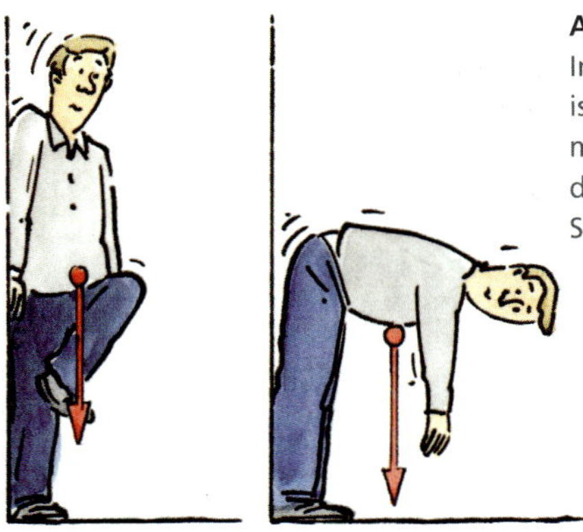

Abb. 5.22: In diesen Positionen ist kein Gleichgewicht möglich, weil das Lot des KSP nicht durch die Standfläche zeigt.

Du kippst in beiden Fällen um, weil das Lot des KSP dann nicht mehr durch die Standfläche zeigt. Wenn du auf einem Bein stehen willst, musst du zuerst das Gewicht über das Standbein bringen (Abb. 5.23). Erst dann kannst du das andere Bein heben. Dazu musst du dich aber etwas auf die Seite lehnen, und das wird durch die Wand verhindert. Beim Gehen muss übrigens bei jedem Schritt das Lot des KSP durch das Standbein gehen. Das ist der Grund, warum man dabei leicht hin und her schaukelt.

››› i | Standfläche | Seite 46

| Standfläche |

Du darfst **Standfläche** nicht mit **Auflagefläche** verwechseln. Die Standfläche bekommst du, wenn du eine imaginäre Gummischnur um alle Auflageflächen spannst. In der Abbildung sind die Auflageflächen braun und alles, was färbig ist, gehört zur Standfläche (also hellblau und braun zusammen). Wenn ein Gegenstand an zwei oder mehr Stellen den Boden berührt, dann ist die Standfläche immer größer als die Auflagefläche.

Damit etwas nicht kippt, muss das Lot durch die Standfläche gehen, aber nicht zwangsläufig durch die Auflagefläche. Sonst könntest du ja gar nicht normal stehen, weil dann das Lot des KSP zwischen den Füßen liegt (Abb. 5.23 links).

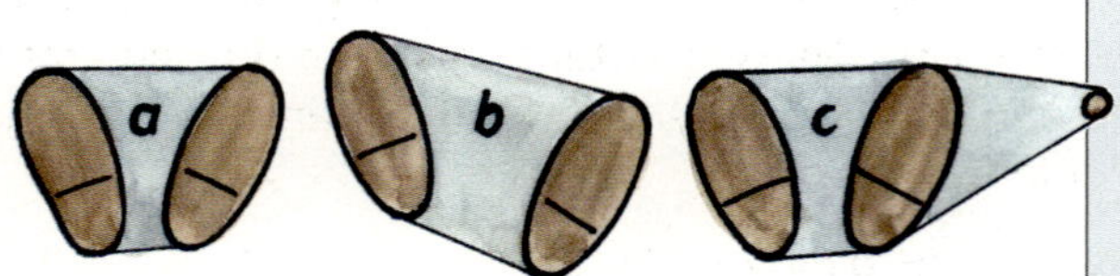

Abb. 5.24: Standfläche bei normalem (a) und breitbeinigem Stehen (b) und wenn man einen Stock verwendet (c).

Abb. 5.23: Erst wenn das Lot des KSP durch das Standbein zeigt, kannst du das andere heben.

Es gibt vier Möglichkeiten, die Stabilität eines Gegenstandes zu erhöhen. Du kannst erstens die **Masse** erhöhen. Ein sehr gutes Beispiel dafür sind die Sumo-Ringer. Versuch mal, einen von diesen Brocken umzuhauen (Abb. 5.25)! Bei Kränen werden riesige Betonblöcke an der Basis befestigt, und Schirme auf Terrassen haben einen Betonsockel (Anm.: dabei wird auch der KSP abgesenkt).

Dann gibt es die Möglichkeiten, die **Standfläche zu vergrößern** (Abb. 5.24, 5.26 b) und/oder den **KSP abzusenken** (Abb. 5.26 c). Warum wird dadurch die Stabilität erhöht? Weil in beiden Fällen der Potenzialtopf tiefer wird, also mehr Energie notwendig ist, um den Gegenstand umzukippen. Beides nutzt man im Sport aus, etwa in den Kampfsportarten.

Abb. 5.25: Eine große Masse ist beim Sumo-Ringen ein Vorteil. Diesen Effekt demonstriert am Bild Herr Konishiki: Er brachte es zu besten Zeiten auf satte 300 kg!

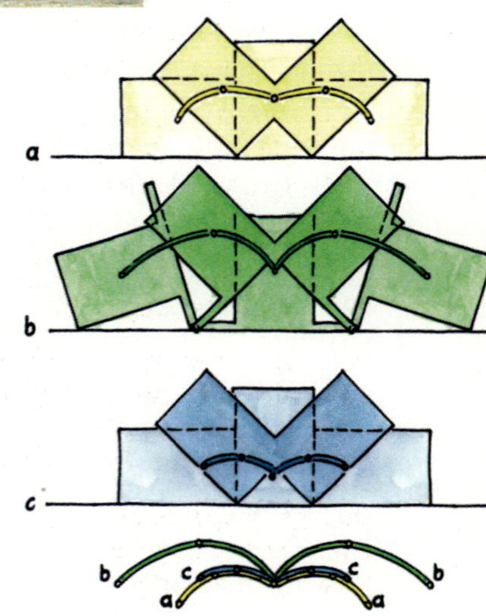

Abb. 5.26: Vergrößerung der Standfläche (b) und Absenken des KSP (c) zur Vergrößerung der Stabilität. Unten siehst du den Vergleich der Bahnkurven des KSP, also die Tiefe der Potenzialtöpfe.

Die vierte Möglichkeit zur Vergrößerung der Stabilität liegt darin, das **Lot des KSP** möglichst weit vom **Rand der Standfläche** zu entfernen, also umgekehrt gesagt möglichst in die Mitte zu bringen. Bei Abb. 5.23 a stehst du stabiler als bei b, wenn du das Gewicht verlagerst.

In der Fertig-Position versucht ein Sprinter, möglichst wenig stabil zu sein (F16), indem er den KSP hoch hält und nach vorne schiebt. Warum? Je stabiler er wäre, desto mehr Energie müsste er aufwenden, um weglaufen zu können (vergleiche mit Abb. 5.19 a–c), und desto länger würde er zum Reagieren brauchen.

Zusammenfassung

Ob ein Gegenstand umkippt oder nicht, kannst du mit der maximalen Höhe des KSP oder mit der Lage des Lots erklären. Die Stabilität lässt sich erhöhen, indem man Masse und Standfläche vergrößert, KSP-Höhe verringert und das Lot des KSP möglichst in die Mitte der Standfläche bringt.

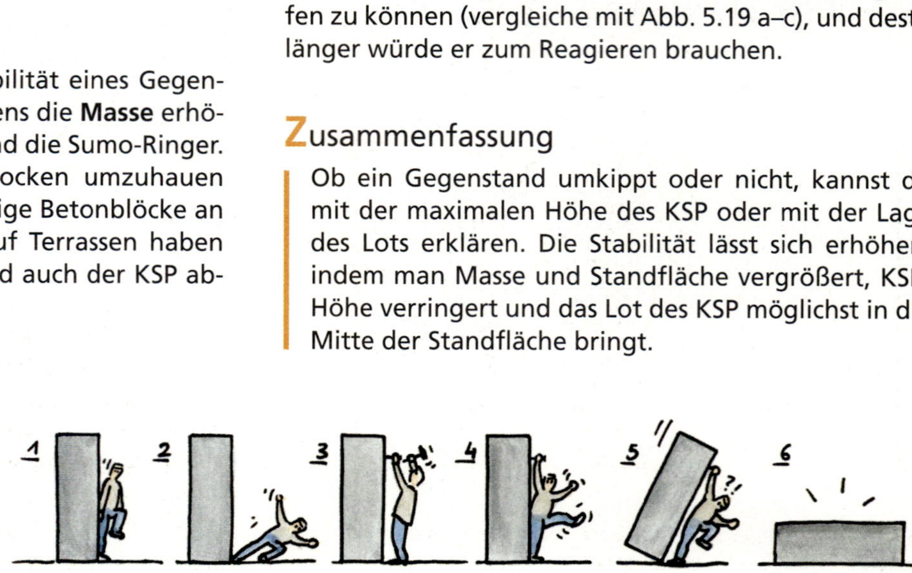

5.5 Archimedes einmal anders

Auftrieb aus Sicht des KSP

Viele Phänomene kann man auf unterschiedliche Weise erklären, etwa den Auftrieb in einer Flüssigkeit. Die Erklärung hier erfolgt – dem Kapitel entsprechend – mit Hilfe des KSP.

?

F17 Warum schwimmen die „Fettaugen" auf der Suppe und sind nicht am Boden des Tellers? Und was passiert nach einiger Zeit, wenn du Öl und Wasser in einen Becher leerst? Warum passiert das? Kannst du den Effekt mit Hilfe der Lage des KSP erklären?

F18 Wenn eine Müslipackung lang geschüttelt wird, dann sind die Rosinen eher am Boden zu finden. Was könnte das für einen Grund haben?

F19 In welchem Gleichgewicht befindet sich ein schwimmender Gegenstand?

F20 Wenn du einen schwimmenden Gegenstand etwas unter Wasser tauchst und dann wieder loslässt, dann schaukelt er eine Zeit lang etwas auf und ab. Warum ist das so?

F21 ▸L Du legst 1 kg Eisen und 1 kg Federn auf eine Balkenwaage. Bleibt die Waage im Gleichgewicht oder nicht?

Warum schwimmt Öl auf Wasser (F17)? Weil seine Dichte geringer ist! Aber warum steigt eine weniger dichte Flüssigkeit auf? Weil dann der Gesamt-KSP beider Flüssigkeiten die tiefste Lage einnimmt. Um den Effekt möglichst deutlich zu machen, mischen wir in Gedanken einen Teil **Quecksilber** und einen Teil **Wasser**. Quecksilber hat rund die 14-fache Dichte von Wasser (Tabelle 2.4, Kap. 2.6). Quirle es gut durch und gib es in ein Glas. Der Gesamt-KSP befindet sich dann genau auf halber Höhe, also in diesem Beispiel bei 5 cm (Abb. 5.27 a).

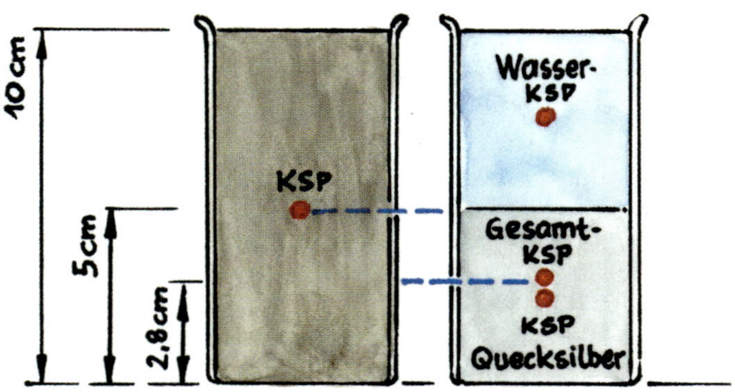

Abb. 5.27: Quecksilber-Wasser-Gemisch vorher (links) und nachdem es sich von selbst getrennt hat (rechts).

Wo liegt der KSP, wenn sich das Quecksilber völlig abgesetzt hat? Denk an die Wippe! Das Gewichtsverhältnis beträgt 14:1, und im umgekehrten Verhältnis musst du die Verbindungslinie teilen. Der Gesamt-KSP liegt dann nur mehr auf 2,8 cm Höhe. Flüssigkeiten mit unterschiedlicher Dichte trennen sich, weil dabei die **potenzielle Energie** minimiert wird. Aus diesem Grund finden sich auch die Rosinen am Boden der Packung (F18). Ihre Dichte ist größer als die der Getreideflocken. Weil das Müsli aber nicht flüssig ist, musst du es zum „Entmischen" schütteln.

Mit dem Prinzip der minimalen potenziellen Energie lässt sich auch erklären, wie weit ein Festkörper in Wasser eintaucht. Dabei wird der Wasserspiegel gehoben und damit auch der KSP des Wassers. Gleichzeit sinkt der KSP des Gegenstandes ab. Zwei gegenläufige Tendenzen also. Der Gegenstand taucht so weit ein, bis der Gesamt-KSP von Flüssigkeit und Gegenstand minimale Höhe einnimmt (Abb. 5.28).

▸▸▸ a | Archimedes | Seite 48

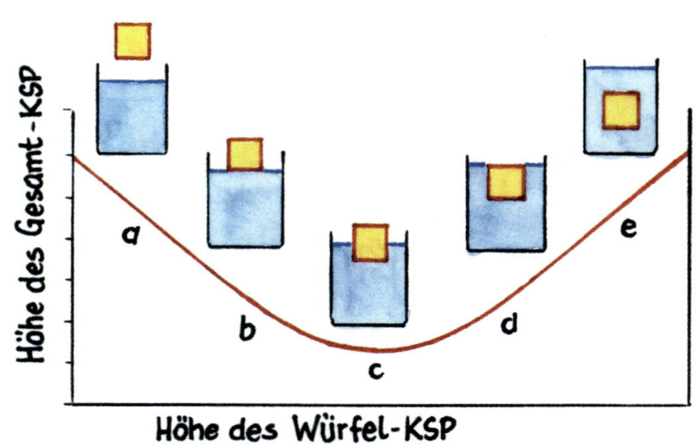

Abb. 5.28: Veränderung der Höhe des gemeinsamen KSP, wenn du einen Gegenstand eintauchst, der die halbe Dichte von Wasser hat. Bei b berührt er gerade die Oberfläche, und bei d taucht er ganz unter. Wenn er zur Hälfte eintaucht (c), ist die Höhe des Gesamt-KSP ein Minimum. Wenn du ihn noch weiter untertauchst, dann steigt der Gesamt-KSP wieder an. Deshalb stellt sich Zustand c von selbst ein.

Ein schwimmender Gegenstand befindet sich immer im **stabilen Gleichgewicht** (F20). Wenn du ihn stärker eintauchst, dann wird er wie eine Kugel oder ein Pendel eine Zeit lang hin und her schwingen, bis er wieder die tiefste Position erreicht hat. Warum sinkt ein Gegenstand, dessen Dichte größer ist als Wasser, ganz auf den Boden? Weil erst am Boden der Gesamt-KSP ein Minimum hat. Alle Systeme stellen sich auf Dauer so ein, dass E_p ein Minimum wird!

| Archimedes |

Das Prinzip des Auftriebs in einer Flüssigkeit wurde schon vor über 2000 Jahren vom griechischen Gelehrten Archimedes entdeckt und auch nach ihm benannt. Normaler Weise wird es mit dem Wasserdruck erklärt und nicht mit der potenziellen Energie. Aber natürlich hängen beide Erklärungen zusammen und ergänzen einander. Es ist ähnlich wie in Abb. 5.16 und 5.17: Wenn ein Körper schwimmt, dann sind dieser und das Wasser gemeinsam im stabilen Gleichgewicht (also der Gesamt-KSP hat ein Minimum). Andererseits sind alle Kräfte im Gleichgewicht, nämlich der Auftrieb und die Gewichtskraft.

Die **Auftriebskraft** kommt vom Wasserdruck, der mit der Tiefe zunimmt. Wenn du schon mal getaucht hast, kennst du das unangenehme Gefühl in den Ohren. Der Druck *p* ist allgemein Kraft *F* pro Fläche *A*: $p = F/A$. In Wasser ergibt sich die Kraft aus dem Gewicht *G* der darüber lastenden Flüssigkeitssäule:

$$p=\frac{G}{A}=\frac{mg}{A}=\frac{\rho Ahg}{A}=\rho hg \Rightarrow p \sim h$$

Der Druck nimmt somit linear mit der Tiefe zu, also doppelte Tiefe, doppelter Druck, dreifache Tiefe, dreifacher Druck und so weiter. Dadurch ist an der Unterseite des Gegenstands die Kraft in Summe größer (Abb. 5.29).

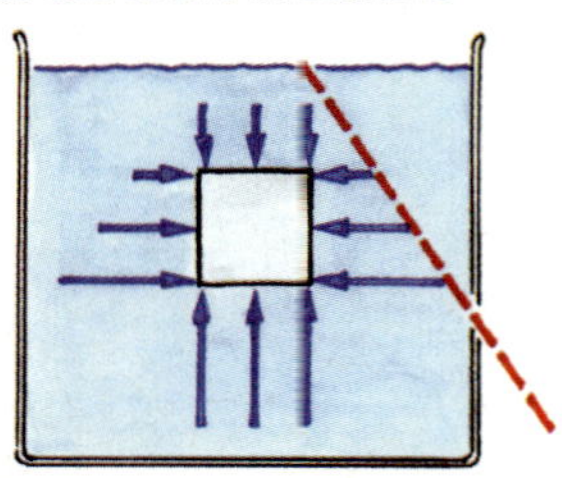

Abb. 5.29: Der Wasserdruck nimmt linear mit der Tiefe zu.

Je tiefer ein Gegenstand eintaucht, desto größer wird der Auftrieb. Der Gegenstand taucht genauso weit ein, dass Auftrieb und Gewichtskraft gleich groß sind (Abb. 5.30). Dann ist das System im stabilen Gleichgewicht und das bedeutet wiederum, dass der Gesamt-KSP ein Minimum hat.

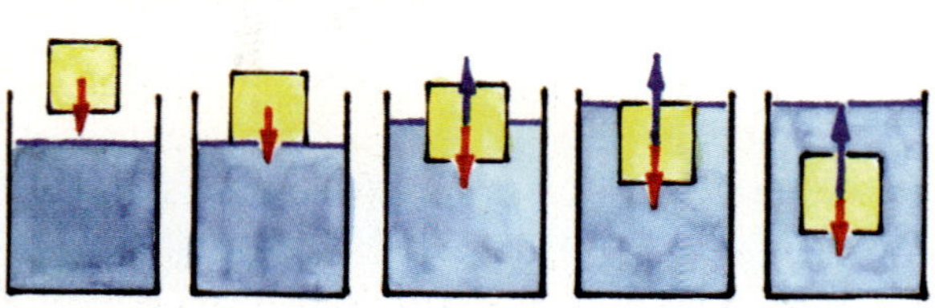

Abb. 5.30: Andere Sichtweise der Abb. 5.23. Wenn der Gegenstand zur Hälfte eintaucht, dann halten **Gewichtskraft und Auftrieb** einander genau die Waage. Es herrscht also ein Gleichgewicht der Kräfte.

| Ein Punkt mit sehr viel Masse |

F22 ▸L Kannst du ein einziges Buch so auf den Tisch legen, dass ¾ des Buches über die Tischplatte hinausragen?

F23 ▸L Erkläre genau, warum große Hochspringer im Vorteil sind.

F24 ▸L In welcher Art von Gleichgewicht befinden sich die Blöcke in Abb. 5.15?

F25 ▸L Wie kann man feststellen, ob der Schwerpunkt eines Autorades genau in der Achse liegt? Das nennt man übrigens statisch ausgewuchtet.

F26 ▸L Wo liegt welches Gleichgewicht vor: Pendel, Schaukel, Handstand, Radfahren, Seiltanzen, Stehaufmännchen.

F27 Fasse die 4 Möglichkeiten der Stabilitätsvergrößerung zusammen und versuche, weitere Beispiele zu finden.

F28 ▸L In welchem Gleichgewichtszustand befindet sich ein Auto?

F29 ▸L In der Abbildung unten siehst du einen Frosch, seinen KSP und die Standfläche. Was passiert bei 2 und 3? Versuche diesen Sachverhalt auf den Gang des Menschen zu übertragen.

Abb. 5.31

F30 ▸L In welchem Gleichgewicht befinden sich die aufgehängten Quader?

Abb. 5.32

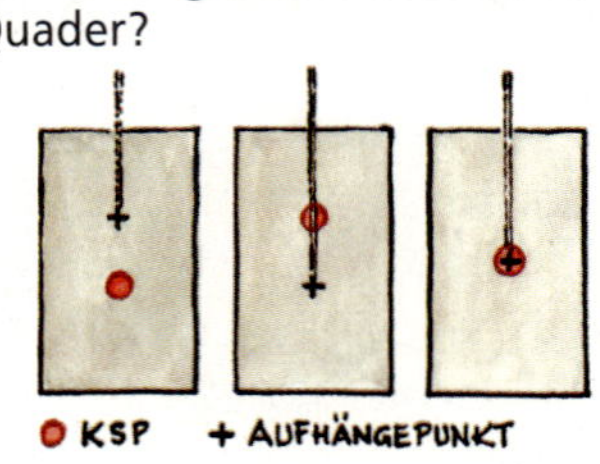

F31 Archimedes war von König Hieron II von Syrakus beauftragt worden, herauszufinden, ob dessen Krone wie bestellt aus reinem Gold wäre, oder ob das Material durch billigeres Metall gestreckt worden sei. Wie löste Archimedes diese Aufgabe? Suche dazu Literatur oder im Internet.

F32 ▸L Berechne mit einem Tabellenkalkulationsprogramm die Summe der ersten 5, 10 und 50 Glieder der Folgen $1 + 1/2 + 1/4 + 1/8 \ldots$ bzw. $1 + 1/2 + 1/3 + 1/4 + \ldots$ Was kannst du feststellen?

Zusammenfassung

Das Entmischen von zwei Flüssigkeiten, das Schwimmen eines Gegenstandes und wie weit dieser eintaucht, können mit einem einzigen Prinzip erklärt werden: Systeme stellen sich so ein, dass der Gesamt-KSP und damit die E_p minimiert werden.

6 | GERADLINIGE BEWEGUNGEN

| Prolog |

In diesem Kapitel geht es um alle möglichen Formen von geradlinigen Bewegungen. Solche Bewegungen nennt man auch **Translationen**. Wir werden wieder nach dem Prinzip vorgehen, dass wir von den einfachen zu den komplizierten Fällen gehen.
Was ist der einfachste Fall einer Bewegung? Wenn die Geschwindigkeit gleich bleibt! Weil dann keine Beschleunigungen auftreten, spricht man von **unbeschleunigter** oder auch **gleichförmiger Bewegung**. Diese kommt im Alltag nicht sehr häufig vor, aber sie ist am einfachsten zu beschreiben.
Das Gegenteil davon, also wenn sich die Geschwindigkeit in irgendeiner Form verändert, nennt man **ungleichförmige** oder **beschleunigte Bewegungen**. Diese kann man weiter unterteilen in gleichmäßig beschleunigte und ungleichmäßig beschleunigte Bewegungen. Letztere kommen zwar am häufigsten vor, sind aber am schwierigsten zu beschreiben. Deshalb nehmen wir sie uns zum Schluss vor.

Rotationen sind ein spezieller Fall der **beschleunigten Bewegungen** und werden in Kapitel 11 extra behandelt. Dabei dreht sich der Geschwindigkeitsvektor. In diesem Kapitel geht es nur um Translationen. Darunter versteht man Bewegungen entlang einer Linie.

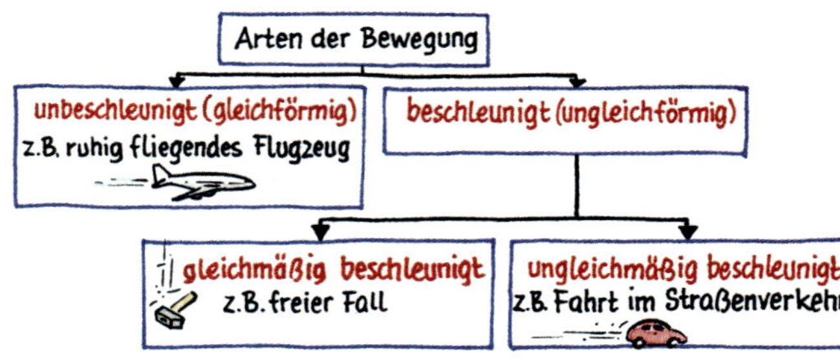

Abb. 6.1: Einteilung der Bewegungsarten

6.1 Das fliegende Klassenzimmer

Gleichförmige Bewegung

In diesem Abschnitt geht es um die einfachste Bewegung: die unbeschleunigte. Diese Bewegung ist etwas ganz Besonderes. Und sie spielt bei einer der spektakulärsten Theorien der Physik eine große Rolle: in der Relativitätstheorie.

››› ? | Fragebox

Es ist wichtig, sich in Erinnerung zu rufen, dass die Geschwindigkeit als Vektor beschrieben wird. Dieser hat Betrag und Richtung. Von einer unbeschleunigten Bewegung darf man nur dann sprechen, wenn sich **beide Eigenschaften** nicht verändern (Abb. 4.6, Kap. 4.1).

Das Auto in Abb. 6.2 fährt nicht unbeschleunigt! Der Betrag des Vektors bleibt zwar gleich, aber seine Richtung ändert sich. Die Beschleunigung spürst du, indem du am Fuße des Hügels etwas in den Sitz gedrückt und an der höchsten Stelle etwas leichter wirst (F2).

Eine unbeschleunigte (gleichförmige) Bewegung liegt dann vor, wenn du gar **nicht spürst**, dass du dich bewegst! Wenn die Geschwindigkeit gleich bleibt, wirst du weder schneller, noch langsamer, noch gibt es Kurven. Alles erscheint ganz normal und gewohnt zu sein. Wenn sich das ganze Klassenzimmer mit – sagen wir – halber Lichtgeschwindigkeit, aber völlig gleichförmig bewegen würde, würdest du das nicht spüren. So wie auch in einem Flugzeug alles ganz normal abläuft (ein Flugzeug mit geschlossenen Fenstern ist wie der Kasten in Abb. 6.3). Und noch mehr: Du kannst nicht einmal messen, dass du dich bewegst (F3).

?

F1 Was versteht man unter einem Bezugssystem? Lies in Kapitel 4.2 noch einmal nach!

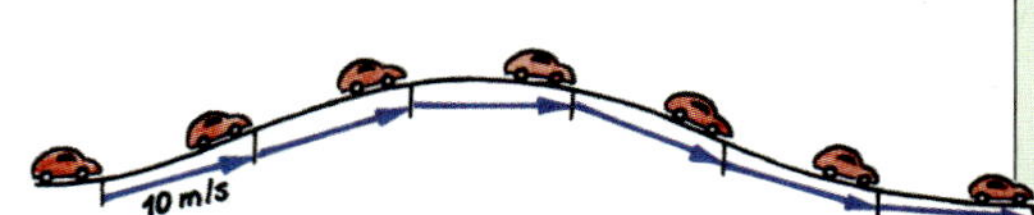

Abb. 6.2: Gleichförmige Bewegung oder nicht?

F2 Das Auto in Abb. 6.2 fährt mit konstant 10 m/s über einen Hügel. Handelt es sich dabei um eine beschleunigte Bewegung oder nicht?

F3 Du sitzt in einem fensterlosen Kasten, der sich mit gleicher Geschwindigkeit, also unbeschleunigt, dahinbewegt (6.3 links). Kannst du diese Bewegung irgendwie feststellen? Und wie ist das, wenn der Kasten in irgendeiner Weise beschleunigt (rechts)?

Abb. 6.3: Wann kannst du die Bewegung feststellen?

F4 Welche der folgenden Begriffe sind relativ bzw. absolut: groß, leicht, schnell, lang, dünn, Geschwindigkeit, Beschleunigung?

F5 Du fliegst mit einem Raumschiff im Weltall. Rund herum … nichts. Kannst du deine Geschwindigkeit feststellen? Und wenn ein anderes Raumschiff an dir vorbeifliegt, kannst du dann feststellen, wie schnell du fliegst und wie schnell das andere?

i | Relativitätstheorie

Relativ bedeutet **vergleichsweise**. Eigenschaften, die sich verändern, je nachdem, womit man sie vergleicht, sind relativ. Ein Mensch ist relativ groß und schwer – aus der Sicht einer Ameise. Ein Mensch ist relativ klein und leicht – aus der Sicht eines Elefanten. Diese Eigenschaften ändern sich mit dem Vergleich und sind daher relativ.

Auch **Geschwindigkeiten** sind **relativ** (F4)! Wie groß sie gemessen werden, ist eine Frage des Bezugssystems (siehe auch F7, Kapitel 4.2). Eine Tasse am Tisch im Flugzeug bewegt sich aus deiner Sicht nicht, aus der Sicht einer Person am Boden mit 250 m/s. Welche Ansicht ist richtig? Beide! Es ist eben nur eine Frage des Bezugssystems!

| Ein bisschen Relativitätstheorie |

Wenn Nicht-Physiker über die **Relativitätstheorie** sprechen, dann sagen sie oft augenzwinkernd „Alles ist relativ". Das stimmt so natürlich nicht, weil es auch Absolutes gibt, etwa die Beschleunigung. Aber die **Geschwindigkeit** ist wirklich **relativ**. Das hat bereits Galileo Galilei mehr als 300 Jahre vor Albert Einstein entdeckt.

Abb. 6.4: Galilei und das Fischglas.

Galilei soll auf einem Schiff gleichmäßig dahingefahren sein, als er ein Glas mit Fischen betrachtet hat. Man könnte ja annehmen, dass sich die Fische auf der Seite des Glases befinden, die **gegen** die Fahrtrichtung zeigt, weil dieses ja unter ihnen wegfährt. Wenn das Schiff aber nicht beschleunigt, dann merken die Fische gar nichts davon. Galilei kam daher zu dem Schluss, dass man mit keinem mechanischen Experiment eine unbeschleunigte Bewegung feststellen kann. Das nennt man den **„Satz von Galilei"** oder auch das **klassische Relativitätsprinzip**.

Einstein ging **1905** noch einen großen Schritt weiter, indem er behauptete, dass man ganz allgemein mit keinem Experiment (also z. B. auch nicht mit einem optischen) bestimmen kann, dass man sich unbeschleunigt bewegt. Es gibt also kein einziges Experiment, mit dem du die Bewegung eines Flugzeuges feststellen kannst. Das nennt man das moderne Relativitätsprinzip. Das klingt jetzt vielleicht harmlos, aber alleine aus dieser Annahme lassen sich die absurden, aber gut bestätigten Effekte der **Relativitätstheorie** ableiten (siehe z. B. Kap. 6.2, F9).

Übrigens: Wenn du meinst, dass du jetzt gerade ruhig am Sessel sitzt, dann ist das ebenfalls Ansichtssache. Du bist relativ zur Erde in Ruhe! Aber die Erde selbst bewegt sich mit 30 km/s (!) um die Sonne! Aus der Sicht der Sonne hast du also eine Mordsgeschwindigkeit.

Relative Größen brauchen zur Bestimmung immer einen **Vergleich**. Du kannst sie nicht alleine bestimmen. Das ist der springende Punkt! Wenn du im tiefsten Weltall fliegst, wo es keine Vergleichspunkte gibt (etwa einen Planeten), kannst du nicht feststellen, ob du dich bewegst (F5). Und wenn ein anderes Raumschiff an dir vorbeifliegt, dann kannst du auch nur feststellen, wie groß die Geschwindigkeiten relativ zueinander sind. Du kannst aber nicht sagen „Ich bin in Ruhe und der andere fliegt an mir vorbei" oder auch umgekehrt.

Bei **Beschleunigungen** (also Geschwindigkeitsänderungen) ist das anders. Beschleunigungen sind **absolut** (F3). Absolut bedeutet „losgelöst". Man muss also nicht vergleichen. Wenn du in einem Flugzeug sitzt, das beschleunigt, dann kannst du das spüren und natürlich auch messen. Beschleunigung kannst du ganz alleine im tiefsten Weltall messen, ohne irgendeinen Bezugspunkt.

Wenn keine Beschleunigungen in irgendeiner Form auftreten, dann spricht man in der Physik von einem **Inertialsystem** (siehe auch Kap. 8.2). Man kann also sagen: Wenn du dich in einem völlig ruhig fliegenden Flugzeug befindest, dann befindest du dich in einem Inertialsystem. In diesen Systemen funktioniert daher alles ganz normal. Wenn das Flugzeug schneller oder langsamer wird, dann ist es kein Inertialsystem mehr. Das kannst du auch spüren. Es könnte dann sein, dass der Kaffee überschwappt oder du mit dem Zuckerstück die Tasse verfehlst.

Zusammenfassung

Die unbeschleunigte Geschwindigkeit ist etwas ganz Besonderes. Wenn man sich gleichförmig bewegt, dann merkt man das nicht. Man befindet sich dann in einem Inertialsystem und alles funktioniert normal. Man braucht einen Bezugspunkt, also etwas zweites, um diese Form der Bewegung festzustellen. Das macht die Geschwindigkeit relativ. Beschleunigungen sind aber absolut. Diese kann man messen und spüren, ohne dass man vergleichen muss.

6.2 Zum Rande der Galaxis

Beschreibung der Geschwindigkeit

In diesem Abschnitt geht es um die mathematische Beschreibung der Geschwindigkeit, und wir machen noch mal einen kleinen Ausflug in Einsteins Welt.

F6 Zwei Radfahrer fahren mit 10 km/h aufeinander zu. Als sie genau 10 km voneinander entfernt sind, startet eine Fliege mit 30 km/h vom Vorderrad des rechten Fahrers, fliegt zum Vorderrad des linken Fahrers, wieder zurück und so weiter. Welche Strecke legt sie zurück, bis sich die Fahrer in der Mitte treffen?

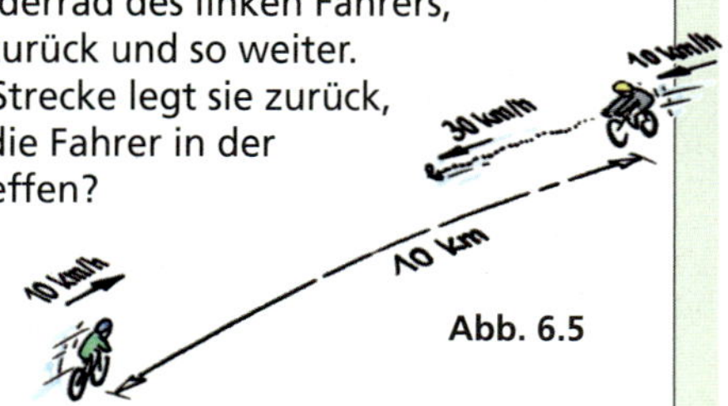

Abb. 6.5

F7 ▸L Herr Müller macht einen Spaziergang mit seinem Hund. In welche Richtung (also nach vorne, seitlich, ...) muss er den Stock werfen, damit der Hund während des Spaziergangs möglichst viel Weg zurücklegt?

Abb. 6.6

F8 Wenn du die Sekunden zwischen Blitz und Donner zählst und dann durch 3 dividierst, weißt du, wie viele km der Blitz weg war! Wie groß ist daher die Schallgeschwindigkeit etwa?

F9 Du fährst in einem Cabrio mit 5 m/s und wirfst einen Ball mit 10 m/s nach vorne (Abb. 6.7 a). Wie schnell ist der Ball aus der Sicht eines am Boden stehenden Beobachters? Du fliegst mit einem Raumschiff mit halber Lichtgeschwindig keit (*c*/2) und sendest einen Lichtstrahl nach vorne aus (b). Wie schnell ist der Lichtstrahl aus Sicht eines Beobachters auf der Erde?

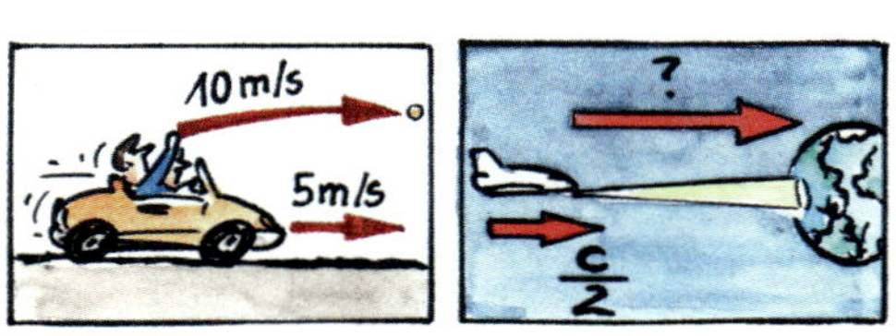

Abb. 6.7

Am **Tachometer** ist die Geschwindigkeit in km/h angegeben und somit immer noch nicht im **SI-System**. Die Menschen haben sich einfach schon zu sehr daran gewöhnt. Auf jeden Fall kannst du an der Einheit sehen, dass die Geschwindigkeit als Weg pro Zeit definiert ist, also z. B. in Kilometern pro Stunde.

▸▸▸ i | km/h |

Formel: Geschwindigkeit

$$v = \frac{\Delta s}{\Delta t} \Rightarrow \Delta s = v \cdot \Delta t$$

v ... Geschwindigkeit	$[v]$ = m/s
Δs ... Wegstück	$[\Delta s]$ = m
Δt ... Zeitintervall	$[\Delta t]$ = s

Natürlich lässt sich die Gleichung auch so umformen, dass der Weg auf einer Seite steht. Damit lässt sich F6 einfach lösen. Die Radfahrer brauchen genau eine halbe Stunde, bis sie sich treffen. Die Fliege fliegt also ½ Stunde lang mit 30 km/h. Der Weg ist somit 30 km/h · ½ h = 15 km!

| km/h |

Welcher Zusammenhang besteht zwischen den Einheiten m/s und km/h? Eine Stunde hat 60 Minuten zu je 60 Sekunden, also 3600 Sekunden. Wenn du dich mit 1 m/s bewegst, dann legst du also 3600 m in einer Stunde zurück, und das sind 3,6 km. Die Umrechnung lautet daher:

1 m/s = 3,6 km/h

1 km/h = 1 m/s : 3,6 ≈ 0,28 m/s

Beispiel	m/s	Kommentar
Haarwuchs	$4 \cdot 10^{-9}$	umgerechnet 1 mm in drei Tagen
Weinbergschnecke	$8{,}3 \cdot 10^{-4}$	entspricht etwa 3 m pro Stunde
Mensch, **Gehen**	1	Bummeltempo ▸▸▸ i **| Schlendertempo |**
Mensch, **Marathon**	5,19/ 5,63	errechnete Durchschnittsgeschwindigkeit beim Marathonweltrekord Frauen/Männer
Mensch, **Sprint**	12,5	maximale gemessene Geschwindigkeit beim 100-m-Sprint der Männer; entspricht über 44 km/h
Gepard	28 bis 33	etwa 100 bis 120 km/h; schnellstes Säugetier
Schall in Luft, 20°C	342	Schall benötigt in der Luft etwa 3 Sekunden pro km (F8). v ist von der Temperatur abhängig.
Satellit	$7{,}9 \cdot 10^{3}$	Geschwindigkeit für Kreisbahn um die Erde
Satellit	$1{,}12 \cdot 10^{4}$	Geschwindigkeit, um Erde zu verlassen; ist um den Faktor 10^4 kleiner als c
Lichtgeschwindigkeit (c)	$3 \cdot 10^{8}$	höchstmögliche Geschwindigkeit im gesamten Universum

Tabelle 6.1: Einige Beispiele zu Geschwindigkeiten

In Tabelle 6.1 (Seite 51) siehst du einige Beispiele für Geschwindigkeiten. Du siehst, dass zwischen dem Wachstum deiner Haare und der **Lichtgeschwindigkeit** beachtliche 18 Größenordnungen liegen! Die Lichtgeschwindigkeit hat zwei Eigenschaften, die ganz besonders hervorzuheben sind. Beide sind eng mit der **Relativitätstheorie** verknüpft.

Wenn du im Cabrio den Ball nach vorne wirfst (F9), dann hat er für einen Beobachter auf der Straße 15 m/s. Das war leicht. Wie ist es aber mit dem Lichtstrahl? Man würde denken, dass er aus der Sicht eines Erdlings 1,5 *c* haben müsste. Geschwindigkeitsaddition eben! Verblüffender Weise hat der Lichtstrahl aber sowohl für den Raumfahrer als auch für den Erdling genau *c*. Die **Lichtgeschwindigkeit** ist die einzige Geschwindigkeit, die **immer gleich groß ist**, egal von welchem Bezugssystem aus du misst. Die Lichtgeschwindigkeit ist daher absolut!

Wenn dich das verwirrt, dann bist du in bester Gesellschaft. Denn auch die Physiker in aller Welt waren sehr verwirrt, als Einstein **1905** genau das und noch vieles andere behauptet hat. Die Relativitätstheorie ist eine harte Nuss und wird in „Big Bang 8" ganz ausführlich besprochen.

Außerdem ist *c* die höchste erreichbare Geschwindigkeit. Niemand und nichts kann die Lichtgeschwindigkeit erreichen oder sogar überschreiten – nach dem, was wir heute wissen. Würdest du ein Raumschiff erfinden, das doch den Sprung über *c* schafft, hättest du Einstein widerlegt, den Nobelpreis sicher und wärst dazu noch stinkreich.

▸▸▸ i | Bummeltempo |
▸▸▸ i | Schneller als das Licht |

Zusammenfassung

Mit Gleichungen lassen sich viele Probleme oft ganz leicht lösen. Alle Geschwindigkeiten sind relativ und vom Bezugssystem abhängig, nur die Lichtgeschwindigkeit ist absolut. Diese Tatsache ist eine der Säulen der Relativitätstheorie.

| Bummeltempo |

Wie kann man das Tempo abschätzen, wenn man bequem geht, also schlendert? Wenn man sich nicht anstrengen möchte, dann lässt man das Bein einfach schwingen und spannt die Muskeln praktisch nicht an. Das Bein verhält sich dann wie ein **Pendel** (siehe Kap. 2.4, F24). Die Dauer einer Schwingung hängt nur von der Pendellänge ab und beträgt (siehe Kap. 14.1, „Big Bang 6")

$$t = 2\pi \sqrt{\frac{l}{g}}$$

Das ist die Zeit für einmal hin- und herschwingen. Ein Schritt ist nur eine halbe Schwingung, also fällt der Faktor 2 weg. Die Pendellänge ist der Abstand zwischen Drehpunkt (also dem Hüftgelenk) und dem KSP des Beines. Den nehmen wir bei der halben Beinlänge an und sagen, die Pendellänge ist 0,5 m (Das ist eine grobe Schätzung. Die genaue Rechnung findest du in Kapitel 14.1, „Big Bang 7").
g ist die Erdbeschleunigung und rund 10 m/s² (siehe Kap. 6.4.1). Macht also

$$t_{Schritt} = \pi \sqrt{\frac{l}{g}} = 3{,}14 \cdot \sqrt{\frac{0{,}5}{10}}\,s = 3{,}14 \cdot 0{,}22\,s \approx 0{,}7\,s$$

Wenn du das Bein ohne Anstrengung schwingen lässt, dann dauert ein Schritt also 0,7 s. Wenn dein Schritt 0,7 m lang ist, ergibt das eine **Geschwindigkeit** von $v = s/t = 0{,}7\ m/0{,}7\ s =$ **1 m/s oder 3,6 km/h.** Das ist eine sehr vernünftige Abschätzung fürs Schlendern – nur mit Hilfe der Pendelgleichung!

Abb. 6.8

| Schneller als das Licht |

Es gibt zwei Gründe, warum in allen **Science-Fiction-Filmen** Raumschiffe schneller als *c* fliegen können. Erstens ist das natürlich unglaublich faszinierend und Filme sind ja dazu da, um uns zu faszinieren, und nicht, damit sie physikalisch richtig sind. Weltallmärchen sozusagen!

Der zweite Grund ist der, dass die Filme sonst sehr langweilig wären. Zum nächsten Stern bräuchte man mit unserer heutigen Technik etwa **100 000 Jahre** und sogar mit Lichtgeschwindigkeit noch über 4 Jahre. Du siehst, aus dramaturgischer Sicht ist Überlichtgeschwindigkeit sehr wichtig! (Anm.: Bei nahe *c* würde für die Raumfahrer die Zeit wesentlich langsamer vergehen. Diesen Effekt entdeckte Albert Einstein und man nennt ihn Zeitdehnung oder Zeitdilatation. Trotzdem wären mit realistischer Technik astronomische Entfernungen nicht in Menschenlebenszeiten zurückzulegen).

Abb. 6.9: Science-Fiction-Film mit heute möglicher Geschwindigkeit.

6.3 Ein Bild sagt mehr als 1000 Worte

Geschwindigkeitsdiagramme

So wie du Wörter lesen lernen musstest, musst du auch lernen, Diagramme zu „lesen". In wissenschaftlichen Diagrammen steckt oft sehr viel Information auf einmal. Wir fangen aber mit einfachen an.

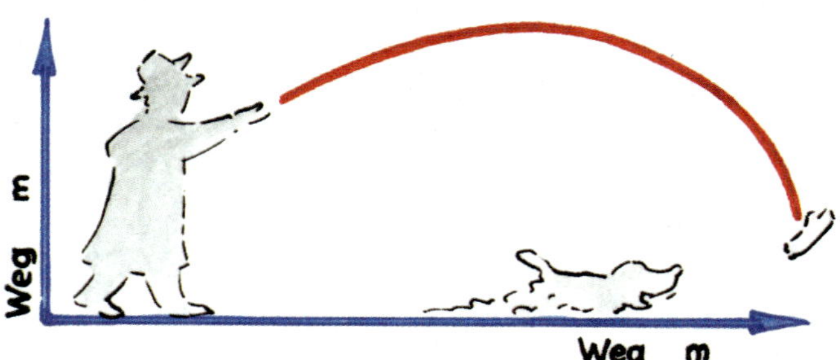

Abb. 6.10: Ein Weg-Weg-Diagramm

Abb. 6.10 zeigt den Weg eines geworfenen Stöckchens von der Seite. Auf beiden Achsen ist also ein Weg eingezeichnet. Man spricht dann von einem **Weg-Weg-Diagramm**. Du siehst also praktisch den Flug des Gegenstandes durch den Raum. Solche Diagramme sind einfach zu „lesen", weil man sie im Kopf nicht „übersetzen" muss. Man kann sich das sofort vorstellen. Bei den meisten Diagrammen kommen aber auch andere Achsen vor. Sie sind zwar dadurch schwerer zu lesen, es ist aber oft sehr viel Information in ihnen enthalten (siehe etwa Abb. 6.38 und 8.39, Kap. 6.5). Das macht sie für die Physik unverzichtbar. Außerdem kann man mit ihnen Gleichungen visuell umsetzen.

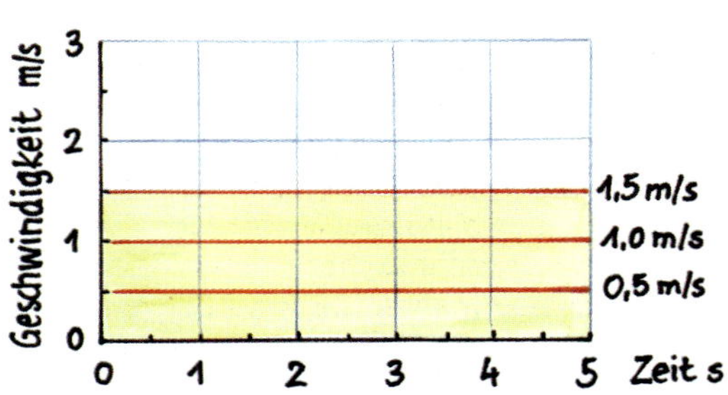

Abb. 6.11: Geschwindigkeits-Zeit-Diagramm. Welchen Weg legt ein Objekt in 5 Sekunden zurück, wenn es sich mit 1,5 m/s bewegt? 1,5 m/s · 5 s = 7,5 m. Die zurückgelegte Strecke (= Geschwindigkeit mal Zeit) entspricht der (gelben) Fläche unter der Kurve.

Abb. 6.11 zeigt ein **Geschwindigkeits-Zeit-Diagramm** (v-t-Diagramm) von drei unbeschleunigten Bewegungen. Die Linien sind horizontal, weil sich die Geschwindigkeiten ja nicht ändern. Die Fläche unter der Geraden (für 1,5 m/s gelb eingezeichnet) stellt in einem v-t-Diagramm immer den zurückgelegten Weg dar. Wir werden das später noch einmal brauchen.

Abb. 6.12 zeigt ein **Weg-Zeit-Diagramm** (s-t-Diagramm) von denselben drei Bewegungen. Am Anstieg der Geraden ist die Höhe der Geschwindigkeit zu erkennen. Diese ist ja Weg pro Zeit. In beiden Diagrammarten steckt im Prinzip dieselbe Information über eine Bewegung. Manchmal lassen sich Dinge aber mit dem einen, manchmal mit dem anderen besser veranschaulichen.

> **| Rennkäfer |** a
>
> 
>
> **Abb. 6.13**
>
> **F11** ▸L Ein Rennkäfer läuft entlang einer Wand. Die Bewegung, die er ausführt, ist im Weg-Zeit-Diagramm in Abb. 6.14 dargestellt. Beschreibe sie zuerst qualitativ. Mit welcher Geschwindigkeit bewegt er sich in den einzelnen Teilstücken? Übertrage die dargestellte Bewegung in das Geschwindigkeits-Zeit-Diagramm in Abb. 6.15. Wie kannst du dort grafisch beweisen, dass der Käfer nach 8 Sekunden wieder am Ausgangsort steht?
>
> 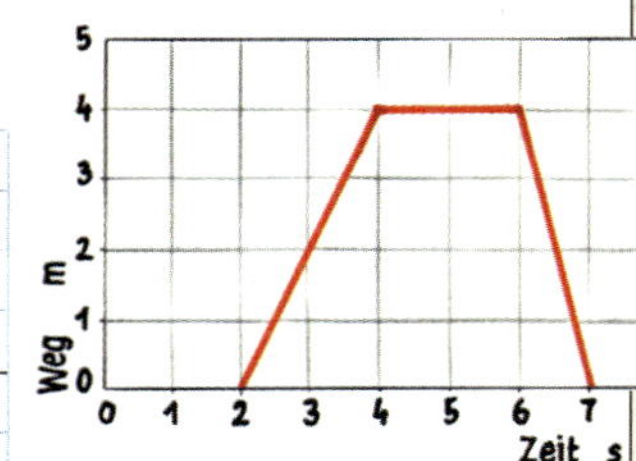
>
>
> **Abb. 6.14**
>
> 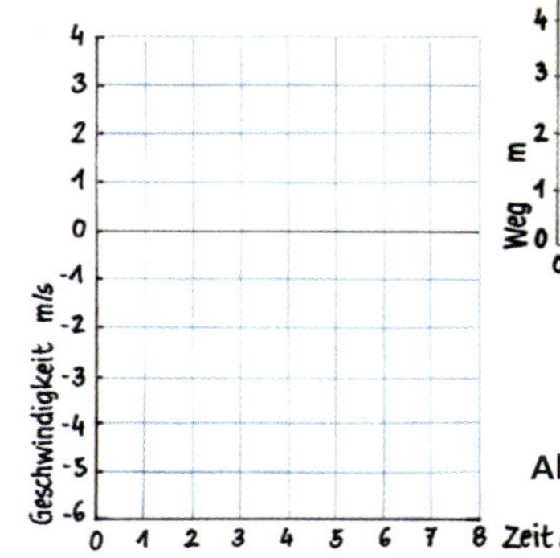
>
>
> **Abb. 6.15**

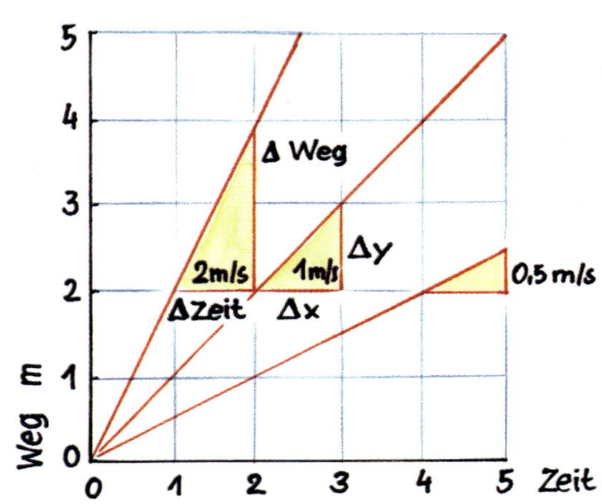

Abb. 6.12: Weg-Zeit-Diagramm von drei Bewegungen. Anstieg: Δ Weg / Δ Zeit = Geschwindigkeit

Zusammenfassung

Bewegungen lassen sich mit Weg-Zeit- (s-t) und Geschwindigkeits-Zeit-Diagrammen (v-t) darstellen. Der Anstieg im s-t-Diagramm gibt die Geschwindigkeit an, die Fläche unter der Kurve im v-t-Diagramm den zurückgelegten Weg.

6.4 Vollbremsung und freier Fall

Gleichmäßig beschleunigte Bewegungen

Unter einer gleichmäßig beschleunigten Bewegung versteht man, dass die Geschwindigkeitsänderung pro Zeit gleich bleibt. Wir sehen uns dazu zwei Beispiele aus dem Alltag an: den freien Fall und eine Vollbremsung beim Autofahren.

6.4.1 Freier Fall

F12 Dem Dachdecker fällt der Hammer runter. Nach einer Sekunde ist dieser ein Stockwerk tief gefallen. Wie tief ist er nach zwei und nach drei Sekunden?

Abb. 6.16

F13 Ein Stein, den du vom Balkon im ersten Stock fallen lässt (aber Achtung bitte!), prallt mit einer bestimmten Geschwindigkeit am Boden auf. Aus dem wievielten Stock muss er fallen, damit die Geschwindigkeit am Boden doppelt so groß ist? Und wie wäre das am Mond (wenn es dort Häuser gäbe)?

Wir **vernachlässigen** im Folgenden jetzt einmal den **Luftwiderstand**! Abb. 6.17 zeigt die Geschwindigkeitsänderung von frei fallenden Gegenständen auf Erde und Mond. Du siehst, dass die Geschwindigkeit in beiden Fällen gleichmäßig mit der Zeit anwächst. Hier handelt es sich daher um gleichmäßige Beschleunigungen (vergleiche mit Abb. 6.11).

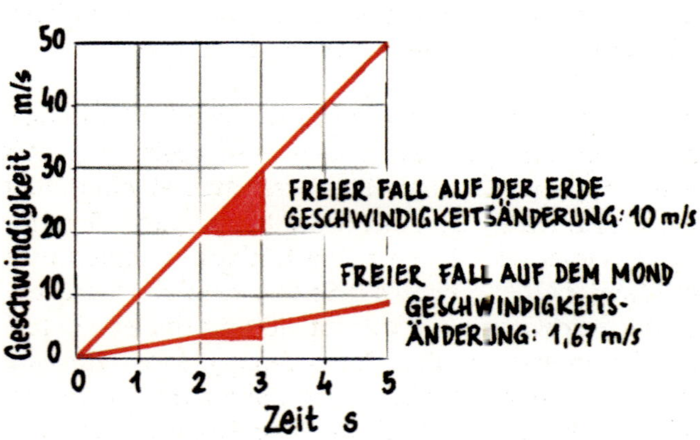

Abb. 6.17: *v-t*-Diagramm für frei fallende Gegenstände auf Erde und Mond. Vergleich mit Abb. 6.11. Verwechsle den Anstieg in diesem Diagramm nicht mit Abb. 6.12. Jenes sieht zwar ähnlich aus, ist aber ein *s-t*-Diagramm!

Der Anstieg einer Geraden im *v-t*-Diagramm ist ein Maß für die Geschwindigkeitsänderung, also für die **Beschleunigung**. Auf der Erde hat ein Gegenstand nach einer Sekunde 10 m/s, nach 2 Sekunden 20 m/s und so weiter. Pro Sekunde nimmt die Geschwindigkeit im freien Fall um 10 m/s zu. 10 m/s pro Sekunde sind 10 (m/s)/s oder 10 m/s². Daher sagt man, dass die Erdbeschleunigung (g) 10 m/s² beträgt. Am Mond beträgt die Gravitation nur 1/6. Deshalb ist die Mondbeschleunigung nur 1,67 m/s². Allgemein ist die Beschleunigung als Geschwindigkeitsänderung pro Zeit definiert.

››› i | Erdbeschleunigung *g* |

| Erdbeschleunigung *g* |

Wenn es **ums Prinzip** geht, dann kommt man sehr gut zurecht, wenn man für die Erdbeschleunigung 10 m/s² annimmt. Wenn man es genauer will, dann nimmt man in unseren Breiten 9,81 m/s². Der Unterschied ist weniger als 2 %! Aber der Wert ist nicht überall auf der Erde gleich groß. ***g*** hängt zunächst einmal von der **geografischen Breite** ab. Am kleinsten ist es am Äquator (Breite 0°), am größten am Pol (Breite 90°). Weiters hängt ***g*** von der Seehöhe ab – je höher man ist, desto geringer wird der Wert. Aber selbst auf den höchsten Bergen wäre ***g*** nur um etwa 10^{-2} m/s² kleiner als am Meer. Die folgenden Angaben beziehen sich aufs Meeresniveau, bei den Städten ist die Seehöhe miteinbezogen.

Ort	Pol	Wien	Salzburg	Graz	Äquator
g in m/s²	9,832	9,8086	9,8073	9,8070	9,780

Wenn man es aber noch genauer haben will, dann muss man zusätzlich berücksichtigen, dass die **Masse der Erde nicht gleichmäßig verteilt ist**, was zu Abweichungen vom berechneten Wert führt (Abb. 6.18). Diese Abweichungen kann man nur experimentell bestimmen, und sie liegen in der Größenordnung von 10^{-3} m/s².

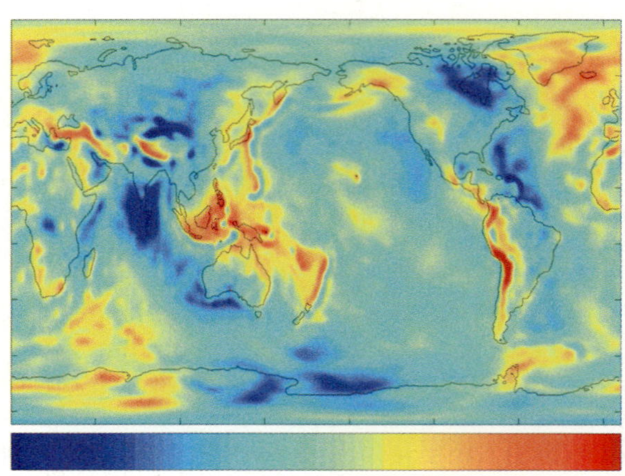

Abb. 6.18: Abweichung zwischen dem theoretischen Wert von *g* und dem tatsächlichen. In roten Bereichen ist der gemessene Wert höher, in blauen tiefer als vorhergesagt.

Formel: Beschleunigung

$$a=\frac{\Delta v}{\Delta t} \Rightarrow \Delta v = a \cdot \Delta t$$

a … Beschleunigung $[a] = [v]/[t] = (m/s)/s = m/s^2$
Δv … Geschwindigkeitsänderung $[\Delta v] = m/s$
Δt … Zeitintervall $[\Delta t] = s$

Erinnere dich: die Fläche unter der ***v-t*-Kurve** gibt den zurückgelegten Weg an. In Abb. 6.19 sind die Dreiecke für den freien Fall auf der Erde für die ersten drei Sekunden herausgezeichnet und nebeneinander gestellt. Die Fläche eines Dreiecks ist „Seite mal Seite halbe". Daher ergeben sich folgende Fallstrecken für die **ersten drei Sekunden:** 5 m, 20 m und 45 m. **Die Fallstrecke wächst nicht linear, sondern mit dem Quadrat der Zeit!**

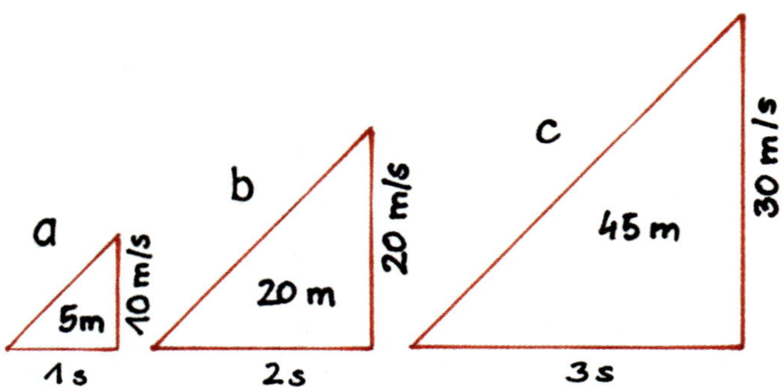

Abb. 6.19: Die Fläche unter der *v-t*-Kurve ergibt die Fallstrecke in Metern, also (1 s · 10 m/s) : 2 = 5 m usw.

Nach zwei Sekunden hat sich die Fallstrecke vervierfacht, nach drei Sekunden verneunfacht und so weiter. Damit lässt sich F12 beantworten. Wenn der Hammer **nach einer Sekunde ein Stockwerk** tief ist (5 m), dann ist er **nach zwei Sekunden** bereits **vier Stockwerke** tief gefallen (20 m) und **nach drei Sekunden** wäre er bereits **neun Stockwerke** tief (45 m). Es handelt sich ja hier um eine beschleunigte Bewegung.

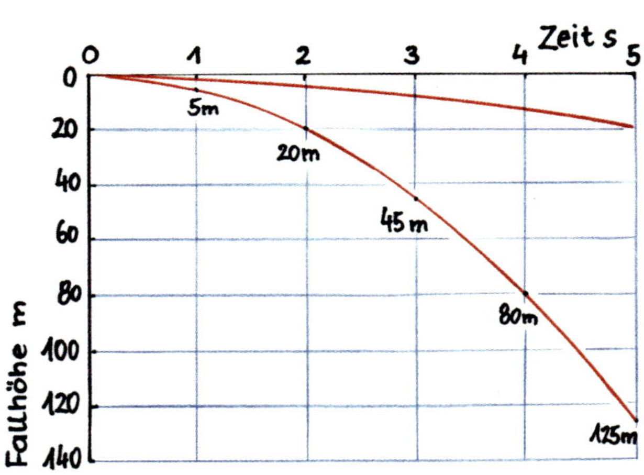

Abb. 6.20: *s-t*-Diagramm eines **freien Falls** auf **Erde** (untere Kurve) und **Mond**. Die y-Achse ist umgedreht, um die Falltiefe besser zu verdeutlichen.

Abb. 6.20 ist ein ***s-t*-Diagramm** der beiden Fallbewegungen auf Erde und Mond. Du siehst, dass in beiden Fällen die Fallstrecke nicht linear ansteigt (vergleiche mit Abb. 6.12). Beim Fall auf der Erde sind die **Fallstrecken** extra eingetragen. Wir werden diese Werte noch öfter brauchen.

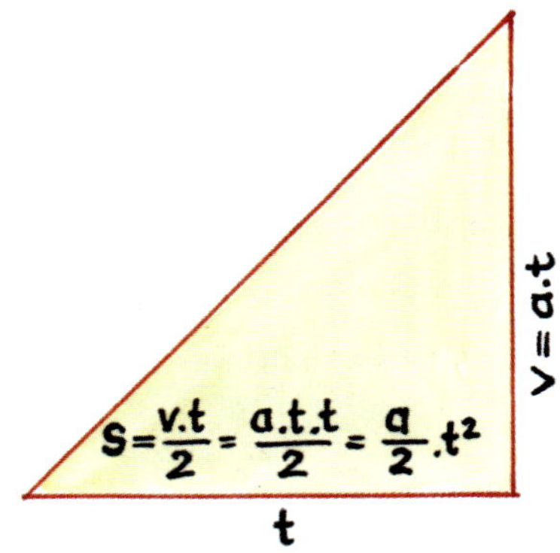

Abb. 6.21: Grafische Ableitung der Gleichung für die Falltiefe.

Wie kommt man auf eine brauchbare **Gleichung für die Falltiefe?** Man kann diese aus der Fläche unter der *v-t*-Kurve und der Gleichung für die Beschleunigung herleiten (Abb. 6.21). Die Dreiecksfläche ist „Geschwindigkeit mal Zeit halbe". Die Geschwindigkeit v ist aber wiederum $a \cdot t$. Daher ergibt sich für die Falltiefe folgende Gleichung:

Formel: Falltiefe beim freien Fall

$$s=\frac{v \cdot t}{2}=\frac{a \cdot t \cdot t}{2}=\frac{a}{2}t^2 \Rightarrow t=\sqrt{\frac{2s}{a}}$$

a … Beschleunigung $[a] = m/s^2$
v … Geschwindigkeitsänderung $[v] = m/s$
t … Zeit $[t] = s$
gilt, wenn s, t und v zu Beginn der Messung null sind

Diese Gleichung gilt allgemein für gleichmäßig beschleunigte Bewegungen. Für den freien Fall auf der Erde musst du für die Beschleunigung g einsetzen, wodurch sich die Gleichung auf $s \approx 5t^2$ vereinfachen lässt. Überprüfe damit die Angaben in Abb. 6.20.

Wie musst du die Höhe vergrößern, damit sich die Aufprallgeschwindigkeit am Boden verdoppelt (F13)? Wir werden später noch eine Gleichung dazu ableiten. Hier machen wir aber eine grafische Überlegung. Sieh dir noch einmal Abb. 6.19 an. Die Fläche der Dreiecke ist die Falltiefe, die senkrechte Seite die Geschwindigkeit. Diese Geschwindigkeit kannst du verdoppeln, indem du die **Fallzeit** verdoppelst (Achtung, nicht die Fallstrecke!). Wenn sich aber Fallzeit und Geschwindigkeit verdoppelt haben (6.19 b), dann hat sich die Fläche vervierfacht! Du musst die **Fallhöhe vervierfachen**, damit sich die Aufprallgeschwindigkeit verdoppelt. Am Mond ist das genauso!

▸▸▸ **a** | **Wer hat die beste Reaktion? | Seite 56**

| Wer hat die beste Reaktion? |

Miss deine Reaktion mit Hilfe eines Fallstabes (Abb. 6.22). Lass den **geschickteren Arm** mit leicht gebeugten Fingern bis zum Handgelenk am Tisch liegen, damit du nicht nach unten ausweichen kannst. Ein Klassenkollege hält einen Stab so, dass er genau bis zur Unterkante deiner Hand reicht – also gerade noch nicht raussteht. Irgendwann lässt er ihn fallen und du musst so schnell wie möglich zupacken. Miss nun, wie weit der Stab unten raussteht.
Mache möglichst viele Versuche und berechne den Mittelwert. Mit Hilfe der Gleichung für die Falltiefe kannst du nun deine **Reaktionszeit** exakt berechnen (Achtung: die SI-Einheit m einsetzen).

Abb. 6.22: So wird der Fallstabtest durchgeführt.

Zusammenfassung

Auf der Erde nimmt beim freien Fall die Geschwindigkeit pro Sekunde um 10 m/s zu. Die Erdbeschleunigung g ist daher 10 m/s^2. Die Falltiefe wächst mit dem Quadrat der Fallzeit. Nach 3 Sekunden ist daher zum Beispiel ein Gegenstand 9-mal so tief gefallen wie nach 1 Sekunde.

6.4.2 Bremsweg

F14 Du hast von einem fallenden Stein einen 3-Sekunden-Film gemacht und spielst ihn umgekehrt ab. In welche Richtung zeigt die Beschleunigung nun? Nach oben oder nach unten?

Abb. 6.23

F15 Bei einer Sprengung fliegt ein Stein genau senkrecht nach oben und schlägt nach 6 Sekunden wieder auf. Wie hoch ist der Stein geflogen? Wie groß ist die Beschleunigung, wenn der Stein am höchsten Punkt stillsteht? Null?

F16 Du machst bei 50 km/h eine Vollbremsung und misst den Bremsweg. Wie sehr wächst er an, wenn du bei 100 km/h oder bei 150 km/h voll bremst?

F17 Um wie viel ist der Bremsweg bei 50 km/h länger als bei 30 km/h? Gib einen Tipp ab!

F18 Warum verwendet man im Turnen Weichböden? Wieso sind Helme ausgepolstert? Warum haben Autos eine „Knautschzone"? Wieso hat ein kleiner Specht so viel Kraft im Schnabel?

Im Alltag spricht man vom Beschleunigen und vom Bremsen. In der Physik ist jede Geschwindigkeitsänderung eine Beschleunigung. Man spricht von **positiver Beschleunigung**, wenn etwas schneller wird, und von **negativer Beschleunigung**, wenn etwas langsamer wird. Wenn man nur von Beschleunigung spricht, dann ist meistens eine positive gemeint.

Die Beschleunigung ist wie auch die Geschwindigkeit ein Vektor. Wenn diese Vektoren parallel sind, dann wird die Geschwindigkeit mit der Zeit größer. Es liegt dann eine positive Beschleunigung vor (Abb. 6.24 links). Wenn sie antiparallel sind, liegt eine negative Beschleunigung vor (rechts).

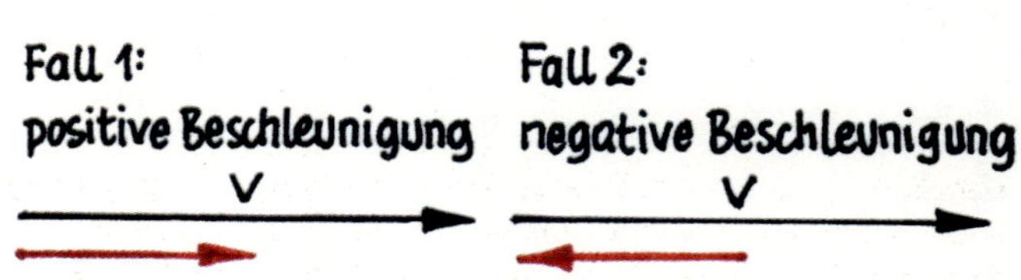

Abb. 6.24: Positive und negative Beschleunigung

F14 und F15 sind ein Schlüssel zum Verständnis der gleichmäßig beschleunigten Bewegungen. Wenn du den Film vom fallenden Stein verkehrt abspulst, dann fliegt dieser nach oben und wird dabei langsamer, bis er nach drei Sekunden am höchsten Punkt zum Stillstand kommt. Im Film sieht es dann genau so aus, als wäre der Stein von unten senkrecht weggeworfen worden. In welche Richtung zeigt ***g***? Die Erdbeschleunigung zeigt nach wie vor nach **unten**! Würde ***g*** nach oben zeigen, dann würde der Stein ja immer schneller und schneller nach oben fliegen und nicht langsamer werden. Der Flug nach oben ist die genaue **zeitliche Umkehr** des Flugs nach unten.

Mit dem Stein bei der **Sprengung** ist es genauso. Aufsteigender und absteigender Teil sind im Prinzip völlig gleich, laufen aber umgekehrt ab. Du könntest den Film rückwärts spulen, und der Stein würde exakt dieselbe Bewegung ausführen. Klar, die Explosion würde verkehrt ablaufen, aber es geht hier nur um die Bahn des KSP!

Fangen wir mit dem **absteigenden Teil** an. Dieser dauert natürlich drei Sekunden und beginnt am höchsten Punkt mit der Geschwindigkeit null. Den Rest kennst du schon. In drei Sekunden fliegt der Stein 45 m tief (Abb. 6.25 rechts). Also muss der höchste Punkt der Bahn bei 45 m liegen. Wie schnell prallt der Stein auf? Nachdem er drei Sekunden geflogen ist mit 30 m/s.

Im **aufsteigenden Teil** läuft alles spiegelbildlich ab (Abb. 6.25 links). Wie schnell muss der Stein wegfliegen, damit er auf 45 m aufsteigen kann? Mit 30 m/s nach oben (Beachte: Die Geschwindigkeitsvektoren bei Abflug und Aufprall sind antiparallel). In der ersten Hälfte ist der Stein **negativ beschleunigt,** in der zweiten **positiv**. Aber in beiden Fällen handelt es sich um eine gleichmäßige Beschleunigung, weil sich die Geschwindigkeit pro Sekunde immer um denselben Wert verändert. Der erste Teil der Kurve entspricht genau dem, was auch beim Bremsen passiert. Beim Bremsen handelt es sich um eine negative Beschleunigung (Abb. 6.24 b).

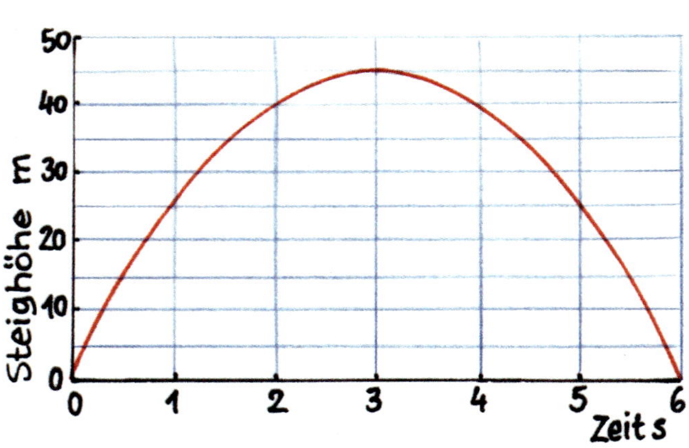

Abb. 6.25: *s-t*-Diagramm eines senkrechten Wurfes. Aufsteigender und absteigender Teil sind symmetrisch. Der Nullpunkt wurde diesmal auf das Abflugniveau gelegt. Die Wahl des Nullpunkts ist allerdings egal und ändert an der Bewegung selbst nichts. Wenn du die Zeitachse spiegelst, ändert das nichts an der Bewegung!

Wie sieht es mit dem Zusammenhang zwischen **Geschwindigkeit und Bremsweg** aus? Überlegen wir mal ohne Gleichung. Im Prinzip ist die Frage nach dem Bremsweg (F16) eine Umkehrung der Frage mit dem Hammer (F11, Kap. 6.4.1). Spul den Film rückwärts ab! Du siehst dann einen Hammer, der mit 10 m/s ein Stockwerk unter dem Dach startet und oben zum Stillstand kommt. Oder du siehst einen Hammer, der mit 20 m/s vier Stockwerke unter dem Dach startet und genau oben zum Stillstand kommt. Du siehst also: Doppelte Geschwindigkeit bedeutet 4fachen Weg zum Abbremsen. Und genau so ist es auch beim Bremsweg beim Autofahren.

Man kann es auch so formulieren: Wenn sich die Geschwindigkeit verdoppelt, dann verdoppelt sich auch die Zeit, um stehen zu bleiben. Eine Verdopplung der Zeit bedeutet bei einer gleichmäßigen Beschleunigung aber eine Vervierfachung des Weges. **Der Bremsweg wächst mit dem Quadrat der Geschwindigkeit.** Natürlich kann man das auch mit einer Gleichung ausdrücken.

››› i | **Bremsweg** |

i

| Bremsweg |

Beim Bremsen interessiert uns weniger die Zeit bis zum Stillstand, es interessiert uns vielmehr der Weg. Dazu brauchst du nur die Gleichungen, die du schon kennst:

$$a = \frac{\Delta v}{t} \Leftrightarrow t = \frac{v}{a} \text{ und } s = \frac{a}{2} t$$

Nun ersetzt du t in der Gleichung für den Weg und erhältst:

$$s = \frac{a}{2} \frac{v^2}{a^2} = \frac{v^2}{2a}$$

Du siehst also, dass der Bremsweg mit dem Quadrat der Geschwindigkeit wächst. *a* ist die Beschleunigung, die man für den jeweiligen Fall wissen muss. Beim freien Fall ist sie 10 m/s², beim Bremsen sind **gesetzlich** mindestens 4,5 m/s² **vorgeschrieben**.

Um die **Bremsverzögerung** auszurechnen, muss man die Gleichung nur umformen:

$$s = \frac{v^2}{2a} \Leftrightarrow a = \frac{v^2}{2s}$$

Was heißt das in der Praxis? Wenn ein Fahrer das Auto mit 100 km/h voll abbremst, dann ist der Bremsweg bereits 4-mal so groß wie bei 50 km/h (F16). Und bei 150 km/h ist der Bremsweg bereits 9-mal so groß wie bei 50 km/h! Diese quadratische Zunahme des Bremswegs mit der Geschwindigkeit wird oft unterschätzt.

Was bedeutet das in konkreten Zahlen? Die gesetzlich vorgeschriebene Mindestbremsverzögerung beträgt 4,5 m/s². **Das bedeutet, dass dein Auto pro Sekunde um 4,5 m/s oder 16,2 km/h langsamer werden muss.** In Abb. 6.26 siehst du den Bremsweg für verschiedene Geschwindigkeiten. Du siehst, dass der Bremsweg bei 50 km/h fast 3-mal so lang ist (genau ist es 2,8-mal) wie bei 30 km/h! Hättest du das vermutet (F17)?

▸▸▸ i | **Formel 1** |
▸▸▸ a | **Bremsweg beim Radfahren** |

Abb. 6.26: Bremsweg in Abhängigkeit von der Geschwindigkeit in km/h bei der gesetzlich vorgeschriebenen Mindestbremsverzögerung von 4,5 m/s². Bei einigen Geschwindigkeiten ist der Zahlenwert zusätzlich eingetragen.

Es kann natürlich vorkommen, dass du trotz Vollbremsung nicht mehr rechtzeitig stehen bleiben kannst und gegen ein **Hindernis prallst**. In diesem Fall treten noch viel größere Bremsverzögerungen auf. Schätzen wir einmal ab. Wir nehmen dabei an, dass die **negative Beschleunigung** während des Aufpralls **konstant** bleibt.

Nimm an, du prallst mit 36 km/h (10 m/s) gegen eine Wand, und die Front deines Autos schiebt sich dabei um 0,5 m zusammen (das ist die **Knautschzone**). Wie groß ist in diesem Fall die Bremsverzögerung?

$a = v^2/2s$, das ergibt also 100 m/s² oder 10 *g*. Das ist für diese geringe Geschwindigkeit ein ziemlich gewaltiger Rumms! Wenn du doppelt so schnell aufprallst, also mit 72 km/h (20 m/s), dann ist die Bremsverzögerung bereits 4-mal so groß: 40 *g*! Du siehst also, dass die Gefahren nicht linear anwachsen, sondern mit dem **Quadrat** der Geschwindigkeit.

Und du siehst auch die Bedeutung der Knautschzone. Ist diese doppelt so groß, dann sinkt die Bremsverzögerung auf die Hälfte ab. Deshalb sind Sportgeräte und Helme gepolstert F18). Durch den größeren „Bremsweg" treten kleinere Kräfte auf und man verletzt sich nicht so leicht.

Abb. 6.27

| **Formel 1** |

Wenn von Beschleunigungen bei bemannten **Raketen, Flugzeugen** oder in der **Formel 1** die Rede ist, dann liest man oft von **so und soviel** *g*. Die Bremsverzögerung (also die negative Beschleunigung) in der Formel 1 beträgt zum Beispiel bis 4,5 *g*. Da g 10 m/s² sind, sind 4,5 *g* dementsprechend 45 m/s²! Ein Formel-1-Auto kann also im Extremfall in einer Sekunde um 45 m/s oder 162 km/h langsamer werden! Das ist sehr beeindruckend!

Wenn du in einem normalen Auto genauso bremsen könntest (was aus verschiedensten Gründen aber nicht geht), könntest du auf der Autobahn von 130 km/h auf null in nur 0,8 Sekunden bremsen und würdest nach knapp 15 m stehen bleiben! Rechne nach!

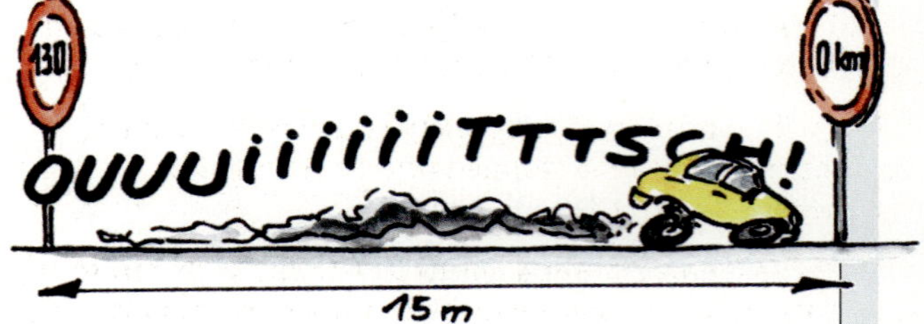

Abb. 6.28

Man kann den Effekt aber auch umgekehrt nutzen. Wenn ein **Specht** mit dem Schnabel auf die Rinde hackt, dann dringt dieser nur wenige Millimeter tief ein. Durch das abrupte Abbremsen entstehen enorme Kräfte, die er mit Muskelkraft alleine nicht erzeugen könnte. Und auch **Möwen** helfen sich physikalisch: Wenn sie eine Muschel nicht aufhacken können, dann lassen sie diese einfach aus großer Höhe auf den harten Boden prallen. Der harte Aufprall erzeugt große Bremskräfte und knacks!

Zusammenfassung

Unter Bremsen versteht man eine negative Beschleunigung, also ein Verringern der Geschwindigkeit. Es ist die zeitliche Umkehrung einer positiven Beschleunigung. Der Bremsweg bis zum Stillstand hängt somit ebenfalls vom Quadrat der Zeit bzw. vom Quadrat der Anfangsgeschwindigkeit ab. Auch die Bremsbeschleunigung hängt vom Quadrat der Geschwindigkeit ab.

a

| Bremsweg beim Radfahren |

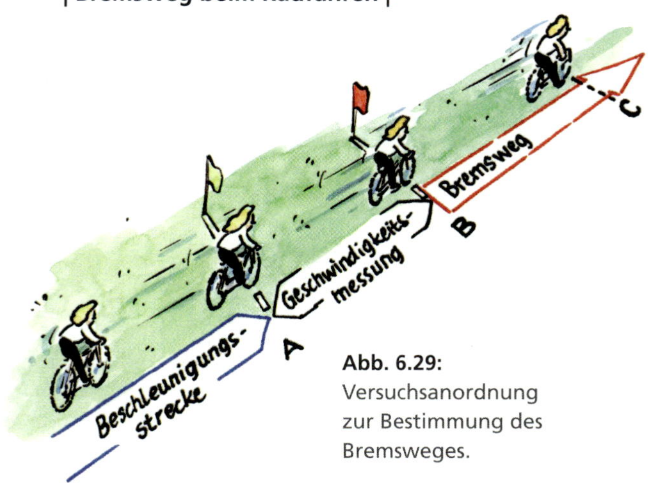

Abb. 6.29: Versuchsanordnung zur Bestimmung des Bremsweges.

Mit einfachen Mitteln kann man am Sportplatz oder im Schulhof den Zusammenhang zwischen Geschwindigkeit und Bremsweg qualitativ überprüfen.

Was man braucht: 1 Fahrrad und 1 Fahrer, 1 Signalgeber (steht bei A), einige Stoppuhren und Zeitnehmer (stehen bei B), 1 Kreide, 1 Maßband, 2 Weitenmesser, 1 Protokollführer.

Ein Schüler fährt mit dem Fahrrad und nimmt auf einer **Beschleunigungsstrecke** Schwung. Er fährt die letzten 10 m ohne zu treten (A nach B), damit die Geschwindigkeit **konstant** bleibt. Auf dieser Strecke wird die Zeit gemessen. Der Signalgeber gibt ein Zeichen, wenn das Vorderrad gerade bei Linie A ist, und die Zeitnehmer stoppen ein. Sie stoppen ab, wenn das Vorderrad genau bei B ist, also nach 10 m. Dort beginnt der Fahrer voll zu bremsen, und der **Bremsweg** wird gemessen. Der Schüler macht möglichst viele Fahrten mit verschiedenen Geschwindigkeiten.

Wichtig:

1) Es muss immer die **gleiche Stelle** des Rads gemessen werden, etwa die Mitte des Vorderrades.

2) Um die Stoppungen genauer zu machen, sollten **mehrere Personen** stoppen und der Mittelwert genommen werden.

3) Die **Bremsung muss immer voll sein.** Achte darauf, dass die Vorderbremse nicht zu stark eingestellt ist, damit du keinen Salto schlägst.

Im Protokoll steht dann: Nummer des Versuchs, Zeiten für 10 m, Bremsweg. Zuerst wird der Schnitt der Zeit berechnet und dann die Geschwindigkeit ($v = s/t$). Alle Versuche können dann in einem Diagramm dargestellt werden (Abb. 6.30).

In der Abbildung siehst du die Auswertung von 19 Versuchen. Die **Glättung** wurde mit einem Polynom 2. Grades vorgenommen (das machen Programme wie Excel mit wenigen Einstellungen automatisch). Damit die Funktion durch den Nullpunkt geht, kannst du mehrmals den Wert 0/0 zusätzlich in die Tabelle eingeben.

Die grafische Auswertung ergibt bei 5 m/s einen Bremsweg von etwa 2,5 m und bei 10 m/s einen Bremsweg von etwa 9,4 m/s. Der Bremsweg ist also um den Faktor 3,75 größer. Der Theorie nach sollte er um den Faktor 4 größer sein, unser Ergebnis weicht also um etwa 7 % vom erwarteten Wert ab. Für eine dermaßen einfache Versuchsanordnung ist das aber sehr ok! Würde der Bremsweg linear anwachsen, dann dürfte er bei 10 m/s erst 5 m lang sein!

Außerdem lässt sich die **Bremsverzögerung** gut berechnen. Wenn wir für g 10 m/s einsetzten (s = 9,4 m), ergibt sich für $a = v^2/2g$ = **5,3 m/s²**. Das Fahrrad in diesem Versuch hatte also eine bessere Bremsverzögerung als die, die für Autos gesetzlich vorgeschrieben ist.

››› i | **Bremsweg | Seite 57**

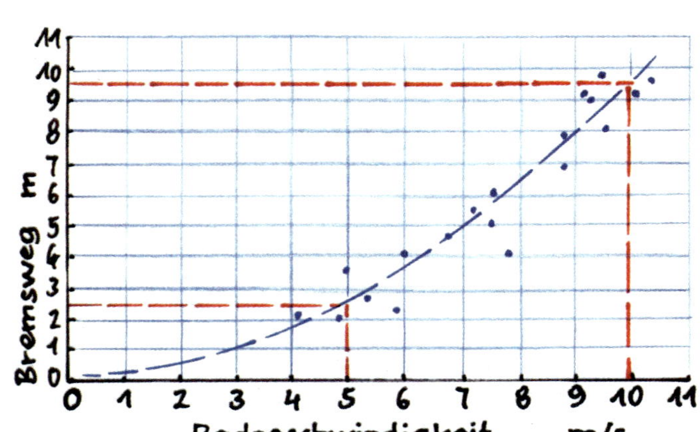

Abb. 6.30: Zusammenhang zwischen Geschwindigkeit und Bremsweg, gemessen im Rahmen einer Schulstunde.

6.5 Überschalltropfen

Ungleichmäßig beschleunigte Bewegungen

Wir sind dem Prinzip treu geblieben zuerst mit den Spezialfällen zu beginnen, um das Wesentliche zu verstehen. In diesem Abschnitt kommen wir nun zum häufigsten Fall, nämlich der ungleichmäßigen Beschleunigung. Diese Form der Bewegung ist aber am Schwierigsten zu beschreiben. Deswegen haben wir uns diese Beispiele auch für den Schluss aufgehoben.

?

F19 Manchmal tun Regentropfen richtig weh, wenn sie auf den Kopf prallen. Warum ist das so? Weil sie von höher heruntergefallen sind? Und haben Tropfen von niedrigen Wolken dann eine geringere Geschwindigkeit? Und welche Form hat ein fallender Tropfen eigentlich?

F20 Wenn eine Maus in einen 1000 m tiefen Schacht fällt, bekommt sie zwar einen Schock, wird sich aber nicht verletzen! Eine Ratte hätte dabei keine Chance. Was könnte der Grund dafür sein?

F21 Alle Skispringer verwenden seit **1987** die V-Technik (rechts) und nicht mehr die klassische (links). Warum? Und worin unterscheiden sich die Sprunganzüge von Skispringern und Abfahrern?

Abb. 6.31: Klassische Technik (links) mit parallelen Skiern und neue Technik mit V-Stellung!

Sei froh, dass die Geschwindigkeit eines Tropfens **nicht** von der Fallhöhe abhängt, denn sonst wäre Regen wirklich lebensgefährlich. Angenommen, ein Tropfen würde tatsächlich gleichmäßig mit 10 m/s^2 beschleunigen, dann würde er nach etwa 34 s oder knapp 6 km Fallstrecke die **Schallmauer** durchbrechen (die Schallgeschwindigkeit beträgt etwa 340 m/s; siehe Tab. 6.1, Kap. 6.2). Stell dir mal den Lärm vor! Der zeitliche Verlauf von *v* und *a* würde so aussehen wie in Abb. 6.32 – eben gleichmäßig beschleunigt.

Wir haben der Einfachheit halber bis jetzt den **Luftwiderstand vernachlässigt**. Dieser verhindert Gott sei Dank, dass wir von Überschalltropfen getroffen werden, denn ab einer gewissen Geschwindigkeit, die von Größe, Form und Masse des Gegenstandes abhängt, kann der Luftwiderstand nicht mehr vernachlässigt werden. Die **Beschleunigung** bleibt dadurch **nicht konstant** und sinkt bis auf null ab. Ab diesem Zeitpunkt ist die Geschwindigkeit konstant (siehe Abb. 6.32 unten). Der reale Verlauf von *v* und *a* bei einem fallenden Gegenstand ist ein Beispiel für eine **ungleichmäßig beschleunigte Bewegung.**

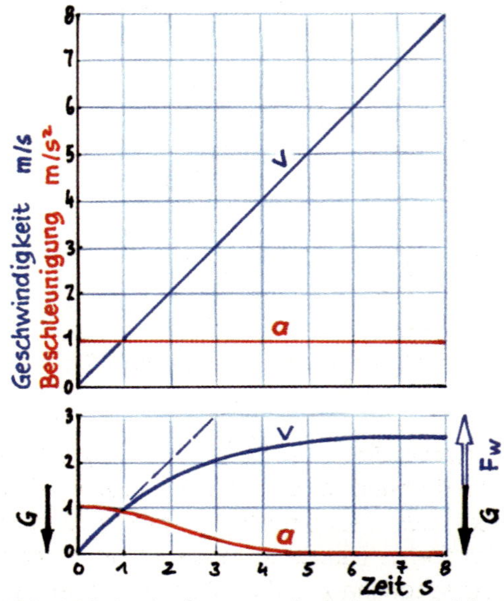

Abb. 6.32: Verlauf von *v* und *a* bei einer gleichmäßigen Beschleunigung (oben) und einer ungleichmäßigen Beschleunigung (unten), wie dem freien Fall unter Berücksichtigung des Luftwiderstandes. Die Beschleunigung wird null, wenn die Luftwiderstandskraft so groß wie die Gewichtskraft geworden ist.

Beim Fallen in Luft treten also zwei Kräfte auf: die **Gewichtskraft** und die **Luftwiderstandskraft**. Diese beiden Kräfte sind antiparallel. Jeder Gegenstand wird nur so lange bescheunigt, bis beide Kräfte gleich groß sind. Dann heben sie einander auf und es ist aus mit der Beschleunigung (Abb. 6.32 rechts unten).

››› i | **Luftwiderstandskraft** |

Wovon hängt aber nun die **Endgeschwindigkeit** eines Tropfens ab? Von seiner **Größe**! Warum? Fallende Tropfen sind rund! Dass viele Leute glauben, diese hätten „Tropfenform“, liegt daran, dass sie kurz vor dem Abreißen wirklich tropfenförmig sind. Wenn sie fallen sind sie rund, aber schon zu schnell für das Auge. Daher kommt wohl der Irrglaube. Weil alle Tropfen rund

Abb. 6.33: Ein Milchtropfen, der in Milch fällt und wieder weggeschleudert wird. Fliegende Tropfen haben Kugelform (die bei hohen Geschwindigkeiten leicht abgeplattet sein kann).

sind, ist auch ihr **c_W-Wert** gleich groß. Deshalb hängt ihre Fallgeschwindigkeit nur von der **Tropfengröße** ab (F19). Sehr große Tropfen können über 10 m/s erreichen (Abb. 6.37)!

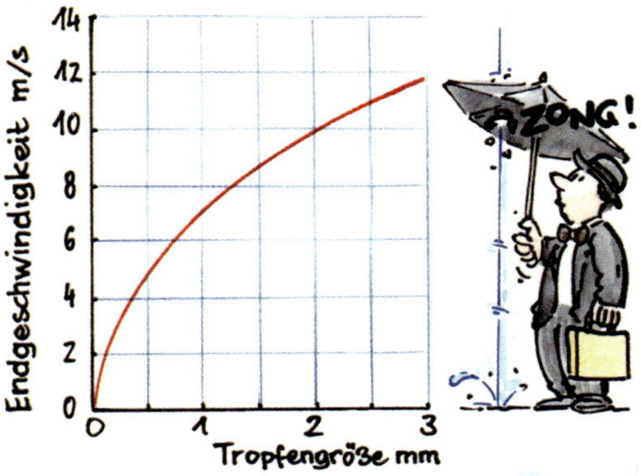

Abb. 6.37: Abschätzung der Fallgeschwindigkeit eines Tropfes auf Grund seiner Größe. Zur Berechnung sieh Infobox Luftwiderstandskraft.

Bei **Tieren** ist es schwer, Schattenfläche und c_W-Wert zu eruieren. Das Prinzip bleibt aber das Gleiche: Je größer und schwerer ein Tier, desto größer wird die Endgeschwindigkeit im freien Fall. Eine **Maus** erreicht etwa 14 m/s, und zwar schon nach zirka 10 m im freien Fall (F21). Die letzten 990 m nimmt also die Geschwindigkeit gar nicht mehr zu! Für eine Maus ist es somit egal, ob sie aus dem 5., 20. oder 300. Stockwerk fällt. Eine **Ratte** erreicht etwa 28 m/s (über 100 km/h), und das ist für sie schon lebensgefährlich. Der **Mensch** erreicht im freien Fall etwa 50 m/s (also 180 km/h), zum Beispiel beim **Fallschirmspringen.**

▸▸▸ **a** | **Fallschirm und Fahrtenschreiber | Seite 62**

Auch der **Straßenverkehr** ist ein sehr gutes Beispiel für ungleichmäßig beschleunigte Bewegungen: Anfahren, Bremsen, Anfahren, Bremsen. Diese Bewegungen müssen bei manchen Fahrzeugen aus gesetzlichen Gründen durch einen **Fahrtenschreiber** festgehalten werden.

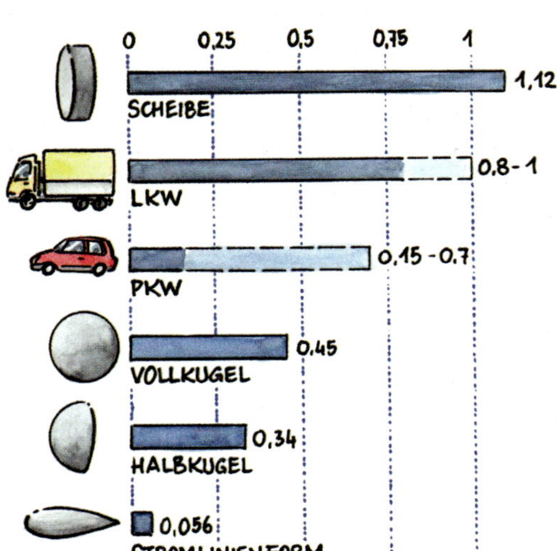

Abb. 6.35: Vergleich einiger **c_W-Werte**. Ein Tropfen hat Kugelform und daher einen c_W-Wert von 0,45.

i

| Luftwiderstandskraft |

Die **Luftwiderstandskraft F_W** kann mit folgender Gleichung beschrieben werden:

$$F_W = \frac{1}{2} c_W \rho A v^2$$

Die Gleichung ist gar nicht so schrecklich, wie sie auf den ersten Blick aussieht. ρ ist die **Dichte** der Luft, also etwa 1,2 kg/m³ (Tab. 2.4, Kap. 2.6). A ist die so genannte **Anströmfläche**. Man nennt sie auch manchmal **Schattenfläche**, und dieser Begriff ist besser zu verstehen. A entspricht nämlich der Fläche des Schattens, den das Objekt werfen würde, wenn man es mit parallelem Licht in oder gegen die Bewegungsrichtung beleuchtet (Abb. 6.34).

Abb. 6.34: Schattenfläche eines Objekts

v ist die **Luftgeschwindigkeit** und c_W ist der **Widerstandsbeiwert**. Er hängt vor allem von der Form des Gegenstandes ab (Abb. 6.35).

In der Autoindustrie werden Unsummen für Tests im Windkanal ausgegeben (Abb. 6.36), um den c_W-Wert und somit auch **Luftwiderstand** und **Benzinverbrauch** zu senken. Aber auch in der Formel 1, beim Entwickeln von Radrennmaschinen oder zum Finden der optimalen Abfahrtshocke wird im Winkanal herumgetüftelt.

Abb. 6.36: Windkanal zum Testen des Luftwiderstandes.

Du siehst an der Gleichung etwas Wichtiges:
Der Luftwiderstand wächst **linear** mit c_W, ρ und A. Eine Verdopplung eines dieser Werte bedeutet ebenfalls eine Verdopplung der Luftwiderstandkraft. Der Luftwiderstand wächst aber mit dem **Quadrat** der Geschwindigkeit. Eine Verdopplung der Geschwindigkeit vervierfacht daher den Luftwiderstand!

Die **maximale Geschwindigkeit** eines Objekts ist erreicht, wenn sich Gewichtskraft ($G = mg$; siehe Kap. 8.4) und Luftwiderstandskraft die Waage halten, wenn sie also gleich groß sind. Deshalb kann man sie gleichsetzen und nach v auflösen.

$$F_W = \frac{1}{2} c_W \rho A v^2 = G = mg$$

$$v = \sqrt{\frac{2\,mg}{c_W \rho A}}$$

Mit dieser Gleichung ist die Endgeschwindigkeit der Tropfen in Abb. 6.37 ausgerechnet.

Bleibt noch die Frage mit der **V-Technik** beim Skispringen offen (F22). Bei nicht kugelförmigen Objekten tritt nicht nur eine Luftwiderstandskraft gegen die Bewegungsrichtung auf, sondern auch eine Kraft quer dazu. Diese Kraft ist der **Auftrieb** (F_A; siehe Abb. 6.40) und ohne sie könnten etwa Flugzeuge nicht vom Boden abheben. Die genaue Berechnung ist recht kompliziert, aber man kann das Prinzip einfach erklären. Die Größe des Auftriebs hängt wie die Luftwiderstandskraft von der **Anströmfläche** ab (in diesem Fall aber quer zur Bewegungsrichtung). Es liegt auf der Hand, dass diese größer ist, wenn sich die Ski teilweise **neben** dem Körper befinden.

Im luftleeren Raum würde ein Skispringer wie ein Stein zu Boden fallen. Skispringen am Mond wäre also schmerzhaft! Die Kräfte, die durch die anströmende Luft erzeugt werden, verlängern die Flugbahn. Und zwar umso mehr, je größer die Schattenfläche ist. Deshalb gibt es auch Regeln, wie breit die Ski beim Springen sein dürfen. Und der Unterschied der **Anzüge** liegt auch auf der Hand (F21): Während sich Abfahrtsläufer mit dem Schuhlöffel in den Anzug zwängen, sehen die der Springer so aus, als wären sie ihnen ein paar Nummern zu groß. Auch das **vergrößert die Anströmfläche** und verlängert die Luftfahrt.

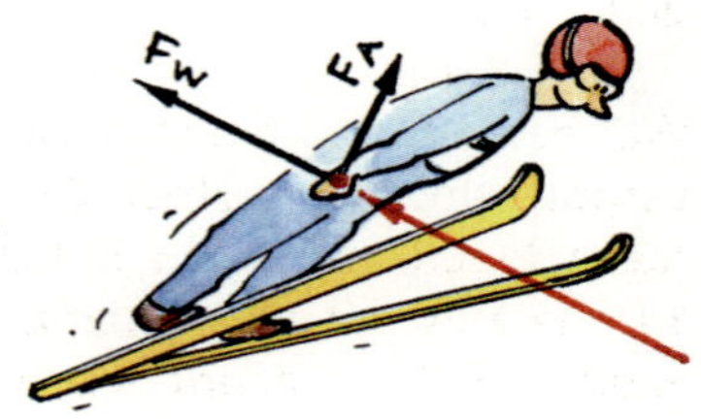

Abb. 6.40: Die Luftwiderstandskraft F_W und die Auftriebskraft F_A, die quer zur Flugrichtung zeigt.

Zusammenfassung

Bei ungleichmäßig beschleunigten Bewegungen verändert sich die Beschleunigung mit der Zeit. Ein Beispiel dafür ist der freie Fall unter realen Bedingungen, bei dem die Beschleunigung durch den wachsenden Luftwiderstand irgendwann einmal auf null absinkt. Auch im Straßenverkehr ist der Großteil der Bewegungen ungleichmäßig beschleunigt.

a

| Fallschirm und Fahrtenschreiber |

Jeder LKW und Bus muss mit einem **Fahrtenschreiber** ausgestattet sein, damit man später überprüfen kann, wann und wie schnell gefahren wurde. In Abb. 6.38 siehst du die die Fahrtenschreiber-Scheibe eines LKWs! Um welches Diagramm handelt es sich? Um wie viel Uhr begann der Laster zu fahren und wann beendete er seine Fahrt? Wie hoch war seine Maximalgeschwindigkeit? Was machte der Laster um 9^{00} bzw. um 9^{30}? Welche Maximalgeschwindigkeit kann mit dieser Scheibe gemessen werden?

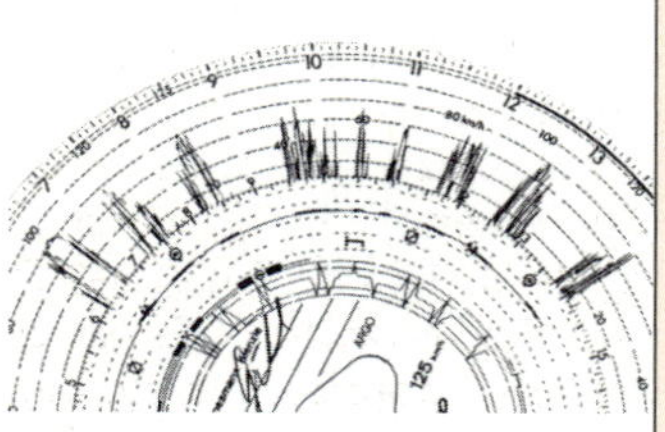

Abb. 6.38: Fahrtenschreiberscheibe eines LKWs.

Unten siehst du ein *v-t*-Diagramm eines **Fallschirmspringers**. Welche Maximalgeschwindigkeit erreicht der Springer? Wie viele Sekunden vergehen in etwa bis zum Erreichen der Maximalgeschwindigkeit? Wie groß ist die Geschwindigkeit nach dem Öffnen des Fallschirms? Wie viel km/h entspricht das?

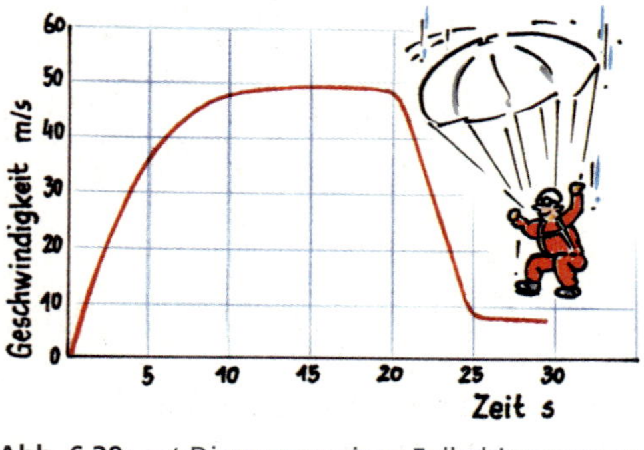

Abb. 6.39: *v-t*-Diagramm eines Fallschirmsprunges

6.6 Der schnellste Mann der Welt

Momentan- und Durchschnittsgeschwindigkeit

Manchmal ist es sinnvoll, den Schnitt der Geschwindigkeit anzugeben, etwa bei der Reisegeschwindigkeit eines Zugs oder eines Flugzeugs. Aber manchmal ist es wichtig, die Geschwindigkeit zu einer ganz bestimmten Zeit zu wissen. Das ist dann die Momentangeschwindigkeit.

?

F22 ▸L Du fährst mit dem Rad eine Stunde lang einen Berg hinauf (von A nach B). Dein Schnitt beträgt dabei 10 km/h. Wie schnell musst du von B nach A zurückfahren, damit der Gesamtschnitt 20 km/h beträgt?

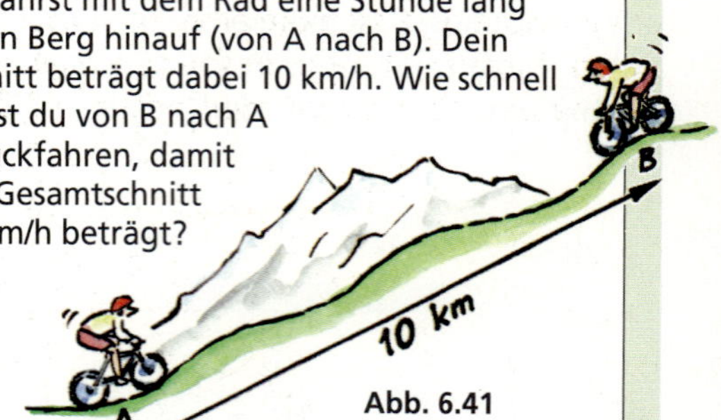

Abb. 6.41

F23 Um das Rasen im Straßenverkehr zu verhindern, gibt es Radarmessungen und Section Control. In beiden Fällen wird die Geschwindigkeit gemessen.
Aber es gibt einen Riesenunterschied! Welcher ist das?

F24 Manchmal liest man, dass Sprinter die 200 m mit einer höheren Geschwindigkeit laufen können als die 100 m. Kann das wirklich sein? Und wenn ja, warum?

F25 Wenn du mit 5 m/s läufst, wie schnell bewegen sich dann deine Füße?

Was war bei F22 dein erster Gedanke? Den meisten Leuten liegen 30 km/h auf der Zunge. Das ist aber falsch! Die richtige Antwort ist sehr verblüffend und zeigt, dass Intuition in der Physik manchmal auch in die Hose gehen kann.

Was bedeutet es, die **Durchschnittsgeschwindigkeit** zu verdoppeln? In derselben Zeit die doppelte Strecke zurückzulegen! Also nicht 10 km, sondern 20 km in einer Stunde. Wo müsstest du dann nach einer Stunde bereits wieder sein? Im Tal unten beim Ausgangpunkt (A), weil dann wärst du in einer Stunde 20 km weit gefahren. Du bist nach einer Stunde aber genau oben. Du müsstest also den Rückweg in **Nullzeit** zurücklegen, du müsstest unendlich schnell sein! Nicht einmal das Licht könnte das schaffen.

Wo liegt der **Überlegungsfehler**, wenn man mit 30 km/h antwortet? Wenn du mit diesem Tempo zurückfährst, dann brauchst du für die 10-km-Strecke nur mehr 20 Minuten. Auf einen Gesamtschnitt von 20 km/h würdest du aber nur kommen, wenn du zuerst eine Stunde lang mit 10 km/h fährst und dann eine Stunde lang mit 30 km/h (siehe Lösungsteil).

Bei einer **Radarkontrolle** wird gemessen, wie schnell du in diesem Moment fährst (F23). Ein Physiker würde sagen, dass dabei die **Momentangeschwindigkeit** gemessen wird. Bei der **Section Control** ist das anders. Dabei wird nicht die Momentangeschwindigkeit gemessen, sondern die Zeit, die du zwischen zwei Messpunkten brauchst (etwa durch einen Tunnel). Daraus errechnet ein Computer die **Durchschnittsgeschwindigkeit**. Du könntest also den Großteil der Strecke dahinbrettern und dann eine entsprechende Pause einlegen, bevor du das Ende der Messstrecke erreichst. Das würde nicht auffallen. Natürlich gibt es in solchen Messbereichen keine Gasthäuser, aber die würden sicher sehr gut gehen.

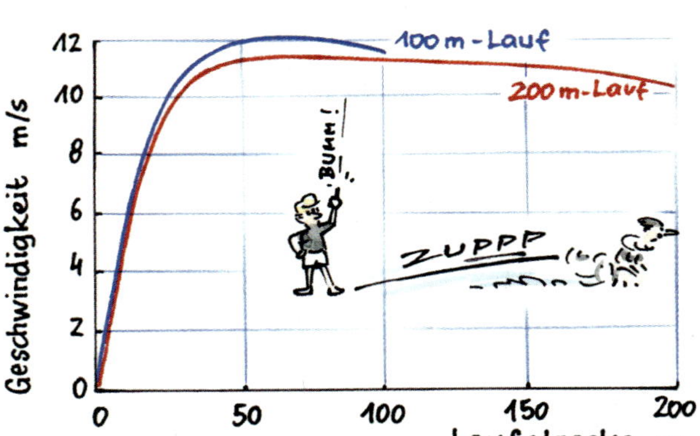

Abb. 6.42:
Geschwindigkeitsverläufe beim 100-m- und 200-m-Weltrekord der Männer. Es handelt sich hier um ein ***v-s*-Diagramm**!

Wer ist der **schnellste Mensch** der Welt? Der Weltrekordhalter über 100 m oder der über 200 m (F24)? Das kommt ganz darauf an, welche Geschwindigkeit du meinst! Wenn du nur die Zeit für die Gesamt-

a

| 60-m-Lauf am Sportplatz |

Ein ähnliches Diagramm wie in Abb. 6.42 zu erstellen ist auch mit einfachen Mitteln möglich. Was man braucht: 1 Läufer, 1 Starter, pro 10 m Laufstrecke eine Stoppuhr und 1 Zeitnehmer, 1 Kreide, 1 Maßband, 1 Protokollführer.

Zuerst wird auf der 60-m-Strecke **alle 10 m** eine Markierung mit Kreide gemacht. Dort stellen sich die Zeitnehmer auf. Ein Schüler läuft die 60 m mit Startsignal. Die Zeitnehmer stoppen die Zeit **vom Start bis zur jeweiligen Position**.

Alle Zeiten werden zuerst in eine Tabelle eingetragen (Tab. 6.2). Aus den Gesamtzeiten lassen sich die 10-m-Teilzeiten errechnen. Um z. B. die Zeit für die Strecke zwischen 10 m und 20 m zu bekommen, musst du nur die 10-m-Zeit von der 20-m-Zeit abziehen. Somit bekommst du die Teilzeiten für alle sechs 10-m-Teilstücke. Nun kannst du die Durchschnittsgeschwindigkeit für diese Teilstücke ausrechnen: $v = {}^{10}/_{t}$ m/s

Strecke	Zeit [s] [m/s]	*t* pro 10 m [s]	mittlere *v*
10 m	**2,38**	2,38 – 0 = **2,38**	**4,20**
20 m	**3,81**	3,81 – 2,38 = **1,43**	**7,01**
30 m	**5,13**	5,13 – 3,81 = **1,32**	**7,55**
40 m	**6,52**	6,52 – 5,13 = **1,39**	**7,19**
50 m	**7,88**	7,88 – 6,52 = **1,36**	**7,38**
60 m	**9,29**	9,29 – 7,88 = **1,42**	**7,06**

Tab. 6.2: Protokoll eines 60-m-Laufs.

In der Grafik unten sind die errechneten Durchschnittsgeschwindigkeiten in ein Diagramm eingetragen. Weil es sich jeweils um die **Durchschnittsgeschwindigkeit** für 10 m handelt, sind die Werte auch in der Mitte der Teilstrecke eingetragen. Wichtig: Wenn pro Teilstück zwei oder mehr Personen stoppen und aus den Zeiten das Mittel nehmen, dann werden die Ergebnisse besser.

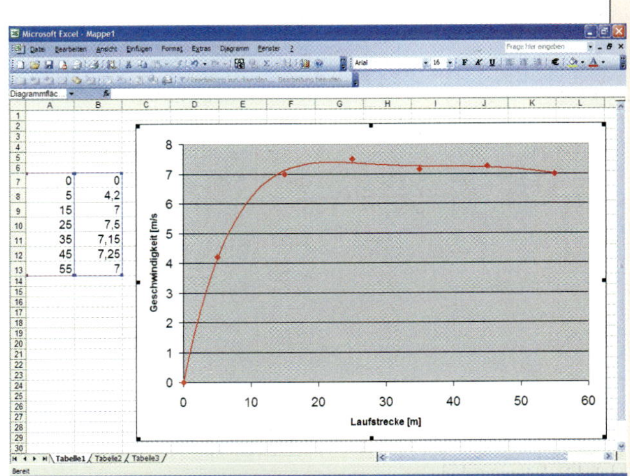

Abb. 6.43:
Auswertung eines 60-m-Laufes. Die Werte wurden in Excel mit einem Polynom 5. Grades geglättet.

strecke hast, dann kannst du auch nur die **Durchschnittsgeschwindigkeiten** ausrechnen (wie bei der Section Control). Lange Jahre waren die Weltrekorde so, dass die Durchschnittsgeschwindigkeiten der 200-m-Sprinter höher waren als die der 100-m-Sprinter. Bei den aktuellen Rekorden (Stand 2009) ist es so, dass die Durchschnittsgeschwindigkeiten gleich groß sind. Bezogen auf die **Maximalgeschwindigkeiten sind natürlich** die 100-m-Sprinter den 200-m-Sprintern überlegen (Abb. 6.42).

Wie kann das sein, dass 100-m-Sprinter eine höhere Maximalgeschwindigkeit haben, aber im Schnitt trotzdem langsamer sind? Das liegt daran, dass vor allem der Start die Durchschnittsgeschwindigkeit sehr drückt – du beginnst ja mit der Geschwindigkeit null. 200-m-Sprinter laufen die zweite Hälfte „fliegend". Damit meint man, dass sie von Beginn an schon die volle Geschwindigkeit haben. Dadurch spart man für die zweite Hälfte fast eine Sekunde.

▸▸▸ **a** | **60-m-Lauf am Sportplatz | Seite 63**

unbeschleunigte Bewegungen	beschleunigte Bewegungen
Werden auch **gleichförmige Bewegungen** genannt.	Werden auch **ungleichförmige Bewegungen** genannt.
Es treten keine Beschleunigungen auf.	Es treten Beschleunigungen in irgendwelcher Form auf.
Der Geschwindigkeitsvektor bleibt gleich.	Richtung und/oder Betrag des Geschwindigkeitsvektors ändern sich.
Nur bei reiner Translation möglich.	Bei Translation und Rotation möglich.
Kann nur relativ gemessen werden. Relativ bedeutet „vergleichsweise".	Kann absolut gemessen werden. Absolut bedeutet „losgelöst".
Alle Experimente funktionieren ganz normal.	Durch die Beschleunigung treten Kräfte auf, die Experimente verfälschen können.
Es gibt nur eine Möglichkeit, nicht zu beschleunigen.	Es gibt unendlich viele Möglichkeiten zu beschleunigen.

Tabelle 6.3: Überblick über die beiden Arten von Bewegungen.

a

| Geradlinige Bewegungen |

F26 ▸L Zwei Laster mit einem Gerät zur Messung der Lichtgeschwindigkeit fahren mit je 10 m/s auseinander. Was können sie für c messen? Ist die Angabe in der Abbildung richtig? Was wäre, wenn die Angabe richtig wäre?

Abb. 6.44

F27 ▸L Schätze mit Tabelle 6.1 die Weltrekorde im Marathonlauf für Männer und Frauen ab. Die Strecke beträgt 42,195 km.

F28 ▸L Wie oft könnte ein Lichtstrahl pro Sekunde um die Erde zischen (zum Erdumfang siehe Kapitel 2.3)?

F29 Erkläre, wieso die Beschleunigung die Einheit m/s^2 hat.

F30 ▸L Die Fallbeschleunigung am Mars ist 3,72 m/s^2. Berechne die Falltiefe für einen Gegenstand für die ersten 6 Sekunden.

F31 Zeichne in einem Diagramm den Zusammenhang zwischen Geschwindigkeit und Bremsweg für die Bremsverzögerungen 5 m/s^2, 7 m/s^2 und 9 m/s^2 ein (siehe Abb. 6.26).

F32 ▸L Bei einem Unfall auf der Autobahn zieht ein Ferrari eine 280 m lange Bremsspur. Der Fahrer sagt, er war mit etwa 150 km/h unterwegs. Kann man diese Behauptung widerlegen?

F33 Erstelle für folgende Bewegung ein *s-t*- und ein *v-t*-Diagramm: 2 Sekunden mit 1 m/s, 2 Sekunden mit 2 m/s, 2 Sekunden mit 3 m/s, 2 Sekunden mit –5,5 m/s.

Zusammenfassung

Zwischen der Momentan- und der Durchschnittsgeschwindigkeit besteht ein großer Unterschied. Meistens wird die Durchschnittsgeschwindigkeit angegeben, weil man nur Gesamtweg und Gesamtzeit kennt. Will man die Momentangeschwindigkeit ermitteln, dann muss man diese auch zum jeweiligen Zeitpunkt messen.

| Epilog |

Es gibt im Prinzip nur zwei Arten der Bewegung: **unbeschleunigte** und **beschleunigte** (Tab.6.3). Wenn man unbeschleunigt ist, dann befindet man sich in einem **Inertialsystem** und alles funktioniert normal. Man braucht einen Bezugspunkt, also etwas zweites, um diese Form der Bewegung festzustellen. Das macht die Geschwindigkeit **relativ**. Beschleunigte Bewegungen sind aber **absolut**. Diese kann man messen und spüren, ohne dass man vergleichen muss. Beispiel für beschleunigte Bewegung sind der freie Fall (positive Beschleunigung) oder Bremsvorgänge (negative Beschleunigung). Bewegungen werden normalerweise in Weg-Zeit- (*s-t*) und Geschwindigkeits-Zeit-Diagrammen (*v-t*) dargestellt.

7 | ZUSAMMENGESETZTE BEWEGUNGEN

| Prolog |

In diesem Kapitel geht es um **Überlagerungen von Bewegungen**. Die Geschwindigkeit wird ja als Vektor beschrieben, und diese kann man addieren (siehe Kap. 4). Wir werden uns vor allem Würfe genauer ansehen. Wichtig: Um dir das Prinzip klar zu machen, vereinfachen wir wieder und vernachlässigen den Luftwiderstand.

7.1 Astronaut im freien Fall

Das Unabhängigkeitsprinzip

In diesem Abschnitt geht es um das Prinzip, wie sich Bewegungen überlagern. Schon GALILEI hat vor etwa 400 Jahren damit gearbeitet.

?

F1 Du stehst im Regen und die Tropfen fallen senkrecht mit 4 m/s zu Boden. Du beginnst mit 3 m/s zu laufen. Wie fällt dann aus deiner Sicht der Regen zu Boden?

F2 Indiana Jones ist mit einem Boot auf der Flucht. Wie muss er einen Fluss überqueren, damit er am schnellsten drüben ankommt? Und wie muss er fahren, um am kürzesten Weg ans andere Ufer zu kommen? Quer, schräg in oder gegen die Strömungsrichtung?

F3 Im gleichen Augenblick wird eine sehr schnelle Kugel waagrecht aus einem Gewehr abgefeuert und eine andere Kugel einfach aus gleicher Höhe fallen gelassen. Welche trifft zuerst auf den Boden?

Abb. 7.1

Wenn du ruhig im Regen stehst, dann fallen die Tropfen mit 4 m/s senkrecht herunter (F1; siehe auch Abb. 4.13). Wenn du mit 3 m/s zu laufen beginnst, dann **addieren** sich die Vektoren von Lauf- und Fallgeschwindigkeit. Die Tropfen kommen dann mit 5 m/s von schräg vorne (Abb. 7.2). Wie schnell ist der Tropfen aber jetzt wirklich? 4 m/s oder 5 m/s? Bedenke: Geschwindigkeiten sind relativ, und deshalb sind auch beide Ansichten richtig (siehe Kap. 6.1). Es ist alles eine Frage des Bezugssystems.

Man kann es so formulieren: **Führt ein Gegenstand mehrere Bewegungen gleichzeitig aus, so beeinflussen diese einander nicht. Das nennt man auch das Unabhängigkeitsprinzip der Bewegungen.** Mit „mehreren Bewegungen" ist nicht gemeint, dass der Gegenstand auseinander bricht und in verschiedene Richtungen wegfliegt. Damit ist gemeint, dass man die Geschwindigkeit als Vektor in ihre Komponenten zerlegen und wieder zusammensetzen kann. Und diese Komponenten werden durch das Addieren nicht beeinflusst.

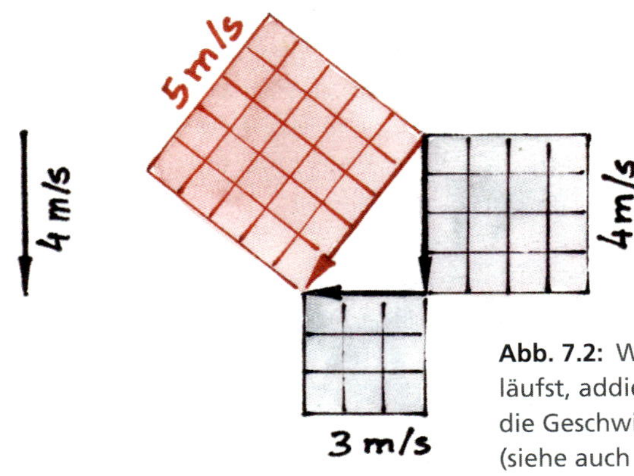

Abb. 7.2: Wenn du läufst, addieren sich die Geschwindigkeiten (siehe auch Kap. 4.2).

Wie sieht es mit dem Boot aus (F2)? Wenn man genau quer zum Fluss fährt, dann addieren sich die Geschwindigkeiten wie in Abb. 7.3 a. Auf der Flucht würde man diesen Weg wählen, weil er der schnellste ist. Dann ist nämlich die y-Komponente der Bootgeschwindigkeit am größten. Aber das Boot treibt ab. Wenn man am kürzesten Weg hinüber will, dann muss man so schräg gegen die Stromrichtung fahren, dass die Summe der Geschwindigkeiten quer zum Fluss zeigt (b). Das ist zwar langsamer, man kommt aber genau auf der gegenüber liegenden Seite an.

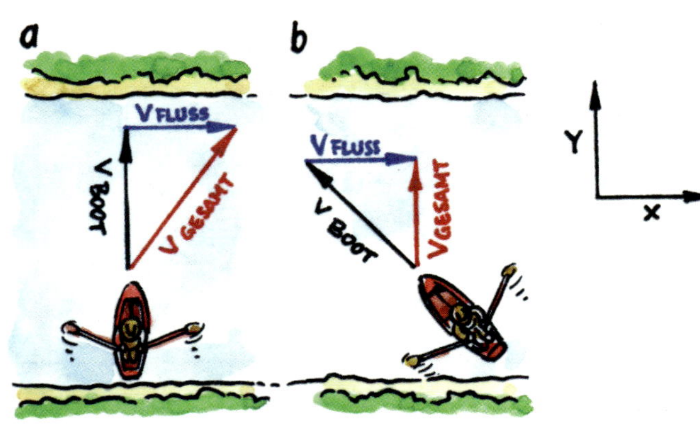

Abb. 7.3: a ist der schnellste Weg, weil v_{Boot} genau quer zum Fluss zeigt. b ist der kürzeste Weg, und man kommt genau am gegenüberliegenden Ufer an. v_{gesamt} ist aber kleiner und man braucht länger.

Vom Ufer aus gesehen führt das Boot zwei Bewegungen aus: eine relativ zum Wasser und eine mit dem Wasser. Beide Bewegungen beeinflussen sich gegenseitig nicht, und man kann sie einfach addieren. Das ist eben das Unabhängigkeitsprinzip.

Wenden wir das Prinzip auf F3 an. Auf ausnahmslos jeden Gegenstand wirkt die **Schwerkraft** und beschleunigt diesen mit rund 10 m/s² in Richtung Boden. Und zwar unabhängig davon, welche Bewegung er zusätzlich noch ausführt. Sogar das Licht fällt durch die Gravitation! Das verblüffende ist also, dass beide Patronen gleichzeitig am Boden ankommen.

Man kann auch noch anders überlegen: Ändere das **Bezugssystem** und fliege mit der Horizontalgeschwindigkeit der abgeschossenen Patrone. Diese hat dann für dich keine Horizontalgeschwindigkeit, und es sieht so aus, als ob sie einfach senkrecht zu Boden fällt. Und das tut sie natürlich in ganz normalem Tempo.

▸▸▸ i | Zero *g* |

Zusammenfassung

Führt ein Körper gleichzeitig mehrere Bewegungen aus, so beeinflussen diese einander nicht. Das nennt man das Unabhängigkeitsprinzip der Bewegungen. Wenn man die einzelnen Geschwindigkeitskomponenten addiert, bekommt man die Gesamtgeschwindigkeit.

| Zero *g* |

Die Wahl des Bezugssystems ist völlig frei. Man könnte es auch so wählen, dass es mit einem Gegenstand in die Tiefe fällt. Nehmen wir ein Flugzeug, das auf einer exakten **Wurfparabel** fliegt. Weil alles gleich schnell fällt, das Flugzeug und auch alles an Bord, wirkt das dann so, als ob es keine Gravitation mehr gäbe. Diesen Umstand nützt man beim Raumfahrttraining aus, um Schwerelosigkeit (also Zero *g*) zu erzeugen.

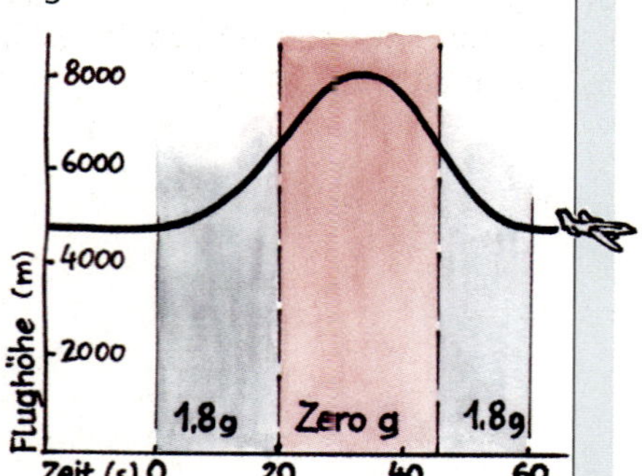

Abb. 7.4: Parabelflug: Der rechte, absteigende Teil im Zero-*g*-Bereich entspricht einem horizontalen Wurf.

Abb. 7.5: Trainierende Astronauten während eines Parabelflugs.

7.2 Von Eiben- und Elbenbögen

Horizontale Würfe

Wir sehen uns jetzt horizontale Würfe an. Damit ist gemeint, dass zum Zeitpunkt des Abwurfs der Geschwindigkeitsvektor waagrecht ist.

F4 Du wirfst einen Stein waagrecht von einem Hügel. Er fliegt 20 m tief und 40 m weit. Wie schnell hast du geworfen?

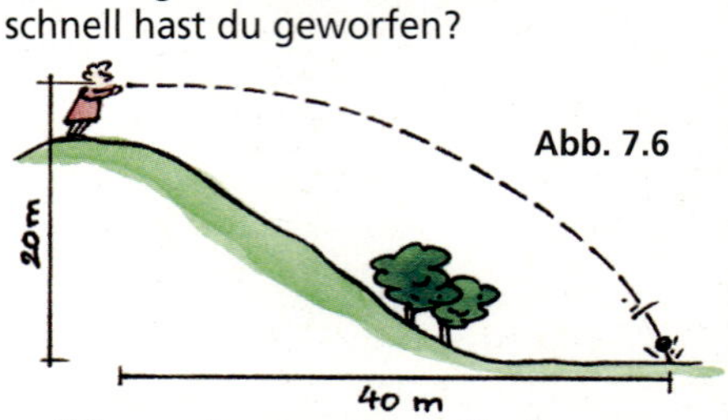

Abb. 7.6

F5 Wie weit kann eine aus einem Hochgeschwindigkeitsgewehr abgefeuerte Kugel fliegen, ohne zu fallen?

F6 Superbogenschützen wie Robin Hood oder der Elbe Legolas hätten im realen Leben mit einem großen Problem zu kämpfen. Und auch der Bus-Sprung über das Loch in der Autobahn im Film „Speed“ ist ein Hollywoodmärchen. Warum?

Mit Hilfe des Unabhängigkeitsprinzips lassen sich Wurfbahnen sehr einfach konstruieren. Dazu muss man den **Geschwindigkeitsvektor** nur in seine waagrechte und senkrechte Komponente **zerlegen** und nachher wieder zusammensetzen. Nehmen wir eine Abwurfgeschwindigkeit von 20 m/s an.

Die horizontale Geschwindigkeit bleibt während des gesamten Fluges über erhalten (siehe Kap. 8.2). In dieser Richtung erfolgt ja keine Beschleunigung. Wir nehmen an, dass es **keine Schwerkraft** gibt. Dann ist der Gegenstand nach einer Sekunde 20 m weit, nach 2 Sekunden 40 m und so weiter (Abb. 7.7).

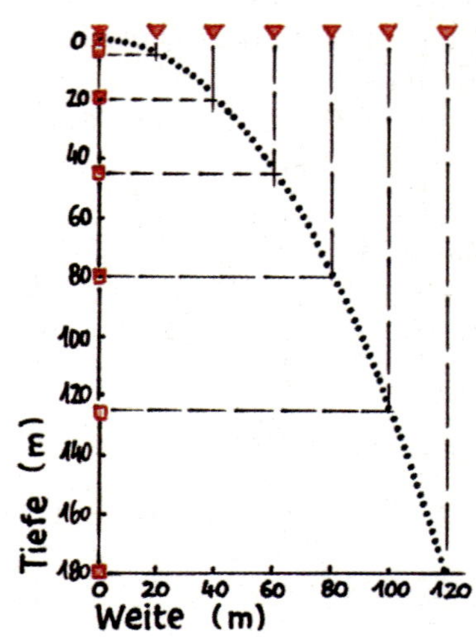

Abb. 7.7: Konstruktion eines horizontalen Wurfs mit Hilfe des Unabhängigkeitsprinzips. Quadrate: freier Fall; Dreiecke: Bewegung ohne Schwerkraft.

Dann nehmen wir an, dass es **keine Horizontalbewegung** gibt, und tragen die Falltiefen ein (siehe Kap. 6.4.1). Zum Schluss verbinden wir die Horizontal- und Vertikalpositionen, und fertig ist die Wurfparabel. Du siehst die maßstabsgetreue Flugbahn des geworfenen Objekts. Mit dieser Methode hat GALILEI vor etwa 400 Jahren belegt, dass die Flugbahn Parabelform hat (Abb. 7.8). Du hast also gerade ein wirklich altes Handwerk gelernt!

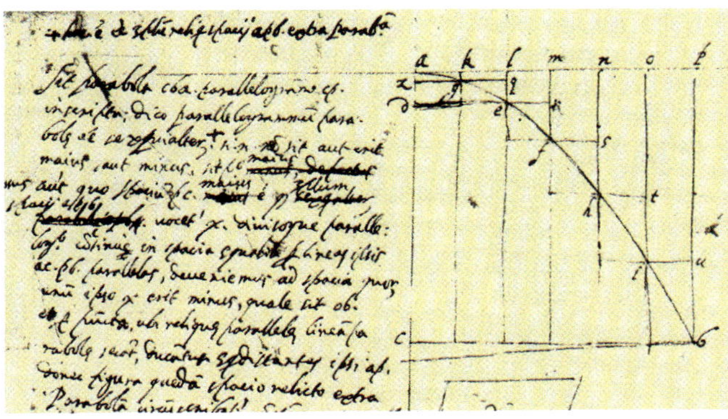

Abb. 7.8: Originalskizze von Galilei zur Konstruktion eines horizontalen Wurfs **um das Jahr 1605.**

Du hast dir vielleicht gedacht, dass bei **F4** eine Angabe fehlt?! Es fehlt aber nichts! Jeder Gegenstand fällt in zwei Sekunden 20 m tief! Deshalb dauert der Wurf zwei Sekunden, und wenn der Stein 40 m weit fliegt, dann wurde er mit 20 m/s abgeworfen.

Weil alle Gegenstände gleich schnell fallen, kann auch ein **Hochgeschwindigkeitsgeschoss** niemals völlig waagrecht fliegen (**F5**). Für Schützen ein großes Problem, weil sie immer höher zielen müssen und diese Abweichung noch dazu von der Entfernung abhängt. Besonders stark macht sich das bei Bögen bemerkbar, weil die Pfeile ja viel langsamer fliegen (**F6**).

Alte Bögen sind meistens aus **Eibenholz**, weil dieses zu den elastischsten und härtesten Hölzern zählt. Trotzdem kann man mit solchen Bögen „nur" knapp 60 m/s erreichen (etwa 220 km/h). Für eine Strecke von 60 m braucht der Pfeil daher eine Sekunde, und in dieser Zeit fällt er um 5 m! Will man also ein Objekt in dieser Entfernung treffen, dann muss man **um 5 m höher zielen** (Abb. 7.9). Selbst aus 30 m muss man um 1,25 m höher zielen. Schwierig für Robin Hood, auf diese Weise einen Pfeil zu spalten!

Auch Keanu Reeves hätte im realen Leben mit dem Unabhängigkeitsprinzip zu kämpfen. In „Speed" befindet er sich in einem Bus, der nicht langsamer als 50 Meilen pro Stunde (etwa 80 km/h oder 22 m/s) fahren darf, sonst explodiert eine Bombe an Bord. Die Fahrt führt auch über einen Teil der Autobahn, wo noch ein Stück Fahrbahn fehlt. Der Bus schafft den Sprung locker! Tatsächlich würde er aber bei einem fehlenden Stück von 20 m **fast 5 m tief fallen!** Autsch!

››› i | Tennis |

Zusammenfassung

Jeder Gegenstand hat die gleiche Fallbeschleunigung, egal welche Geschwindigkeit er zusätzlich noch ausführt. Es gibt daher für fallende Gegenstände niemals völlig horizontalen Flugbahnen.

i

| Tennis |

Wie hoch ist die typische Geschwindigkeit von **Tennisbällen?** Diese Frage lässt sich mit Hilfe des Unabhängigkeitsprinzips einfach abschätzen! Wir nehmen an, dass die Bälle **waagrecht** und knapp über das Netz fliegen und **keinen Drall** haben. Die Überlegung ist einfach: Der senkrechte Flug ist für alle Objekte gleich. Du musst nur wissen, wie lange der Ball braucht, um aus Netzhöhe herunter zu fallen. Diese beträgt bei Tennis 91,5 cm. Daraus kann man die Fallzeit errechnen:

$$t = \sqrt{\frac{s}{5}}\,\mathrm{s} \approx 0{,}43\ \mathrm{s}.$$

In derselben Zeit darf der Ball maximal bis zum Ende des Spielfeldes fliegen. Ein halbes Tennisfeld hat 11,9 m. Die maximale Geschwindigkeit über dem Netz ist daher v = 11,9 m/0,43 s ≈ 27,7 m/s = 100 km/h.

Höhere Geschwindigkeiten können nur dann erzielt werden, wenn von einer höheren Position geschlagen wird (etwa beim Aufschlag) und der Ball nicht waagrecht über das Netz geht oder wenn mit **Topspin** gespielt wird. Darunter versteht man einen Vorwärtsdrall, bei dem sich die Flugbahn durch aerodynamische Effekte verkürzt. Dann kann man stärker draufhauen.

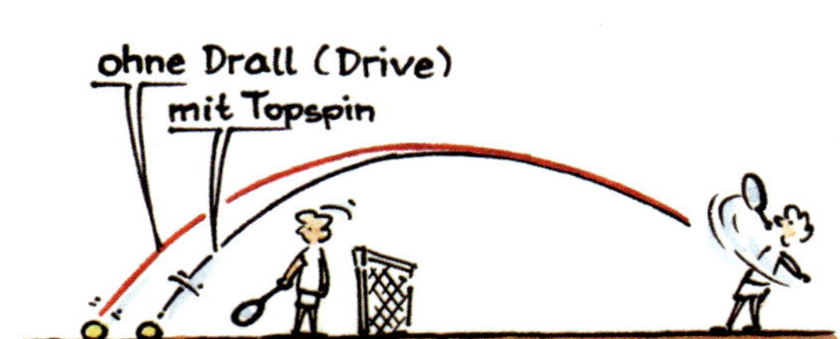

Abb. 7.10: Tennisschlag ohne Drall (das nennt man Drive) und mit Topspin. In diesem Fall verkürzt sich die Flugbahn gegenüber der Flugparabel.

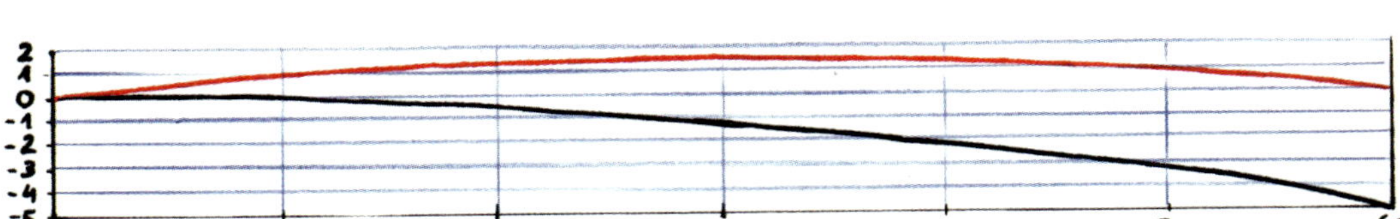

Abb. 7.9: Maßstabsgetreue Flugbahn von Pfeilen, die mit 60 m/s 60 m weit fliegen (blau ohne, rot mit Höhenkorrektur).

7.3 Weltrekord im Eierwurf

Schiefe Würfe

In diesem Abschnitt geht es um schiefe Würfe. Damit sind alle Würfe gemeint, bei denen der Abwurf nicht horizontal erfolgt.

?

F8 ▸L Bei einer Sprengung wird ein Stein weggeschleudert und schlägt nach 6 Sekunden wieder auf dem Boden auf. Wie hoch ist der Stein geflogen? Ist die Höhe unabhängig davon, ob der Stein senkrecht oder schief geflogen ist (vgl. mit F15, Kap. 6.4.2)?

F9 Der Weltrekord im Eierwurf liegt laut Guinness Buch bei 98,5 m (und das Ei wurde angeblich gefangen, ohne zu zerbrechen). Wie schnell muss man dazu abwerfen? Und welches ist der günstigste Abwurfwinkel?

Auch die Flugparabel bei einem **schiefen Wurf** kann man mit Hilfe des Unabhängigkeitsprinzips einfach konstruieren. Nehmen wir dazu an, dass jemand ein **Ei** mit 28,28 m/s (knapp über 100 km/h) mit einem Winkel von 45° abwirft. Du wirst die schräge Zahl gleich verstehen. Wenn du den Geschwindigkeitsvektor zerlegst, dann ergibt das für Vertikal- und Horizontalgeschwindigkeit jeweils 20 m/s. Das lässt sich gut konstruieren!

Zuerst nehmen wir wieder an, dass **keine Schwerkraft** wirkt. Der Gegenstand würde dann geradlinig schräg nach oben fliegen (Abb. 7.11). Von diesen Positionen ziehen wir nun den **freien Fall** ab, und schon ist die Wurfparabel fertig. Das Ei fliegt genau 80 m weit und steigt dabei 20 m hoch. Für einen Eierwurf auf fast 100 m ist daher eine größere Geschwindigkeit nötig (F9). Das lässt sich aber besser berechnen als konstruieren. Der günstigste Wurfwinkel ist von der Weite unabhängig und liegt bei 45° (Abb. 7.12). Bei Winkeln, die einander auf 90° ergänzen ist die Wurfweite gleich

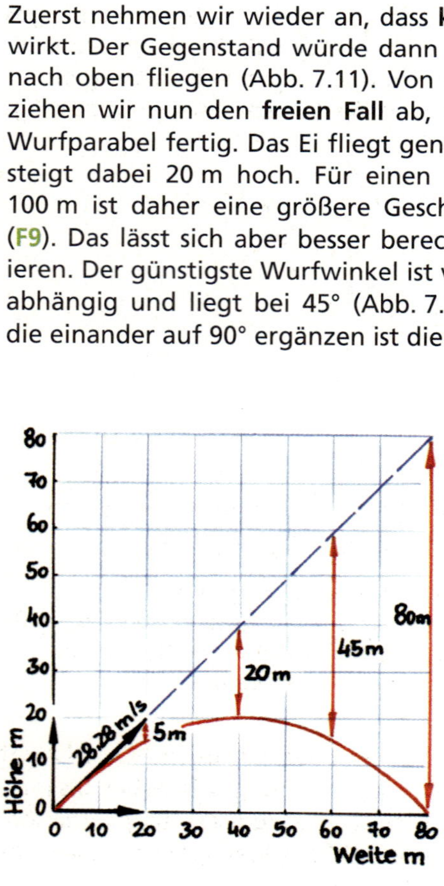

Abb. 7.11: Schiefer Wurf mit einem Winkel von 45°. Die Teil-Komponenten kannst du mit dem **Satz von Pythagoras** ausrechnen oder mit Sinus und Cosinus.

i

| Mathematik des schiefen Wurfs |

Die **Wurfweite** bei einem schiefen Wurf lässt sich mit folgender Gleichung berechnen:

$$w = \frac{v^2 \sin 2\alpha}{g}$$

Der Sinus hat bei 90° seinen größten Wert, nämlich 1. Bei 2α = 90° wird daher die höchste Weite erzielt. Deshalb ist der günstigste Winkel 90°/2 = 45° (siehe Abb. 7.12). Die Weite ist proportional zum Quadrat der Geschwindigkeit: **doppelte Abwurfgeschwindigkeit, vierfache Weite!**

Die **Geschwindigkeit**, die du für eine bestimmte Wurfweite benötigst, bekommst du durch Umformen der oberen Gleichung:

$$v = \sqrt{\frac{wg}{\sin 2\alpha}}$$

Für den **Weltrekord im Eierwurf** ist daher eine Abwurfgeschwindigkeit von 31,4 m/s oder 113 km/h notwendig. Und dabei ist der Luftwiderstand noch gar nicht berücksichtigt. Sehr beachtlich!

Wie sieht es mit **Flugzeit** und **Steighöhe** aus? Um das zu berechnen, muss man den Vektor der Abwurfgeschwindigkeit in seine *x*- und *y*-Komponenten zerlegen. Dabei gilt allgemein: *x* = cos *α* und *y* = sin *α* (siehe Abb. 7.13).

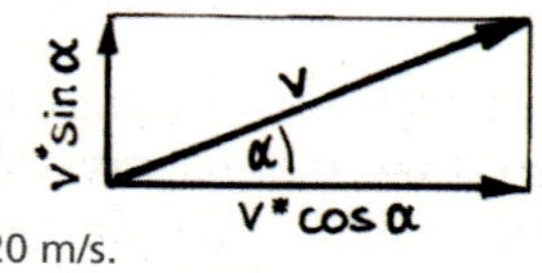

Abb. 7.13: Zerlegung von ***v*** in seine beiden Komponenten mit Hilfe der Winkelfunktionen sin und cos. v_x in Abb. 7.11 wäre also 28,28 m/s · sin(45°) = 20 m/s. Stimmt! Für rechtwinkelige Dreiecke gilt allgemein: sinα ist Gegenkathete durch Hypotenuse und cosα ist Ankathete durch Hypothenuse."

Wenn du weißt, wie weit der Wurf geht und wie groß die Horizontalgeschwindigkeit v_x ist, dann kannst du sofort die Wurfdauer ausrechnen. v_x bleibt ja während des gesamten Fluges gleich groß. Daher gilt $v_x = s/t$ und somit $t = s/v_x$. Der Wurf in Abbildung 7.10 würde daher (80 m)/(20 m/s) = 4 s dauern.

Die Gleichung für die **Flughöhe** kennst du schon (▸▸▸ **i | Bremsweg | Kap. 6.4.2)**. Es handelt sich um eine gleichmäßig beschleunigte Bewegung. Daher gilt

$$h = \frac{v_y^2}{2g}$$

Nehmen wir als Probe wieder Abb. 7.11. Für die Höhe ergibt sich dann (20 m/s)²/(20 m/s²) = 20 m. Voilà!

Bei **45°** geht der Wurf übrigens **4x so weit wie hoch.** Warum? Die Weite *w* ist dann v^2/g. Und *v* ist zu v_y wie die Diagonale in einem Quadrat. Deshalb gilt:

$$h = \frac{v_y^2}{2g} = \frac{\left(v/\sqrt{2}\right)^2}{2g} = \frac{v^2/2}{2g} = \frac{v^2}{4g}$$

Und das ist eben genau ¼ der Wurfweite!

groß. Mit 50° wirfst du also gleich weit wie mit 40° und mit 60° so weit wie mit 30°.

▸▸▸ i | Mathematik des schiefen Wurfs |

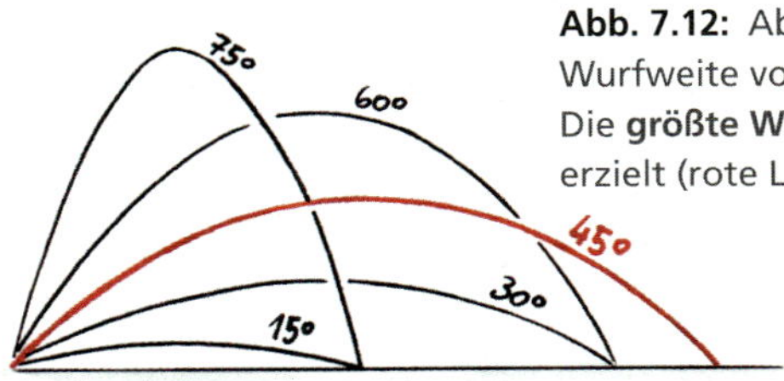

Abb. 7.12: Abhängigkeit der Wurfweite vom Abwurfwinkel. Die **größte Weite** wird **bei 45°** erzielt (rote Linie).

Zusammenfassung

Bei einem Winkel von 45° fliegt ein Gegenstand am weitesten. Die Flugweite ist dann 4-mal so groß wie die Flughöhe. Um über 100 m zu werfen, muss die Abwurfgeschwindigkeit über 30 m/s (etwa 110 km/h) betragen.

7.4 Wenn Hochspringer gefährlich leben

Schiefe Würfe im Sport

Jetzt schauen wir uns ein paar Beispiele aus dem Sport an. Hier wird es etwas komplizierter, weil wir wieder mit realen Fällen ohne Vereinfachung zu tun haben.

?

F10 Der Weitsprung ist ja gewissermaßen ein „Körperwurf". Also fliegt der KSP entlang einer Wurfparabel (siehe auch Kap. 5.2). Der günstigste Absprungwinkel sollte dann 45° sein. Die Weltklasse springt aber mit etwa 20°. Warum? Gilt hier die Physik nicht mehr?

F11 Wie ist es beim Kugelstoß mit dem günstigsten Abwurfwinkel? Liegt der auch bei 45°?

F12 Der Weltrekord im Speerwurf liegt – zufällig wie auch der Eierwurf – bei etwa 98,5 m. Wie sieht es da mit Abwurfgeschwindigkeit und -winkel aus?

F13 ▸L Warum wirft man mit dem schweren Schlagball weiter als mit leichteren Tennisball? Ist das nicht unlogisch?

Die physikalischen Gesetze gelten natürlich immer, auch beim **Weitspringer**. Das Phänomen des zu flachen Absprunges ist kein physikalisches, sondern es betrifft also den Körper, genauer die Muskeln (F10). Bedenke, dass jede Änderung der Geschwindigkeit, auch eine Drehung, eine Beschleunigung darstellt.

Die **Kontaktzeit** des Fußes beim Absprung ist nur 0,1 s lang. In dieser Zeit muss der Geschwindigkeitsvektor um den Absprungwinkel gedreht werden. Je stärker die Drehung, desto größer die Beschleunigung (bedenke: $a = \Delta v/\Delta t$)! In Abb. 7.14 a siehst du schematisch die Geschwindigkeitsänderung, die bei einem Absprung mit 45° notwendig wäre. So viel Kraft hat kein Weitspringer!

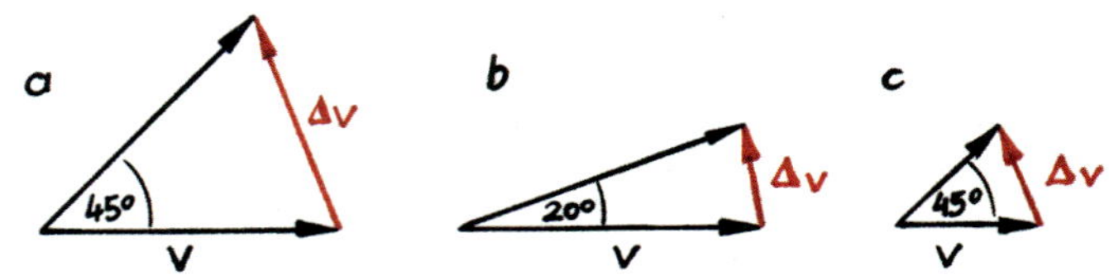

Abb. 7.14: Geschwindigkeitsänderungen, die beim Absprung auftreten (würden). Es ist vereinfacht angenommen, dass sich der Betrag von v nicht verändert.

Bei b siehst du den **realen Fall** eingezeichnet. Das ist die Geschwindigkeitsänderung, die ein Springer in 0,1 s schaffen kann. Steiler kannst du bei gleichem Tempo nicht abspringen. Du könntest nur die Anlaufgeschwindigkeit reduzieren. Bei c ist der Betrag von **Δv** gleich groß wie bei b, aber der Absprungwinkel ist dann 45°. Du siehst, dass man dazu die Anlaufgeschwindigkeit extrem vermindern müsste. Du kannst zwar unter 45° abspringen, aber die Anlaufgeschwindigkeit müsste dann so klein sein, dass die Weite trotzdem geringer wäre als bei 20°.

Der **Weltrekord im Weitsprung** der Männer liegt bei sagenhaften **8,95 m** (Stand 2010)! Sollte es eines Tages einen Supersportler geben, der die Kraft hat, im optimalen Winkel abzuspringen, dann wären bei gleicher Anlaufgeschwindigkeit Weiten von knapp 12 m möglich (Abb. 7.15).

Abb. 7.15: Simulierte Weitenveränderung bei einer angenommenen KSP-Differenz von 1 m zwischen Absprung und Landung und einer Anlaufgeschwindigkeit von 10,2 m/s. Im günstigen Fall wären dann 11,61 m möglich!

In Abb. 7.15 siehst du, dass der günstigste Winkel nicht bei 45°, sondern bei knapp 43° liegt. Wir haben bis jetzt vereinfacht eine symmetrische Flugbahn angenommen. Beim Absprung ist der KSP des Weitspringers aber höher über dem Boden als bei der Landung (etwa 1 m). Es liegt also ein **asymmetrischer** Flug vor, und deshalb ist der optimale Winkel kleiner als 45°.

Beim **Kugelstoßen** ist diese **Asymmetrie** teilweise noch viel **größer**, weil die Reichhöhe beim Abstoß im Bereich von 2 m liegt (Abb. 7.16). Je kürzer die Stoßweite, desto stärker die Asymmetrie und desto flacher der optimale Winkel. Das sollte vor allem beim Schulsport beachtet werden (F11)!

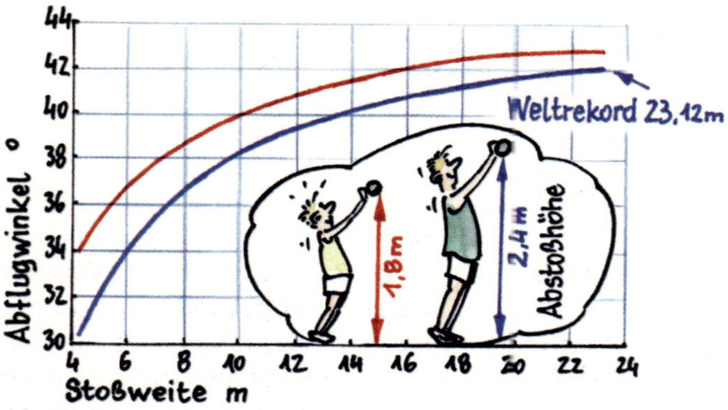

Abb. 7.16: Optimaler Abstoßwinkel für verschiedene Kugelstoßweiten. Die obere Linie gilt für eine Abstoßhöhe von 1,8 m, die untere für 2,4 m. Bei Weltrekord von 23,12 m liegt der optimale Winkel über 42°!

Beim **Speerwurf** sieht die Sache noch einmal anders aus (F12). Der Speer ist **aerodynamisch** und hat somit einen Auftrieb. Er segelt also durch die Luft. Deshalb kann der optimale Winkel nicht mehr mit den Gesetzen des schiefen Wurfs berechnet werden. Er beträgt etwa 35°. Die Abwurfgeschwindigkeit beim Speer ist geringer als beim Eierwurf. Das ist klar, weil die Speermasse etwa 10-mal so groß ist wie die eines Eies (Männer 800 g, Frauen 600 g). Dass durch den Auftrieb genau dieselbe Weite wie für das Ei rauskommt, ist natürlich Zufall.

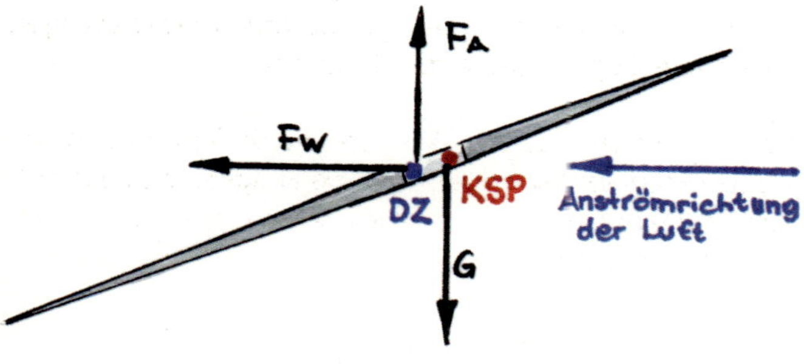

Abb. 7.17: Kräfte, die am Speer angreifen (vgl. mit Abb. 6.41). Das Gewicht (*G*) greift am KSP an, der Auftrieb am Druckzentrum (DZ). Weil der KSP weiter vor dem DZ liegt, kippt der Speer schneller.

| Zusammengesetzte Bewegungen |

a

F14 ▸L Du wirfst mit 5 m/s einen Stein waagrecht von einem Turm, und er fliegt 20 m weit. Wie hoch ist der Turm? Du wirfst mit 7 m/s einen Stein waagrecht von einem 125 m hohen Turm. Wie weit fliegt der Stein?

F15 ▸L Ein Scharfschütze hat ein Gewehr mit einer Mündungsgeschwindigkeit von 1000 m/s. Um wie viel höher muss er anlegen, wenn er auf ein Ziel in 100 m, 200 m oder 300 m schießt?

F16 ▸L Ein Versorgungsflugzeug wirft ein Paket ab. An welcher Stelle muss dieses abgeworfen werden, damit es das Ziel trifft? Wie sieht die Flugbahn aus Sicht des Piloten und aus Sicht einer Person im Lager aus?

Abb. 7.18

F17 ▸L Nimm an, der Elbe Legolas hätte einen Bogen, bei dem die Pfeile nicht 200 km/h, sondern sagen wir elbische 500 km/h schaffen. Was hätte er für ein Problem?

1984 passierte etwas Außergewöhnliches! Der DDR-Athlet Uwe Hohn warf 104,80 m. Sehr gefährlich für die Hochspringer auf der anderen Seite des Stadions! Deshalb konstruierte man die Speere neu und schob den KSP um 2 cm nach vorne (Abb. 7.17). Die neuen Speere kippen dadurch schneller und haben daher weniger Auftrieb. Trotzdem liegt der neue Rekord schon wieder bei 98,5 m.

Zusammenfassung

Die 45° Abwurfwinkel für den weitesten Wurf gelten nur bei symmetrischer Flugbahn und im Vakuum. In der Realität des Sports treten alle möglichen günstigen Winkel auf, von etwa 20° beim Weitsprung über 35° beim Speerwurf bis knapp 43° bei Weltklasse-Kugelstoßern.

| Epilog |

Führt ein Körper gleichzeitig mehrere Bewegungen aus, so beeinflussen diese einander nicht. Das nennt man das **Unabhängigkeitsprinzip** der Bewegungen. Mit diesem Prinzip lassen sich (unter idealisierten Bedingungen) Wurfparabeln sehr leicht konstruieren. Jeder Gegenstand hat die gleiche Fallbeschleunigung. Ein Pfeil, ein Bus und ein Hochgeschwindigkeitsgeschoss, alle fallen in der ersten Sekunde 5 m tief. Bei einem idealisierten Wurf ist der optimale Winkel 45°. In der Realität des Sports treten durch den Luftwiderstand und die Asymmetrie der Flugbahn alle möglichen günstigen Winkel auf.

8 | NEWTON MAL DREI

| Prolog |
In diesem Kapitel geht es um die **drei Grundgesetze der Mechanik,** die in der zweiten Hälfte des 17. Jahrhunderts vom großen Isaac Newton aufgestellt wurden. Eines haben wir schon stillschweigend verwendet.

8.1 Einstein und der freie Fall
Erscheinungsformen der Masse

Bevor wir uns das erste Newton'sche Grundgesetz anschauen, machen wir uns ein paar Gedanken zur Masse und streifen dabei die allgemeine Relativitätstheorie.

?

F1 Du hast ein fensterloses Labor in einer Rakete. Einmal steht diese Rakete still am Boden (a), einmal beschleunigt sie im Weltall mit 10 m/s² (b). Wie kannst du den Unterschied in der Rakete feststellen?

Abb. 8.1: Wie kannst du den Unterschied feststellen?

F2 ▸L Wenn du am Gewicht schnell anziehst, dann reißt der Faden unten, wenn du langsam ziehst, dann reißt er oben (Abb. 8.2). Kannst du erklären, warum das so ist?

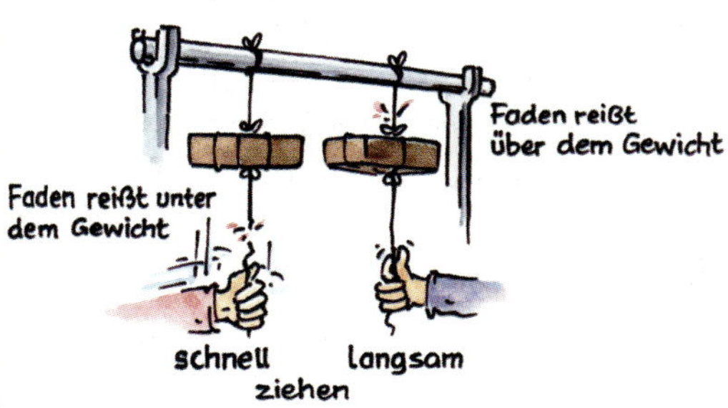

Abb. 8.2: Wieso reißt der Faden mal oben und mal unten?

F3 Bei einem Aufzug reißt plötzlich das Zugseil, und er stürzt frei in die Tiefe! Was würdest du im Inneren des Aufzugs spüren?

Die **Masse** hat zwei Erscheinungsformen. Da ist einmal der Widerstand jedes Gegenstandes gegenüber Geschwindigkeitsveränderungen. Das nennt man die **Trägheit** eines Gegenstandes und sie wird durch die **träge Masse** hervorgerufen. Je größer diese ist, desto mehr Kraft braucht man, um die Geschwindigkeit des Gegenstands zu verändern. Versuch mal einen Sattelschlepper in Bewegung zu versetzen (Abb. 8.3)!

Abb. 8.3: Wenn die Reibung gering ist, lassen sich enorme Massen bewegen – wenn man genug Muskeln hat. Derek Boyer zieht hier gerade einen 45-Tonnen-Truck.

Auf der anderen Seite werden massenreichere Objekte durch die Gravitation stärker angezogen. Das nennt man die **schwere Masse**. In beiden Fällen ist die Einheit das kg (siehe Kap. 2.5), und für ein und denselben Gegenstand sind träge und schwere Masse exakt **gleich groß**! Die Masse eines Gegenstandes ist im gesamten Universum gleich groß. Sie ändert sich nicht. Das nennen Physiker invariant. 1 kg bleibt immer 1 kg, egal ob es sich auf der Erde, auf dem Mond oder in der nächsten Galaxis befindet.

Das **Gravitationsfeld** weist eine höchst merkwürdige Eigenschaft auf. Die Beschleunigung von Körpern hängt nicht von der Masse ab! Alles fällt gleich schnell. Das ist doch verblüffend! Warum ist das so? Hat ein Körper die doppelte Masse, so wird er zwar doppelt so stark von der Erde angezogen (schwere Masse), er ist aber auch doppelt so schwer in Bewegung zu setzen (träge Masse). Das gleicht sich immer genau aus, und deswegen fallen alle Gegenstände gleich schnell!

Schon seit Galilei und Newton war die Gleichheit von träger und schwerer Masse durch die Fallgesetze bekannt, aber man dachte wohl irgendwie an einen Zufall. Erst Einstein bemerkte: **Träge und schwere Masse sind deshalb gleich groß, weil sie genau dasselbe und somit ununterscheidbar sind.**

Man kann durch kein einziges Experiment feststellen, ob eine Kugel durch die Anziehungskraft der Erde (schwere Masse) oder durch die Beschleunigung der Rakete (träge Masse) zu Boden fällt (F1). Diese Tatsache nennt man das **Äquivalenzprinzip**. Es ist eine wichtige Grundlage der allgemeinen Relativitätstheorie („Big Bang 8").

Man kann dieses Prinzip noch aus einer anderen Perspektive betrachten. Wenn ein Aufzug plötzlich frei fällt (F3), dann werden die Kabine und alles andere in ihr mit derselben Beschleunigung in die Tiefe stürzen, eben weil träge und schwere Masse von allen Gegenständen gleich groß sind. Daher würdest du dich im Aufzug völlig schwerelos fühlen, wie ein Astronaut in der Umlaufbahn um die Erde.

▸▸▸ **i** | **Zero *g* | Kap. 7.1**
▸▸▸ **e** | **Fallturm** |

Zusammenfassung

Jeder Gegenstand hat eine Masse, die sich je nach Situation als schwere oder als träge Masse bemerkbar macht. Bei jedem Gegenstand sind „beide" Massen exakt gleich groß. Das nennt man das Äquivalenzprinzip.

e

| Fallturm |

In Bremen gibt es – einzigartig in Europa – einen **Fallturm** (Abb. 8.4), der unter anderem von der European Space Agency (ESA) für Experimente in **Schwerelosigkeit** genutzt wird. Das ist viel billiger als Missionen ins All. Die Fallstrecke ist etwa 100 m und die Fallzeit liegt daher bei etwa 4,5 Sekunden. Durch ein Katapult kann man auch die Aufwärtsstrecke nutzen und kommt so auf immerhin 9 Sekunden Schwerelosigkeit.

Abb. 8.4: Links der **Fallturm** in Bremen. Rechts eine Wasserflasche mit Loch. Was passiert im freien Fall?

Mit einem sehr einfachen Experiment kannst du den Effekt der Schwerelosigkeit im freien Fall überprüfen. Fülle dazu eine Plastikflasche mit Wasser und mach auf der Seite unten ein Loch. Der Wasserstrahl strömt in Form einer Wurfparabel heraus (8.4. rechts). Was passiert nun, wenn du die Flasche fallen lässt? Stelle bereits vor dem Experiment deine **Hypothese** auf und versuche, diese dann zu belegen. Die Fallstrecke sollte einige Meter betragen, und es ist günstig, das Experiment auf Video aufzunehmen.

8.2 In der Tiefe des Alls

Das Trägheitsgesetz

In diesem Abschnitt geht es um das erste Newton'sche Grundgesetz, das man auch das Trägheitsgesetz nennt. Die Trägheit eines Gegenstandes wird durch die träge Masse verursacht.

?

F4 Wenn man die Reibung vernachlässigt, dann rollt eine Kugel immer zur Ausgangshöhe zurück. Wie weit rollt die Kugel, wenn die Bahn rechts völlig waagrecht ist?

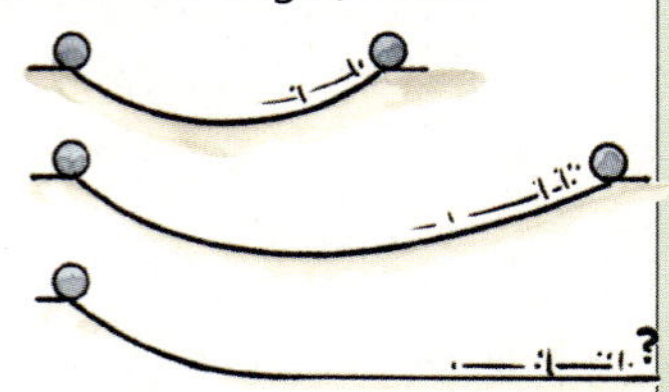

Abb. 8.5

F5 Die Raumsonde Voyager 1 wurde **1977** gestartet und war im Jahr **2005** bereits über 14 Milliarden km von der Erde entfernt. Sie besitzt keine Antriebsraketen! Wie lange wird sie etwa noch weiterfliegen: a) 10 Jahre, b) 1000 Jahre, c) 1 Million Jahre oder d) noch viel länger?

Abb. 8.6: Voyager 1

F6 Du lässt in einem sehr schnell fliegenden Flugzeug eine Münze fallen. Wo landet diese? Genau unter dir? Oder etwas in oder gegen die Flugrichtung? Versuche zu begründen! Und wie ist das, wenn du in einem fahrenden Zug senkrecht in die Höhe springst?

F7 Was ist ein Inertialsystem? Falls du es nicht mehr weißt, schau noch einmal in Kap. 6.1.

Grundgedanken zu dem, was wir heute **Trägheitsgesetz** nennen, machte sich bereits Galilei. Die Idee dazu kam ihm angeblich, als er im Dom von Pisa einen schwingenden Kronleuchter betrachtete (siehe Kap. 14.1, „Big Bang 6"). Ein Pendel schwingt ja – beinahe – auf die Ausgangshöhe zurück! Die Reibung bewirkt, dass es jedes Mal ein winziges Stück weniger ist. Aber mit freiem Auge ist das bei einer Schwingung nicht zu sehen (Abb. 8.7; siehe auch Kap. 14.1, „Big Bang 6").

Weil Galilei ein Tüftler war, stellte er dazu Versuche mit **Kugeln** an. In Abb. 8.5 a und b kannst du das Prinzip sehen: Die Kugel rollt bis zur Ausgangshöhe zurück (F4; siehe Kap. 9.7). Und dann stellte sich Galilei eine wichtige Frage: Wie weit würde die Kugel im Fall c rollen? Nicht sehr physikalisch formuliert kann man sagen, dass die Kugel immer auf dieselbe Höhe zurück „will". Weil es rechts aber waagrecht dahingeht, muss sie dazu unendlich weit rollen.

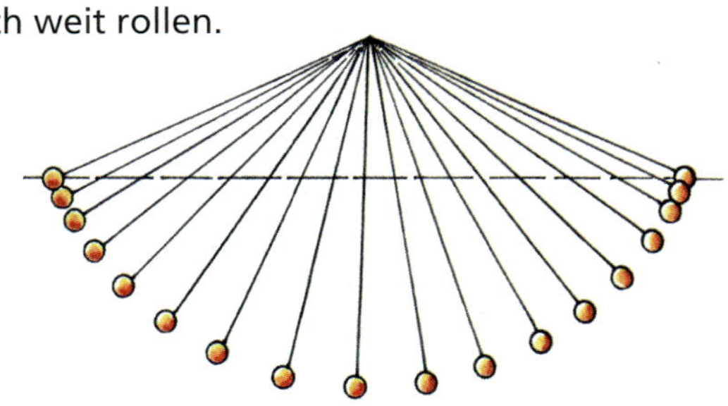

Abb. 8.7: Bei einem schwingenden Kronleuchter soll Galilei ein Licht aufgegangen sein: Wenn es keine Trägheit gäbe, würde das Pendel sofort am tiefsten Punkt stehen bleiben!

Newton verwendete später diese Erkenntnisse und formulierte das **Trägheitsgesetz (1. Newton'sche Grundgesetz): Wenn auf einen Gegenstand keine Kraft wirkt, dann ändert er seine Geschwindigkeit nicht.** Ein ruhender Gegenstand bleibt dann also weiter in Ruhe, und ein bewegter fliegt unbeschleunigt weiter.

Am besten wird die Trägheit von im All fliegenden Objekten belegt, weil es dort keine bremsenden Kräfte gibt. **Voyager 1** ist das am weitesten entfernte und mit etwa 17 km/s momentan auch schnellste Objekt (Stand 2010), das je von Menschen gebaut wurde. Wenn sie nicht zufällig gegen einen Stern prallt oder von einem schwarzen Loch geschluckt wird (die Chance ist aber extrem gering), dann fliegt sie ohne anzuhalten bis ans Ende der Zeit (F5) – sofern diese jemals ein Ende hat! Und weil sie sich fern von Sternen befindet (der nächsten Stern Proxima Centauri wäre bei ihrem Tempo 80.000 Jahre entfernt), fliegt die Sonde tatsächlich mit immer gleicher Geschwindigkeit. Galilei hätte seine Freude daran!

Zum Thema **Trägheit** gibt es übrigens einen ganz beliebten Fehler in Science-Fiction-Streifen. Dort brennen die Triebwerke von Raumschiffen pausenlos (Abb. 8.8). Aber schon seit Galilei ist klar: Wenn du mal das gewünschte Tempo hast, dann kannst du die Triebwerke wieder abschalten.

Abb. 8.8: Sieht gut aus, ist aber Quatsch!

Auch im Verkehr spielt die Trägheit eine große Rolle. Du weißt was passiert, wenn Bus oder Zug plötzlich bremsen! Im Auto würdest du ohne **Sicherheitsgurte** aufgrund der Trägheit bei einem Unfall vorne durch die Scheibe fliegen! Also bitte immer gut anschnallen! Gurte und **Airbags** (Abb. 8.9, Seite 74) sind dazu da, um dich vor den Folgen der Trägheit zu schützen.

▸▸▸ i | So ein Schwindel |

i

| So ein Schwindel |

Die Trägheit ist zwar oft gefährlich oder zumindest lästig, aber sie hat auch ihre Vorteile. Wenn du mit einem **Hammer** einen Nagel einschlägst oder mit einer Axt Holz hackst, nützt du sie. **Saiteninstrumente** würden ohne Trägheit nicht funktionieren, weil die Saiten sofort in die Ruhlage zurückkehren würden. **Schaukeln** wäre extrem langweilig und Achterbahnbesitzer würden kein Geschäft machen, weil es die Trägheit ist, die dir den „Magen aushebt". Aber das alles wäre letztlich egal, weil die Erde ohne Trägheit sofort in die Sonne stürzen würde.

Die Trägheit ist außerdem für unser **Gleichgewicht** äußerst wichtig. Im Innenohr gibt es die **Bogengänge** (Abb. 8.10), die an ein dreidimensionales Brezel erinnern. In ihnen befindet sich eine Flüssigkeit, die sich durch die Trägheit verschiebt, wenn man den Kopf beschleunigt. Sinneshärchen messen diese Bewegung und melden sie dem Gehirn.

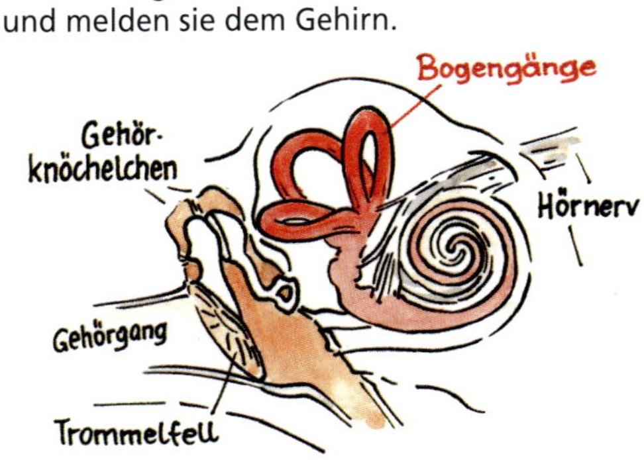

Abb. 8.10: Die Bogengänge sind ein wichtiger Bestandteil unseres Gleichgewichtssystems.

Man kann das System überlisten. Wenn du dich einige Zeit drehst, dann beginnt durch die Reibung die Flüssigkeit zu rotieren, und wenn du wieder stehen bleibst, bewegt sie sich aufgrund der Trägheit noch eine Zeit lang weiter. Das erzeugt das Schwindelgefühl!

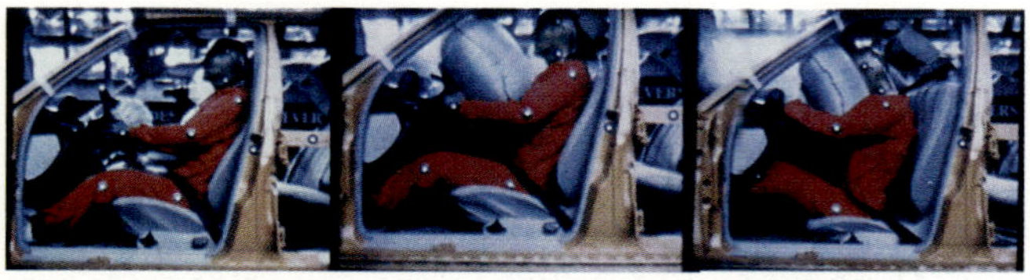

Abb. 8.9: Der Airbag wird mit Stickstoff aufgeblasen, der blitzschnell durch eine chemische Reaktion erzeugt wird. Nach weniger als 1/30 Sekunde ist ein Airbag völlig aufgeblasen und bremst dich halbwegs sanft ab.

Man kann das **Trägheitsgesetz** mit dem **Unabhängigkeitsprinzip** verknüpfen. Sieh dir die Konstruktion des horizontalen Wurfs in Abb. 7.7 an. In vertikaler Richtung beschleunigt der Gegenstand durch die Gravitation. Aber in horizontaler Richtung wirken keine Kräfte. Daher bleibt diese Geschwindigkeitskomponente während des Wurfs erhalten.

Aus diesem Grund fällt auch jeder Gegenstand, den du in einem **Flugzeug** fallen lässt, exakt senkrecht zu Boden (F6). Und auch beim Sprung im Zug landest du wieder an derselben Stelle. In horizontaler Richtung wirken in beiden Fällen keine Kräfte. Und bedenke: Würde die Münze nicht senkrecht fallen, dann könntest du ja auf diese Art deine Geschwindigkeit feststellen. Unbeschleunigte Bewegungen kann man aber mit keinem Experiment feststellen. Du siehst also, dass das Trägheitsgesetz mit dem Begriffe des **Inertialsystems** ganz eng verknüpft ist.

▸▸▸ i | **Ein bisschen Relativitätstheorie | Kap. 6.1**
▸▸▸ e | **Flinke Finger |**

Zusammenfassung

Wenn auf einen Gegenstand keine Kraft wirkt, dann ändert er seine Geschwindigkeit nicht. Das ist eine Folge der Trägheit jedes Gegenstandes, und diese folgt wiederum aus der trägen Masse.

e

| Flinke Finger |

In der Abbildung siehst du zwei Tricks, die mit Hilfe der **Trägheit** gelingen können. Wenn du mit dem Finger schnell genug auf das Papier schlägst, dann bleibt der Bleistift stehen. Und wenn der Münzenstapel hoch genug ist, dann kannst du die unterste Münze wegschnipsen. Überlege dir noch andere verrückte Experimente, mit denen du den Trägheitssatz belegen kannst.

Abb. 8.11: Experimente zur Trägheit

8.3 Mehr als nur heiße Luft

Die Bewegungsgleichung

In diesem Abschnitt geht es um das zweite Newton'sche Grundgesetz, das man auch Bewegungsgleichung nennt. Sie ist eine der wichtigsten Gleichungen in der Mechanik und hat ab 1686 das Weltbild sehr verändert.

?

F8 In Abb. 8.12 siehst du ein *v-t*-Diagramm eines starken PKWs. Der Fahrer gibt zweimal für 50 Sekunden Vollgas. Bei welcher der beiden Kurven war der PKW stärker beladen? Und wie viele Gänge hat das Auto?

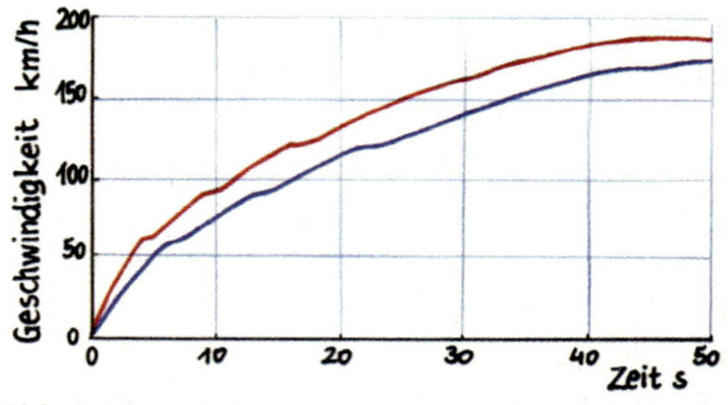

Abb. 8.12: 2-mal Vollgas mit dem PKW.

F9 Schwere F1-Piloten haben einen ziemlichen Nachteil! Welcher könnte das sein? Und warum ist es so wichtig, wann man wie viel Sprit tankt?

F10 Welche Beschleunigung muss eine Rakete mindestens entwickeln, damit sie senkrecht vom Boden abheben kann: > 7 m/s², > 8 m/s², > 9 m/s² oder > 10 m/s²? Und wieso haben Raketen immer mehrere „Stufen"?

Das Trägheitsgesetz besagt: Wenn auf einen Gegenstand keine Kraft wirkt, dann ändert er seine Geschwindigkeit nicht. Wenn du diese Aussage umkehrst, dann lautet sie: Wenn auf einen Gegenstand eine Kraft wirkt, dann ändert er seine Geschwindigkeit. Eine Geschwindigkeitsänderung bedeutet immer eine Beschleunigung. Also folgt aus dem Trägheitssatz, **dass für jede Beschleunigung eine Kraft notwendig ist.** Der Zusammenhang zwischen Kraft und Beschleunigung wird durch die Bewegungsgleichung beschrieben.

Formel: Bewegungsgleichung

Kraft = Masse · Beschleunigung

$F = m \cdot a$ oder $a = F/m$

F … beschleunigende Kraft	$[F] = [m] \cdot [a] = \text{kg} \cdot \text{m/s}^2 = \text{N}$
m … Masse des Gegenstands	$[m] = \text{kg}$
a … Beschleunigung des Gegenstands	$[a] = \text{m/s}^2$

Die Bewegungsgleichung ist also im Prinzip eine **Definition der Kraft** bzw. stellt sie einen Zusammenhang zwischen Kraft, Masse und Beschleunigung her. Wenn du bei einem beliebigen Vorgang von diesen drei Größen zwei kennst, kannst du die Dritte sofort ausrechnen. Kraft und Beschleunigung sind Vektoren und zeigen in dieselbe Richtung.

Warum hat gerade diese Gleichung das Weltbild so verändert? Weil Newton zusammen mit dem Gravitationsgesetz (siehe Kap. 8.4.1) nun die **Bahnen der Himmelskörper** berechnen konnte. Früher dachte man ja, dass Mond und Planeten irgendwie an der Himmelskugel kleben. Newton konnte nun aber zeigen, dass sich auch Himmelskörper brav an die physikalischen Gesetze halten siehe Kap. 13.2f, „Big Bang 6").

Die Einheit der Kraft ist **das Newton (N)** (Einheiten sind ja oft eine Hommage an Physiker). Was hat man sich unter einem Newton vorzustellen? **1 Newton ist die Kraft, mit der eine Masse von etwa 100 g von der Erde angezogen wird** (genau sind es 101,9 g; Abb. 8.13). 1 kg wiegt auf der Erde 10 N (siehe Kapitel 8.4.1).

Abb. 8.13: Die 100 g einer Schokolade wiegen auf der Erde etwa 1 N!

Die Kraft, die ein Auto bei der Beschleunigung entwickeln kann, hängt von seiner Leistung ab. Aus der Bewegungsgleichung siehst du, dass die Beschleunigung eines Gegenstandes bei gleicher einwirkender Kraft von der **Masse** abhängt, weil $a = F/m$. Das ist ja sehr einleuchtend: Wenn das Auto stärker beladen ist, dann ist es nicht mehr so spritzig (blaue Kurve in F8). Die waagrechten Stellen im Verlauf der Kurven sind ein guter Beleg für das **Trägheitsgesetz**: Während des Schaltens ist das Auto unbeschleunigt und die Geschwindigkeit ändert sich dann nicht. Du siehst jeweils 4 Schaltvorgänge, also hat dieses Auto 5 Gänge.

››› i | Kleine bevorzugt |

Die **Mondmissionen** der NASA hießen Apollo und die Trägerrakete **Saturn V** (Abb. 8.14). Diese sind mit ihren 110 m Höhe bis heute die größten Raketen der Welt! Beim Start treten zwei Beschleunigungen auf: die Erdbeschleunigung zeigt nach unten, und die Raketenbeschleunigung nach oben (Abb. 8.14 rechts). Damit die Rakete von der Rampe wegkommt, muss die Erdbeschleunigung übertroffen werden, die Raketenbeschleunigung muss also größer als 10 m/s² sein. Sonst: Nur heiße Luft!

Die Saturn V hatte beim Start eine Beschleunigung von 11,5 m/s². Zieht man die Erdbeschleunigung ab, macht das also eine **Nettobeschleunigung** von 1,5 m/s² nach oben. Das ist überraschend wenig, aber für einen kontrollierten Start gerade richtig. Pro Sekunde verbraucht die Rakete 14 Tonnen Treibstoff! Dadurch verringert sich ihre Masse und bei gleicher Schubkraft steigt die Beschleunigung ($a\Uparrow = F/m\Downarrow$).

››› i | Raketenschub | Seite 76

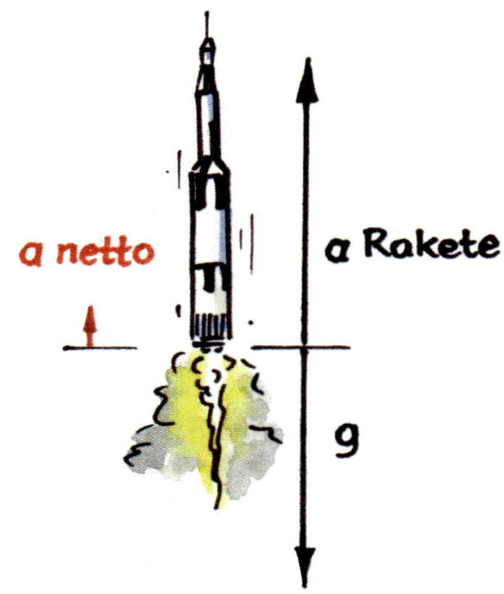

Abb. 8.14: Start einer Saturn-V-Rakete und auftretende Beschleunigungen.

| Kleine bevorzugt |

Ein **F1-Bolide** kann in nur 2,5 s von 0 auf 100 km/h (27,8 m/s) beschleunigen! Ein Erlebnis für die Magennerven! Die durchschnittliche Beschleunigung ist dann

$$a = \Delta v/\Delta t = (27{,}8\ \text{m/s})/(2{,}5\ \text{s}) = 11{,}1\ \text{m/s}^2.$$

Angenommen das Auto hat mit Fahrer eine Masse von 600 kg. Welche Kraft ist dann für diese Beschleunigung notwendig?

$$F = m \cdot a = 600\ \text{kg} \cdot 11{,}1\ \text{m/s}^2 = 6660\ \text{N}$$

Jetzt nehmen wir an, der zweite Fahrer im Team hat 25 kg mehr. Die Gesamtmasse liegt dann bei 625 kg. Die Kraft, die das Auto entwickelt, bleibt ja gleich. Du kannst daher so umformen:

$$a = F/m = (6660\ \text{N})/(625\ \text{kg}) = 10{,}66\ \text{m/s}^2.$$

Um von 0 auf 100 km/h zu beschleunigen, bräuchte der Fahrer dann bereits

$$t = \Delta v/a = (27{,}8\ \text{m/s})/(10{,}66\ \text{m/s}^2) = 2{,}61\ \text{s}.$$

Das ist mehr als 1/10 Sekunde Unterschied, und das bei nur 2,5 Sekunden Fahrzeit! Du kannst dir also vorstellen, wie sich die größere Masse eines Fahrers während eines ganzen Rennens auswirkt und wie wichtig die Taktik ist, wann man wie viel Sprit im Tank haben soll! Für Berechnungen in der **High-Tech-Welt** von heute kann auf eine Gleichung nicht verzichtet werden, die **über 300 Jahre** alt ist!

Nach **Ausbrennen der ersten Stufe** lag diese bei knapp 30 m/s² (3 *g*), was gemeinsam mit der Schwerkraft eine Belastung von etwa 4 *g* ergibt. Um das auszuhalten, mussten die Astronauten vorher in die **Zentrifuge** (Abb. 8.15).

Abb. 8.15: Astronauten-Zentrifuge zum Simulieren der Beschleunigungen beim Start. Mit solchen Dingern können bis 10 *g* erreicht werden (siehe Kap.11.6)!

Ein bisschen Gefühl vom Raketenstart kann man auch auf dem Rummelplatz erleben. Der Spaceshot im Wiener Prater erzeugt zum Beispiel bei voller Stufe in Summe über 5 *g*, allerdings nur etwa 1,5 Sekunden lang (Abb. 8.16).

Die Saturn-Rakete hatte **3 Stufen**. Warum? Eine ausgebrannte Stufe ist nutzloser Ballast. Durch das Abwerfen verringert sich die **Raketenmasse**, und die Beschleunigung wird größer. Wäre die Rakete einstufig, dann könnte man mit ihr niemals den Mond erreichen.

Noch eine Bemerkung zum Schluss: Eigentlich bräuchte man den Trägheitssatz gar nicht extra, weil er in der Bewegungsgleichung drinnen steckt. Wenn nämlich $F = 0$ ist, dann wird auch $a = 0$. Und genau das beschreibt ja der Trägheitssatz: Wenn keine Kräfte auftreten, gibt es keine Beschleunigungen.

››› **e** | **Bewegungsgleichung** |

Zusammenfassung

Den Zusammenhang Kraft = Masse mal Beschleunigung nennt man die Bewegungsgleichung. Mit ihr lassen sich alle Bewegungen berechnen, egal ob es sich um Planeten, Weltraumraketen oder F1-Autos handelt. Diese Gleichung hat das Weltbild verändert und ist eine der wichtigsten in der Mechanik.

i

| Raketenschub |

Mit Hilfe der Bewegungsgleichung lässt sich die Kraft, die die Rakete erzeugt, berechnen. Diese nennt man die **Schubkraft**. Die Beschleunigung der Saturn V lag beim Start bei 11,5 m/s². Wenn man nun weiß, dass die Masse der Rakete bei gigantischen 2900 Tonnen lag ($2{,}9 \cdot 10^6$ kg), kann man eine Schubkraft von

$$F = m \cdot a = 2{,}9 \cdot 10^6 \cdot 11{,}5 \text{ N} \approx 33 \cdot 10^6 \text{ N}$$

berechnen. 33 Millionen Newton! Die Schubkraft der Saturn V war daher so groß, wie die von etwa **5000 Formel-1-Autos bei Vollgas!**

Abb. 8.16: Der Spaceshot (links) im Wiener Prater

e

| Bewegungsgleichung |

Qualitativ lässt sich die Richtigkeit der Bewegungsgleichung mit einfachen Mitteln überprüfen. Man braucht dazu nur eine ähnliche Vorrichtung wie in Abb. 8.17.

Abb. 8.17

Stoppe die Zeit, die der Wagen für eine bestimmte Strecke benötigt. Erhöhst du die angehängten Massen, so wird die Zugkraft und somit auch die Beschleunigung größer: $a\Uparrow = F\Uparrow/m$. Wenn du die am Tisch liegenden Massen vergrößerst, dann erhöhst du m und die Beschleunigung sinkt: $a\Downarrow = F/m\Uparrow$.

8.4 Gewichts-, Reibungs- und Federkraft

Beispiele für Kräfte

In diesem Abschnitt lernst du ein paar Beispiele für Kräfte kennen, die im Alltag sehr oft auftreten: Gewicht, Reibungs- und Verformungskraft.

8.4.1 Wie viel wiegt die Erde?

Die Gewichtskraft

F11 Die Frage aller Fragen lautet: Was misst eine Waage? Die Masse oder das Gewicht?

F12 Badezimmerwaage und Balkenwaage: Welche der beiden würde auch am Mond richtig messen?

F13 Voyager 1 ist 14 Milliarden km von der Erde entfernt (Abb. 8.6). Befindet sie sich somit weit außerhalb der Erdgravitation? Oder knapp? Oder gar nicht?

F14 ▸L Im Weltall schwebt ein einsamer Tisch, auf den du die Erde legst! Wie viel würde die Erde wiegen?

Abb. 8.18: Wie viel wiegt die Erde?

Wenn man sich über den Unterschied zwischen Masse und Gewicht unterhält, dann gibt es ein Riesenproblem: Im Alltag wird zwischen den beiden nicht unterschieden! In der Physik ist es aber so: **Die Gewichtskraft (F_G) oder kurz „das Gewicht" ist die Kraft, mit der eine Masse von der Erde anzogen wird.** Oder generell gesagt: mit der eine Masse von einer anderen Masse angezogen wird. Auch hier gilt die Bewegungsgleichung, nur wird für a auf der Erde die Erdbeschleunigung eingesetzt, also $F_G = mg$.

Was sind also die Unterschiede zwischen Masse und Gewicht? Die **Masse** ist ein **Skalar**. Sie hat also nur einen Zahlenwert und keine Richtung. Die **Gewichtskraft** ist ein **Vektor** und zeigt in Richtung Erdmitte.

Die Masse eines Gegenstands ist im gesamten Universum immer gleich groß. 1 kg ist auf der Erde 1 kg, hinter dem Mond 1 kg und auch in der nächsten Galaxis 1 kg. Das Gewicht eines Gegenstands hängt aber davon ab, wo sich dieser befindet. Im Weltall ist es praktisch null. Auch auf der Erde ist es nicht überall gleich groß, weil die Erdbeschleunigung g variiert. 1 kg wiegt zum Beispiel am Pol 9,83 N und am Äquator 9,78 N.

▸▸▸ i | Erdbeschleunigung | Kap. 6.4.1

So weit, so gut. Was misst nun eine **Waage**, z. B. deine Badezimmerwaage (F11)? Sie misst, wie stark du von der Erde angezogen wirst. Also misst sie dein **Gewicht**! Wenn du dich am Mond wiegen würdest, würde die Waage nur mehr 1/6 anzeigen, obwohl deine Masse ja nicht gesunken ist. Und im Weltall würde die Waage (fast) gar nichts mehr anzeigen.

▸▸▸ i | Gravitationsgesetz |

Jetzt kommt aber die große Verwirrung: Auf der Waage stehen nämlich kg drauf. Das heißt, dass eine Waage das Gewicht **in Masse „übersetzt".** Jede Waage ist somit aber nur für ein bestimmtes g geeicht. Eichst du die Waage für einen Gegenstand mit 1000 Gramm am Nordpol, würde sie am Äquator nur 995 Gramm zeigen. Es wären also 5 Gramm „verloren gegangen". Am Mond würde sie gar nur mehr 167 Gramm anzeigen.

Wie formuliert man also physikalisch richtig? „Ich bin 50 kg schwer" ist korrekt, weil die Gravitation ja durch die **schwere Masse** verursacht wird. „Ich habe ein Gewicht von 50 kg" ist aber definitiv falsch. Das ist unge-

| Gravitationsgesetz |

Stell dir vor, du beleuchtest mit einer Taschenlampe eine Wand. Der **Lichtfleck** hat eine bestimmte **Helligkeit**. Wenn du doppelt so weit von der Wand weg gehst, dann sinkt die Helligkeit des Flecks ab. Auf welchen Wert? Weil sich der Radius des Kreises verdoppelt hat, hat sich die Fläche vervierfacht ($A = r^2\pi$). Gleiche Lichtmenge auf vierfacher Fläche ergibt ein Viertel an Intensität. Wenn die Wand dreimal so weit weg ist, dann ist die Intensität bereits auf ein Neuntel abgesunken. **Die Intensität nimmt mit dem Quadrat der Entfernung ab.** Das ist ein allgemeines Prinzip, wenn man eine punktförmige „Quelle" hat.

Abb. 8.19

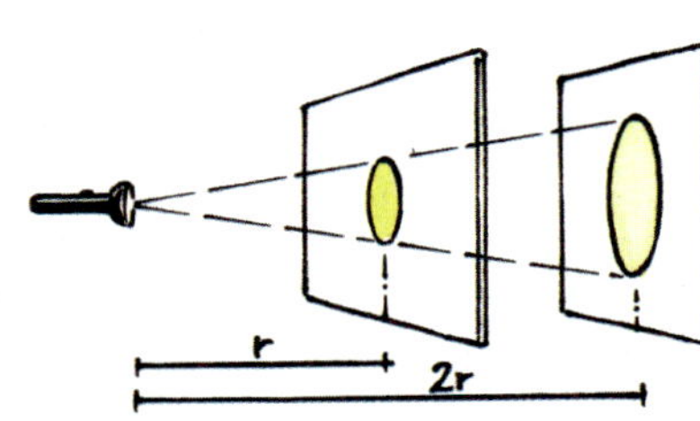

Mit der Gravitationskraft ist das ebenso. Die Erde ist eine **punktförmige Quelle der Gravitation.** Denk daran: Man kann jeden Gegenstand durch seinen Körperschwerpunkt ersetzen (siehe Kap.5.1). Die Gravitation nimmt daher mit dem Quadrat der Entfernung ab, also $F_G \sim 1/r^2$.

Wie weit muss sich Voyager 1 entfernen, damit die Erdgravitation null wird (F13)? Unendlich weit, weil erst $1/\infty = 0$! Die Gravitation **jedes Objekts** geht unendlich weit! Natürlich nimmt die Gravitation vor allem zu Beginn schnell ab, aber sie sinkt nie auf Null.

fähr so wie wenn du sagst, ich bin 16 Jahre groß oder 175 cm alt. Falsche Einheit eben. Und „Ich wiege 50 Kilo" ist doppelt falsch, weil Kilo ja nur die Vorsilbe für 1000 ist! Im Alltag ist das natürlich ok, aber in der Physik sollte man schon exakt sein.

Der Unterschied zwischen Badezimmerwaage und Balkenwaage ist der, dass die Badezimmerwaage das Gewicht misst und die Balkenwaage die Gewichte **vergleicht** (F12). Deswegen funktioniert die Balkenwaage am Mond immer noch, weil **alles** leichter geworden ist und dadurch die Relationen wieder stimmen (Abb. 8.20).

Abb. 8.20: Gewichtskräfte auf Erde und Mond bei einer Balkenwaage. Weil beide Kräfte sinken, kann man mit der Balkenwaage am Mond trotzdem messen.

Wie viel wiegt die Erde auf einem Tisch im Weltall (F14)? Erde und Tisch ziehen einander mit derselben Kraft an (siehe Kap. 8.5). Was heißt das? Ein Tisch mit zum Beispiel 20 kg wiegt auf der Erde rund 200 N. Also wiegt die Erde am Tisch ebenfalls 200 N (siehe Lösungsteil). Du kannst das Experiment sogar selbst durchführen. Du musst dazu nur einen Tisch verkehrt auf den Boden legen. Und zur Messung der Kraft könntest du eine mit Newton geeichte Waage dazwischen legen!

Abb. 8.21: Zwei Gegenstände ziehen einander gegengleich mit derselben Kraft an. Beide Ansichten sind daher richtig: Der Tisch auf der Erde wiegt 200 N. Die Erde am Tisch wiegt 200 N.

Zusammenfassung

Das Gewicht ist die Kraft, mit der eine Masse von einer anderen angezogen wird. Eine Waage misst diese Kraft und man kann dann – unter bestimmten Bedingungen – auf die Masse zurück schließen. Würde eine Waage die Masse messen, dann dürfte das Ergebnis nicht vom Ort der Messung abhängig sein.

8.4.2 Starthilfe zur Zivilisation

Die Reibungskraft

?

F15 Wofür braucht man mehr Kraft: Wenn man eine Kiste normal schiebt (größere Auflagefläche) oder vorher hochkant stellt (kleinere Auflagefläche)?

F16 Wenn du ein Wasserglas langsam ausleerst, dann rinnt das Wasser an der Außenseite runter! Warum?

Abb. 8.22

F17 ▸L Moderne Autos haben ABS, also ein Anti-Blockier-System! Was sind dabei die Vorteile?

Reibung ist oft sehr lästig und wandelt den Großteil der Bewegungsenergie in für uns wertlose **Wärme** um. Dass die Reibung auf der anderen Seite für unser Leben enorm wichtig ist, merkt man dann, wenn sie einmal fehlt, etwa bei Glatteis. Gehen und Fahren wären ohne Reibung unmöglich (siehe Kap. 8.5). Außerdem verdanken wir ihr letztlich die **Entstehung der Zivilisation,** denn ohne Reibung hätten die Urmenschen kein Feuer machen können.

Von den verschiedensten Reibungsmechanismen sehen wir uns nur den zwischen zwei festen Oberflächen an. Selbst polierte Stahlflächen haben unter dem Mikroskop deutliche **Unebenheiten**. Die tatsächliche Kontaktfläche ist dadurch um einige Zehnerpotenzen geringer als erwartet (Abb. 8.23). An manchen Stellen kommen die Miniberge einander so nahe, dass **Adhäsionskräfte** wirksam werden. Das sind Kräfte, die zwischen zwei unterschiedlichen Stoffen entstehen (F16). Diese sind letztlich auf elektrische Bindungskräfte zurückzuführen und lassen zum Beispiel auch eine Haftnotiz oder einen Gecko an der Wand kleben.

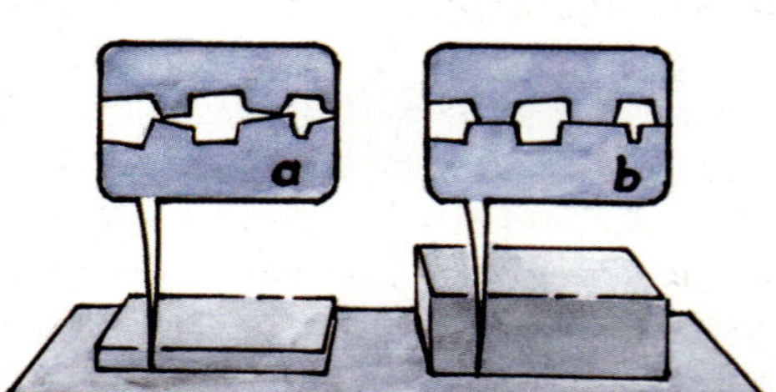

Abb. 8.23: Mikroskopische Kontaktflächen bei kleinerer (a) und bei größerer Normalkraft (b).

Will man einen Gegenstand verschieben, dann muss man sowohl die Adhäsionskräfte als auch die Unebenheiten überwinden. Der Zusammenhang zwischen der Normalkraft (sie entspricht bei einer horizontalen Fläche dem Gewicht) und der Reibungskraft lautet: $F_R = \mu F_N$ (Abb. 8.24).

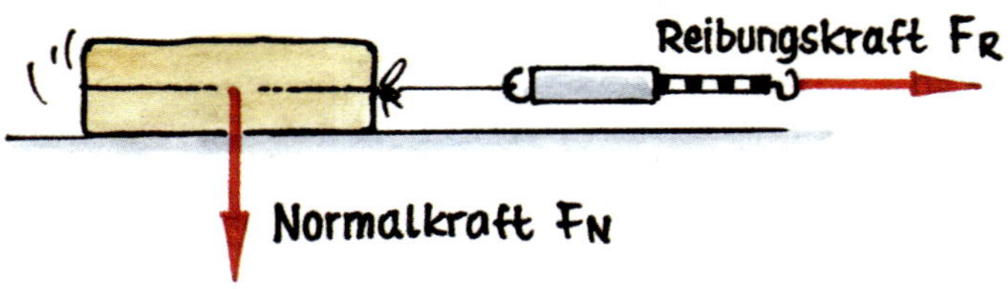

Abb. 8.24. Normalkraft und Reibungskraft

μ (sprich mü) ist die **Reibungszahl**. Ist sie 1, dann ist die Kraft, mit der man ziehen muss, genau so groß wie die Normalkraft. Üblicherweise ist μ aber viel kleiner als 1 (Tabelle 8.1). Man braucht also zum Schieben meistens weniger Kraft als zum Heben des Gegenstandes. Wächst die Normalkraft, dann wächst auch die Reibungskraft, weil die mikroskopischen Kontaktflächen größer werden (Abb. 8.23 b).

Stoffpaare	Haftreibungszahl	Gleitreibungszahl
Holz auf Stein	0,7	0,3
Gummi auf Beton (trocken)	0,65	0,5
Gummi auf Beton (nass)	0,4	0,35
Gummi auf Eis (trocken)	0,2	0,15
Gummi auf Eis (nass)	0,1	0,08
Stahl auf Teflon	0,04	0,04
Schlittschuh auf Eis	0,03	0,01

Tabelle 8.1: Reibungszahlen für verschiedene Materialien. Der Bremsweg eines Autos ist indirekt proportional zur Reibungszahl: doppelte Reibungszahl, halber Bremsweg (siehe F30). Auf nasser Fahrbahn ist der Bremsweg also um 1/3 länger und auf nassem Eis sogar etwa 6-mal so lang wie auf trockener Straße.

Schon das Renaissance-Genie Leonardo da Vinci (1452–1519) bemerkte, dass die Reibung eines Gegenstandes **nicht von der Auflagefläche** abhängt. Das ist ziemlich paradox. Rein intuitiv würde man doch denken, dass sich eine Kiste leichter schieben lässt, wenn die Auflagefläche kleiner ist (F15). Auch diese Paradoxie kann man durch Abb. 8.23 erklären. Wenn die Auflagefläche kleiner ist, dann wird die Kraft pro Fläche (also der Druck) größer. Auch in diesem Fall wächst die mikroskopische Auflagefläche (Abb. 8.23 b), und das gleicht sich genau aus.

▸▸▸ e | Reibung |
▸▸▸ i | Reibung im Sport | Seite 80

e

| Reibung |

Nimm verschiedene Holzquader und Federwaagen und überprüfe Folgendes:

1) Um einen Gegenstand in Bewegung zu setzen **(Haftreibung)**, braucht man mehr Kraft als um ihn in Bewegung zu halten **(Gleitreibung)**.

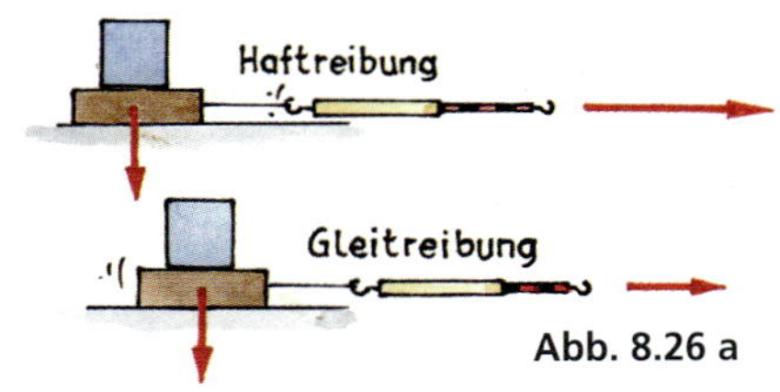

Abb. 8.26 a

2) Die Reibungskraft hängt nicht von der Fläche ab (Abb. 8.26. b und c).

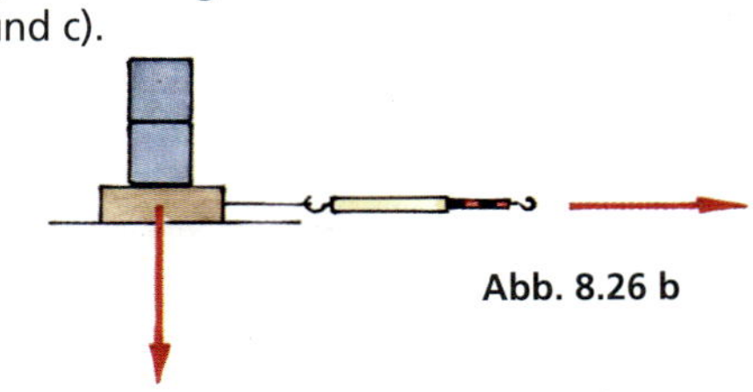

Abb. 8.26 b

3) Beschwere den Quader zusätzlich mit Gewichten und überprüfe, dass μ für einen Gegenstand immer F_R/F_N ist. Dazu musst du das Gewicht des Quaders und der zusätzlichen Gewichte mit der Federwaage messen (a und b).

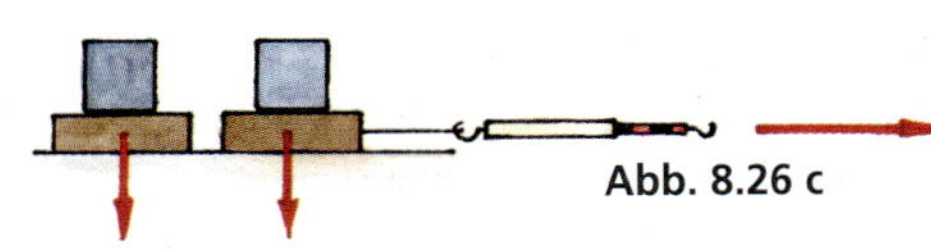

Abb. 8.26 c

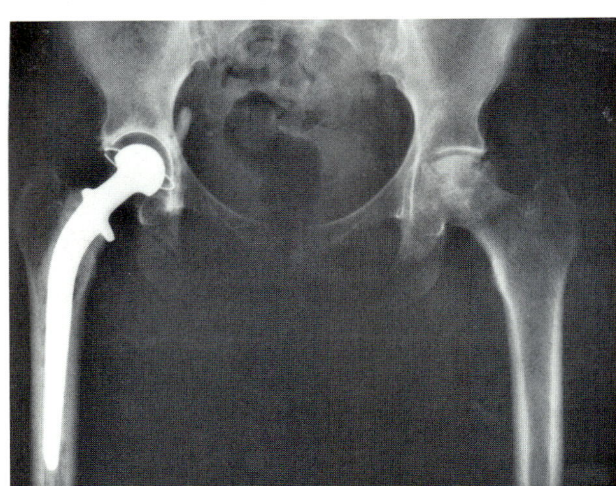

Abb. 8.25: Bei einem künstlichen Hüftgelenk werden Teflon und Stahl kombiniert. Die Reibung kommt der des natürlichen Gelenks sehr nahe (Tab. 8.1).

Zusammenfassung

Die Reibung kommt durch die Unebenheiten in den Oberflächen zustande. Sie ist nicht von der Auflagefläche abhängig. Der Reibungskoeffizient μ gibt an, wie gut zwei Stoffe aufeinander gleiten.

| Reibung im Sport |

Warum gleitet ein **Schlittschuh** auf Eis? Mitten im Eis sind die Wassermoleküle im Kristallgitter fest miteinander verbunden. An der Eisoberfläche dagegen finden die Wassermoleküle zur Luft hin keine Bindungspartner mehr. Die Kristallgitterstruktur wird schwächer und es entsteht ein **Wasserfilm**, der oft nur ein Tausendstel eines Millimeters ausmacht. Auf dem können die Schlittschuhläufer wie auf Schmierseife gleiten (siehe auch Kap. 20.3, Big Bang 6).

Auch ein **Ski** gleitet nicht direkt am Schnee, sondern auf einer Wasserschicht aus winzigen Wassertröpfchen, die nur etwa 1/1000 der Skifläche bedecken. Paradox: Die Wärme, die zum Schmelzen des Schnees notwendig ist, kommt durch die Reibung zwischen Ski und Schnee zustande, was wiederum die Reibung verringert. Bei sehr kaltem Schnee gleitet man nicht gut.

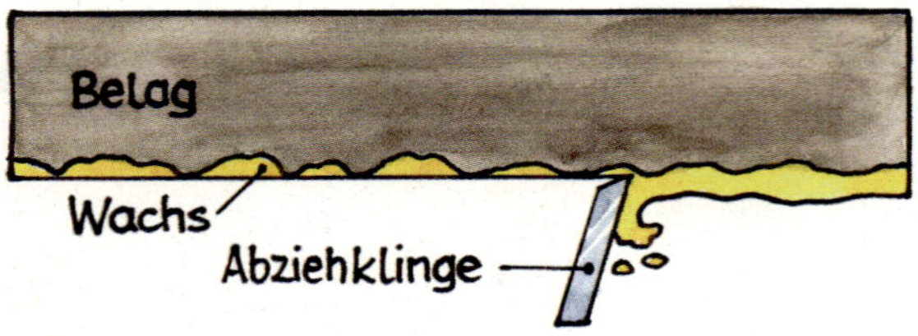

Abb. 8.27: Das Wachs füllt nur die Unebenheiten des Belags aus. Deshalb muss man es nach dem Aufbügeln mit einer Klinge wieder „abziehen".

Die Reibung kann verringert werden, wenn man die Unebenheiten der Lauffläche mit **Wachs** ausfüllt (Abb. 8.27). Außerdem verringert sich dadurch zusätzlich die **Adhäsion** zwischen Ski und Schnee.

8.4.3 Physikalische Bänderzerrung
Verformungskraft

F18 Was versteht man unter den Begriffen elastisch und plastisch? Kannst du Materialien nennen, die diese Eigenschaften besitzen?

F19 Was passiert eigentlich bei einer Bänderzerrung? Versuche dabei die Begriffe elastisch und plastisch zu verwenden.

▸▸▸ e | Schraubenfeder |

Was versteht man unter **elastisch** und **plastisch** (F18)? Nach einer elastischen Verformung nimmt ein Gegenstand wieder seine ursprüngliche Gestalt ein. Diese Verformungen sind also reversibel und „elastische Chirurgie" wäre kein Renner! Nach einer plastischen Verformung bleibt eine dauerhafte (irreversible) Formveränderung zurück.

Robert Hook war einer der vielseitigsten Gelehrten des 17. Jahrhunderts und mit seinem Zeitgenossen Newton ziemlich zerstritten. Er interessierte sich vor allem für praktische Dinge und entdeckte, dass die Kraft, die man zur Dehnung einer Spiralfeder benötigt, proportional zur Dehnung ist.

Um eine Feder doppelt so stark zu dehnen, ist auch eine doppelt so große Kraft notwendig. Das nennt man das Hook'sche Gesetz (siehe auch Kap. 14.2, „Big Bang" 6). Die Verformung einer Feder ist daher **elastisch**. Egal wie viele Gewichte vorher drauf waren: für ein bestimmtes Gewicht gibt es auch immer eine ganz bestimme Dehnung. Das nutzt man zum Beispiel bei Federwaagen aus. Diese sind in der Technik mit **Newton** beschriftet. Am Markt findet man manchmal auch noch welche, die auf eine Masse geeicht sind. Die Menschen kaufen lieber 1 kg und nicht 10 N Bananen.

▸▸▸ i | Hook |

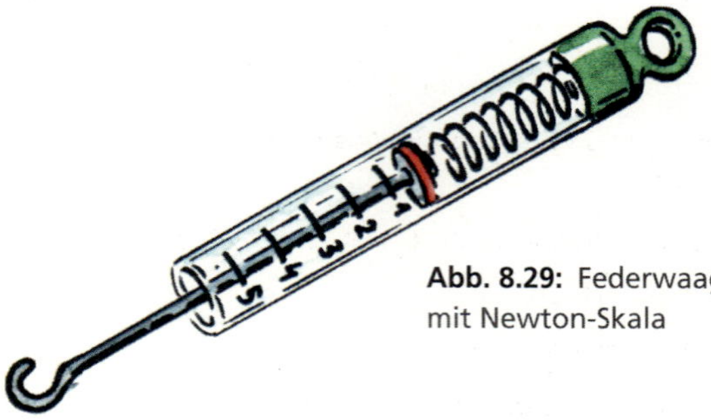

Abb. 8.29: Federwaage mit Newton-Skala

| Schraubenfeder |

Befestige eine **Schraubenfeder** an einem Stativ so, dass sich das untere Ende der Feder genau bei der Tischkante befindet. Hänge nun zunehmend Gewicht auf die Feder und miss dabei die Dehnung. Trage den Zusammenhang zwischen Dehnung und Kraft in ein Diagramm ein (du musst dabei die Masse in Newton umrechnen) und verbinde die Punkte. Welche Kurve ergibt sich dabei? Und was passiert, wenn du Schritt für Schritt die Gewichte wieder entfernst?

Abb. 8.28: Versuchsaufbau

| Hook |

Diagramme, die den Zusammenhang zwischen aufgewendeter Kraft und dadurch entstehender Dehnung eines Stoffes zeigen, nennt man **Spannungs-Dehnungs-Diagramm**. Unten siehst du ein solches Diagramm für eine Schraubenfeder. Du kannst den linearen Zusammenhang erkennen. Dieser wird vom **Hook'schen Gesetz** beschrieben.

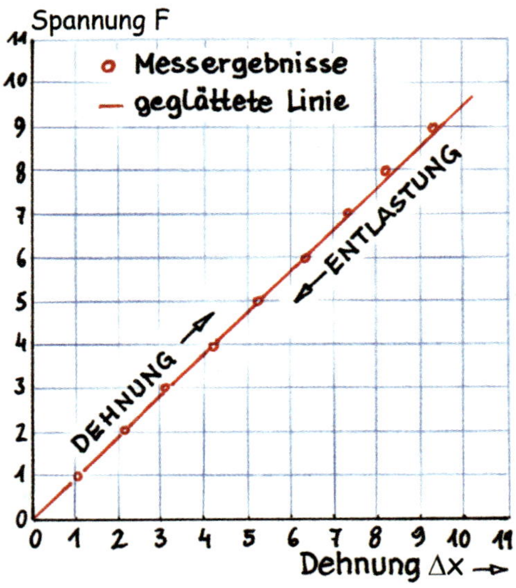

Abb. 8.30: **Spannungs-Dehnungs-Diagramm** einer Schraubenfeder.

Mit Hilfe einer Gleichung beschrieben lautet das Hook'sche Gesetz:

$$F = k\Delta x \Leftrightarrow k = F/\Delta x$$

k ist dabei die **Federkonstante**. Sie gibt an, wie viel Kraft man bräuchte, um die Feder um 1 m zu dehnen. *k* gibt also gewissermaßen die Härte der Feder an. Berechne aus den Werten in deinem Versuch die Federkonstante.

Das Hook'sche Gesetz gilt für alle Stoffe nur in einem **gewissen Bereich!** Warum? Nun, wenn du zum Beispiel ganz stark an einer Feder ziehst, dann hast du im Extremfall nur mehr ein Stück Draht. Überschreitet man einen bestimmten Kraftwert, dann wird das Material plastisch und bleibt dauerhaft verformt.

Das Bindegewebe des Menschen (etwa Sehnen oder Bänder) besteht zu einem großen Teil aus **Kollagen**. In Abb. 8.31 siehst du ein typisches Spannungs-Dehnungs-Diagramm für solches Gewebe. Bei kleineren Kräften verhält es sich elastisch (a+b), die Verformung ist also reversibel. Aber nur im Bereich b gilt das Hook'sche Gesetz! Dehnt man zu stark, kommt man in einen plastischen Bereich (c) und es kann sogar zum Riss kommen (d).

Eine Verletzung der äußeren Seitenbänder im Knöchel durch Umknicken ist eine der häufigsten **Sportverletzungen** überhaupt. Wenn man Glück hat, dann bleibt man im elastischen Bereich des Bandes und kommt mit dem Schrecken davon. Kippt man stärker um, bleibt eine plastische Verformung über (also eine Bänderzerrung, F19) und im schlimmsten Fall kommt es sogar zum Riss.

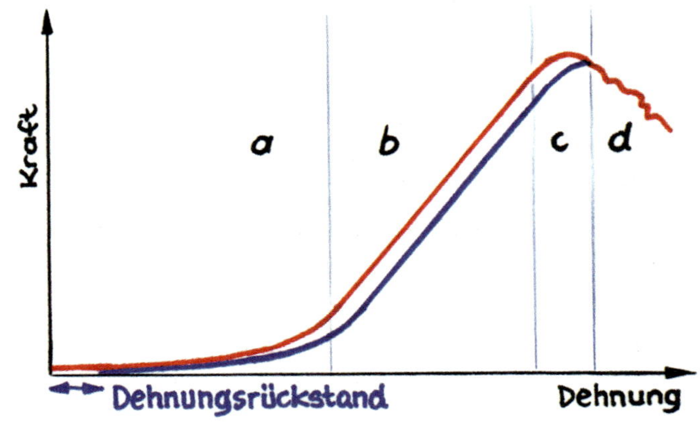

Abb. 8.31: Spannungs-Dehnungs-Diagramm für kollagenes Gewebe. Wird der elastische Bereich überschritten (c), dann bleibt bei der Entspannung eine Verformung zurück (blaue Linie). Im Bereich b gilt das Hook'sche Gesetz.

Abb. 8.32: Ein Sinn der Sehnen liegt unter anderem darin, dass in ihnen **Dehnungsenergie** gespeichert werden kann, die dann bei einem Sprung freigesetzt wird.

Zusammenfassung

Spannungs-Dehnungs-Diagramme beschreiben den Zusammenhang zwischen auftretenden Kräften und Verformung von Stoffen. Ist dieser linear, dann gilt das Hook'sche Gesetz.

8.5 Ein Pferd auf Rollschuhen

Actio est reactio

Die Newton'schen Grundgesetze sind miteinander logisch verknüpft. Der Trägheitssatz ist zum Beispiel ein Spezialfall der Bewegungsgleichung. Und auch das 3. Grundgesetz hängt mit den beiden anderen zusammen.

?

F20 Du befindest dich auf blankem Eis und es gibt keine Reibung. Dein Freund ist so schwer wie du, und ihr zieht euch an einem Seil zueinander. Wo trefft ihr euch?

Abb. 8.33

F21 Du befindest dich in einer Raumstation in Schwerelosigkeit und drückst dich von deinem doppelt so schweren Freund ab. Fliegt ihr gleich schnell weg oder nicht? Und kannst du das begründen?

F22 Am Label jeder Jeans von Levis sieht man zwei Pferde, die an einer Hose ziehen. Macht es einen Unterschied, ob zwei Pferde ziehen oder nur eines und die Hose dafür an einem Pflock befestigt ist?

Abb. 8.34: Das Warenzeichen der Levis-Jeans

F23 Du hast dich versehentlich von der Raumstation entfernt und willst wieder zurück. Wie kannst du das anstellen? Kraulen, Zappeln? Es gibt nur eine Möglichkeit!

Wenn du dich auf blankem Eis befindest und es **keine Reibung** gibt, dann gibt es auch keine Kraftübertragung mit dem Boden (F20). Wenn eure Masse gleich groß ist, dann befindet sich euer Gesamtschwerpunkt genau in der Mitte. Weil keine Kräfte von außen einwirken, kann sich der Schwerpunkt auch nicht bewegen (Trägheitssatz!). Wenn ihr euch zueinander zieht, dann müsst ihr euch daher genau in der Mitte treffen.

Bei F21 ist es ähnlich. Weil **von außen keine Kräfte** wirken, muss der Schwerpunkt in Ruhe bleiben. Wenn dein Freund doppelt so schwer ist wie du, dann wird er durch das Abdrücken nur halb so schnell wegfliegen. Nur dann bleibt der Gesamt-KSP in **Ruhe** (Abb. 8.35; siehe auch Abb. 5.4, Kap.5.1).

Abb. 8.35: Wenn dein Freund doppelt so schwer ist, fliegt er halb so schnell weg.

Wir haben diese beiden Fragen mit dem Trägheitssatz beantwortet. Man kann sie aber auch mit dem **3. Newton'schen Grundgesetz** beantworten. Dieses lautet: **Kräfte treten immer paarweise auf. Sie sind gleich groß, aber entgegengesetzt gerichtet, also $F_1 = -F_2$. Man sagt daher auch „Actio est reactio".**

Verknüpfen wir das nun mit dem 2. Newtonschen Grundgesetz und sehen wir uns beide Fragen noch einmal an. Wenn am **Eis** die Massen gleich groß sind, dann gilt $F_1 = -F_2$ und somit auch $m \cdot a_1 = m \cdot (-a_2)$. Die Beschleunigungen sind also gleich groß und antiparallel. Fazit: Ihr trefft euch in der Mitte. Wenn du dich von einem doppelt so schweren Freund abstößt, dann gilt $F_1 = -F_2$ und somit auch $m \cdot a_1 = 2m \cdot (-a_2/2)$. Hat er die doppelte Masse, ist seine Beschleunigung nur halb so groß und er fliegt auch nur halb so schnell weg (siehe Kap. 10.1).

Wie ist das nun mit der **Hose** (F22)? Wenn sich diese nicht vom Fleck rührt, dann muss es zwei Kräfte geben, die einander ausgleichen. Es ist **völlig egal,** ob diese zweite Kraft von einem zweiten Pferd kommt oder von einem Pflock.

Und damit kommen wir zu zwei sehr alten Rätseln. Das erste lautet: Ein **Affe** hängt an einem **Seil**, das über eine Rolle führt und auf der anderen Seite mit einem gleich großen Gewicht beschwert ist (Abb. 8.36). Was wird mit dem Gewicht passieren, wenn der Affe das Seil hinauf- und hinunterklettert?

Abb. 8.36: Was macht das Gewicht? Wandert es mit oder bleibt es an der Stelle stehen?

Affe und Gewicht bleiben relativ zu einander immer auf **derselben Höhe,** egal ob sie sich hinauf oder hinunter bewegen! Warum? Actio est reactio. Wenn der Affe am Seil und somit am Gewicht zieht, dann zieht das Gewicht mit derselben Kraft an ihm. Es ist ganz ähnlich wie in F20, nur eben mit einer Rolle dazwischen. Die zweite Frage ist eine der ältesten Denkaufgaben der klassischen Physik. Wenn das 3. Newton'sche Grundgesetz stimmt, dann kann ein Pferd doch niemals eine Kutsche ziehen, weil die Kutsche das Pferd **mit derselben Kraft zieht!?** Das gleicht sich doch aus!

Wenn das Pferd am Eis wäre oder Rollschuhe anhätte, ginge das tatsächlich nicht. Das Pferd ist aber durch die

Reibung mit der Erde verbunden. Wenn das Pferd losgeht, dann bewegen sich Kutsche und Pferd in die eine Richtung und die Erde in die andere Richtung. Weil die Masse der Erde so groß ist, merkt man davon nichts.

Abb. 8.37: Wieso kann das Pferd die Kutsche ziehen?

Man kann das 3. Grundgesetz auch so formulieren: Ein Objekt alleine kann seine Geschwindigkeit nicht ändern. Du merkst, dass hier wieder der **Trägheitssatz** indirekt vorkommt. Wenn du wieder zur Raumstation zurück willst (F23), bleibt dir nur eine Möglichkeit: Ein Weltraum-Strip und die Sachen in die Gegenrichtung werfen (Abb. 8.38)! Der Gesamtschwerpunkt von dir und deinen Sachen bleibt aber immer an derselben Stelle.

Abb. 8.38: Nur so kommst du zum Raumschiff zurück.

Zusammenfassung

Das 3. Newton'sche Gesetz besagt, dass Kräfte immer paarweise auftreten und gleich groß, aber entgegengesetzt gerichtet sind. Anders gesagt: Ein Gegenstand allein kann seine Geschwindigkeit nicht ändern.

a

| Newton mal drei |

F24 ▸L Wieso muss man beim Abschleppen eines Autos langsam anfahren? Was könnte sonst passieren?

F25 ▸L Nach wie vielen Metern hat ein F1-Auto 100 km/h erreicht, wenn es mit 10 m/s^2 beschleunigt?

F26 ▸L In vielen Filmen schweben oft mordstrumm Raumschiffe elegant über dem Boden. Was ist daran falsch?

Abb. 8.39: Riesenraumschiff mit physikalischem Problem.

F27 ▸L Die Gleichung $F = ma$ besagt, dass ein Kugelstoßer mit mehr Masse auch mehr Kraft entwickeln kann! Oder doch nicht? Begründe!

F28 ▸L Eine kleine Masse m wird von einem kugelförmigen Massenhaufen mit einer bestimmten Kraft angezogen.

Abb. 8.40

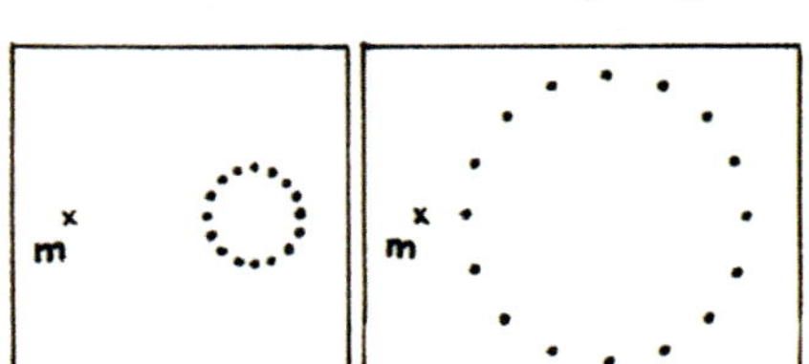

Wie verändert sich die Kraft, wenn sich der Kugelhaufen bei gleichem Mittelpunkt aufbläht? Größer, kleiner oder gleich?

F29 ▸L Was würde deine Badezimmerwaage zeigen, wenn du dich im Weltall in Schwerelosigkeit „draufstellst"?

F30 ▸L Der Bremsweg eines Autos ist indirekt proportional zur Reibungszahl der Reifen. Kannst du das formelmäßig belegen? Du brauchst dazu die Gleichung für den Bremsweg (Kap. 6.4.2).

F31 ▸L Wenn es sehr glatt auf der Straße ist, dann wird empfohlen, mit dem 2ten Gang anzufahren. Was hat das für einen Grund?

F32 ▸L Ein Geigenbogen und ein nicht geöltes Türscharnier haben was gemeinsam! Warum ölt man die Tür, aber nicht den Geigenbogen?

F33 ▸L Die Abbildung zeigt einen Flugsimulator, bei dem der Flug nicht nur optisch, sondern auch körperlich simuliert werden kann. Wie funktioniert das eigentlich und welche Beschleunigung kann damit maximal simuliert werden?

Abb. 8.41: Flugsimulator der Lufthansa

9 | ARBEIT UND ENERGIE

| Prolog |

In diesem Kapitel geht es um alle möglichen Formen der **Energie**. Du hörst davon, wie sich Energien ineinander umwandeln und dass man auf diese Weise eine Menge Dinge recht einfach abschätzen kann. Und du hörst von einem Eckpfeiler der gesamten Physik: vom **Energiesatz**.

9.1 Eine gute und eine schlechte Nachricht

Arbeit und Energie

In diesem Abschnitt geht es um eine Definition der Arbeit, den Unterschied zur Energie und um die „Goldene Regel der Mechanik".

F1 Die Straße in Abb. 9.1 ist genau 100 m lang. Weil sie sehr steil ist, fährst du mit dem Rad einen 200 m langen Zick-Zack-Kurs. Verändert sich dabei die benötigte Kraft? Und verändert sich die Arbeit?

Abb. 9.1

F2 Du musst Fässer auf einen LKW laden. Wofür benötigst du mehr Kraft: Wenn du sie über die Rampe rollst oder wenn du sie hebst (b)? Und kannst du in einem der beiden Fälle Arbeit sparen?

Abb. 9.2

Die Begriffe Arbeit und Energie werden oft im Alltag verwendet. Man sagt etwa „ich hab in dieser Woche aber sehr viel Arbeit" oder „ich habe heute wenig Energie". Die Bedeutung in der Physik ist ähnlich, aber doch etwas anders und vor allem exakter.

Die gute Nachricht lautet: Du kannst in vielen Fällen durch geeignete Wahl des Weges **Kraft sparen.** Wenn der Weg doppelt so lange ist, dann brauchst du nur die Hälfte der Kraft (F1 und F2). Die schlechte Nachricht: Man kann dadurch leider **keine Arbeit sparen,** weil sich gleichzeitig der Weg verdoppelt (siehe Abb. 9.3).

Das nennt man die **„Goldene Regel der Mechanik": Man kann Kraft sparen, wenn man den Weg verlängert, aber man kann damit keine Arbeit sparen.** Als Gleichung kann man das wie unten formulieren. Entscheidend für die Arbeit ist nur die Kraft, die parallel zum Weg zeigt (F_p). In Abb. 9.3 wäre das die Kraftkomponente F_H.

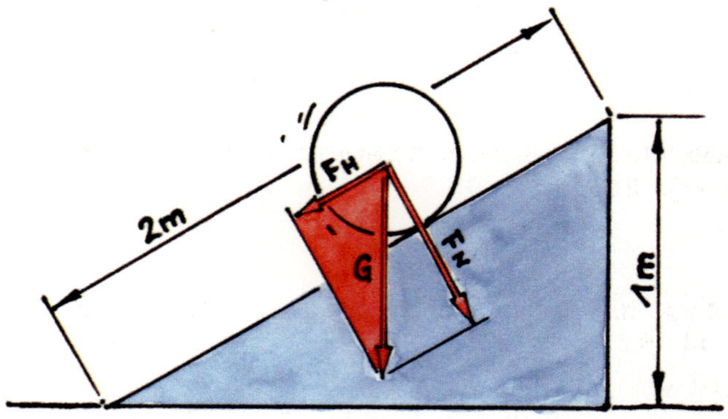

Abb. 9.3: Wenn du die Fässer hebst bzw. rollst, dann verhalten sich die Wege wie 1:2. Die zu überwindende Kraft beim Heben ist das Gewicht **G**, beim Rollen die Komponente F_H (siehe Kapitel 4.3, Abb. 4.16). Das rote und das blaue Dreieck sind ähnlich (haben also gleiche Winkel), daher ist $F_H = G/2$: Also halbe Kraft, dafür doppelter Weg.

Formel: Arbeit

Arbeit = Kraft (in Wegrichtung) mal Weg

$W = F_P \cdot s$

W ... Arbeit (work) $[W] = N \cdot m = kg \cdot m^2 \cdot s^{-2} = J$ (Joule)
F_P ... Kraft parallel zum Weg $[F] = N$
s ... Weg $[s] = m$

Die **Einheit der Arbeit** ist das **Joule (J).** Vor allem beim Energiegehalt der Nahrung ist auch noch die Einheit **Kalorien (cal)** im Umlauf (siehe Kap. 9.8, 1 cal ≈ 4,2 J). Diese ist aber **keine SI-Einheit** (Kap. 2.1) und sollte eigentlich nicht mehr verwendet werden.

Die Begriffe Arbeit und Energie sind nicht voneinander zu trennen! Wenn man an einem Gegenstand Arbeit verrichtet, dann kann man dessen Energie erhöhen. Wenn du zum Beispiel ein **Gewicht** in die Höhe **hebst,** dann erhöhst du durch deine Muskelarbeit dessen Energie. Wenn dir das Gewicht auf den Fuß fällt, kannst du spüren, wie die gespeicherte Energie wieder frei wird (Abb. 9.4).

Auf der anderen Seite wird beim Heben des Gewichts aber auch **Energie umgewandelt,** nämlich die chemische Energie deiner Muskeln (siehe Kap. 9.8) in die **Lageenergie** des Gewichts. Man kann also auch so sagen: Energie ist gespeicherte Arbeitsfähigkeit und Arbeit ist Energieübertragung (Abb. 9.4). Die **Einheit der Energie** ist wie auch die der Arbeit **das Joule.**

Abb. 9.4: Die gespeicherte Arbeit wird wieder in Form von Energie freigesetzt!

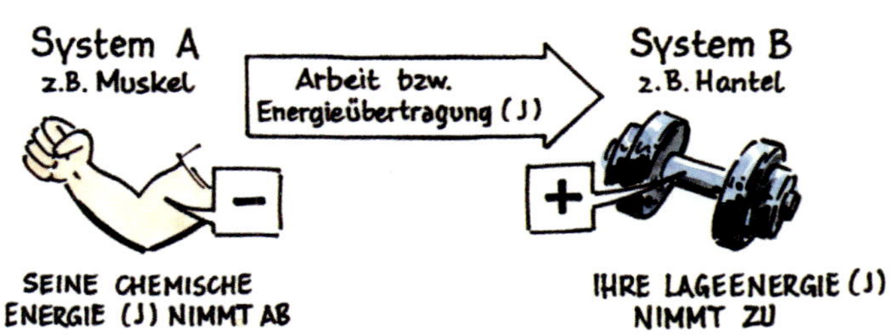

Abb. 9.5: Durch Arbeit wird Energie übertragen und/oder werden Energieformen umgewandelt.

Zusammenfassung

Man kann Kraft auf Kosten des Wegs sparen. Die Arbeit bleibt aber leider immer gleich. Wird Arbeit verrichtet, geht Energie von einem Körper auf einen anderen über oder wird eine Energieform in eine andere umgewandelt. Energie ist gespeicherte Arbeitsfähigkeit!

9.2 Die Cheops-Pyramide

Hebearbeit und Lageenergie

Wenn ein Gegenstand gehoben wird, dann erhöht sich seine Energie. Dazu muss man aber Hebearbeit aufwenden.

?

F3 In Österreich gibt es über 20 Speicherkraftwerke. Das sind Becken, in die man zu bestimmten Zeiten Wasser hinaufpumpt. Warum macht man das?

F4 Die 137 m hohe Cheops-Pyramide ist das letzte der 7 Weltwunder, das noch erhalten ist. In ihr ist sehr viel Hebearbeit von sehr vielen Menschen gespeichert. Angenommen, man könnte diese Energie ohne Verlust in Strom umwandeln, wie lange – meinst du – könnte man Österreich damit versorgen: a) etwa 5 Jahre, b) etwa 5 Wochen, c) etwa 5 Tage oder d) etwa 5 Minuten?

Abb. 9.6: Die Cheops-Pyramide

Strom lässt sich in großen Mengen leider nicht speichern (F3). Also muss man ihn dann erzeugen, wenn man ihn braucht. In der Nacht ist meist ein Stromüberfluss da. Damit kann man Wasser in höher gelegene **Stauseen** pumpen. Gibt es einen Stromengpass, lässt man den Stausee aus und erzeugt mit dem fallenden Wasser Strom.

Bei dieser Technik nutzt man aus, dass durch das Heben eines Gegenstandes Energie gespeichert wird, die beim Sinken wieder frei wird. Nach diesem Prinzip haben auch die ersten genauen Uhren, die Räderuhren (siehe Abb. 9.7 und Abb. 2.16, Kap. 2.4), funktioniert. Diese werden aufgezogen, indem man ein Gewicht in die Höhe hebt.

Abb. 9.7: Um diese Uhr aufzuziehen, muss man ein Gewicht in die Höhe ziehen.

Die Arbeit, die man zum Heben aufwenden muss, nennt man **Hebearbeit**, und die Energie, die man dadurch speichert, **Lageenergie** oder **potenzielle Energie.**

Potenziell bedeutet möglich! Die Energie kann, muss aber nicht frei werden! Wenn zum Beispiel das Ventil des Stausees nicht geöffnet wird, dann bleibt das Wasser oben und die Energie gespeichert.

Auf die Gleichung der Hebearbeit kommt man ganz einfach über die allgemeine Definition der Arbeit: **Arbeit ist Kraft mal Weg.** Die Kraft, die man beim Heben überwinden muss, ist die Gewichtskraft eines Gegenstandes, und der Weg ist die Hebehöhe. Also gilt: Hebearbeit ist Gewicht mal Hebehöhe. Du siehst, dass die Hebearbeit linear mit der Hebehöhe wächst: doppelte Höhe, doppelte Hebearbeit.

Formel: Hebearbeit

Hebearbeit (W_H) und potenzielle Energie (E_p)

$$W_H = E_p = m \cdot g \cdot h$$

m … Masse	$[m] = \text{kg}$
g … Erdbeschleunigung	$[g] = \text{m/s}^2$
$m \cdot g$ … Gewicht	$[m \cdot g] = \text{N}$
h … Hebehöhe	$[h] = \text{m}$

Manchmal wird die potenzielle Energie negativ angegeben. Das liegt daran, dass man den **Nullpunkt**, von dem aus man die Höhe misst, beliebig wählen kann. Um eine 1-kg-Kugel aus einer 1 m tiefen Mulde zu rollen, braucht man etwa 10 J. Es ist völlig egal, ob man den Nullpunkt oben (a) oder in der Mulde (b) annimmt. Die Differenz zwischen unten und oben sind immer 10 J. Wenn man den Nullpunkt oben annimmt, dann hat die Kugel unten –10 J. Das Minus bedeutet, dass sich die Kugel in einem **„gebundenen Zustand"** befindet und man Energie braucht, um sie da rauszukriegen.

Abb. 9.8

Man muss sich das einmal vorstellen: Beim Bau der **Cheops-Pyramide** haben 20 Jahre lang bis zu 25.000 Arbeiter geschuftet! Könnte man diese Hebeenergie ohne Verlust in Strom umwandeln, dann könnte man Österreich damit aber für bloß **5 Minuten** versorgen (F4)! 20 Jahre Arbeit in nur 5 Minuten verbraucht! Daran siehst du zwei wichtige Dinge: Erstens steckt im Strom unglaublich viel Energie (siehe auch Kap. 9.5), und zweitens ist unser intuitives Verständnis für Energien nicht wirklich ausgeprägt!

››› i | Cheops |

i

| Cheops |

Die Cheops-Pyramide hat eine Seitenlänge von 230 m und eine Höhe von 137 m. Das Volumen beträgt daher sagenhafte $2{,}42 \cdot 10^6$ m³! Der Schwerpunkt einer Pyramide liegt bei einem Viertel der Höhe, bei der Cheops daher bei etwa 34 m. Als Material wurde Kalkstein mit einer Dichte von 2500 kg pro Kubikmeter verwendet. Die Gesamtmasse der Pyramide beträgt daher etwa $6 \cdot 10^9$ kg. Und damit kann man nun die **gespeicherte Energie** ausrechnen:

$$E_p = mgh = 6 \cdot 10^9 \cdot 10 \cdot 34\ \text{J} \approx 2 \cdot 10^{12}\ \text{J}.$$

Der Stromenergiebedarf in Österreich liegt momentan bei etwa $2 \cdot 10^{17}$ J pro Jahr. Könnte man die **Lageenergie** der Cheops-Pyramide ohne Verlust in Strom umwandeln, dann könnte man damit nur 10^{-5} Jahre auskommen. Ein Jahr hat $365 \cdot 24 \cdot 60$ min $\approx 5 \cdot 10^5$ min. 10^{-5} Jahre sind daher bloß etwa 5 Minuten!

Zusammenfassung

Wenn man Hebearbeit aufwendet, kann man potenzielle Energie speichern. Die Hebearbeit ist proportional zur Höhe.

9.3 Hammer im freien Fall

Beschleunigungsarbeit und Bewegungsenergie

Wenn sich ein Gegenstand bewegt, dann hat er Bewegungsenergie. Um ihn in Bewegung zu versetzen, muss man Beschleunigungsarbeit verrichten.

?

F5 Dem Dachdecker fällt der Hammer runter. Nach einer Sekunde ist er 5 m tief gefallen. Wie tief ist er nach zwei Sekunden? Welche Geschwindigkeit hat er nach ein und zwei Sekunden? Welche Energie wurde in der ersten und in der zweiten Sekunde frei?

Abb. 9.9

F6 Ein Auto braucht, um auf 50 km/h zu beschleunigen, eine bestimmte Menge Benzin. Wie viel Energie braucht das Auto, um von 50 auf 100 km/h zu beschleunigen?
a) gleich viel, b) weniger, c) mehr.
Vernachlässige die Reibung!

F7 Was besitzt mehr kinetische Energie: Ein Auto (1500 kg) im Schritttempo oder eine abgeschossene Gewehrpatrone (0,02 kg)?

Nicht nur gehobene, sondern auch bewegte Körper enthalten Energie. Man nennt diese **Bewegungsenergie** oder **kinetische Energie** (kinetisch bedeutet bewegend). Wird ein Gegenstand abgebremst, dann wird diese Energie frei. Mit fallendem Wasser kann man aus diesem Grund Strom erzeugen, mit einem Hammer einen Nagel einschlagen, und wenn ein Auto gegen ein Hindernis prallt, dann knautscht die freiwerdende Bewegungsenergie die Front zusammen (Abb. 9.10). Welchen Zusammenhang gibt es zwischen Geschwindigkeit und kinetischer Energie?

Abb. 9.10: Mit der freiwerdenden Bewegungsenergie kann Arbeit verrichtet werden, in diesem Fall Verformungsarbeit.

Energie kann nicht erzeugt oder vernichtet werden, es kann nur eine Energieform in eine andere **umgewandelt** werden (siehe Kap. 9.6). Wenn zum Beispiel ein Gegenstand fällt, dann nimmt seine **potenzielle Energie ab.** Im gleichen Maße nimmt aber seine **kinetische Energie zu,** und somit bleibt die Gesamtenergie erhalten. Mit Hilfe dieser Tatsache kann man sich den Zusammenhang zwischen Geschwindigkeit und kinetischer Energie überlegen. Nimm an, dass ein fallender Gegenstand 2 kg hat (F5). Die ersten beiden Sekunden sind in Abb. 9.11 eingezeichnet.

Durch das Fallen werden in der ersten Sekunde 100 J frei ($m \cdot g \cdot h = 2 \cdot 10 \cdot 5$ J). Also wächst die kinetische Energie um diesen Betrag an. Nach zwei Sekunden hat sich die potenzielle Energie bereits um 400 J verringert, während sich die Geschwindigkeit nur verdoppelt hat. Du siehst also: doppelte Geschwindigkeit, aber bereits vierfache kinetische Energie! Die **kinetische Energie** muss daher **proportional zu v^2** sein.

››› i | Kinetische Energie |

Formel: Beschleunigungsarbeit

Beschleunigungsarbeit (W_B) und kinetische Energie (E_k)

$$W_B = E_k = \frac{mv^2}{2}$$

m … Masse $[m]$ = kg
v … Geschwindigkeit $[v]$ = m/s

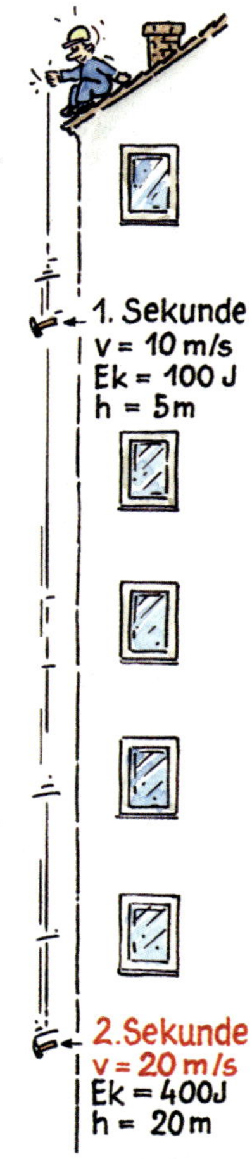

Abb. 9.11

Bei 100 km/h hat ein Auto daher die vierfache kinetische Energie als mit 50 km/h (F6). Das bedeutet, dass man zum Beschleunigen von 50 auf 100 km/h **dreimal so viel Benzin** verbraucht wie von **0 auf 50 km/h.** Und wenn man von 100 auf 150 km/h beschleunigt, dann wäre dazu schon 5-mal so viel Sprit nötig. Die mit dem Tempo zunehmende Reibung ist dabei noch gar nicht berücksichtigt!

Weil die kinetische Energie mit dem Quadrat der Geschwindigkeit wächst, können auch sehr leichte Gegenstände hohe Energien haben. Ein **Auto** mit 1500 kg, das mit 1,5 m/s (etwa 5,5 km/h) dahinfährt, hat eine kinetische Energie von knapp **1700 J.** Eine **Gewehrpatrone** mit 20 Gramm, die mit 900 m/s abgefeuert wird, hat über **8000 J** an kinetischer Energie, also fast das 5-fache (F7)! Und das, obwohl das Auto 75 000 mal schwerer ist als die Patrone. Eine kugelsichere Weste kann natürlich diese Energie nicht vermindern. Aber sie verteilt die einwirkende Kraft auf eine größere Fläche, sodass das Geschoß nicht eindringen kann (Abb. 9.12).

Abb. 9.12: Eine kugelsichere Weste verteilt die Energie auf eine größere Fläche. Die Patrone wird durch die freiwerdende Energie flach gedrückt – und auch Rippen können dabei brechen.

| Kinetische Energie |

Auch die Ableitung für die **kinetische Energie** kann aus der allgemeinen Gleichung für die Arbeit erfolgen. Wir nehmen eine gleichmäßige Beschleunigung an (siehe Kap. 6.4).

Wir setzten in $W_B = F \cdot s$ für $F = m \cdot a$

und für $s = \frac{a}{2} t^2$ ein:

$$W_B = m \cdot a \cdot \frac{a}{2} t^2 = \frac{m \cdot a^2 \cdot t^2}{2} = \frac{m \cdot (a \cdot t)^2}{2}$$

Nun für a · t = v einsetzen und fertig: $W_B = \frac{mv^2}{2}$

Zusammenfassung

Die kinetische Energie eines Gegenstandes entspricht der Arbeit, die nötig ist, um ihn auf diese Geschwindigkeit zu bekommen. Sie hängt vom Quadrat der Geschwindigkeit ab.

9.4 Kein perfekter Flummi

Verformung und Wärmeenergie

In diesem Abschnitt werfen wir noch einen kurzen Blick auf zwei weitere Energieformen: die Verformungsenergie und die Wärmeenergie.

?

F8 Strecke deinen Arm aus und schau deinen Daumen an. Führe den Daumen langsam zu den Augen. Ab welcher Entfernung siehst du nicht mehr scharf? Und warum ist das eigentlich so?

F9 Die Energie bleibt immer erhalten, sie wandelt sich nur um! Wohin ist dann aber die kinetische Energie verschwunden, wenn ein Tonklumpen gegen die Wand prallt (Abb. 9.13)?

Abb. 9.13: Wohin verschwindet E_k?

Wenn man elastische Gegenstände verformt, muss man **Verformungsarbeit** aufwenden und kann auf diese Weise Energie speichern. So funktionieren der Aufzug einer mechanischen Armbanduhr, Bogen und Armbrust (Abb. 9.14) oder Katapulte. Auch im **Sport** treten zum Beispiel bei allen Bällen reversible Verformungen auf. Ein Tennisball wird beim Schlag etwa auf die Hälfte seines Durchmessers zusammengequetscht (Abb. 9.15). Wenn er sich ausdehnt, dann wird diese gespeicherte Verformungsenergie wieder frei.

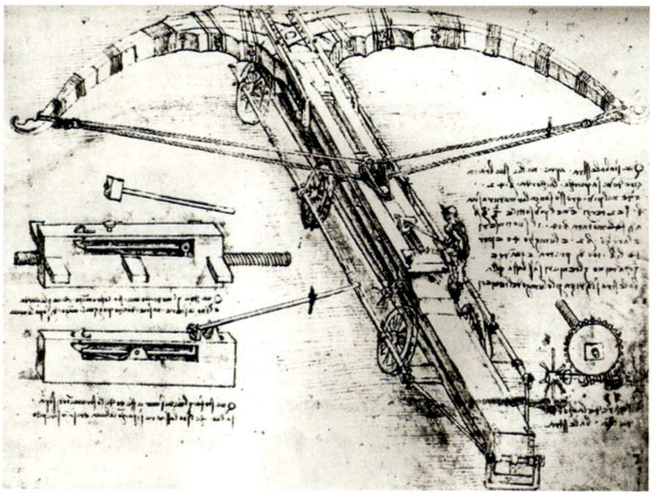

Abb. 9.14: Riesenarmbrust in einer Darstellung von Leonardo da Vinci.

Auch im menschlichen Körper spielt die Verformungsenergie eine Rolle. Dass in den Sehnen Energie zwischengespeichert werden kann, wurde schon erwähnt (Kap. 8.4.3, Abb. 8.32). Weiters werden die großen

Abb. 9.15: Verformung eines Tennisballes auf der Schlägerfläche.

Arterien in der Nähe des Herzens während des Herzschlages gedehnt (Abb. 9.16 a). Diese Spannungsenergie wird in der Schlagpause wieder in kinetische Energie des Blutes umgewandelt (b). Dadurch kommt es zu einem viel **gleichmäßigeren Blutstrom.**

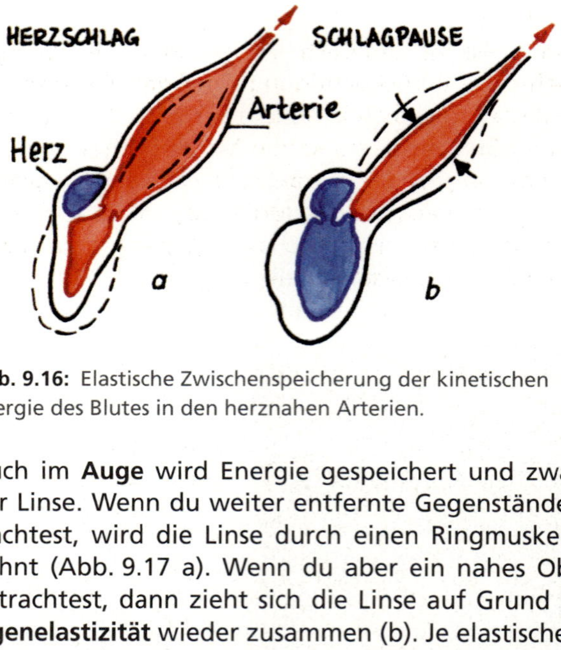

Abb. 9.16: Elastische Zwischenspeicherung der kinetischen Energie des Blutes in den herznahen Arterien.

Auch im **Auge** wird Energie gespeichert und zwar in der Linse. Wenn du weiter entfernte Gegenstände betrachtest, wird die Linse durch einen Ringmuskel gedehnt (Abb. 9.17 a). Wenn du aber ein nahes Objekt betrachtest, dann zieht sich die Linse auf Grund ihrer **Eigenelastizität** wieder zusammen (b). Je elastischer sie ist, desto näher kann man noch scharf sehen (F8). Mit zunehmendem Alter verliert die Linse an Elastizität und kann sich nicht mehr so stark zusammenziehen. Dadurch entsteht die **Altersweitsichtigkeit** (c).

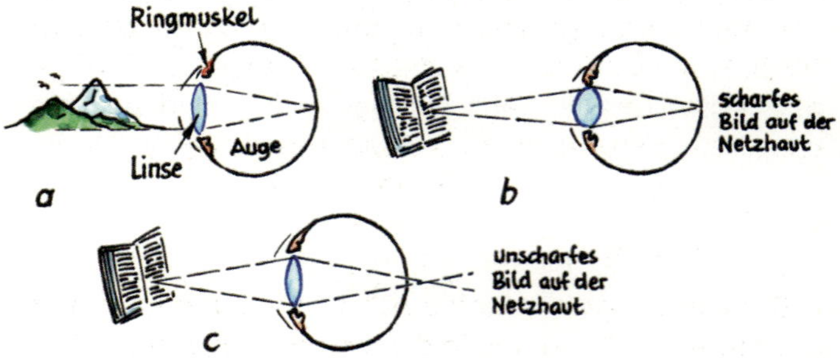

Abb. 9.17: Dehnung der Linse (a) beim Sehen in die Ferne und Freisetzung der Dehnungsenergie (b) beim Nahsehen!

Wo ist die **kinetische Energie** hin verschwunden, wenn der Tonklumpen an der Wand klebt (F9)? Sie wurde in Wärme umgewandelt. Wärme ist nichts anderes als ungeordnete Bewegung der Moleküle. Wenn der Klumpen auf die Mauer zufliegt (Abb. 9.18 a), dann ist diese nicht so groß, aber alle Moleküle bewegen sich **zusätzlich in dieselbe Richtung.** Wenn der Klumpen aufgeprallt ist, dann haben die Moleküle **keine gemeinsame Richtung** mehr, schwingen allerdings viel stärker um ihre Mittellage (b). **Wärme** ist also **durcheinander gebrachte kinetische Energie** (siehe Kap. 9.6). Beim Aufprall erwärmen sich Tonklumpen, Wand und Luft (siehe Kap. 10.2). Und so bleibt auch hier die Energie schön brav erhalten.

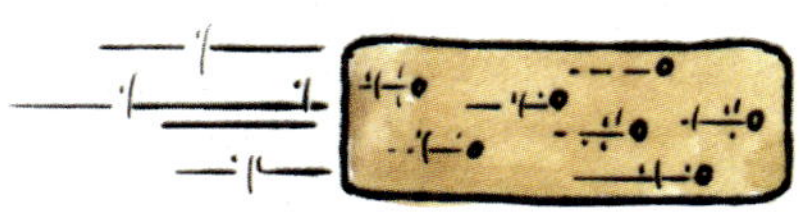
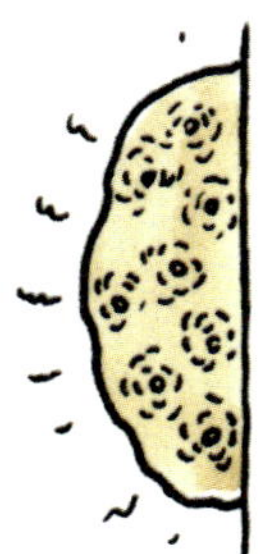

Abb. 9.18

Obwohl Wärme letztlich auch kinetische Energie ist, geht ihre Berücksichtigung **über den Rahmen der eigentlichen Mechanik hinaus** (siehe Wärmelehre, Big Bang 6). Die Trennung von Mechanik und Wärmelehre hat hauptsächlich praktische Gründe: Ein großes Objekt hat einfach zu viele Moleküle, um diese mechanisch beschreiben zu können (siehe Kap. 3.5). Man kann sie nur statistisch beschreiben.

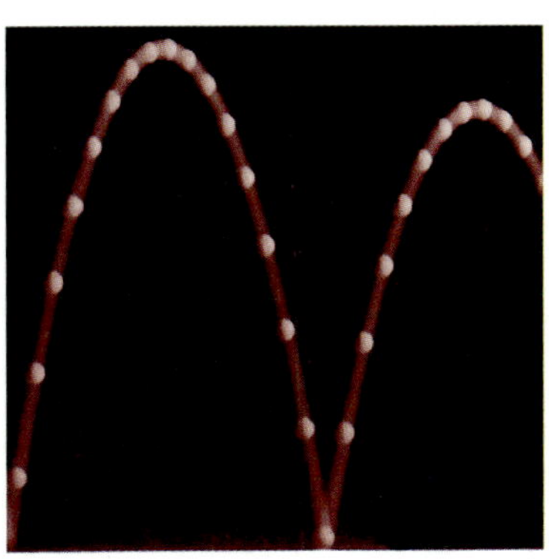

Abb. 9.19: Es gibt keinen perfekten Flummi. Bei jedem Aufprall entsteht Wärme, und die kinetische Energie verringert sich dadurch.

Wärme ist eine Art Energiefriedhof. Früher oder später landet hier fast die gesamte Energie. Das liegt unter anderem daran, dass es keine 100%ige Elastizität gibt (Abb. 9.17). Ein bisschen kinetische Energie wird bei jeder Verformung in Wärme umgewandelt. Und auch bei chemischen Prozessen wird Wärme frei.

Zusammenfassung

Die Energiespeicherung durch Verformung hat unter anderem im Sport und in der Biologie Bedeutung. Fast jede Energie wird irgendwann in Wärme umgewandelt, also in ungeordnete Bewegung der Moleküle.

9.5 Nur ein halbes Pferd

Die Leistung

In diesem Abschnitt geht es um die Leistung. Du kennst diesen Begriff wahrscheinlich von den Autos. Dort wird diese immer noch oft in PS (und nicht in Kilowatt) angegeben, obwohl diese Einheit schon lange nicht mehr verwendet werden sollte.

?

F10 Zwei Personen beladen einen LKW mit gleich viel Fässern! Einer ist schneller als der andere! Wer hat mehr geleistet und wer hat mehr gearbeitet?

F11 Die Frage klingt vielleicht blöd, aber wie viel Pferdestärken hat ein Pferd?

F12 Auf den meisten elektrischen Geräten ist die Leistung angegeben. Eine helle Glühbirne hat z. B. 100 Watt, ein Toaster 800 Watt, ein Fön 1300 Watt und ein Elektrobackrohr 3000 Watt. Wie hoch schätzt du die Kurzzeit- und Dauerleistung eines Menschen im Vergleich dazu ein?

Bei der Arbeit, egal ob sie als Beschleunigungs- oder Hebearbeit auftritt, spielt die Zeit überhaupt keine Rolle. Man kann durch keinen Trick auf der Welt Arbeit sparen, weder durch Veränderung der Strecke noch durch Veränderung des Arbeitstempos. Wer aber schneller arbeitet, dessen Leistung ist höher, denn **Leistung ist Arbeit pro Zeit** (F10).

Formel: Leistung

Leistung = Arbeit/Zeit

$P = W/t$

P ... Leistung (power) $[P] = [W]/[t] = J/s = W$ (Watt)

t ... Zeit $[t] = s$

Die Leistung wird in **Watt** angegeben. Ein **Watt ist 1 Joule pro Sekunde.** Die alte Einheit für die Leistung ist die **Pferdestärke** (PS). Die Definition der Pferdestärke stammt von James Watt, dessen Dampfmaschinen ab **1780** die Pferde ersetzten. Deshalb versuchte man, die Leistungen miteinander zu vergleichen. Für eine

Dauerleistung ist ein PS aber wahrscheinlich zu hoch geschätzt. Ein Pferd kann auf Dauer eher nur 0,5 PS leisten (F11).

Das PS ist keine SI-Einheit (Kap. 2.1) und von den Zulassungsscheinen für Autos daher schon vor einiger Zeit verschwunden (siehe Abb. 9.20). Im Alltag wird sich das PS aber, wie auch die Kalorie, sicher noch lange halten. Menschen sind eben Gewohnheitstiere.

▸▸▸ **i** **| PS und Kilowatt |**

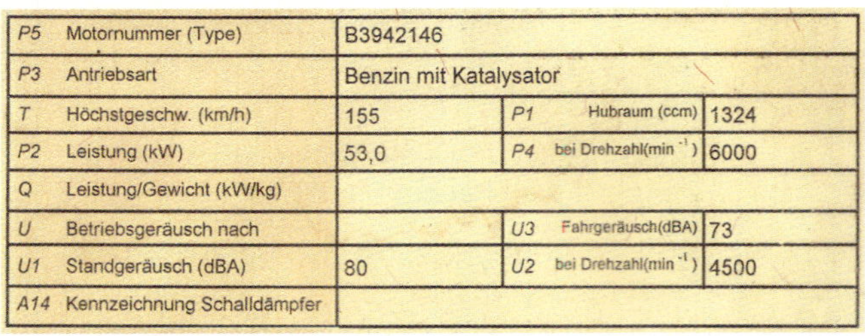

P5	Motornummer (Type)	B3942146			
P3	Antriebsart	Benzin mit Katalysator			
T	Höchstgeschw. (km/h)	155	P1	Hubraum (ccm)	1324
P2	Leistung (kW)	53,0	P4	bei Drehzahl(min^{-1})	6000
Q	Leistung/Gewicht (kW/kg)				
U	Betriebsgeräusch nach		U3	Fahrgeräusch(dBA)	73
U1	Standgeräusch (dBA)	80	U2	bei Drehzahl(min^{-1})	4500
A14	Kennzeichnung Schalldämpfer				

Abb. 9.20: Auf dem Zulassungsschein eines Autos steht die Leistung schon lang nur mehr in Kilowatt.

Im Gegensatz zu einer Maschine hängt die Leistung eines Lebewesens von der Dauer der Belastung ab. Wenn das nicht so wäre, dann könnte man ja den Marathon durchsprinten. Je kürzer eine Belastung ist, desto höher kann die Leistung sein.

Ein **untrainierter Mensch** kann auf Dauer **etwa 100 W** leisten, und das ist nicht wirklich viel (F12). Um ein Backrohr mit 3000 W zu betreiben, wären also 30 Menschen nötig. Stell dir mal vor, auf diese Weise einen Kuchen zu backen (Abb. 9.21)! Auch dieses Beispiel zeigt, wie viel Energie im Strom steckt. Für kurze Zeit können Menschen allerdings erstaunliche hohe Leistungen erzielen.

▸▸▸ **i** **| Kilowattstunde |**
▸▸▸ **i** **| Spitzenleistung im Sport |**
▸▸▸ **e** **| Stufenlauf |**

| PS und Kilowatt |

Die Definition für das PS lautet: Wenn in **einer Sekunde** eine Masse von **75 kg** um **einen Meter** gehoben wird, dann liegt eine Leistung von 1 PS vor.

Rechnen wir diese Leistung in Watt bzw. Kilowatt um. Wir nehmen in diesem Fall den genaueren Wert für ***g*** an.

$$P = \frac{E_p}{t} = \frac{75 \cdot 9{,}81 \cdot 1}{1}\ \mathrm{W} = 735{,}75\ \mathrm{W} = 0{,}736\ \mathrm{kW} = 1\ \mathrm{PS}$$

Über den Daumen gilt daher recht gut, dass ¾ kW einem PS entspricht. Ein Auto mit **53 kW** (Abb. 9.20) hat daher etwa **71 PS.**

| Kilowattstunde |

Die Energie, die im Strom steckt, wird in **Kilowattstunden** (kWh) angegeben. Darunter versteht man die Energie, die ein Gerät mit der Leistung von **einem Kilowatt** (1000 W) **in einer Stunde** „verbraucht". Wie viel Joule sind das?

Aus $P = \frac{W}{t}$ folgt $W = P \cdot t$.

Also gilt: $1\ \mathrm{kWh} = 1000\ \mathrm{W} \cdot 3600\ \mathrm{s} = 3{,}6 \cdot 10^6\ \mathrm{J}$.

3,6 Millionen Joule! Das ist doch erstaunlich viel Energie! Deshalb verwundert es, dass eine kWh nur etwa 15 Cent kostet. Dafür müssten 10 Menschen eine Stunde lang schuften! Der Stundenlohn pro Person wäre daher nur 1,5 Cent! Kein vernünftiger Mensch würde zu diesem Lohn arbeiten. Es steckt also **unglaublich viel Energie** im Strom, und diese Energie ist (leider) sehr billig (siehe auch Kap. 13.6, Big Bang 6).

Beispiel	Leistung	Kommentar
Mensch, Dauerleistung	100–500 W	Der untere Wert gilt für Untrainierte, der obere Wert für Weltklasseathleten (siehe Kap. 9.8)
helle **Glühbirne**	100 W	
Toaster	800 W	Diese Angaben sind geräteabhängige Richtwerte.
Fön	1300 W	
Backrohr	3000 W	
Mensch, Höchstleistung	≈7500 W	Berechenbare kurzzeitige Höchstleistung von Weltklasseathleten
PKW-Motor	37–736 kW	Vom kleinen Smart bis zum kräftigen Bugatti Veyron. Nach oben gibt es fast keine Grenzen!
Taurus (stärkste Lok der ÖBB)	7500 kW	Entspricht 10.000 PS und somit der Leistung von etwa 100 Mittelklasseautos.
Donaukraftwerk	$2 \cdot 10^8$ W	
Blitz	10^9 W	Ein Blitz hat eine sehr hohe Leistung, dauert aber nur etwa 10^{-4} s
Sonne	10^{26} W	Mit Abstand die größte Energiequelle im Sonnensystem.

Tabelle 9.1: Einige Beispiele zu Leistungen. Die angegebenen Leistungen des Menschen sind Nettowatt. Die Bruttowatt sind etwa 3- bis 5-mal so groß (siehe Wirkungsgrad S. 96/97).

Abb. 9.21: Kuchenbacken mit „Menschenstärken".

| Spitzenleistung im Sport |

Wenn ein Hochspringer seinen KSP hebt, dann muss er die **Hebeenergie** $E_p = mgh$ zuführen. Dafür steht ihm jedoch nur die kurze **Bodenkontaktzeit** während des Absprungs zur Verfügung.

Nehmen wir den Weltrekordsprung von Javier Sotomayor mit 2,45 m her und schätzen wir die Leistung ab: **Masse** des Athleten 80 kg, **KSP-Hebung** 1,2 m (siehe Kap. 5.2), **Bodenkontaktzeit** 0,13 s. Für die Leistung ergeben sich dann:

$$P = \frac{E_p}{t} = \frac{m \cdot g \cdot h}{t} = \frac{80 \cdot 10 \cdot 1{,}2}{0{,}13}\,\text{W} \approx 7390\,\text{W}$$

Abb. 9.22: Sotomayors Siegessprung bei den Olympischen Spielen in Barcelona.

Im Vergleich mit der Dauerleistung eines trainierten Athleten (500 W, siehe Tab. 9.1) ist das unglaublich viel. Aber leider kann man so hohe Leistungen auch nur Bruchteile von Sekunden erbringen (siehe auch Kapitel 10.4).

Als zweites Beispiel nehmen wir die **Beschleunigungsleistung** beim **100-m-Sprint.** Bei der WM in Athen **1997** lief Maurice Green (m = 75 kg) die 100 m in 9,86 s. Dabei lief er die ersten 10 m in 1,71 s und hatte danach eine Geschwindigkeit von 8,71 m/s. Mit diesen Daten lässt sich seine Beschleunigungsleistung abschätzen:

$$P = \frac{\Delta E_k}{t} = \frac{\frac{mv^2}{2}}{t} = \frac{75 \cdot (8{,}71)^2}{2 \cdot 1{,}71}\,\text{W} \approx 1664\,\text{W}$$

Das klingt jetzt fast enttäuschend wenig. Du darfst aber nicht vergessen, dass die Leistung beim Hochsprung nur etwa 0,1 Sekunden andauert und in diesem Beispiel knapp 2 Sekunden. Mit zunehmender Zeit sinkt die Leistung sehr schnell ab.

Abb. 9.23. Der Sprinter Maurice Greene.

| Stufenlauf |

Deine **maximale Kurzzeitleistung** kannst du mit ganz einfachen Mitteln feststellen. Du brauchst dazu nur eine Stoppuhr, eine Treppe und eventuell eine Waage.

Du nimmst etwas Anlauf und rennst volles Rohr die Stufen hinauf (Abb. 9.24). Du kannst dabei so viel Stufen auf einmal nehmen, wie du willst. Die Zeit stoppst du nur in dem Bereich, in dem du auch deinen **Körperschwerpunkt** hebst (rote Linien). Es soll ja die **Hebeleistung** ermittelt werden.

Abb. 9.24

Für die Leistung gilt dann:

$$P = \frac{W_H}{t} = \frac{mgh}{t}$$

Für die gesamte Stufenhöhe genügt es, die Höhe einer Stufe mit der Anzahl der Stufen zu multiplizieren. Wenn keine Waage da ist, dann schätze deine Masse.

Die **absolute Leistung** ist natürlich von der Körpermasse abhängig. Interessant ist es daher auch, die **relative Leistung** zu berechnen, also Watt pro Kilogramm, weil diese nicht von der Körpermasse abhängt.

Zusammenfassung

Die Leistung ist Arbeit pro Zeit und wird in Watt angegeben. Die durchschnittliche Leistung von Lebewesen hängt von der Zeitdauer der Belastung ab. Im Vergleich mit der Stromleistung sind die Leistungen der Lebewesen aber nur Peanuts.

9.6 Vergebliche Maschinenträume
Energiesatz und Entropie

Kaum etwas hat die Menschen von jeher so fasziniert wie das Perpetuum mobile. Das wäre eine sagenhafte Maschine, die Energie herstellen kann. Diese Maschine kann es aber nicht geben, weil sie den Energiesatz verletzt.

?

F13 ▸L Im Film „Flubber" erfindet ein verrückter Professor einen superelastischen Stoff, der nach jedem Aufprall noch höher springt (wie in Abb. 9.19, aber von rechts nach links). Was sagt die Physik dazu?

F14 ▸L Unten links siehst du das älteste überlieferte Perpetuum mobile (Indien um 1150) mit wassergefüllten Kammern, rechts eine spätere Variante mit Kugeln. Die Idee: Durch das Übergewicht auf der einen Seite sollten sich die Räder ewig drehen! Bloß: Sie funktioniert nicht! Was ist der Überlegungsfehler?

Abb. 9.25

F15 Ist die Bildfolge unten möglich? Verletzt sie den Energiesatz?

Abb. 9.26: Ist das nach dem Energiesatz möglich?

Die Welt sähe anders aus, wenn es eine Energie erzeugende Maschine gäbe. Doch die Erfindung eines solchen **Perpetuum mobile** („das sich ewig Bewegende") ist seit mehr als 800 Jahren ein Traum geblieben. Sämtliche Konstruktionsversuche, auch von klügsten Köpfen, wie Leonardo Da Vinci, sind gescheitert. Die Erklärung, warum es diese Maschine nicht geben kann, lieferte ironischer Weise ein Arzt: Robert Mayer.

Abb. 9.27: Der Arzt Robert Mayer (1814–1878)

Abb. 9.28: Der Wasserfall von M. C. Escher wäre ein Perpetuum mobile.

Er stellte beim Blutabnehmen in den **Tropen** fest, dass das **venöse Blut** (also das Blut, das zum Herz zurückströmt) dort heller und somit **sauerstoffreicher** ist als in Europa. Weniger Sauerstoffverbrauch bedeutet auch **weniger Energieumsatz** des Organismus. Das liegt dran, dass man in den Tropen weniger Körperwärme verliert. Der menschliche Körper liefert also chemische Energie nicht nur zur Umwandlung in kinetische Energie, sondern auch in Wärme. Mayer schloss daher folgerichtig, dass auch **Wärme eine Form der Energie** sein muss (siehe Kap. 9.4; Kap. 18.1, „Big Bang 6"). Das brachte ihn auf die Idee, dass die Gesamtenergie generell konstant sein muss.

▸▸▸ i | Körperwärme |

1842 formulierte Mayer den **Energiesatz: In einem abgeschlossenen System ist die Gesamtenergie konstant. Energie kann weder erzeugt oder vernichtet, sondern nur in eine andere Form umgewandelt werden.**

▸▸▸ i | Abgeschlossenes System |

i

| Körperwärme |

Damit unser Organismus gut funktioniert, beträgt die **Körperkerntemperatur** immer um 37 °C. Weil die Außentemperatur meist tiefer ist, muss der Körper den ganzen Tag „heizen". Dazu ist chemische Energie aus den gespeicherten Kohlehydraten und Fetten notwendig. Für Zucker (eine Form von Kohlenhydraten) lautet die Gleichung bei der Verbrennung:

$$C_6H_{12}O_6 + 6O_2 \rightarrow 6H_2O + 6CO_2 + \text{Energie.}$$

Du siehst, dass dabei **Sauerstoff verbraucht** wird.

Pro Kilogramm Köpermasse verbraucht man pro Tag etwa **60 kJ** an „Heizenergie". Eine Person mit 60 kg verbraucht also über den Daumen 60 · 60 kJ = 3600 kJ. Das ist nur ein Richtwert, weil dieser Verbrauch natürlich auch von der Außentemperatur abhängt. Im Sommer brauchen wir weniger „Heizenergie" als im Winter und in warmen Ländern weniger als in kalten. In warmen Ländern ist daher auch der Sauerstoffverbrauch geringer und somit der O_2-Gehalt im venösen Blut höher.

Wenn also zum Beispiel bei Wasserkraftwerken von „Energieerzeugung" gesprochen wird, dann handelt es sich genau genommen um die **Umwandlung** der potenziellen Wasserenergie in elektrische Energie. Und wenn man salopp von „Energieverbrauch" spricht, meint man, dass Energie letztlich in Wärme umgewandelt wird, die leider als Energieform nicht mehr nutzbar ist.

Der Energiesatz ist längst ein **Grundpfeiler** der gesamten Physik geworden. Durch moderne Theorien wie Quantenmechanik oder Relativitätstheorie wurde er bestärkt. Heute wissen wir mit sehr großer Sicherheit, dass der Energiesatz für alle bekannten Naturvorgänge gilt. Ein Perpetuum mobile kann es nicht geben, weil dieses ja aus dem **Nichts** Energie herzaubern würde. Würdest du doch einmal eines erfinden, dann wäre dir der Nobelpreis sicher, und die Physik müsste völlig neu geschrieben werden.

Mit dem Energiesatz kann man sehr viele Phänomene der Energieumwandlung erklären, aber nicht alle. Denk an den Tonklumpen in Abb. 9.18. Es würde den Energiesatz nicht verletzten, würde der Klumpen plötzlich wieder von der Wand springen. Auch die Bildfolge in 9.26 verletzt nicht den Energiesatz (F15). Die durcheinander gekommene kinetische Energie könnte sich ja wieder ordnen. Du weißt aber aus Erfahrung, dass so etwas nicht vorkommt. Es muss also neben dem Energiesatz noch eine andere Gesetzmäßigkeit geben. Wir müssen noch die so genannte Entropie mit einbeziehen. Die **Entropie** ist ein Maß für die Unordnung eines System (siehe Kap. 18.5, „Big Bang 6"). **Je größer die Unordnung, desto größer die Entropie.**

››› i | Absurd winzig |

Wenn man etwas sich selbst überlässt, wenn man also keine Energie aufwendet, dann kommt alles immer mehr in **Unordnung**. Um das zu überprüfen, brauchst du nur eine Zeit lang dein Zimmer nicht aufzuräumen (sag deinen Eltern, es ist ein physikalisches Experiment). Die Entropie ist ein Maß für die Unordnung und wächst daher bis zu einem bestimmten (größten) Wert an. Dann sind nur mehr kleine **Schwankungen** wahrscheinlich (Abb. 9.30). Je größer die Abweichung von der maximalen Unordnung, desto weniger wahrscheinlich ist es.

i

| Abgeschlossenes System |

Im **Energiesatz** ist von einem **abgeschlossenen System** die Rede. Damit meint man, dass aus einem System nichts raus und nichts rein kann: Keine Energie, kein Impuls, keine Masse, keine Strahlung, eben nichts. Das einzige System, das dieser Definition standhält, ist das gesamte Universum, und nicht einmal da kann man sich zu 100 % sicher sein (vielleicht sind wir ja ein Teil eines Multiversums).

Die **Erde** ist deshalb **kein abgeschlossenes System,** weil sie ständig Strahlung von der Sonne aufnimmt und auch selbst wieder abgibt. Außerdem wird sie durch Meteoriten ständig massenreicher. Trotzdem kann man unter bestimmten Bedingungen annehmen, dass ein System abgeschlossen ist, wenn man die dadurch entstehenden Fehler eingrenzen und minimieren kann (man vereinfacht also; siehe Kap. 9.7f).

i

| Absurd winzig |

In Abbildung 9.29 siehst du eine Box, die halb mit Gas gefüllt ist. Es liegt also eine sehr hohe Ordnung bzw. eine niedrige **Entropie** vor. Dann wird die Trennwand entfernt. Das Gas verteilt sich nach kurzer Zeit gleichmäßig und kommt in Unordnung. Die Entropie wächst, die Energie bleibt aber erhalten. Der Energiesatz verbietet daher nicht, dass dieser Vorgang wieder von rechts nach links abläuft. Trotzdem wird das nicht passieren! Warum?

Abb. 9.29

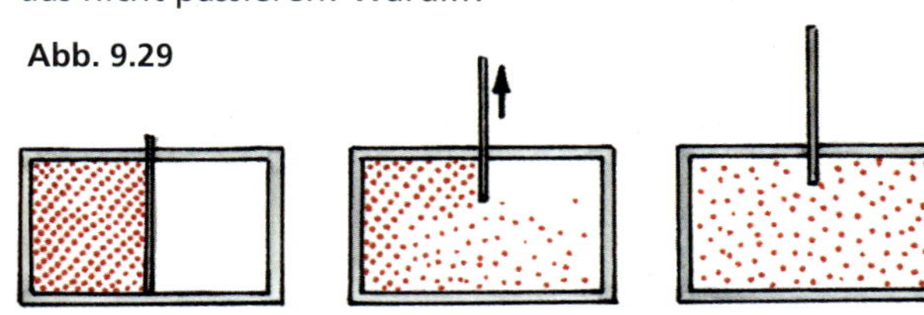

Wie groß ist die Wahrscheinlichkeit, dass ein bestimmtes Teilchen in der linken Hälfte ist? ½! Und zwei bestimmte Teilchen? ½ · ½ = ¼! Allgemein kann man sagen: **Die Wahrscheinlichkeit, dass sich N bestimmte Teilchen in einer Hälfte befinden, ist $\frac{1}{2}^N$.**

Bereits die Wahrscheinlichkeit, dass sich läppische 23 bestimmte Teilchen in einer Hälfte befinden, ist so gering wie ein **6er im Lotto,** nämlich etwa 1 zu 8 Millionen. Die Wahrscheinlichkeit, dass **ein ganzes Mol** eines Gases (etwa 10^{24} Teilchen) zufällig in einer Hälfte ist, liegt nur mehr bei 1 zu $10^{181284522963288121091626} \approx 10^{10^{24}}$.
Lass dir diese Zahl auf der Zunge zergehen!

Die **größte Wahrscheinlichkeit** liegt vor, wenn links und rechts **gleich viel Teilchen** sind. Deshalb stellt sich automatisch bei allen Naturvorgängen immer der Zustand mit der größten Unordnung ein und somit auch **die maximale Entropie.** Das ist nämlich der Zustand mit der größten Wahrscheinlichkeit. Schwankungen sind zwar möglich, aber je größer sie sind, desto unwahrscheinlicher sind sie (siehe Abb. 9.30).

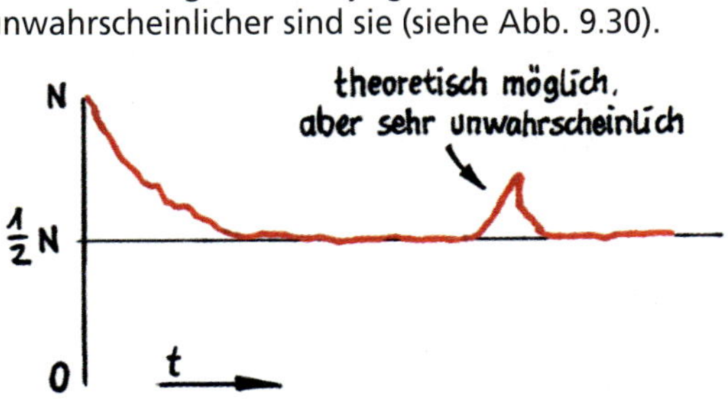

Abb. 9.30: Anzahl der Teilchen in der linken Hälfte. Zu Beginn sind natürlich alle Teilchen links. Dann pendelt sich das Gleichgewicht bei etwa 50:50 ein. Je größer die Schwankungen, desto unwahrscheinlicher.

Der Energiesatz verbietet also weder, dass der Tonklumpen wieder von selbst von der Wand springt oder dass Hausbauen durch Sprengung möglich ist (Abb. 9.26). Trotzdem wird beides ziemlich sicher nicht passieren, weil die **Wahrscheinlichkeit praktisch null** ist! Es könnte aber passieren. Nach und nach wandelt sich die gesamte Energie in Wärme um (Kap. 9.4). Wärme ist der Energiefriedhof, weil dann die größte Unordnung vorliegt. Man kann also auch sagen: **Die Entropie des gesamten Universums strebt einem Maximalwert zu.**

Zusammenfassung

Energie kann niemals erzeugt oder vernichtet, sie kann nur umgewandelt werden. Die Menge an Joule in unserem Universum muss seit dem Urknall gleich groß geblieben sein. Gleichzeitig wächst aber die Entropie des Universums, es wird immer ungeordneter. Alle Energie wandelt sich nach und nach in Wärme um.

9.7 Bremsweg und Salamitaktik

Beispiele zum Energiesatz

In diesem Abschnitt wenden wir den Energiesatz an vier Beispielen an. Alle lassen sich auch mit den Newton'schen Gesetzen lösen, aber mit dem Energiesatz ist es in diesen Fällen bequemer.

?

F16 Eine Achterbahn ist 20 m hoch und der Wagen erreicht unten 20 m/s. Das ist dir zu langsam! Wie hoch muss die Bahn sein, damit sich die Geschwindigkeit verdoppelt? Spielt die Masse des Wagens eine Rolle?

F17 Kannst du die mögliche Sprunghöhe beim Stabhochspringen mit Hilfe des Energiesatzes abschätzen? Nimm als Anlaufgeschwindigkeit 10 m/s an!

F18 Unter welchem Winkel fliegen zwei Billardkugeln auseinander, wenn man nicht zentral trifft? Verwende den Energiesatz!

Abb. 9.31

F19 Der Bremsweg wächst mit dem Quadrat der Geschwindigkeit (Kap. 6.4.2). Kannst du das mit Hilfe des Energiesatzes begründen?

Bei einem schwingenden **Pendel** ist am höchsten Punkt E_p maximal und E_k null. Am tiefsten Punkt hat sich die gesamte potenzielle Energie in kinetische umgewandelt. Das gilt auch dann, wenn man die Bewegung des Pendels behindert (Abb. 9.32).

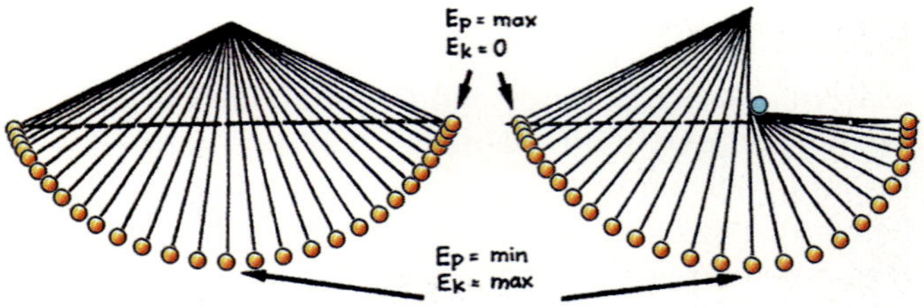

Abb. 9.32: Umwandlung von Lage- in Bewegungsenergie und wieder zurück. Das rechte Pendel nennt man **Galilei-Pendel,** weil dieser damit experimentiert hat (siehe auch Kap. 14.1, „Big Bang 7").

Immer wenn sich E_p und E_k vollkommen ineinander umwandeln, kann man sie gleichsetzen (die Reibung vernachlässigen wir jetzt). Man bekommt dann einen **Zusammenhang** zwischen der **Höhendifferenz** und der **Geschwindigkeit** am tiefsten Punkt.

▸▸▸ i | **Energiegleichsetzung** |

Mit diesen Gleichungen kann man auch die Frage mit der **Achterbahn** lösen (**F16**). Du siehst, dass die Höhe proportional zum Quadrat der Geschwindigkeit ist. Also musst du die Höhe vervierfachen, damit du die doppelte Geschwindigkeit erzielst. Das war eigentlich zu erwarten, weil Rollen nur eine Verlangsamung des freien Falls ist, und dort ist es genau so (Abb. 9.11, Kap. 9.3 und **F12**, Kap. 6.4.1).

i

| Energiegleichsetzung |

Wenn potenzielle und kinetische Energie ohne Verluste ineinander umgewandelt werden, dann kann man sie gleichsetzen und entweder nach *v* oder *h* auflösen:

$$E_k = E_p \Rightarrow \frac{m \cdot v^2}{2} = m \cdot g \cdot h \Rightarrow v = \sqrt{2 \cdot g \cdot h} \Rightarrow h = \frac{v^2}{2g}$$

Diese Gleichungen geben einen Zusammenhang zwischen dem **Höhenunterschied und der daraus resultierenden Geschwindigkeit** an der tiefsten Stelle. Es spielt dabei keine Rolle, ob ein Gegenstand frei fällt, schwingt oder wie eine Achterbahn hinunterrollt. Umgekehrt kann man auch die Geschwindigkeit ausrechen, die man benötigt, um auf eine bestimmte Höhe zu kommen (z. B. beim Stabhochsprung oder auch bei einem senkrechten Wurf). In allen Fällen **spielt die Masse keine Rolle.** Das war zu erwarten, weil es beim freien Fall ja ebenso ist!

Sergej Bubka ist der **erfolgreichste Stabhochspringer aller Zeiten** (Abb. 9.33). Er gewann 10-mal die Weltmeisterschaften und verbesserte 35-mal den Weltrekord in Salami-Taktik um jeweils 1 cm. Warum? Um jedes Mal die Weltrekord-Prämie zu bekommen. Schätzen wir die mögliche Sprunghöhe mit dem Energiesatz ab (F17)!

Abb. 9.33: Sergej Bubka, der erfolgreichste Stabhochspringer aller Zeiten.

Auch hier erfolgt eine Umwandlung zwischen kinetischer und potenzieller Energie (Abb. 9.34). Es sind zwischendurch auch andere Energieformen beteiligt, etwa die Verformungsenergie im Stab oder die Rotationsenergie des Springers. Wenn wir aber nur Anfang und Ende des Sprungvorganges betrachten, fallen diese nicht ins Gewicht.

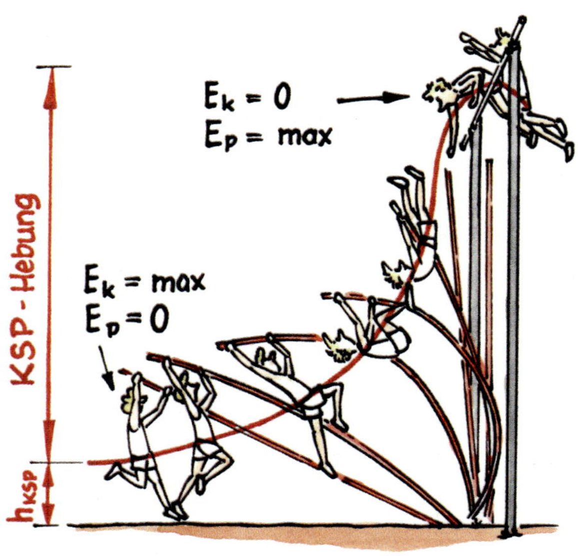

Abb. 9.34: Direkt beim Einstechen hat der Springer nur kinetische Energie, über der Latte (fast) nur potenzielle Energie. Die Linie zeigt die **Bahn des KSP.**

Die schnellsten Sprinter erreichen 12 m/s (siehe Tabelle 6.1), aber die Stabhochspringer müssen ja den Stab mittragen. Deshalb sind 10 m/s realistisch. Wenn du das einsetzt, dann kannst du für die **KSP-Hebung 5 m** berechnen. Es ist aber so wie beim Hochsprung: Du musst auch noch die KSP-Höhe zur Zeit des Absprungs dazurechen (Abb. 9.34; Abb. 5.14). Also ergeben sich insgesamt $h = v^2/2g + h_{ksp} = 5\text{ m} + 1{,}2\text{ m} = \mathbf{6{,}2\text{ m}}$. Das ist eine sehr gute Schätzung, denn Bubkas **Weltrekord** liegt bei **6,15 m!**

Um das **Billardproblem** zu lösen (F18), brauchst du sogar nur die kinetische Energie. Nehmen wir vereinfacht an, dass die Kugeln 100 % elastisch sind, also keine Wärme verloren geht. Ein Teil der kinetischen Energie der weißen Kugel geht dann auf die rote Kugel über, aber die **gesamte kinetische Energie muss gleich groß bleiben.** Das ist nur dann der Fall, wenn die Kugeln unter einem Winkel von 90° abprallen.

i

| Klick |

Die weiße Kugel gibt kinetische Energie an die rote ab. Die Energiebilanz lautet daher (E' ist nach dem Stoß):

$$E_{k\,weiß} = E'_{k\,weiß} + E'_{k\,rot} \qquad \frac{mv^2_{weiß}}{2} = \frac{mv'^2_{weiß}}{2} + \frac{mv'^2_{rot}}{2}$$

Weil die Massen der Kugeln gleich groß sind, fallen diese raus und es bleibt folgendes über:

$$v^2_{weiß} = v'^2_{weiß} + v'^2_{rot}$$

Wenn du die Variablen umbenennst, dann kannst du auch schreiben $a^2 = b^2 + c^2$. Das ist der bekannte **Satz des Pythagoras.** Er gilt nur für **rechtwinkelige Dreiecke.** Die Kugeln müssen daher unter 90° abprallen (siehe Abb. 9.35).

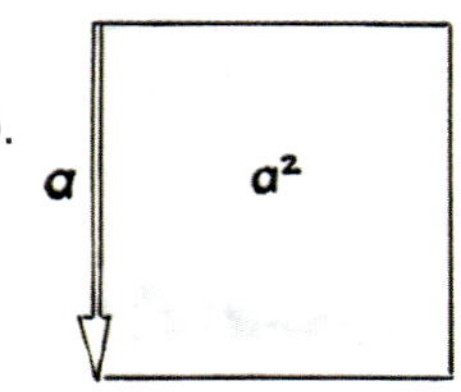

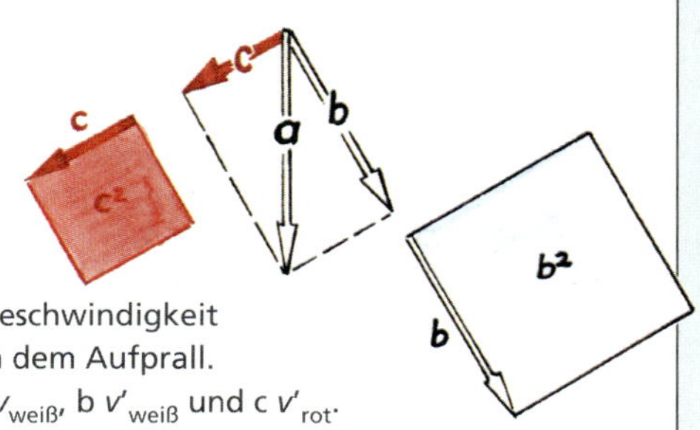

Abb. 9.35: Geschwindigkeit vor und nach dem Aufprall. a entspricht $v_{weiß}$, b $v'_{weiß}$ und c v'_{rot}.

››› i | Klick |

Auch das **Bremswegproblem** (F19) lässt sich bequem mit dem Energiesatz lösen. Was passiert beim Bremsen? Die kinetische Energie des Autos wird zu 100 % in **Wärme** umgewandelt. Bremsen, Reifen und Straße werde dabei erwärmt. Die Abgabe der Wärme hängt vom Weg ab: doppelter Weg, doppelte Wärmeabgabe. Weil sich bei der doppelten Geschwindigkeit E_k aber vervierfacht und somit auch die abzugebende Wärmemenge, muss sich auch der Bremsweg vervierfachen.

Zusammenfassung

Viele Probleme der Mechanik lassen sich mit dem Energiesatz lösen. Natürlich kommt dasselbe heraus, wie mit den Newton'schen Gesetzen, aber der Energiesatz macht es oft einfacher.

9.8 Die Sache mit der Sachertorte

Der Energiesatz und der Mensch

In diesem letzten Abschnitt wenden wir den Energiesatz auf den Menschen an. Schließlich wurde er ja auch am Menschen entdeckt.

F20 Halte eine Zeit lang einen sauschweren Gegenstand ruhig in der Hand. Rein physikalisch wird dabei keine Arbeit verrichtet. Wieso ist es dann trotzdem so anstrengend? Gilt hier der Energiesatz nicht?

Abb. 9.36

F21 Warum wird uns beim Sport eigentlich warm?

F22 Eine Person mit 100 kg steigt eine 10 m hohe Treppe hinauf. Wie viel Hebearbeit verrichtet sie dabei?

F23 Wie viele Tage muss man Nulldiät halten, um ein Kilogramm Fett zu verlieren? Und wie viele Kilometer müsste man dafür laufen? Gib einen Tipp ab!

Warum ist das Halten eines schweren Gegenstandes so anstrengend, wenn dabei doch – scheinbar – gar keine Arbeit verrichtet wird (F20)? Um das zu verstehen, muss man sich die Arbeitsweise eines Muskels ansehen. Auf unterster Ebene besteht dieser aus **zwei Arten von Eiweißfäden** (Abb. 9.37). Entwickelt der Muskel Kraft, dann heften sich die Myosinköpfchen an das Aktin und kippen um. Dieser Vorgang läuft bis zu 50-mal pro Sekunde ab, und dazu wird chemische Energie benötigt. Wenn die äußere Kraft geringer ist, zieht sich der Muskel zusammen. Ist sie **gleich groß** wie die Muskelkraft, dann bewegt sich von außen gesehen nichts – eben beim Halten eines Gegenstandes. Aber innen drinnen ist jede Menge Bewegung. Also benötigt auch der Muskel beim Halten ständig chemische Energie. Der Energiesatz ist erfüllt!

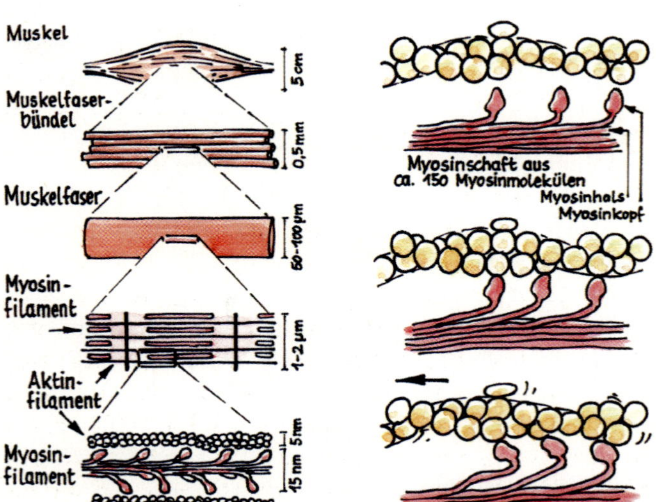

Abb. 9.37: Links: Auf unterster Ebene besteht ein Muskel aus den Eiweißfäden **Aktin** und **Myosin**. Rechts: So funktioniert die Muskelkontraktion.

Wohin „verschwindet" aber die chemische Energie, wenn nichts gehoben oder beschleunigt wird? Sie wird in **Wärme** umgewandelt. Und hier sind wir bei einem ganz wichtigen Punkt: Ein großer Teil der chemischen Energie im Muskel geht in Form von Wärme verloren. Das ist der Grund, warum uns beim Sport warm wird (F21). Beim Halten gehen sogar 100 % der Energie als Wärme verloren.

Diesen **Wärmeverlust** muss man bei allen Berechnungen in die Energiebilanz mit einbeziehen. Wenn eine Person mit 100 kg eine 10 m hohe Treppe hinaufsteigt, dann erhöht sich die Lagenenergie um 10 kJ. Das ist aber die **Nettoenergie**, also das, was letztlich im System drinnen steckt. Es geht beim Steigen aber viel Wärme verloren. Die **Bruttoenergie**, die diese Person aufwenden muss, ist etwa 5-mal so groß! Der Zusammenhang zwischen Netto- und Bruttoenergie wird durch den **Wirkungsgrad** beschrieben.

Formel: Wirkungsgrad η

$$\text{Wirkungsgrad } \eta = \frac{\text{Nettoenergie } E_N}{\text{Bruttoenergie } E_B}$$

$[\eta] = J/J = 1$
η (sprich: eta) ist eine reine Zahl ohne Einheit.
Er wird auch oft in % angegeben.

System	η	Bruttoenergie ⇒ Nettoenergie
Generator	99 %	mechanisch ⇒ elektrisch
Elektromotor	95 %	elektrisch ⇒ mechanisch
Batteriezelle	90 %	chemisch ⇒ elektrisch
Automotor	25 %	chemisch ⇒ mechanisch
Dauerleistung Mensch	15–25 %	chemisch ⇒ mechanisch
Solarzelle	15–20 %	Licht ⇒ elektrisch
Glühlampe	5 %	elektrisch ⇒ Licht
Photosynthese	1 %	Licht ⇒ chemisch

Tabelle 9.2: Wirkungsgrad bei verschiedenen Energieumwandlungen.

Der Wirkungsgrad hängt stark von der Art der Betätigung ab und kann auch extrem niedrig sein. Bei **Dauerleistungen** liegt er meistens bei 15 bis 25 %. Sogar

10 | IMPULS

| Prolog |

In diesem Kapitel geht es um den **Impuls**. Ähnlich wie die kinetische Energie ist er eine Bewegungsgröße, aber natürlich gibt es Unterschiede. Gemeinsam mit dem Energiesatz ist der **Impulssatz** ein sehr mächtiges Instrument, mit dem man viele Probleme der Mechanik lösen kann, etwa was passiert, wenn Gegenstände zusammenprallen.

10.1 Feuerwerk im Weltall

Der Impulssatz

In diesem Abschnitt geht es um die Definition des Impulses. Außerdem geht es darum, dass der Gesamtimpuls in einem abgeschlossenen System immer gleich groß ist.

?

F1 Neujahr im Weltall! Fliegt der Gesamtschwerpunkt der Rakete nach der Explosion weiter (b) oder nicht (a)?

Abb. 10.1

F2 Du drückst dich am Eis von deinem doppelt so schweren Freund ab. Wie schnell bewegt ihr euch relativ zueinander? Und kannst du das begründen?

Abb. 10.2

Die Rakete zerreißt es zwar in tausend Stücke, aber trotzdem bewegt sich der Gesamtschwerpunkt mit gleicher Geschwindigkeit weiter (F1). Auf die einzelnen Teile wirkt **keine Kraft von außen,** und deshalb kann sich auch die Geschwindigkeit nicht ändern (siehe Kap. 8.2).

Bei F2 ist es ganz ähnlich. Weil auch hier keine Kräfte von außen wirken, muss der **Gesamtschwerpunkt** in Ruhe bleiben (siehe Kap. 8.5). Wenn dein Freund doppelt so schwer ist wie du, dann bewegt er sich durch das Abdrücken halb so schnell weg. Warum? Nur dann bleibt der **Gesamtschwerpunkt** in Ruhe (Abb. 10.3). Wie schnell sich jeder von euch wegbewegt, hängt also von der Masse ab. Bei doppelter Masse bewegt man sich halb so schnell. Das Produkt aus Masse und Geschwindigkeit ist in beiden Fällen gleich groß und entgegengesetzt gerichtet. **Das Produkt von Masse und Geschwindigkeit ist der Impuls!**

Formel: Impuls

Impuls = Masse mal Geschwindigkeit

$\boldsymbol{p} = m \cdot \boldsymbol{v}$

$\boldsymbol{p}$ … Impuls	$[p]$ = kg · m/s
m … Masse	$[m]$ = kg
$\boldsymbol{v}$ … Geschwindigkeit	$[v]$ = m/s

Im Gegensatz zur kinetischen Energie ist der Impuls ein Vektor. **Die Summe der Impulse in einem abgeschlossenen System bleibt immer erhalten. Das nennt man den Impulssatz.** Mathematisch formuliert bedeutet das:

$$\boldsymbol{p}_1 + \boldsymbol{p}_2 + \boldsymbol{p}_3 + \ldots + \boldsymbol{p}_n = \text{konstant}.$$

In F2 ist vor dem Abdrücken der Gesamtimpuls null. Es bewegt sich ja nichts. Nach dem Abdrücken gilt:

$$2m \cdot ½\boldsymbol{v} + m \cdot (-\boldsymbol{v}) = 0.$$

Die Summe der Impulse ist null, also gleich geblieben.

Abb. 10.3 Wenn dein Freund doppelt so schwer ist, bewegt er sich halb so schnell weg.

An diesem Beispiel sieht man etwas sehr Wichtiges: **Ein Objekt alleine** kann seine Geschwindigkeit nicht ändern (siehe Abb. 8.38, Kap. 8.5). Es ist unmöglich, dass du dich von deinem Freund abdrückst, und der bleibt in Ruhe! Warum? Weil sich dann plötzlich der Gesamtschwerpunkt nach rechts bewegen würde, und das verbietet der **Trägheitssatz**.

?

F3 Wenn du in die Höhe springst und wieder landest, dann hast offensichtlich nur du deine Geschwindigkeit verändert. Wie ist das mit dem Impulssatz zu vereinbaren?

F4 ▸L Und wie ist das, wenn ein Teller auf den Boden fällt? Woher kommt der vertikale Impuls beim Fallen des Tellers und wohin verschwindet er wieder? Woher kommt der Impuls der auseinander fliegenden Teile?

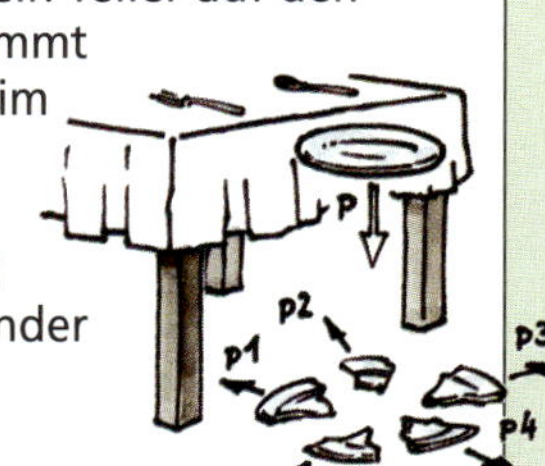

Abb. 10.4: Wie lässt sich das Fallen des Tellers mit dem Impulssatz vereinbaren?

Ein Objekt alleine kann seine Geschwindigkeit **niemals ändern!** Wenn du also in die Höhe springst, dann muss sich auch etwas anderes bewegen (F3)! Was? Es klingt unglaublich, aber es ist die **gesamte Erde** (Abb. 10.5)! Nun ist aber die Masse der Erde wirklich sehr groß, und deshalb kannst du ihre Bewegung nicht bemerken. Nicht einmal, wenn ganz viele Menschen auf einmal springen.

››› i | Unvorstellbar klein |

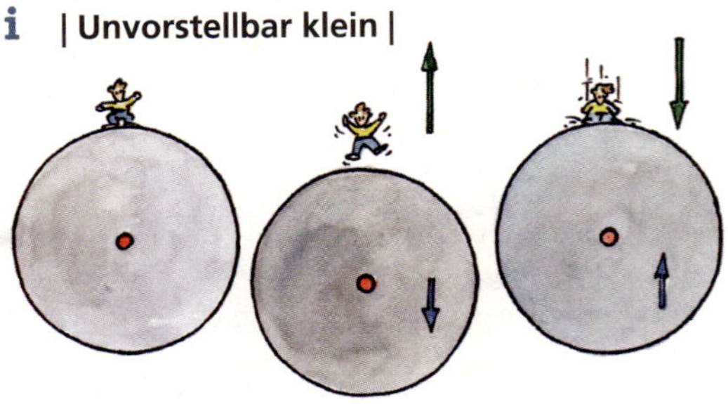

Abb. 10.5: Wenn du springst, dann bewegt sich die Erde – hier sehr übertrieben dargestellt – in die Gegenrichtung!

| Unvorstellbar klein |

Nimm mal an, **eine Milliarde Chinesen** springt gleichzeitig 1 m hoch. Wie weit bewegt sich dabei die Erde in die Gegenrichtung? Weniger als du denkst!

Wenn die Chinesen durchschnittlich 60 kg haben, dann ist ihre Gesamtmasse $6 \cdot 10^{10}$ kg. Die Masse der Erde beträgt $6 \cdot 10^{24}$ kg, ist also um den Faktor 10^{14} größer! Was bedeutet das?

Abb. 10.6

Der **Gesamt-KSP** muss an derselben Stelle bleiben. Wenn die Chinesen 1 m hoch springen, dann muss sich die Erde um 10^{-14} m in die Gegenrichtung bewegen. Das entspricht dem **Durchmesser von nur 10 Protonen!**

Wenn du 60 kg hast und allein springst, dann bewegt sich die Erde gar nur mehr um 10^{-23} m in die Gegenrichtung. Das ist noch viel viel weniger als ein Quarkdurchmesser (etwa 10^{-18} m), also wirklich unvorstellbar klein.

Zusammenfassung

Der Impuls ist das Produkt von Masse mal Geschwindigkeit. In einem abgeschlossenen System bleibt die Summe aller Impulse immer konstant. Ein Objekt kann daher niemals alleine die Geschwindigkeit ändern.

10.2 Bomben aus dem All

Plastische Stöße

Wenn Gegenstände aufeinander prallen, dann nennt man das in der Physik einen Stoß. Bei plastischen Stößen verformen sich die Gegenstände dauerhaft und bleiben aneinander kleben, und es wird Wärme frei.

?

F5 Ein Auto rollt mit 10 m/s gegen ein gleich schweres stehendes. Welche Geschwindigkeit haben beide Autos nach dem Crash? Wie viel Prozent der kinetischen Energie wandeln sich dabei in Wärme um?

F6 Der Barringer-Krater in Arizona kam durch einen Meteoriteneinschlag vor etwa 50 000 Jahren zustande. Aber wohin ist der Meteorit verschwunden?

Abb. 10.7: Der Barringer-Krater hat einen Durchmesser von 1,2 km und ist 170 m tief.

F7 Sollten Leitschienen neben den Straßen eher plastisch oder elastisch sein? Kannst du das begründen?

F8 ›L Die Aufsprunghügel von Skisprungschanzen sehen von ihrem Verlauf her alle sehr ähnlich aus. Warum? Und wieso ist die Landung im Flachen gefährlich? Und welchen Punkt markiert die Fahne?

Abb. 10.8

Es gibt **keine völlig plastischen** oder **elastischen** Stöße. Aber um das Wesentliche zu verstehen, vereinfachen wir wieder. In diesem Abschnitt nehmen wir an, dass die Objekte 100 % plastisch zusammenstoßen, also völlig verformt bleiben. Wie groß ist dann die Geschwindigkeit nach dem Aufprall der Autos (F5)? Überlegen wir einmal ohne Gleichung.

Vor dem Stoß nähert sich das linke Auto mit 10 m/s. Der Gesamtschwerpunkt befindet sich immer exakt in der Mitte zwischen den Schwerpunkten der Autos. Bis zum Aufprall legt er also die Hälfte des Weges zurück und bewegt sich daher mit der **halben Geschwindigkeit** des linken Autos, also mit 5 m/s. Weil keine Kräfte von außen wirken, muss der Gesamtschwerpunkt auch nach dem Aufprall seine **Geschwindigkeit beibehalten**. Daher bewegen sich beide Autos gemeinsam nach dem Crash ebenfalls mit 5 m/s. Natürlich kann man das auch ausrechnen.

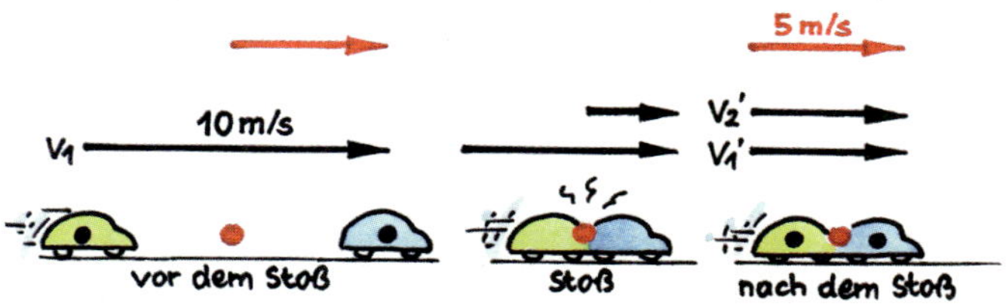

Abb. 10.9: Während des Stoßes verliert das linke Auto Geschwindigkeit und das rechte gewinnt dazu. Der Stoß ist abgeschlossen, wenn beide Autos dieselbe Geschwindigkeit haben.

▸▸▸ i | Autocrash |

Charakteristisch für plastische Stöße ist, dass kinetische Energie in **Wärme** umgewandelt wird (siehe auch F9, Kap. 9.4). Es sind 50 %, wenn beide Objekte die gleiche Masse haben, etwa beim Autocrash. Je größer der Massenunterschied, desto mehr Prozent der kinetischen Energie werden umgewandelt (Abb. 10.10).

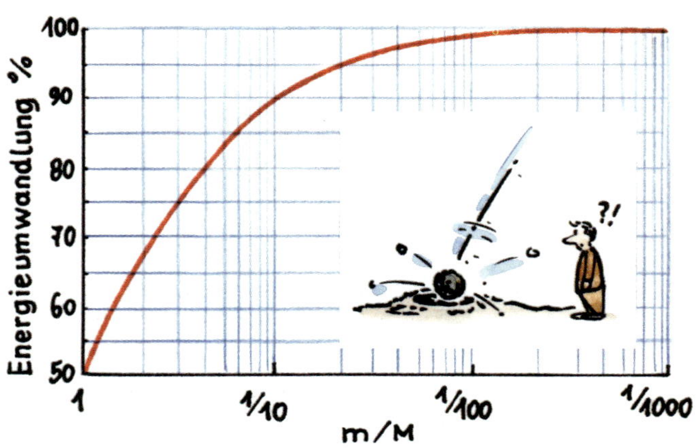

Abb. 10.10: Zusammenhang zwischen Massenverhältnis und umgewandelter E_k. Die x-Achse ist logarithmisch aufgetragen: Von Markierung zu Markierung sinkt der Wert auf ein Zehntel.

Der Meteorit, der den **Barringer-Krater** schlug, hatte zur Erde ein Massenverhältnis von $1/10^{16}$. Praktisch seine gesamte kinetische Energie wurde in Wärme umgewandelt. Vor dem Einschlag hatte er eine Masse von rund 10^8 kg und etwa 12 km/s drauf. Er hatte daher eine kinetische Energie von rund 10^{16} J. Die freiwerdende Energie entsprach etwa **1000 Hiroshima-Bomben** und verdampfte den Meteorit praktisch vollständig (F6). Dieses Schicksal ereilt generell alle Meteoriten über 100 t.

Gute Leitschienen müssen immer zu **plastischen** Stößen führen (F7). Erstens würde das Auto sonst wieder auf die Fahrbahn zurückgeworfen. Außerdem ist der Aufprall sanfter als bei einem elastischen Stoß (siehe F12, Kap. 10.3). Die Wucht des Aufpralls hängt nur von der Geschwindigkeitskomponente **normal zur Leitschiene ab** (v_n). Die parallele Komponente v_p bleibt auch nach dem Stoß erhalten (wenn wir die Reibung vernachlässigen). Wie viel Prozent der kinetischen Energie in Wärme umgewandelt wird, hängt vom **Aufprallwinkel** ab.

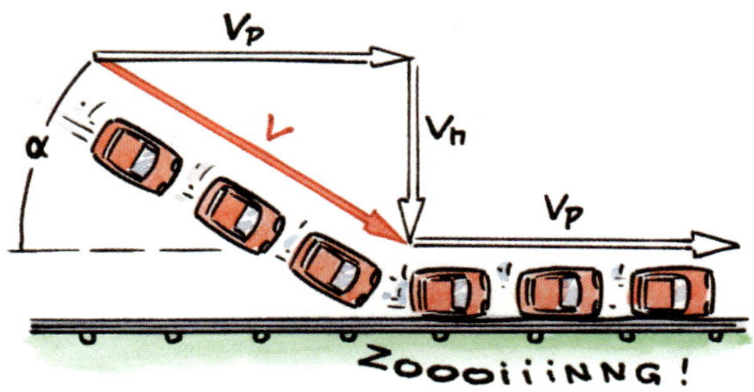

Abb. 10.11:
Wenn man die Reibung vernachlässigt, dann bleibt v_p konstant.

| Autocrash |

Die Summe der Impulse vor und nach dem Crash ist gleich groß. Mathematisch sieht das so aus (' ist nach dem Crash):

$$m_1 v_1 + m_2 v_2 = m_1 v_1' + m_2 v_2' = \text{konstant}$$

Die Masse der beiden Autos ist gleich groß, man kann m_1 und m_2 durch m ersetzen. Außerdem steht ein Auto vor dem Crash, v_2 ist also null. Und nach dem Crash kleben die Autos aneinander, man kann also v_1' und v_2' durch v' ersetzen. Dadurch vereinfacht sich die Gleichung:

$$m v_1 = 2 m v'$$
$$v_1/2 = v'$$

Beide Autos zusammen bewegen sich also nur mehr mit der **halben Geschwindigkeit.** Wie viel kinetische Energie ist dabei in Wärme umgewandelt worden? Vor dem Crash beträgt die kinetische Energie

$$E_k = \frac{mv^2}{2}$$

Nach dem Crash ist die Masse doppelt so groß und die Geschwindigkeit halb so groß. Es gilt daher:

$$E_k' = \frac{2m\left(\frac{v}{2}\right)^2}{2} = \frac{2m\frac{v^2}{4}}{2} = \frac{mv^2}{4} = \frac{E_k}{2}$$

50 % der kinetischen Energie sind also in Wärme umgewandelt worden.

Das gilt auch für den **Skispringer** (F8). Der Aufsprung entspricht einem plastischen Stoß. Natürlich bleibt der Skispringer nicht dauerhaft verformt, aber es wird Wärme frei. Der Hügel ist so gekrümmt, dass der Springer nahezu parallel zum Hang fliegt und unter einem Winkel von etwa 10° landet. Dann muss er nur rund 3 % seiner kinetischen Energie abfangen (Abb. 10.12).

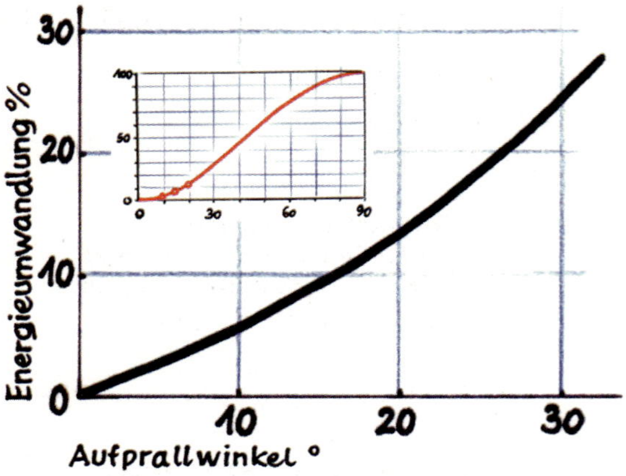

Abb. 10.12: Umwandlung von kinetischer Energie in Wärme bei unterschiedlichem Aufprallwinkel (siehe Lösungsteil zu F6).

Würde er mit 15° aufsetzen, müsste er bereits die doppelte Energie abfangen und bei 20° schon die vierfache. Je weiter er also ins Flache kommt, desto schwieriger wird der Aufsprung (Abb. 10.13). Die Fahne zeigt den **K-Punkt** an, ab dem der Hang wieder flacher wird. Mathematisch gesehen handelt es sich dabei um den Wendepunkt des Hanges.

Abb. 10.13: Zusätzlich erschwerend ist die **Telemark**-Landung, die gute Haltungsnoten bringt.

Zusammenfassung

Bei plastischen Stößen werden die Objekte dauerhaft verformt (außer es handelt sich um Lebewesen) bzw. wird ein Teil der Bewegungsenergie in Wärme umgewandelt. Es sind mindestens 50 %, können aber auch bei sehr ungleich schweren Objekten praktisch 100 % sein.

10.3 Billard- und Fußballstoß

Elastische Stöße

Bei elastischen Stößen bleibt nicht nur der Impuls, sondern auch die kinetische Energie erhalten. Bei einem 100 % elastischen Stoß entstünde keine Wärme. In der Praxis gibt es so etwas nicht, wir vereinfachen also wieder.

?

F9 Eine Billardkugel prallt ohne Drall mit 1 m/s zentral auf eine ruhende. Wie bewegen sich die Kugeln nach dem Stoß?

F10 Welche Mindestmasse relativ zum Meißel sollte ein Hammer haben: Leichter, schwerer oder gleich schwer? Und kannst du das begründen?

F11 Fußballschuss: Wieso sinkt die Geschwindigkeit des Fußes kurz vor dem Ballkontakt wieder ab? Und wie ist es möglich, dass der Ball eine größere Geschwindigkeit hat (knapp 120 km/h) als die Fußspitze (etwa 105 km/h)?

Abb. 10.14

F12 ▸L Du wirfst eine gleich schwere Gummi- bzw. Tonkugel gegen einen Pflock. Mit welcher Kugel kannst du den Pflock eher umwerfen und welche beschädigt ihn eher?

Um die Geschwindigkeit nach dem Stoß zu berechnen, genügt bei den plastischen Stößen der Impulssatz. Elastische Stöße sind komplizierter, weil ja die Objekte nach dem Stoß getrennt wegfliegen. Deshalb braucht man zusätzlich den **Energiesatz**, und es ist in diesem Fall praktischer, die Situation mathematisch zu beschreiben. Wir werden aber einen Spezialfall zunächst ohne Gleichungen überlegen, nämlich den Zusammenstoß von zwei gleich schweren **Billardkugeln** (F9).

Das Bezugssystem kann ja beliebig gewählt werden (siehe Kap.4.2). Zunächst legen wir es in den **Gesamt-KSP** der beiden Kugeln (Abb. 10.15 a). Wenn dieser zu Beginn in Ruhe ist, dann muss er in Ruhe bleiben, weil ja keine Kräfte von außen wirken. Die Kugeln bewegen sich aufeinander zu, stoßen elastisch zusammen und werden in die Gegenrichtung reflektiert. Es ist im Prinzip so, als wäre eine unsichtbare Mauer zwischen den beiden Kugeln. Sie bewegen sich vor und nach dem Stoß mit 0,5 m/s, nur **die Richtung ist umgekehrt.** Diese Bewegung der Kugeln **relativ zum Gesamt-KSP** bleibt auch dann erhalten, wenn wir das Bezugssystem wechseln.

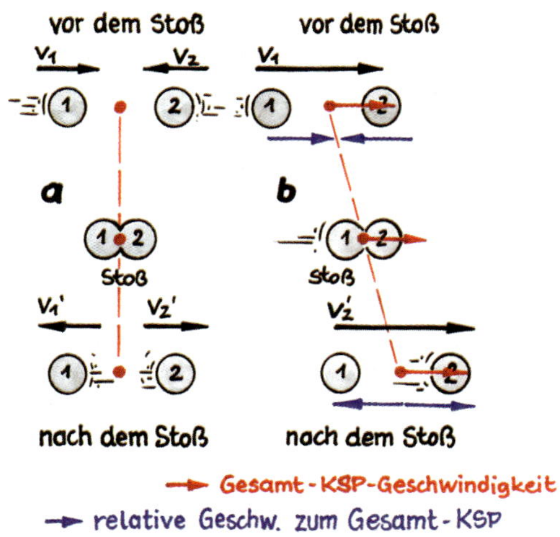

Abb. 10.15: Zwei verschiedene Sichtweisen eines elastischen Stoßes mit 2 gleich schweren Kugeln.

Wir wählen das Bezugssystem nun so, dass der Gesamt-KSP mit 0,5 m/s nach rechts fliegt (Abb. 10.15 b; rote Pfeile). Die **relativen Geschwindigkeiten** der Kugeln zum Gesamt-KSP (blaue Pfeile) sind gleich wie im Fall a, also vor und nach dem Stoß 0,5 m/s. Wenn du diese Geschwindigkeit addierst, dann bekommst du die **Gesamtgeschwindigkeiten der Kugeln** (schwarze Pfeile).

Du siehst, dass die linke Kugel auf die ruhende rechte prallt und dabei ihren gesamten Impuls abgibt. Nach dem Stoß ist die linke Kugel in Ruhe, und genau so ist das auch beim Billard. Auf ähnliche Weise könnte man sich alle möglichen elastischen Stöße überlegen. In diesem Fall ist die mathematische Lösung praktikabler, weil die Gleichungen allgemein gelten und du nicht jedes Mal wieder von vorne zu überlegen beginnen musst.

▸▸▸ i | 4-mal Wumm |

Die Grundaussagen der Gleichungen sind in Tabelle 10.1 noch einmal zusammengefasst. Immer dann, wenn man mit einem Stoß etwas in Bewegung versetzen möchte (etwa einen Meißel, Tennisball oder Fußball), sollte m_1 mindestens so groß sein wie m_2, sonst prallt man ab (**F10**). Besser wäre natürlich eine größere Masse. Die Fußballspieler spannen kurz vor dem Stoß die Beinmuskeln an und erreichen dadurch, dass nicht nur der Unterschenkel, sondern **das ganze**

Abb. 10.16: Der Ball bewegt sich nachher schneller als die Fußspitze, weil das Bein schwerer ist.

| 4-mal Wumm |

Mit Hilfe des Impuls- und Energiesatzes kann man allgemeine Gleichungen aufstellen, wie sich Gegenstände nach elastischen Stößen verhalten. Wir nehmen an, dass das zweite Objekt zu Beginn immer in Ruhe ist ($v_2 = 0$).
Für die kinetische Energie gilt (' ist nach dem Stoß):

$$\tfrac{1}{2} m_1 v_1^2 = \tfrac{1}{2} m_1 v_1'^2 + \tfrac{1}{2} m_2 v_2'^2 \text{ bzw.}$$

$$m_1 v_1^2 = m_1 v_1'^2 + m_2 v_2'^2$$

Für den Impuls gilt: $m_1 v_1 = m_1 v_1' + m_2 v_2'$

Wir haben nun **zwei Gleichungen mit zwei Unbekannten,** nämlich den Geschwindigkeiten nach dem Stoß (v_1' und v_2'). Mit der Substitutionsmethode kann man die Gleichungen auflösen und erhält:

$$v'_1 = \frac{m_1 - m_2}{m_1 + m_2} v_1 \quad \text{und} \quad v'_2 = \frac{2m_1}{m_1 + m_2} v_1$$

Mit diesen Gleichungen kann man alle elastischen Stöße mit zwei Objekten berechnen. Nehmen wir **4 Spezialfälle** (rechne nach).

1) $m_1 << m_2$: In diesem Fall kannst du m_1 vernachlässigen und bekommst $v_1' = -v_1$ und $v_2' = 0$. Das zweite Objekt rührt sich nicht vom Fleck, und die Geschwindigkeit des ersten wird umgekehrt. Das ist etwa der Fall, wenn du einen **Flummi** auf die Erde wirfst (siehe Abb. 9.19).

2) $m_1 = m_2/2$: In diesem Fall erhältst du $v_1' = -v_1/3$ und $v_2' = 2v_1/3$. Das erste Objekt prallt also ab und fliegt mit verminderter Geschwindigkeit zurück, während das zweite Objekt etwas langsamer fliegt, als das erste vor dem Stoß.

3) $m_1 = m_2$: Bei gleichen Massen bekommst du $v_1' = 0$ und $v_2' = v_1$. Das erste Objekt kommt zur Ruhe und das zweite fliegt mit der Geschwindigkeit des ersten weg (siehe Abb. 10.15 b). Das ist beim **Billardstoß** der Fall.

4) $m_1 = 2m_2$: In diesem Fall erhältst du $v_1' = v_1/3$ und $v_2' = 4v_1/3$. Das erste Objekt kommt also **nicht zum Stillstand,** sondern fliegt mit 1/3 der ursprünglichen Geschwindigkeit weiter. Das zweite, leichtere Objekt hat sogar eine höhere Geschwindigkeit, als das erste zuvor. Das ist zum Beispiel beim **Fußballstoß** der Fall (**F11**).

Massenverhältnis	Geschwindigkeiten: schwarz vor dem Stoß, rot danach	Beispiel
1) $m_1 << m_2$		Flummi wird auf die Erde geworfen
2) $m_1 < m_2$		
3) $m_1 = m_2$		Billardstoß
4) $m_1 > m_2$		Fußball, Tennis, Hammer auf Meißel

Tabelle 10.1: Qualitative Zusammenfassung der Möglichkeiten bei einem elastischen Stoß.

Bein am Stoß beteiligt ist (m_1 wird dadurch größer; F11). Durch das Anspannen sinkt die Fußgeschwindigkeit kurz vor dem Stoß etwas ab, die Ballgeschwindigkeit wird dadurch aber erhöht. Wäre also das Bein leichter als der Fußball, dann würde es sich nach dem Stoß wieder in die Gegenrichtung bewegen.

▸▸▸ e | **Münzencrash** |

e

| **Münzencrash** |

Du kannst die Angaben in Tab.10.1 **qualitativ** mit Hilfe von **Münzen** überprüfen. Schieße dazu eine Münze zentral auf eine ruhende. Bei zwei gleich schweren Münzen bleibt die erste stehen und die zweite übernimmt die Geschwindigkeit. Überprüfe auch die Angaben aus der Tabelle, wenn die Münzen **unterschiedlich schwer** sind. Weil die Reibung hier eine recht große Rolle spielt, sollten die Masse der beiden Münzen deutlich unterschiedlich sein. Nimm etwa 1 Cent (2,3 g) und 2 Euro (8,5 g).

Abb. 10.17: Münzen-Crash

Zusammenfassung

Wie viel Geschwindigkeit bei einem elastischen Stoß auf das zweite Objekte übertragen wird, hängt vom Massenverhältnis ab. Ist die Masse des ersten Objekts größer, dann ist v_2' sogar größer als v_1.

10.4 Verdammt alte Technologie

Der Kraftstoß

Oft ist es interessant, die Kräfte zu kennen, die bei einer Impulsänderung auftreten. Die Verbindung zwischen Kraft und Impulsänderung ist die Zeit.

?

F13 ▸L Eine Masse von 1 kg fällt aus 1 m auf den Boden. Welche Kraft entsteht beim Aufprall?

F14 ▸L Ein Schwarm voller Fliegen befindet sich in einem verschlossenen Glas auf einer Waage. Verändert sich das Gewicht, wenn die Fliegen am Boden sitzen bzw. herumfliegen?

Abb. 10.18

F15 Wie alt – denkst du – ist die Rückstoßtechnik, mit der etwa der Raketenantrieb funktioniert? Wer hat sie „erfunden"?

Um einen Gegenstand zu beschleunigen, braucht man eine Kraft (siehe Kap. 8.3). Weil sich dabei der Impuls ändert, kann man sagen: **Zur Impulsänderung braucht man eine Kraft.** Die Verbindung zwischen Impulsänderung und Kraft ist die Zeit! F13 ist nicht zu beantworten. Nur wenn man die Zeitdauer des Stoßvorganges kennt (oder den „Bremsweg"), kann man die Kraft berechnen (siehe Lösungsteil). Das Produkt von Kraft mal Zeit nennt man den **Kraftstoß** und es ist identisch mit der Impulsänderung des Objekts. Kraft kann man auch als Impulsänderung pro Zeit auffassen.

Formel: Kraft und Kraftstoß

$$\boldsymbol{F} = m\boldsymbol{a} = m\frac{\Delta \boldsymbol{v}}{\Delta t} = \frac{\Delta \boldsymbol{p}}{\Delta t}$$

$$\text{Kraftstoß} = \boldsymbol{F}\Delta t = \Delta \boldsymbol{p} = m\Delta \boldsymbol{v}$$

$\Delta \boldsymbol{p}$ … Impulsänderung	$[\Delta p] = [F \cdot t] = \text{Ns} = \text{kgm/s}$
m … Masse	$[m] = \text{kg}$
$\boldsymbol{a}$ … Beschleunigung	$[a] = \text{m/s}^2$
$\Delta \boldsymbol{v}$ … Geschwindigkeitsänderung	$[\Delta v] = \text{m/s}$

Bei einer Rakete spricht man von der **Schubkraft**. Sie ist eine Folge des Impulssatzes. Zu Beginn steht die Rakete still da, der Impuls ist null. Beim Start strömt das Gas in die eine Richtung, und die Rakete muss sich daher in die andere Richtung bewegen. Impulserhaltung eben! Was für eine Schubkraft erzeugt zum Beispiel die **Saturn V** beim Start (siehe Abb. 8.14)? Dazu muss man nur wissen, dass pro Sekunde sagenhafte 14 Tonnen Treibstoff mit 2500 m/s durch die Düsen ausströmten. Die Impulsänderung pro Sekunde betrug also etwa $35 \cdot 10^6$ N. Wow, die Schubkraft beträgt 35 Millionen Newton (siehe auch Kap. 8.3)!

Diese Rückstoßtechnik ist übrigens ein sehr alter Hut. **Tintenfische** bewegten sich schon vor 500 Millionen Jahren so fort, indem sie durch Zusammenziehen des Körpers Wasser mit hoher Geschwindigkeit nach hinten ausstoßen (F15). Auch wenn du schwimmst, nutzt du diese Technik. Du drückst dabei das Wasser mit Armen und Beinen nach hinten und erzeugst somit einen Kraftstoß nach vorne.

▸▸▸ i | **Kraftstoß bei Jump-and-Reach** |
▸▸▸ i | **Sotomayor** |

Abb. 10.19: 500 Millionen Jahre alte Technik

| Kraftstoß bei Jump-and-Reach |

Mit Hilfe von Kraftmessplatten lässt sich die **Absprunggeschwindigkeit** sehr präzise eruieren. Abbildung 10.20 zeigt den Kraftverlauf bei einem Jump-and-Reach-Sprung. Die Anzeige ist so eingestellt, dass sie beim ruhigen Stehen null zeigt. Die roten Flächen sind Impulse, die den KSP nach unten beschleunigen, etwa bei der Auftaktbewegung. Der **Nettoimpuls** ergibt sich aus der Differenz zwischen den roten und den grünen Flächen und beträgt 280 Ns – 102 Ns – 8 Ns = 170 Ns.

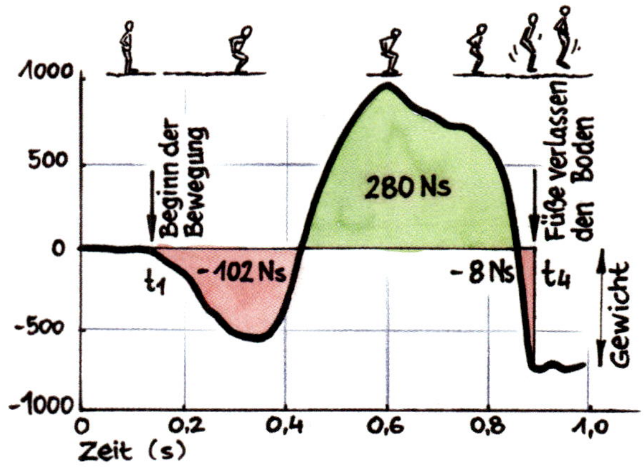

Abb. 10.20: Kraftverlauf bei einem Strecksprung

Das Gewicht des Athleten beträgt 750 N, das bedeutet eine Masse von 76,5 kg. Für die Abfluggeschwindigkeit lassen sich somit 2,33 m/s errechnen, was eine **KSP-Hebung** von knapp 28 cm bedeutet. Diese Methode ist zwar aufwändiger, aber wesentlich genauer als ein Jump-and-Reach-Test (siehe Abb. 5.12, Kap.5.2).

| Sotomayor |

Schätzen wir die Kraft ab, die beim Weltrekordsprung auf das Bein von Sotomayor gewirkt hat. Dazu müssen wir zuerst aus der KSP-Hebung von 1,2 m die Absprunggeschwindigkeit ausrechnen:

$$v = \sqrt{2gh} = \sqrt{2 \cdot 9{,}81\,\text{ms}^{-2} \cdot 1{,}2\,\text{m}} = 4{,}85\,\text{m/s}$$

Nun setzen wir in die Gleichung für die Kraft ein (Masse 80 kg, Kontaktzeit 0,13 Sekunden):

$$F = \frac{m\Delta v}{\Delta t} = \frac{80\,\text{kg} \cdot 4{,}85\,\text{m/s}}{0{,}13\,s} \approx 3000\,\text{N}$$

3000 N mit nur einem Bein, das ist schon sehr beachtlich. Die Gleichung liefert übrigens nur die **durchschnittliche Kraft.** Die Spitzenkraft ist wesentlich höher!

| Impuls |

F16 ▸L Wie groß ist die Rückstoßkraft bei einem Gewehr, das eine Kugel mit 20 g mit 900 m/s abschießt? Der Lauf des Gewehrs ist 50 cm lang.

F17 ▸L Ein offener Wagen rollt im Regen dahin. Die Tropfen fallen völlig senkrecht. Welche Wirkung hat der sich ansammelnde Regen auf ***v*** und ***p***? Dann hört der Regen auf, und der Abfluss wird geöffnet. Welchen Effekt hat das nun auf ***v*** und ***p***?

Abb. 10.21

F18 ▸L Der Meteorit, der den Barringer-Krater schlug, hatte eine Masse von etwa 1,5 · 10^8 kg und schlug mit geschätzten 12 km/s ein. Wie weit hat sich die Erde bis heute dadurch bewegt?

F19 ▸L In der Abbildung nähern sich ein PKW mit 1 t und 72 km/h und ein LKW mit 3 t und 24 km/h einer Kreuzung. In welche Richtung werden sie sich nach dem Aufprall weiterbewegen?

Abb. 10.22

F20 ▸L Zeige, dass die Einheit des Kraftstoßes (Ns) äquivalent zur Einheit des Impulses (kgms^{-1}) ist.

F21 ▸L Hängt das Gewicht einer Sanduhr davon ab, ob der Sand in Ruhe ist oder gerade rinnt? Müsste die Sanduhr nicht weniger wiegen, wenn sich ein Teil des Sandes im freien Fall befindet?

F22 ▸L Auch wenn du auf einer genauen Waage vollkommen ruhig stehst, schwankt der Zeiger leicht um einen Mittelwert. Wieso?

F23 ▸L Der Kugelstoßapparat ist ein sehr bekanntes physikalisches Spielzeug. Was passiert, wenn man nicht nur 1, sondern auch 2 und 3 Kugeln hebt? Warum muss das so sein?

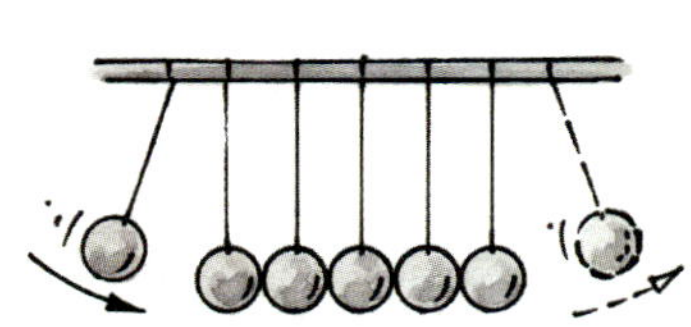

Abb. 10.23

Zusammenfassung

Das Produkt von Kraft mal Einwirkungszeit bezeichnet man als Kraftstoß. Er ist identisch mit der dadurch erzielten Impulsänderung des Objekts. Auf diese Weise kann man sehr einfach die Kräfte bei einer Impulsänderung berechnen.

11 | ROTATIONEN

| Prolog |
Wenn bis jetzt von Bewegungen die Rede war, dann nur von geradlinigen. Solche nennt man **Translationen**. In diesem Kapitel geht es um Drehbewegungen, also um **Rotationen**. Du wirst hören, dass Katzen intuitiv eine ganze Menge von Physik verstehen und deshalb immer auf den Pfoten landen. Du wirst hören, wie man sich beim Eislaufen, Gerätturnen oder Turmspringen die Gesetze der Physik zunutze macht und warum Butterbrote fast immer auf der Butterseite landen.

11.1 Ein Pendel am Nordpol

Drehwinkel und Drehgeschwindigkeit

Die geradlinige Geschwindigkeit gibt man in m/s an. Aber wie gibt man an, wie schnell sich ein Gegenstand dreht? Darum geht es in diesem Abschnitt.

?

F1 Welche Zahl kommt immer raus, wenn du den Umfang eines beliebigen Kreises durch seinen Radius dividierst?

F2 Nimm an, dass die Erdgravitation plötzlich aufhört (das kann Gott sei dank nicht passieren)! In welche Richtung würdest du dann wegfliegen? Und kannst du die Geschwindigkeit abschätzen?

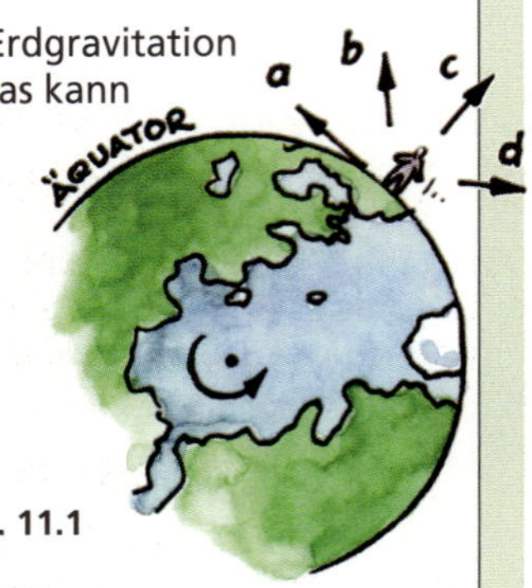

Abb. 11.1

F3 Wie lange dauert eine ganze Erdumdrehung? Einen Tag lang? Und warum versucht man, Weltraumraketen immer in der Nähe des Äquators zu starten? Und warum sollten sie nach Osten starten?

Um die **Drehgeschwindigkeit** zu definieren, brauchen wir ein wenig Mathematik. Der Umfang eines Kreises ist $2r\pi$. Wenn man durch den Radius dividiert, bleiben immer 2π über (**F1**). Bei jedem Kreis! Ein voller Kreisumfang entspricht also einerseits 360° und andererseits 2π. In der Physik gibt man daher den Winkel oft in soundsoviel π an. Das nennt man auch das **Bogenmaß** (siehe Abb. 11.2), das wir im Folgenden verwenden werden. Es hat den Vorteil, dass es sich hier um eine reine Zahl handelt, die SI-konform ist. Um vom Bogenmaß auf Grad zu kommen, musst du mit rund 57 ($360°/2\pi$) multiplizieren. 57° nennt man auch einen **Radianten**.

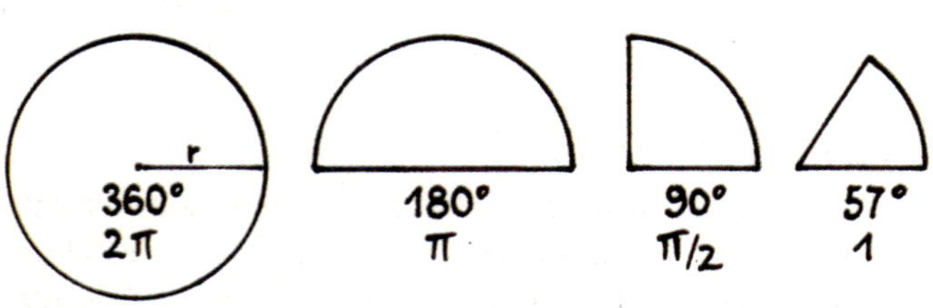

Abb. 11.2: Oben die Angabe in Grad, unten in Radianten.

Um zu beschreiben, wie schnell sich ein Gegenstand dreht, gibt man den Drehwinkel pro Sekunde an. Das nennt man die Winkelgeschwindigkeit. 2π pro Sekunde entspricht also einer ganzen Umdrehung pro Sekunde.

Formel: Winkelgeschwindigkeit

$\omega = \Delta\varphi/\Delta t$ — $[\omega] = 1/s = s^{-1}$

φ ... Drehwinkel „phi" im Bogenmaß — $[\varphi] = m/m = 1$

▸▸▸ i | Mit der rechten Hand |

Es gibt aber noch eine zweite Möglichkeit, die Geschwindigkeit bei einer Drehung anzugeben. Erinnere dich: Wenn du mit einem Auto durch eine Kurve fährst, ohne vom Gas zu gehen, ändert sich trotzdem die Geschwindigkeit, weil sich der Vektor dreht (Kap. 4.1)! Dieser zeigt immer tangential zur Bahn, auf der du dich bewegst (Abb. 11.4). Deshalb nennt man diese Geschwindigkeit auch die **Tangentialgeschwindigkeit**.

Formel: Tangentialgeschwindigkeit

$v = \omega r$ — $[v] = ms^{-1}$

ω ... Winkelgeschwindigkeit — $[\omega] = s^{-1}$

r ... Abstand von der Drehachse — $[r] = m$

Wenn die Erdgravitation plötzlich weg wäre, würde keine Kraft mehr auf dich wirken. Ab diesem Zeitpunkt bleibt deine Geschwindigkeit unverändert, und du fliegst daher **tangential** weg (**F2**). Das kann man auch sehr gut an den Funken bei einem Schleifstein sehen (Abb. 11.7) oder wenn ein Auto in einer Kurve auf eine Eisplatte kommt (Abb. 11.4).

▸▸▸ i | Karussell Erde |

Die Tangentialgeschwindigkeit der Erde nutzt man bei **Raketenstarts** aus, weil man somit schon eine Startgeschwindigkeit hat, bevor man überhaupt abhebt. Das

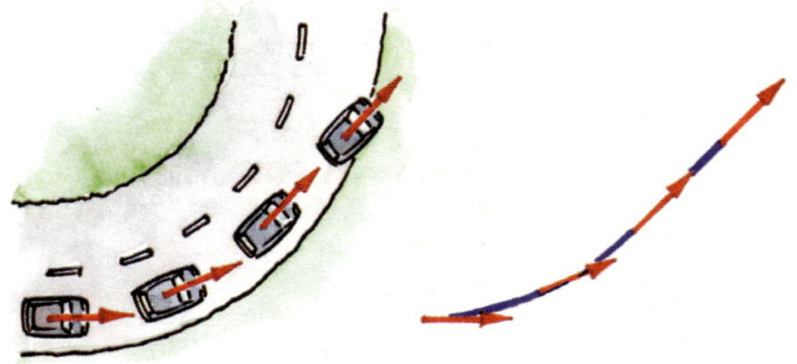

Abb. 11.4: In der Kurve dreht sich der Geschwindigkeitsvektor und steht immer tangential zur Bewegungsbahn.

spart Treibstoff. Man muss aber nach Osten fliegen! Wenn man nach Westen fliegt, startet man quasi mit einer negativen Geschwindigkeit. Je näher man am Äquator ist, desto größer ist natürlich der Effekt (F3; Abb. 11.6). Der Startplatz der **NASA** ist im Kennedy Space Center in Florida bei etwa 28°, die Raketen der **ESA** starten in Kourou in Französisch Guyana bei etwa 5° (Abb. 11.8).

››› i | **Mit der rechten Hand** |

››› i | **Karussell Erde** |

Abb. 11.7: Die Funken fliegen tangential weg.

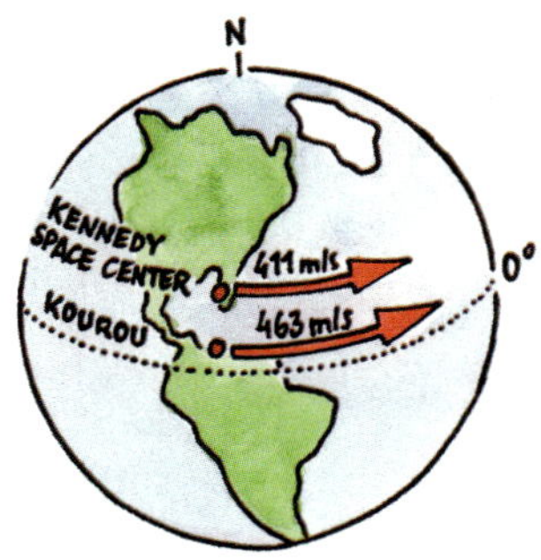

Abb. 11.8: Tangentialgeschwindigkeiten der Startplätze von NASA und ESA.

| Mit der rechten Hand |

Die Winkelgeschwindigkeit ***ω***, die Geschwindigkeit ***v*** und der Radius ***r*** sind Vektoren. Sie stehen alle im rechten Winkel aufeinander – ***ω*** ist das Kreuzprodukt von ***r*** und ***v***. Der Vektor ***ω*** liegt in der Drehachse. In welche Richtung er zeigt, kannst du mit der rechten Hand bestimmen. Du hältst sie so, dass die gekrümmten Finger in Drehrichtung zeigen. Der weggestreckte Daumen zeigt dann in Richtung ***ω*** (Abb. 11.3).

Die Erde dreht sich von Nordpol aus betrachtet gegen den Uhrzeigersinn (Abb. 11.6), daher zeigt ***ω*** wie bei a nach oben. In welche Richtung würde ***ω*** in Abb. 11.6 zeigen? Nimm deine rechte Hand!

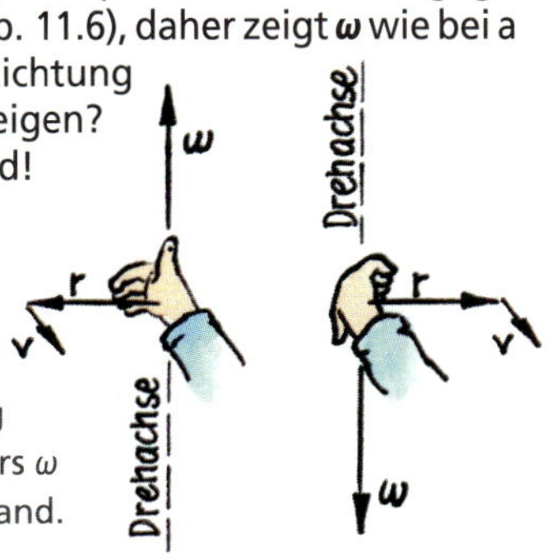

Abb. 11.3: Bestimmung der Richtung des Vektors ω mit Hilfe der rechten Hand.

| Karussell Erde |

Wie lange braucht die Erde für eine ganze Drehung (F3)? Vielleicht liegen dir 24 Stunden auf der Zunge, aber das ist falsch. Weil sich die Erde im Laufe eines Tages auch um die Sonne dreht, sind etwa **361°** notwendig, damit die Sonne von uns aus gesehen wieder an der selben Stelle steht (**Sonnentag**, Abb. 11.5 b). 24 Stunden entsprechen also überraschender Weise etwas mehr als einer Drehung. Für genau eine Drehung (**Sterntag**) braucht die Erde um 4 Minuten kürzer, also 86.160 Sekunden.

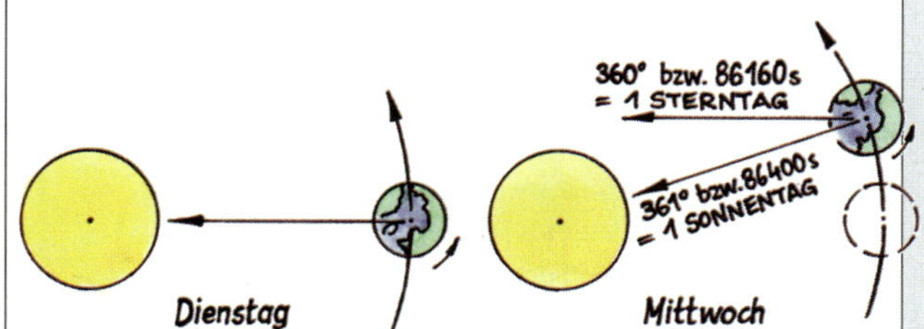

Abb. 11.5: Sonnentag und Sterntag

Die **Winkelgeschwindigkeit** der Erde ist

$$\omega = 2\pi/86160\ s^{-1} = 7{,}3 \cdot 10^{-5}\ s^{-1}.$$

Zugegeben, darunter kann man sich nicht wirklich etwas vorstellen. Rechnen wir uns also die **Tangentialgeschwindigkeit** am Äquator aus. Der Radius der Erde liegt bei etwa $6{,}37 \cdot 10^6$ m. Daher ist

$$v = \omega r = 7{,}3 \cdot 6{,}37 \cdot 10\ m/s = 465\ m/s$$

(Abb. 11.6). Das entspricht fast **1,5-facher Schallgeschwindigkeit!** Beachtlich!

Weil der Abstand von der Drehachse abnimmt, je weiter man nach Norden kommt, wird auch die Tangentialgeschwindigkeit kleiner. Für den Abstand zur Drehachse gilt:

$$r = \text{Erdradius} \cdot \cos\ (\text{geogr. Breite})\text{“}$$

(zum Cosinus siehe Abb. 7.13, Kap. 7.3). **Österreich** liegt rund am 45° Breitenkreis, und die Tangentialgeschwindigkeit beträgt daher immer noch beachtliche 329 m/s. Das entspricht immerhin auch noch der Schallgeschwindigkeit in der Luft, und mit dieser würdest du auch ins All hinausgeschossen werden (F2).

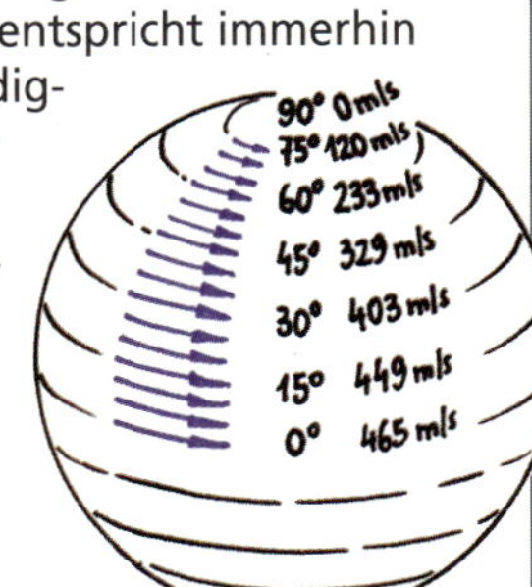

Abb. 11.6: Am Äquator ist die Tangentialgeschwindigkeit am größten.

Zusammenfassung

Die Drehgeschwindigkeit kann entweder als Winkelgeschwindigkeit oder als Tangentialgeschwindigkeit angegeben werden. Manchmal ist die eine Angabe übersichtlicher und manchmal die andere.

11.2 Dornröschens Spinnrad
Die Drehmasse

Die Masse gibt an, wie schwer es ist, einen Gegenstand in Bewegung zu setzen. Aber wovon hängt es ab, wie schwer es ist, einen Gegenstand in Rotation zu versetzen? Darum geht es jetzt.

?

F4 Ein Vollzylinder und ein Hohlzylinder mit gleicher Masse rollen eine schiefe Ebene hinunter. Kommen sie gleich schnell an? Und wenn nicht: Welcher ist schneller?

Abb. 11.9

F5 In der Abbildung 11.10 siehst du zwei Räder mit gleicher Masse. Welches eignet sich besser als Schwungrad?

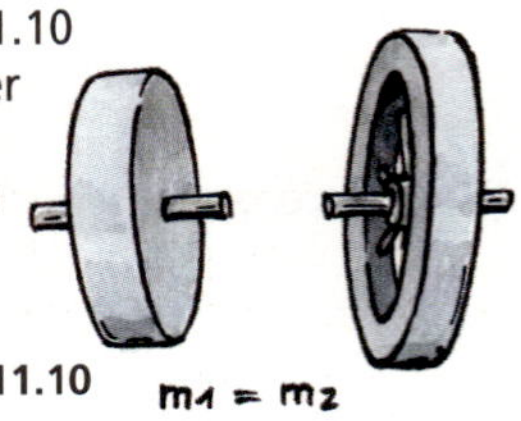

Abb. 11.10

F6 Du hast einen Stab. Ist es leichter, ihn um die Längsachse oder um die Querachse zu drehen?

F7 ▸L Du hängst einen Quader an einer Schnur auf, so wie in der Abbildung 11.11. Was passiert, wenn der Quader in Rotation versetzt wird?

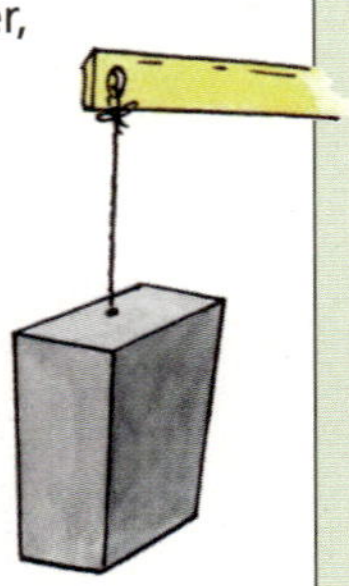

Abb. 11.11

Was bestimmt, wie schwer es ist, einen Gegenstand in **Translation** zu versetzen? Die **Masse!** Was bestimmt, wie schwer es ist, einen Gegenstand in **Rotation** zu versetzen? Die **Drehmasse** (sie wird auch Trägheitsmoment genannt). Sie hängt nicht nur von der Masse ab, sondern auch davon, wie weit diese von der Drehachse entfernt ist. Je weiter außen, desto schwerer wird es, den Gegenstand in Rotation zu versetzen.

Deshalb rollt der hohle Zylinder langsamer hinunter als der volle, weil seine Drehmasse größer ist (**F4**). Und deshalb eignet sich auch das rechte Rad besser als Schwungrad (**F5**). Einmal auf Touren gebracht, ist es schwerer abzubremsen als das linke. Und den Schwung aufrecht zu erhalten ist ja seine Aufgabe (Abb. 11.12).

Abb. 11.12: Schon Dornröschen wusste, wie ein Schwungrad aussehen sollte. Das mit dem Fuß angetriebene Spinnrad ermöglicht eine gleichmäßige Drehung.

Jeder Gegenstand hat klarer Weise nur eine Masse. Er kann aber **mehrere Drehmassen** haben, weil diese ja relativ sind und von der Lage der Drehachse abhängen. Ein Stab ist viel leichter in Rotation um die Längs- als um die Querachse zu bringen (**F6**; Tabelle 11.1). Im ersten Fall liegen die Massenteile wesentlich näher der Drehachse. Mathematisch kann es folgendermaßen definiert werden:

Formel: Drehmasse (Trägheitsmoment)

$$I = \sum I_{Teil} = \sum_i m_i r_i^2$$

m … Masse — $[I] = \text{kgm}^2$, $[m] = \text{kg}$
r … Abstand von der Drehachse — $[r] = \text{m}$

Objekt	Drehmasse
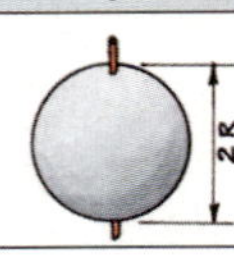	$I = \frac{2}{5} mR^2$
	$I = \frac{1}{2} mR^2$ Bsp.: $r = 0{,}01$ m, $m = 1$ kg $I = 5 \cdot 10^{-5}$ kgm^2
	$I = \frac{1}{12} ml^2$ Bsp.: $l = 0{,}77$ m, $m = 1$ kg $I = 5 \cdot 10^{-2}$ kgm^2
	$I = \frac{1}{3} ml^2$

Tab.11.1: Vier Beispiele für durch Integration berechnete Drehmassen bei geometrischen Objekten. Wenn der Stab 77 cm lang ist und einen Radius von 1 cm hat, dann ist es 1000-mal so schwer, ihn in Rotation um die Querachse zu bringen wie um die Längsachse.

Im Prinzip müsste man zur genauen Berechnung der Drehmasse den Gegenstand in **viele kleine Teile** zerlegen und von jedem Masse und Abstand zur Drehachse bestimmen (Abb. 11.13 a). Natürlich kann man das in der Praxis nicht machen. Bei geometrischen Gegenständen kann man das Problem durch **Integration** lösen (Abb. 11.13 b, Tab. 11.1; Integration lernst du in der 8. Klasse in Mathematik).

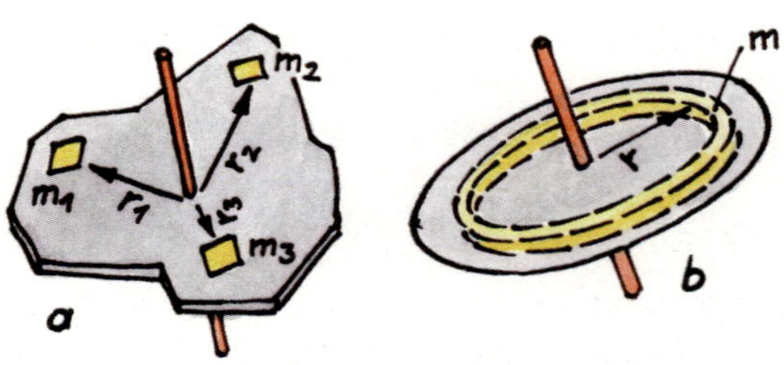

Abb. 11.13: Ist ein Objekt geometrisch, dann kann man es zum Beispiel gedanklich in dünne Zylinder zerlegen und die Drehmasse durch Integration berechnen (b).

Bei nicht-geometrischen Objekten wird die Drehmasse oft im **Experiment** bestimmt. Wie ist das aber bei komplizierten und beweglichen Körpern wie dem des Menschen?

Es ist unmöglich, die **Drehmasse eines Menschen** zu jedem Zeitpunkt völlig exakt zu bestimmen, weil sich durch die Bewegung pausenlos die Teile des Körpers verschieben. Man kann aber für biomechanische Untersuchungen gute Abschätzungen vornehmen, wenn man den Körper aus geometrischen Figuren zusammensetzt (Abb. 11.14). Dazu müssen die Körperteile der Person sehr genau vermessen werden. Später kann man die Drehmasse um jede beliebige Achse ausrechnen. Oft ist auch die relative Drehmasse des Menschen interessant (Abb. 11.15). Wir werden diese im Kapitel 11.4 noch brauchen.

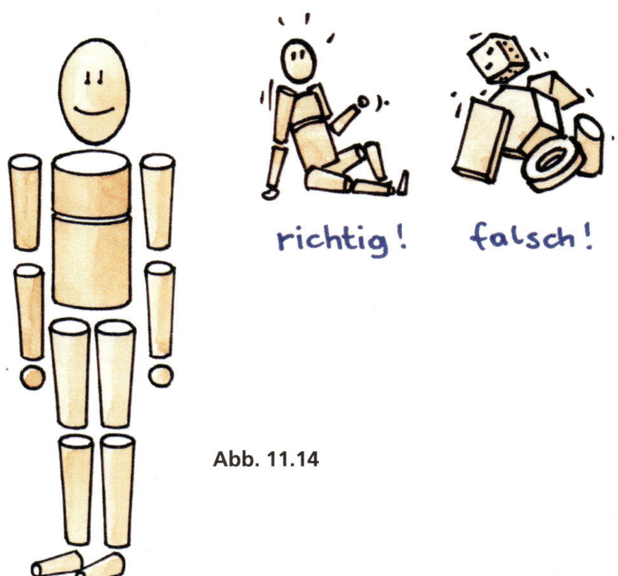

Abb. 11.14

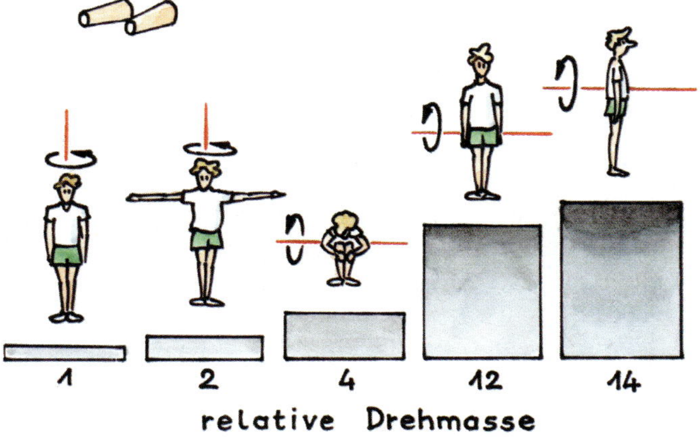

Abb. 11.15: Es ist zum Beispiel doppelt so schwer, einen Menschen mit ausgestreckten Armen in Rotation um seine Längsachse zu bringen, als wenn er die Arme angezogen hat.

Zusammenfassung

Die Drehmasse gibt an, wie schwer es ist, einen Gegenstand in Rotation zu versetzen oder abzubremsen. Sie hängt von der Masse und von der Lage der Drehachse ab. Nur für geometrische Objekte kann sie exakt berechnet werden.

11.3 Brote auf der Butterseite

Das Drehmoment

Eine Kraft versetzt einen Gegenstand in Translation. Aber was versetzt einen Gegenstand in Rotation? Außerdem geht es in diesem Abschnitt um Hebel und um vom Tisch fallende Butterbrote.

?

F8 Du möchtest eine weggerollte Zwirnrolle am Faden wieder zu dir herziehen. Ist das möglich? Und spielt die Fadenlänge dabei eine Rolle?

Abb. 11.16

F9 Du kriegst eine Schraube nicht auf. Womit kannst du dir helfen: Mit der Schnur oder dem Rohr? Kannst du das auch physikalisch begründen?

Abb. 11.17

F10 Vom Tisch fallende Butterbrote landen angeblich immer auf der Butterseite! Ist da was dran?

Wo die Zwirnspule hinrollt, hängt zunächst von der **Lage des Fadens ab.** Wenn er oben liegt, bewegt sich die Rolle immer zu dir (Abb. 11.18 a). Wenn er unten liegt, rollt sie nur dann zu dir, wenn die gedachte Verlängerung links am Auflagepunkt vorbeigeht (b). Du musst also flach ziehen. Ziehst du zu steil, rollte sie weg (c). Probier es aus!

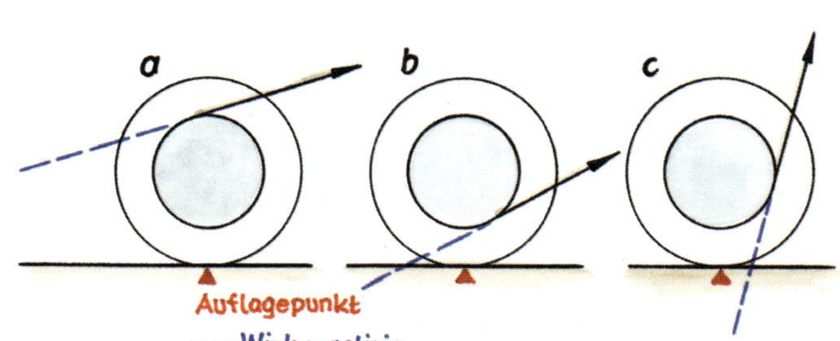

Abb. 11.18

Spielt die Fadenlänge eine Rolle? Nein! Eine Kraft wirkt immer entlang einer Linie, der **Wirkungslinie**. Wo auf dieser die Kraft ansetzt, spielt keine Rolle. Deshalb kannst du dir bei der Schraube mit dem Seil nicht helfen (F9), da es die Wirkungslinie nicht verändert. Mit dem Rohr geht das aber schon (Abb. 11.19). Die Wirkungslinie entfernt sich dabei von der Drehachse, und das Aufdrehen der Schraube wird leichter.

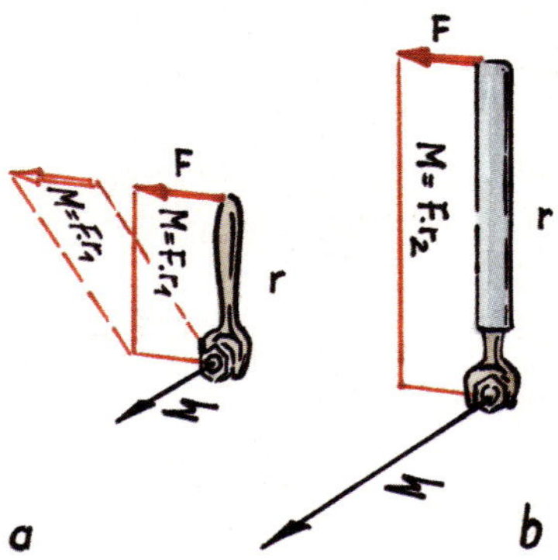

Abb. 11.19: Die beiden Flächen links sind gleich groß. Das Drehmoment *M* ist das Kreuzprodukt von *F* und *r*.

Das Produkt aus Kraft und Abstand zur Drehachse nennt man das Drehmoment (Achtung: **das** Moment hat nichts mit **dem** Moment zu tun). Eine Kraft verändert den Impuls, ein Drehmoment verändert den Drehimpuls (Kap. 11.4). Mathematisch drückt man das Drehmoment so aus:

Formel: Das Drehmoment

$M = F \cdot r$	$[M] = [F][r] = \text{Nm}$
F ... Kraft	$[F] = \text{N}$
r ... Abstand zwischen Drehachse und Wirkungslinie der Kraft	$[r] = \text{m}$

r ist der Abstand zwischen Drehachse und Wirkungslinie der Kraft. Diesen Abstand nennt man **Hebelarm**. Es zählt immer der **Normalabstand**. Wenn du schräg ziehst, so wird der Hebelarm kleiner und kann sogar Null werden. In diesem Fall erzeugst du kein Drehmoment mehr (Abb. 11.20).

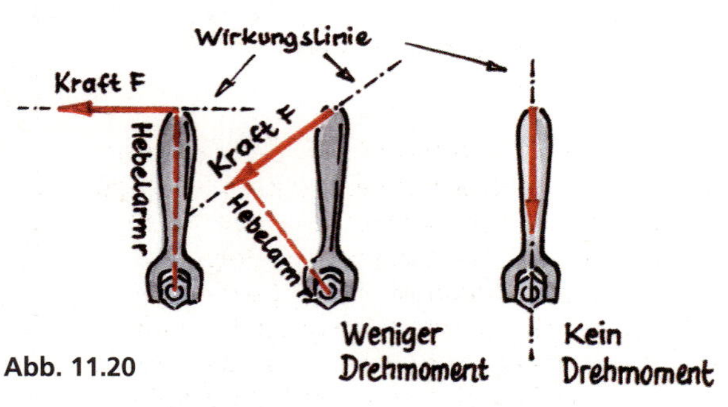

Abb. 11.20

Das Drehmoment kann man auch grafisch darstellen. Es ist die Fläche, die durch Kraft und Radius aufgespannt wird (Abb. 11.19). Daran wird auch ersichtlich, warum es egal ist, wo die Kraft entlang der **Wirkungslinie** ansetzt. Die Flächen des Rechtecks und des Parallelogramms (Abb. 11.19 a) sind gleich groß und somit auch die Drehmomente. Das Drehmoment ist ein Vektor. Seine Richtung kann wie die der Winkelgeschwindigkeit mit der **rechten Hand** bestimmt werden. Die gekrümmten Finger zeigen in Richtung ***F***, und der Daumen zeigt dann in Richtung ***M***.

Bei der Translation gilt: Wenn alle Kräfte im Gleichgewicht sind, dann gibt es keine Änderung der Geschwindigkeit. Bei der Rotation gilt: Wenn alle Drehmomente im Gleichgewicht sind, dann gibt es keine Änderung der Winkelgeschwindigkeit. Ein gutes Beispiel dafür ist eine **Wippe**. Wir haben deren Gleichgewicht bereits mit dem gemeinsamen KSP erklärt (siehe Abb. 5.4, Kap. 5.1). Jetzt können wir es auch mit dem Gleichgewicht der Drehmomente erklären (Abb. 11.21).

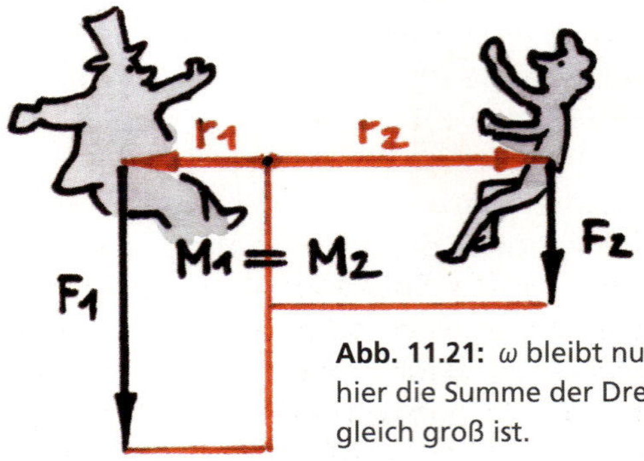

Abb. 11.21: ω bleibt null, wenn wie hier die Summe der Drehmomente gleich groß ist.

In Abbildung 11.21 ist das berühmte **Hebelgesetz** dargestellt, das bereits in der Antike bekannt war. Dieses lautet: **Kraft mal Kraftarm ist Last mal Lastarm oder, wie in unserem Beispiel, $F_1 r_1 = F_2 r_2$.** Das Hebelgesetz findet in Technik breite Anwendung. Aber auch viele Belastungen im menschlichen Körper kann man mit seiner Hilfe erklären.

▸▸▸ i | **Der Fuß als Hebel** |
▸▸▸ i | **Der Arm als Hebel** |
▸▸▸ i | **Ein schmerzhafter Vorfall** |

i

| Der Arm als Hebel |

Unterarm und Ellbogen bilden einen **einarmigen Hebel,** d. h. beide Hebelarme befinden sich auf einer Seite der Drehachse. Ihr Längenverhältnis liegt bei etwa 7:1. Nehmen wir vereinfacht an, dass der Bizeps senkrecht zieht. Um ein Gewicht von 100 N (entspricht 10 kg) ruhig in der Hand zu halten, muss dieser mit 700 N ziehen! Dafür bewegt sich die Hand um 7 cm, wenn sich der Bizeps um 1 cm verkürzt. Auch der Arm übersetzt auf **Geschwindigkeit!**

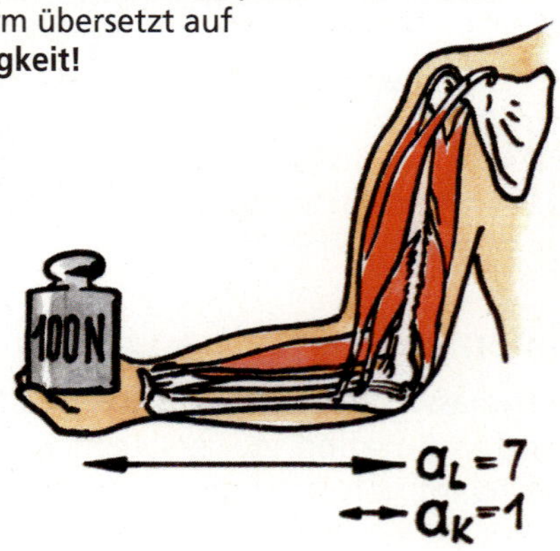

Abb. 11.24

Landen vom Tisch rutschende **Butterbrote** wirklich immer auf der Butterseite (F10)? Nicht alle, aber **der Großteil.** Und das hat einen recht einfachen physikalischen Grund. Wenn das Brot von Tisch rutscht, entsteht ein **Drehmoment,** sobald der KSP außerhalb der Tischkante liegt (Abb. 11.27). Bei einer alltäglichen Über-die-Kante-Rutschgeschwindigkeit ist die entstehende Drehung so groß, dass das Brot tatsächlich meist auf der Butterseite landet.

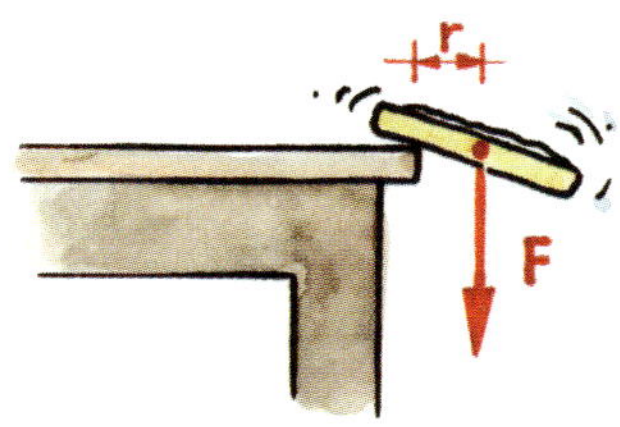

Abb. 11.27

Es gibt allerdings **Abhilfen:** Entweder du frühstückst an einem drei Meter hohen Tisch oder bevorzugst Toasts mit 2,5 cm Kantenlänge. Dann schafft das Brot nämlich eine ganze Drehung. Oder du gibst dem vom Tisch rutschenden Toast noch einen kräftigen Stoß, weil dann schafft er nicht mal eine halbe Drehung.

Abb. 11.28

Zusammenfassung

Wenn ein Drehmoment wirkt, dann wird der Drehimpuls verändert. Zwei Hebel sind dann im Gleichgewicht, wenn die Summe der Drehmomente null ist. Das ist das berühmte Hebelgesetz.

i

| Der Fuß als Hebel |

Die Hebelarme am Fuß verhalten sich etwa wie 2,5:1 (Abb. 11.22). Wenn wir vereinfacht annehmen, dass die **Achillessehne** senkrecht nach oben zieht, dann ist die Kraft, die auf sie wirkt, immer 2,5-mal so groß wie die Kraft am Ballen. Dafür gilt aber: Wenn sich der Wadenmuskel um 1 cm verkürzt, bewegt sich der Fußballen um 2,5 cm. Der Fuß übersetzt auf **Geschwindigkeit!**

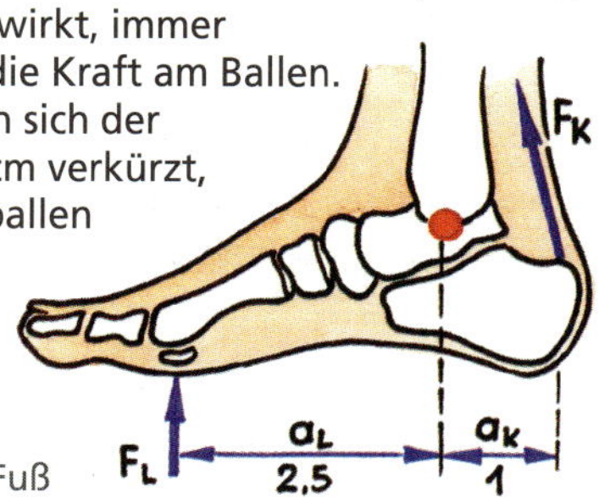

Abb. 11.22: Hebelverhältnisse am Fuß

Abb. 11.23 zeigt die Kraft, die beim Weitsprung am Fuß entsteht. Die erste Spitze ist vom Fersenaufsatz. Dort wo der Pfeil eingezeichnet ist, hebt die Ferse gerade ab. Auf den Fußballen wirken in diesem Moment 4000 N und auf die Achillessehne daher **10.000 N!** Die Sehne hält Maximalbelastungen von sogar **18.000 N** aus. Das ist so, also würdest du 1,8 t an die Sehnen hängen!

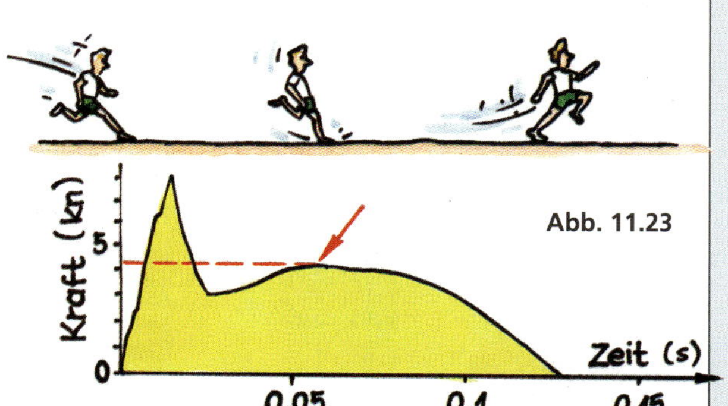

Abb. 11.23

i

| Ein schmerzhafter Vorfall |

Die Bandscheiben liegen als Pufferkissen zwischen den Wirbeln. Durch langjährige Überbelastung kann es zur Vorwölbung (oben) oder sogar zum Einreißen der Bandscheibe kommen (Bandscheibenvorfall; unten). In beiden Fällen schmerzhaft für das Rückenmark! Auslöser ist **wiederholt falsches Heben.**

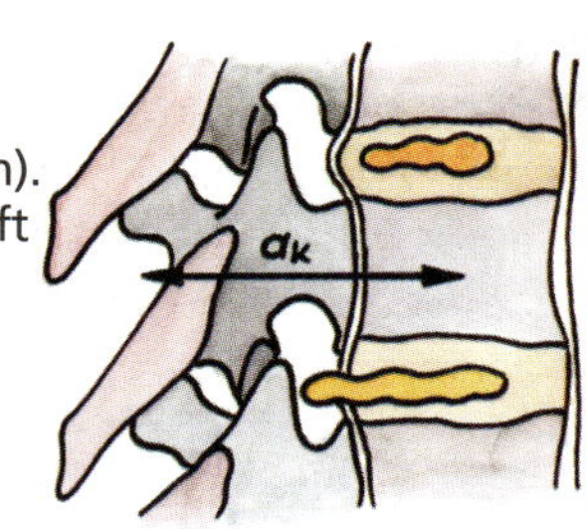

Abb. 11.25: Kraftarm beim Heben von Gewichten

Der **Drehpunkt** liegt in diesem Fall in der Mitte der Wirbelkörper. Die Rückenmuskeln setzen etwa 5 cm entfernt an den Wirbelfortsätzen an (Abb. 11.25). Der Lastarm ist die Entfernung vom Mittelpunkt des Wirbels bis zur Wirkungslinie des Gewichts (Abb. 11.26). Je stärker man den Rücken krümmt und die Beine streckt, desto größer wird der Lastarm und desto ungleichmäßiger wird die Bandscheibe belastet. Durch schlechtes Heben kann die Belastung in der Lendenwirbelsäule auf beinahe das **4fache** ansteigen.

Abb. 11.26

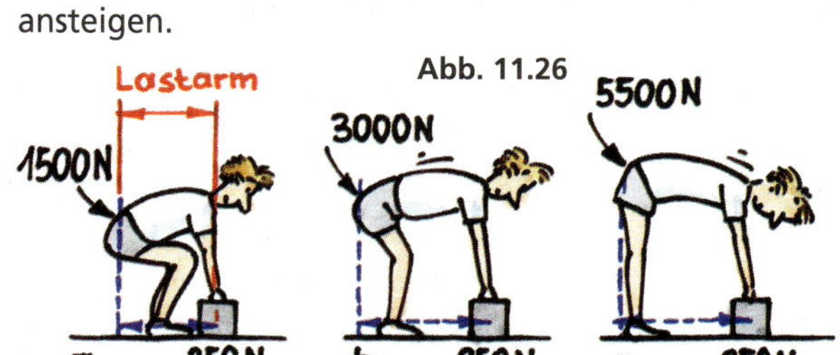

11.4 Wag the cat

Drehimpuls und Drehimpulssatz

In diesem Abschnitt geht es um den Drehimpuls, und dass dieser in einem abgeschlossenen System erhalten bleibt. Damit kann man unter anderem viele Phänomene aus dem Sport erklären.

?

F11 In Abb. 11.29 siehst du eine Eisläuferin, die eine Pirouette macht. Warum zieht sie dazu Arme und Bein an?

Abb. 11.29

F12 Kann ein Turmspringer seine Rotation vor dem Eintauchen ins Wasser völlig abstoppen? Und warum werden beim Turnen gestreckte Salti höher bewertet als gehockte?

F13 ▸L Bei extremen Wettersituationen wie El Niño oder nach sehr starken Erdbeben verändert sich manchmal die Drehgeschwindigkeit der Erde. Wie kann das sein?

Für jede Größe aus der Translation gibt es ein Gegenstück bei der Rotation. Das Gegenstück zum Impuls ist der Drehimpuls. Der Impuls ist Masse mal Geschwindigkeit, der **Drehimpuls ist Drehmasse mal Winkelgeschwindigkeit.** Der Drehimpuls ist ein Vektor und wird – wie auch Winkelgeschwindigkeit und Drehmoment – mit der rechten Hand bestimmt (überprüfe das an Abb. 11.31 f).

Formel: Drehimpuls

$L = I\omega$	$[L] = [I][\omega] = \mathrm{kgm^2s^{-1}} = \mathrm{kgm^2s^{-2}s} = \mathrm{Js}$
I … Drehmasse	$[I] = \mathrm{kgm^2}$
ω … Winkelgeschwindigkeit	$[\omega] = \mathrm{s^{-1}}$

Die Summe der Drehimpulse in einem abgeschlossenen System bleibt immer erhalten. Das nennt man den Drehimpulssatz. Man kann es auch anders ausdrücken: **Der Drehimpuls bleibt erhalten, wenn keine Drehmomente auftreten.**

In Abb. 11.15 (Kap. 11.2) siehst du die relativen **Drehmassen** eines Menschen. Wenn man mit gestreckten Armen um die Längsachse rotiert, dann ist die Drehmasse doppelt so groß wie mit angezogenen Armen. Das nutzt man bei einer **Pirouette** aus (F11). Durch die geringe Reibung zwischen Kufe und Eis tritt praktisch keine Drehmoment auf und der Drehimpuls bleibt erhalten. Wenn die Eisläuferin die Arme anzieht, halbiert sich die Drehmasse, und die Winkelgeschwindigkeit muss sich verdoppeln. Mathematisch kann man das so formulieren: $L = I\omega = ½I \cdot 2\omega$ = konstant. Wenn die Eisläuferin zusätzlich ein Bein zu Hilfe nimmt, kann sie den Effekt noch verstärken.

▸▸▸ **e** | **Drehsessel**

e

| Drehsessel |

Mit drei ganz **einfachen Experimenten** kannst du die Erhaltung des Drehimpulses überprüfen. Du brauchst dazu einen Drehsessel.

1) Nimm zwei Gewichte in die Hand (das verstärkt den Effekt) und lass dich mit ausgestreckten Armen in Drehung versetzen (Abb. 11.30). Dann zieh die Arme an. Durch das Absinken der Drehmasse **erhöht sich die Drehgeschwindigkeit** – wie bei der Eisläuferin. Wenn du die Arme wieder ausstreckst, dann hast du wieder die Ausgangsgeschwindigkeit.

Abb. 11.30

2) Wenn du ruhig auf dem Drehsessel sitzt und in der Hand ein ruhendes Rad hältst, dann ist der **Gesamtdrehimpuls null** und muss das auch bleiben (Abb. 11.31 a). Wenn du nun selbst das Rad in Rotation versetzt, dann beginnst du dich in die Gegenrichtung zu drehen. Beide Drehimpulse müssen sich ja aufheben. Weil deine Drehmasse viel größer ist als die des Rades, drehst du dich natürlich langsamer in die Gegenrichtung.

Abb. 11.31

3) Lass das Rad von einem Helfer in Schwung bringen, ohne dass du dich dabei zu drehen beginnst (Abb. 11.32 a). Wenn du das Rad nun um 90° kippst, beginnt sich der Sessel zu drehen (b). Wenn du das Rad um 180° **kippst,** dann dreht sich der Sessel sogar doppelt so schnell (c). In allen drei Fällen ist die Summe der vertikalen Drehimpulse immer gleich groß.

Abb. 11.32

Ähnlich ist das bei einem **Turmspringer**, der einen gehockten Salto macht (Abb. 11.33). Die Drehmasse bei gestreckter Position ist 3-mal so groß ist wie bei gehockter (Abb. 11.15, Kap. 11.2). Wenn der Turmspringer den Hocksalto beendet, dann sinkt die Winkelgeschwindigkeit auf ein Drittel ab. Dadurch hat man den Eindruck, als würde die Rotation völlig aufhören. Das ist aber Täuschung des Auges.

Abb. 11.33: Die Rotation kann nicht völlig abgestoppt, sondern nur auf 1/3 reduziert werden.

Trotz Gesamtdrehimpuls null sind Rotationen möglich. Aber jede Drehung hat die Gegendrehung eines anderen Teils zu Folge. Das **Hubble-Teleskop** hat innen vier Schwungräder. Wenn sich eines dieser Räder zu drehen beginnt, dann dreht sich das tonnenschwere Teleskop in die Gegenrichtung (F14). Der Gesamtdrehimpuls bleibt erhalten (es ist so wie in Abb. 11.31). Auch ein **Hubschrauber** würde sich ohne Heckrotor in Gegenrichtung des Hauptrotors drehen (F17). Und nach dem Prinzip von Drehung und Gegendrehung können sich auch Astronauten in Schwerelosigkeit um Längs- und Querachse drehen.

››› i | Astronauten-Trickserein |

?

F14 Das Hubble-Teleskop schwebt 600 km über der Erde. Aber wie kann man es dann drehen und auf Sterne richten, wenn keine Drehmomente auftreten?

Abb. 11.34

Abb. 11.35

F15 Ist es möglich, dass ein nicht rotierender Astronaut ohne Hilfsmittel von Position a nach b kommt? Würde das den Drehimpulssatz verletzen?

F16 Wie schafft es eine Katze immer auf den Pfoten zu landen, auch wenn sie mit dem Rücken nach unten fällt?

Abb. 11.36

F17 Warum hat ein Hubschrauber immer auch einen Heckrotor? Wozu ist der nötig?

Abb. 11.37

i

| Astronauten-Trickserein |

In Schwerelosigkeit ruft jede Drehung eines Körperteils eine Gegendrehung des restlichen Körpers hervor. Dadurch bleibt der Gesamtdrehimpuls null. Ein solcher **„drehmomentfreier Salto"** ist für Astronauten wichtig und daher ein fixer Bestandteil der Ausbildung. 2-mal durchgeführt lässt er einen Astronauten Kopfstehen (F15; Abb. 11.38).

Abb. 11.38

Was für den Salto gilt, gilt auch für die **Schraube.** Die Bildsequenz in Abb. 11.39 zeigt einen Astronauten mit Gesamtdrehimpuls null. Er streckt zunächst seine Beine weg (b) und dreht dann den Oberkörper nach rechts (c). Die Beine antworten wegen ihrer größeren Drehmasse mit einer wesentlich kleineren Gegendrehung. Danach erhöht der Astronaut die Drehmasse der Arme und dreht den Oberkörper wieder zurück (e+f). Diesmal fällt die Gegendrehung der Beine wesentlich geringer aus. In Summe hat er seinen Körper nach rechts gedreht, ohne den Drehimpulssatz zu verletzen.

Abb. 11.39

Katzen verstehen eine ganze Menge von Mechanik und landen bei einem Sturz immer auf den Pfoten. Auch dann, wenn man sie mit den Pfoten nach oben auslässt (dieses Experiment ist nur im Dienst der Wissenschaft erlaubt!). Im Prinzip macht die Katze dabei dasselbe wie der Astronaut in Abb. 11.39.

Nach einer kurzen Orientierung (a) dreht sie zuerst den Vorderkörper (a–c) und dann den Hinterkörper (c–e) in die richtige Richtung. Durch Wegstrecken der Beine und durch Verlagern der Drehachse (in b und d eingezeichnet) **erhöht** sie jeweils die **Drehmasse einer Körperhälfte sehr stark.** Wichtige Voraussetzung: Die Wirbelsäule muss um die Längsrichtung extrem beweglich sein. Dieser Trick wird zwar durch den Schwanz erleichtert, ist aber auch ohne ihn möglich: Kaninchen beherrschen ihn ebenfalls.

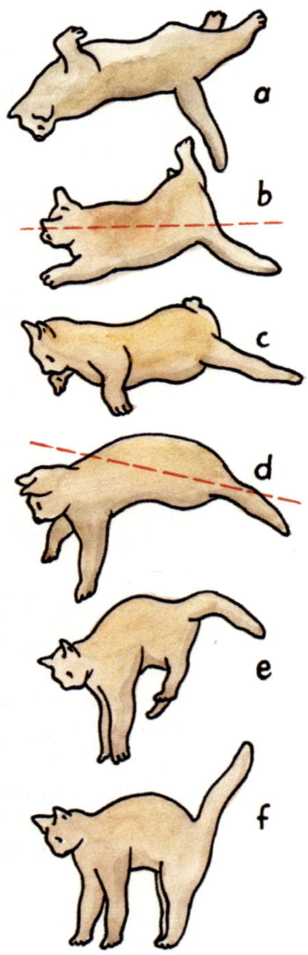

Abb. 11.40

Zusammenfassung

Der Drehimpuls ist Drehmasse mal Winkelgeschwindigkeit. In einem abgeschlossenen System ist die Summe aller Drehimpulse konstant. Jede beginnende Drehung hat dann die Gegendrehung eines anderen Teils zur Folge.

11.5 Sehr lange Arbeitstage

Drehenergie

In diesem Abschnitt geht es um die Drehenergie. Sie ist das Gegenstück zur kinetischen Energie bei der Translation.

F18 Ein Hohlzylinder mit gleicher Masse rollt auf der schiefen Ebene langsamer hinunter als ein Vollzylinder (Abb. 11.9, Kap. 11.2). Kannst du das auch aus Sicht des Energiesatzes erklären?

F19 Durch die Gezeitenreibung verliert die Erde an Drehgeschwindigkeit. Jeder Tag wird im Vergleich zum Vortag um winzige 50 Nanosekunden länger. Wie ist das mit dem Drehimpulssatz zu vereinbaren?

Auch die kinetische Energie der Translation hat ein Gegenstück bei der Rotation, eben die **Rotationsenergie.** Die Masse wird hierbei durch die Drehmasse und die Geschwindigkeit durch die Winkelgeschwindigkeit ersetzt. Mathematisch formuliert man das so:

Formel: Rotationsenergie (Drehenergie)

$$E_{rot} = \frac{I\omega^2}{2}$$

$[E_{rot}] = [I][\omega^2] = kgm^2s^{-2} = J$

I ... Drehmasse — $[I] = kg \cdot m^2$

ω ... Winkelgeschwindigkeit — $[\omega] = s^{-1}$

Beide Hohlzylinder haben zu Beginn nur potenzielle Energie (F18). Am unteren Ende der schiefen Ebene hat sich diese in E_{kin} und E_{rot} umgewandet. Der **Hohlzylinder** hat eine **größere Drehmasse.** Warum? Weil bei gleicher Masse diese weiter von der Drehachse entfernt ist. Der Hohlzylinder hat also mehr Rotationsenergie. Deshalb muss seine kinetische Energie kleiner sein und somit auch seine Rollgeschwindigkeit.

Die Drehenergie der Erde ist astronomisch groß. Wie ist es aber möglich, dass die Erde durch die Gezeitenreibung langsamer wird? Wird dadurch nicht der **Drehimpulssatz** verletzt (F19)? Nein! Man darf die Erde nicht isoliert betrachten. Sie bildet gemeinsam mit dem **Mond** ein **System.** Während sich der Drehimpuls der Erde verringert, erhöht sich der des Mondes.

▸▸▸ i | **Erdrotation** |
▸▸▸ i | **Das Ende der Gezeiten** |

| Erdrotation |

Schätzen wir die Drehenergie der Erde ab und nehmen dazu **vereinfacht** an, dass diese eine **homogene** Kugel ist. Aus Masse ($6 \cdot 10^{24}$ kg) und Radius ($6{,}37 \cdot 10^{6}$ m) ergibt sich dann die Drehmasse:

$$I = \frac{2}{5} m r^2 \approx 10^{38}\ \text{kgm}^2$$

Die **Winkelgeschwindigkeit** der Erde beträgt größenordnungsmäßig $10^{-4}\ \text{s}^{-1}$. Das ergibt für die **Drehenergie** astronomische 10^{34} J. Was kann man sich darunter vorstellen? Die **Sonne** strahlt pro Sekunde **10^{26} J** ab. Obwohl die Erde also so langsam rotiert, hat sie so viel Drehenergie, wie die Sonne in 10^8 s oder rund 3 Jahren abstrahlt! Das ist sehr erstaunlich!

Wie viel Energie geht jeden Tag durch die Gezeitenreibung in Form von Wärme verloren? Wir müssen dazu die Winkelgeschwindigkeit genau ausrechnen.

$$\Delta E_{rot} = \frac{I(\omega_1{}^2 - \omega_2{}^2)}{2} = \frac{\frac{2}{5} m r^2 (\omega_1{}^2 - \omega_2{}^2)}{2}$$

$\omega_1{}^2 - \omega_2{}^2$ ist so winzig, dass man eine Näherungsgleichung braucht, nämlich $(8\pi^2 \Delta T)/T^3$. Das gibt etwa $6 \cdot 10^{-21}\ \text{s}^{-1}$. Für ΔE_{rot} ergibt das dann $3 \cdot 10^{17}$ J. Der Energieverlust durch die Gezeitenreibung an nur einem einzigen Tag ist so groß, wie der **jährliche Gesamtenergieverbrauch von ganz Österreich!** Leider kann man diese Energie nicht nutzen!

| Das Ende der Gezeiten |

Die **Gezeiten** bremsen die **Erdrotation,** und jeder Tag dauert 50 Nanosekunden länger als der Vortag. Die Erde alleine kann aber ihre Rotationsgeschwindigkeit nicht verändern. Sie ist mit dem **Mond** durch die Gravitation verbunden und als Ausgleich muss sich dessen Drehimpuls erhöhen. Der Mond wird beschleunigt und entfernt sich pro Jahr um etwa 3 cm von der Erde. Dieser Vorgang dauert so lange, bis die Erde dem Mond immer dieselbe Seite zuwendet. Dann stehen die Flutberge relativ zur Erde still (nur die kleinere Gezeitenwirkung der Sonne würde übrig bleiben).

Vor etwa 400 Millionen Jahren hatte ein Jahr noch 400 Tage. Erst wenn der Mond 1,5-mal so weit weg ist wie heute, werden sich die Tage nicht mehr verkürzen. Dann allerdings ist die Erde so langsam geworden, dass sie sich in einem Jahr nur mehr knapp 7-mal um die eigene Achse drehen wird. Das wären verdammt lange Arbeitstage!

Zusammenfassung

Die Drehenergie ist eine besondere Form der kinetischen Energie und sie unterliegt, wie auch alle anderen Energieformen, dem Energiesatz.

11.6 | Der Schein trügt

Kräfte in rotierenden Systemen

In diesem Abschnitt geht es um Kräfte, die bei Rotationen auftreten. Es ist ziemlich schwer, diese Kräfte zu verstehen, weil sie scheinbar unseren Alltagserfahrungen widersprechen.

F20 Was ist ein Inertialsystem und was besagt der Trägheitssatz? Schau noch einmal in den Kapiteln 6.1 und 8.2 nach!

F21 Warum „schneiden" Rennfahrer die Kurven?

F22 Allo Diavolo fuhr **1901** als erster Mensch mit dem Fahrrad durch einen Looping. Wie kann man erklären, dass er am höchsten Punkt nicht runter fiel? **Abb. 11.41**

F23 Am Jahrmarkt sieht man manchmal Zylinderkarusselle. Durch die Rotation fühlen sich die Personen gegen die Wand gepresst, und man kann sogar den Boden wegklappen. Welche Kräfte wirken aus deiner Sicht, wenn du von außen deinen Freund betrachtest.

Abb. 11.42

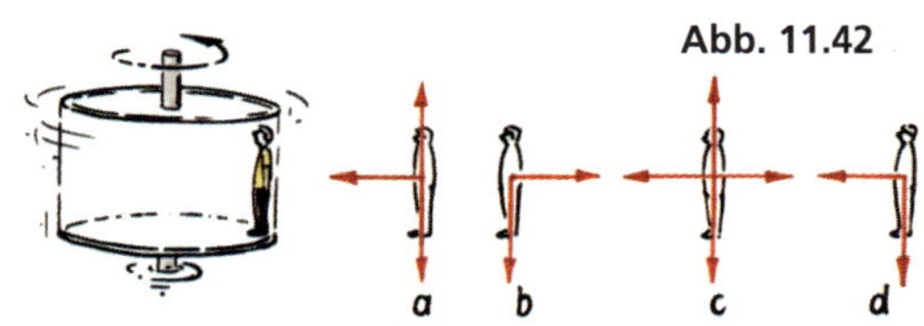

F24 Man sagt ja, dass um die Erde kreisende Astronauten schwerelos sind. Heißt das also, dass es dort keine Schwerkraft mehr gibt? Und gibt es eine Möglichkeit, durch Rotation künstliche Schwerkraft zu erzeugen?

Abb. 11.43

F25 Welche Kurve wird der Ball aus deiner Sicht beschreiben, wenn du auf einer rotierenden Scheibe stehst? Und wie ist das für eine Person, die nicht auf der Scheibe steht?

Abb. 11.44

Die Geschichte **von Zentripetal- und Zentrifugalkraft** ist eine mit vielen Missverständnissen. Wir fangen zunächst einmal an, alles aus der Sicht eines **ruhenden Beobachters** zu betrachten, der sich nicht mitdreht. Zur Erinnerung: Wenn ein Gegenstand seine Geschwindigkeit ändert (wenn er beschleunigt wird), dann wirkt eine Kraft auf ihn. Oder anders formuliert: $\boldsymbol{F = ma}$. Das ist die Bewegungsgleichung (Kap. 8.3).

Wenn sich zum Beispiel ein Auto auf einer Kreisbahn bewegt, dann dreht sich der **Geschwindigkeitsvektor** (Abb. 11.45). Das Auto wird beschleunigt, und dazu ist eine Kraft notwendig. Diese Kraft zeigt immer zum Mittelpunkt der Kreisbahn. Man nennt sie **Zentripetalkraft**. Übersetzt bedeutet das „zum Zentrum strebende Kraft". Um die Kreisbahn des Autos aus der Sicht eines ruhenden Beobachters erklären zu können, ist also eine Kraft notwendig, die nach innen zeigt!

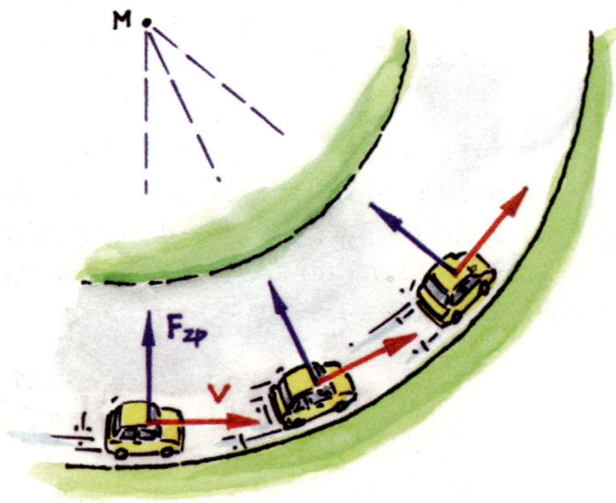

Abb. 11.45: Die Zentripetalkraft F_{zp} steht immer normal auf $\boldsymbol{v}$. Daher wird $\boldsymbol{v}$ bei gleichem Betrag gedreht.

Formel: Zentripetalkraft

$$F_{zp} = m\frac{v^2}{r} = m\frac{(r\omega)^2}{r} = m\omega^2 r$$

	$[F]$ = N
m ... Masse	$[m]$ = kg
r ... Radius der Kreisbahn	$[r]$ = m
v ... Tangentialgeschwindigkeit	$[v]$ = m/s
ω ... Winkelgeschwindigkeit	$[\omega] = s^{-1}$

▸▸▸ i | Zentripetalkraft |

Die **Zentripetalkraft ist keine spezielle Kraft** wie etwa die Gravitation. Der Name gibt nur an, in welche Richtung sie wirkt. Es kann sich dabei um eine Reibungskraft handeln wie beim Auto, eine Gravitationskraft wie beim Raumschiff im Orbit oder die Kraft, mit der die Wand des Karussells auf dich drückt. Die **Zentripetalkraft** setzt sich aus den wirklich am Körper angreifenden Kräften zusammen und **ist nicht eine Kraft, die zusätzlich zu diesen wirkt!**

Warum **„schneiden"** Rennfahrer die Kurven (F21)? Es gibt eine maximale Zentripetalkraft, die durch die **Haftreibung** begrenzt ist. Wird sie überschritten, fliegt man aus der Kurve (Abb. 11.4). Durch das Schneiden wird der Radius der Kreisbahn größer, und man kann bei gleicher F_{zp} schneller fahren (Abb. 11.47). Wenn man den Radius verdoppelt, kann man die Geschwindigkeit um 41 % erhöhen. Rechne nach!

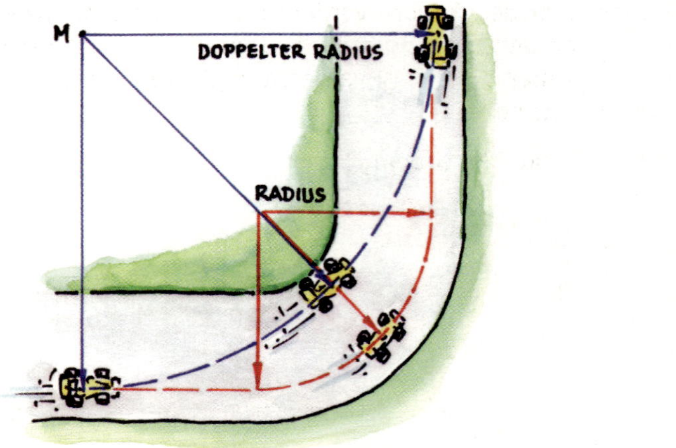

Abb. 11.47: Radiusvergrößerung durch Kurvenschneiden.

i | Zentripetalkraft |

Wie groß ist die **Zentripetalkraft?** Bestimmen wir zuerst geometrisch die **Zentripetalbeschleunigung.** Erinnere dich an Folgendes:

1) Die Tangentialgeschwindigkeit steht immer normal auf den Kurvenradius (Abb. 11.46).

Abb. 11.46

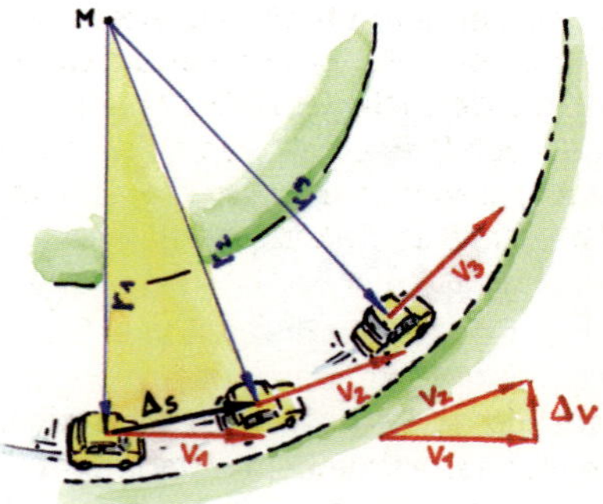

2) $v = \Delta s/\Delta t$ und daher ist $\Delta s = v\Delta t$

3) Für die Beschleunigung gilt immer: $a = \Delta v/\Delta t$.

In der Zeit Δt legt das Auto den Weg Δs zurück und ändert dabei die Geschwindigkeit um Δv (Abb. 11.46). Das gelbe Dreieck $r_1 r_2 \Delta s$ und das gelbe Dreieck $v_1 v_2 \Delta v$ sind ähnlich (für das zweite Dreieck wurden die Vektoren parallel verschoben). Daher gilt

$$\frac{\Delta v}{v} = \frac{\Delta s}{r} = \frac{v\Delta t}{r} \Leftrightarrow \frac{\Delta v}{\Delta t} = \frac{v^2}{r} = a$$

Die **Zentripetalbeschleunigung** ist also $a_{zp} = v^2/r$.
Da für jede Kraft $F = ma$ gilt, ist die Zentripetalkraft daher $F_{zp} = mv^2/r$.

Wie ist das mit dem **Looping** (F22)? Überlegen wir einmal qualitativ. Nimm an, dass die rechte Seite des Loopings fehlt (Abb. 11.48). Die Geschwindigkeit von Allo Diavolo muss am höchsten Punkt so groß sein, dass seine Flugparabel **außerhalb des Loopings** liegt (grün). Ist die Geschwindigkeit zu klein, dann liegt die Flugparabel **innerhalb des Loopings** (rot), und er würde den Boden über den Rädern verlieren. Er würde zwar wieder gegen den Looping prallen, aber kontrolliert wäre das nicht mehr. Die Minimalgeschwindigkeit kann man auch berechnen.

››› i | Loop the Looping |

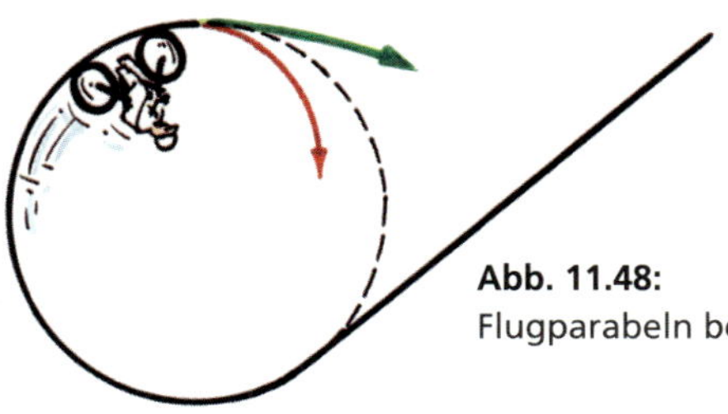

Abb. 11.48:
Flugparabeln bei offenem Looping

Die Frage mit dem Zylinderkarussell (F23) ist eine harte Nuss. Bedenke: Du betrachtest deinen Freund von außen. Wenn dieser nicht nach unten rutscht, dann muss die **Schwerkraft** durch eine Gegenkraft kompensiert sein. Diese Kraft ist die Reibungskraft. Somit heben sich die vertikalen Kräfte auf und er rutscht nicht. Für die Kreisbahn ist außerdem wieder die nach innen gerichtete **Zentripetalkraft** notwendig. Also ist a richtig!

Und jetzt kommen wir zur ominösen Zentrifugalkraft. Stell dir vor, auf einer rotierenden Scheibe ist eine Kugel an einer Feder montiert (Abb. 11.50). Der Beobachter außen (a) sagt: „Die Kugel beschreibt eine Kreisbahn. Dazu ist eine Zentripetalkraft notwendig. Sie zeigt nach innen." Diese Sichtweise kennst du schon. Der mitrotierende Beobachter (b) sagt aber: „Scheibe und Kugel sind in Ruhe. Alle Kräfte sind im Gleichgewicht. Die Federkraft wird von einer Kraft ausgeglichen, die von mir wegzeigt." Diese Kraft nennt man **Zentrifugalkraft (F_{ZF})**. Es gilt: $F_{ZP} = -F_{ZF}$.

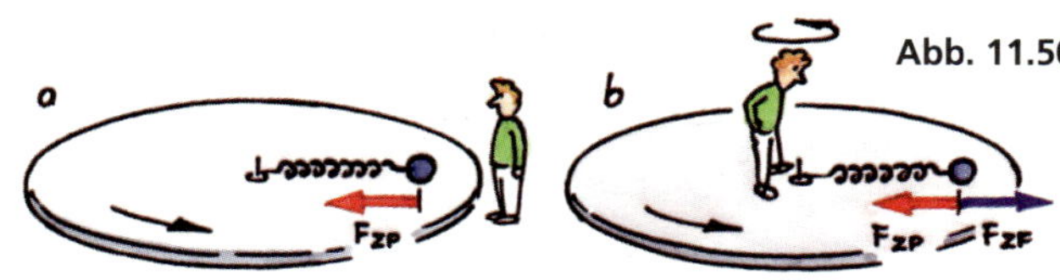

Abb. 11.50

Stell dir nun vor, dass die Befestigung der Kugel abreißt (Abb. 11.51). Der **Beobachter außen** (a) sagt: „Auf die Kugel wirken keine Kräfte und sie fliegt tangential weg". Der **rotierende Beobachter** (b) sagt: „Die Kugel fliegt durch die Zentrifugalkraft nach außen weg."

Abb. 11.51

Du siehst, dass die Zentrifugalkraft nur für einen rotierenden Beobachter existiert. In einem Inertialsystem gibt es diese Kraft nicht! Man nennt die Zentrifugalkraft daher auch eine **Scheinkraft**. Damit meint man Kräfte, die nur in bestimmten Bezugssystemen existieren. Damit meint man aber nicht, dass sie gar nicht existiert. Schließlich kannst du sie in einer Kurve tatsächlich spüren. Aber was spürst du da eigentlich? Begeben wir uns jetzt ins rotierende System!

Warum fühlt sich ein **Astronaut** in der Umlaufbahn **schwerelos** (F24)? Weil Zentripetalkraft (die Gravitation) und Zentrifugalkraft einander aufheben (Abb. 11.52 a). Oder anders erklärt: Im Orbit befindest du dich im freien Fall und dann verschwindet die Gravitation immer (siehe Kap. 7.1).

---

i

| Loop the Looping |

Die Zentripetalkraft setzt sich aus den wirklich am Körper angreifenden Kräften zusammen. Am höchsten Punkt sind das die **Gravitationskraft *G*** und die **Normalkraft *N***. Die Normalkraft entsteht durch den Druck der Loopingbahn auf das Rad. Beide zusammen ergeben die Zentripetalkraft (Abb. 11.49 a). Daher gilt:

$$-N - G = F_{zp} \Rightarrow N + mg = m\frac{v^2}{r}$$

Im Grenzfall ist die Geschwindigkeit so gering, dass die Normalkraft völlig verschwindet. Die Zentripetalkraft kommt dann nur durch *G* zustande (b).

$$g = \frac{v^2}{r} \Rightarrow v = \sqrt{gr}$$

Wenn wir annehmen, dass der Looping einen Radius von 3 m hat, dann ergibt das eine Grenzgeschwindigkeit von etwa 5,5 m/s. Sonst bewegt sich **Allo Diavolo** entlang der roten Kurve (Abb. 11.48).

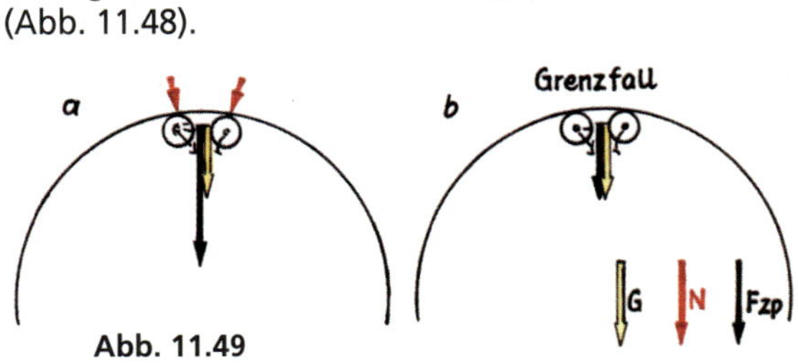

Abb. 11.49

In Science-Fiction-Filmen sehr beliebt ist die **künstliche Gravitation.** Die einzige technisch machbare Lösung ist mit Hilfe von Beschleunigung. Wenn man etwa eine ringförmige Raumstation mit der richtigen Geschwindigkeit dreht, dann kann man 1 *g* erzeugen und es herrschen Erdverhältnisse (Abb. 11.52 b). Aber wie können Schwerelosigkeit und 1 *g* auf praktisch gleiche Weise zustande kommen? Das ist doch paradox!

Der Unterschied liegt darin, wie die Zentripetalkraft entsteht! Im Fall a greifen Zentrifugalkraft und Zentripetalkraft (Gravitation) an **jedem einzelnen Atom** deines Körpers an und heben dort einander auf (Abb. 11.52 a). Das macht dich schwerelos. Im Fall b greift die Zentrifugalkraft zwar auch an jedem Atom deines Körpers an, aber die Zentripetalkraft (Normalkraft) der Raumstation drückt **nur auf deine Füße.** Dadurch wird dein Körper verformt und das kannst du spüren.

Abb. 11.52: Schwerelosigkeit und 1 *g* entstehen scheinbar auf gleiche Weise.

Du kannst Kräfte, die an allen Atomen angreifen, nicht spüren. Egal ob es nun die Gravitation ist (etwa im freien Fall), die Zentrifugalkraft (wie bei Abb. 11.51 b) oder eine Kombination von beiden (Abb. 11.53 a). Es klingt absurd, weil du es anders empfindest, aber du spürst in einer Kurve eigentlich, **dass die Zentripetalkraft nicht an derselben Stelle angreift wie die Zentrifugalkraft** (Abb. 11.52 b). Das ist schwer zu verstehen, aber es lohnt sich, ein wenig darüber nachzudenken!

Abb. 11.53: Vergrößerung aus Abb. 11.52

Bei frisch gemolkener Milch setzt sich nach einiger Zeit der Rahm oben ab, weil er leichter ist als die Magermilch. Beim Blut ist es ähnlich: Die leichten, flüssigen Bestandteile steigen auf und die festen sinken ab. Könntest du die Gravitation erhöhen, dann würden diese Vorgänge wesentlich schneller ablaufen. Nach diesem Prinzip funktioniert eine **Zentrifuge.** Durch die Rotation erzeugst du eine **gewaltige Zentrifugalkraft,** die praktisch wie eine künstliche Schwerkraft wirkt (wie in Abb. 11.52 b). So wird zum Beispiel Blut mit 700 *g* zentrifugiert, um es in seine Bestandteile zu zerlegen.

i

| Corioliskraft |

Neben der **Zentrifugalkraft** tritt in rotierenden Systemen noch eine zweite Scheinkraft auf, die so genannte **Corioliskraft.** Sie wirkt auf bewegte Gegenstände und ihre Wirkungsweise kann man mit einem Wurf auf einer rotierenden Scheibe erklären (F25)? Für die **Person außen** fliegt der Ball geradewegs zur anderen Fahne und somit rechts an deinem Freund vorbei (Abb. 11.54 a).

Abb. 11.54

Für **dich auf der Scheibe** drehen sich die Fahnen scheinbar im Uhrzeigersinn. Der Ball fliegt zur Fahne und daher in eine Kurve nach rechts (b). Auf den Ball wirkt also **eine scheinbare Kraft, die quer zur Flugrichtung steht.** Die Corioliskraft spielt auf der Erde meist keine Rolle, weil sich diese so langsam dreht. Nur bei den Winden ist sie zu merken. Durch die Corioliskraft entstehen nämlich die riesigen Wolkenspiralen. Ohne diese Kraft würden die Winde gerade wehen.

Abb. 11.55: Zyklone, die durch Tiefdruck entstanden ist

››› i | Corioliskraft |

Zusammenfassung

In rotierenden Systemen treten zwei Scheinkräfte auf. Die Zentrifugalkraft zeigt von der Drehachse weg. Die Corioliskraft wirkt auf bewegte Gegenstände und zeigt quer zur Bewegungsrichtung. Beide Kräfte verschwinden, wenn man sich in einem Inertialsystem befindet.

11.7 War einmal ein Bumerang
Kreisel

In diesem Abschnitt geht es darum, warum Kreisel sich so eigenartig verhalten.

F26 Was passiert mit der Geschwindigkeit eines Gegenstandes, wenn eine Kraft in Bewegungsrichtung wirkt bzw. quer dazu?

F27 ▸L Pistolen- und Gewehrkugeln bekommen beim Abschuss einen Drall mit. Warum?

F28 ▸L Stimmt die folgende Behauptung? Der Bumerang ist eine Jagdwaffe der Aborigines in Australien, die den Vorteil hat, dass sie nach einem Fehlwurf wieder zurückkommt.

Zur Erinnerung: Die **Winkelgeschwindigkeit** wird durch einen Vektor beschrieben, dessen Richtung mit der rechten Hand bestimmt werden kann (siehe Abb. 11.3). Für das **Drehmoment** gilt dasselbe (Abb. 11.19). In Abb. 11.56 a siehst du den Vektor der Winkelgeschwindigkeit eines rotierenden Kreisels. Bei b siehst du einen nicht rotierenden Kreisel, der schwerkraftbedingt gerade kippt. Zur besseren Übersicht ist nur der Drehmomentvektor eingezeichnet.

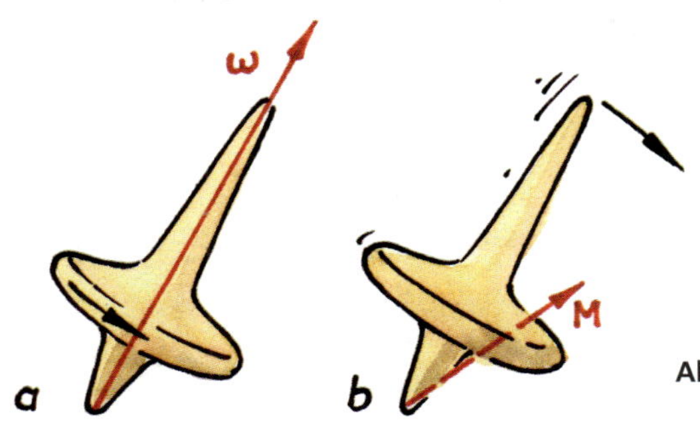

Abb. 11.56

Um nun das eigenartige Verhalten eines Kreisels zu verstehen, gehen wir noch einmal zur Translation zurück (F26). Wenn auf einen Gegenstand eine **Kraft in Bewegungsrichtung** wirkt, dann wird seine **Geschwindigkeit größer.** Das ist zum Beispiel der Fall, wenn du auf einem Tretroller Schwung gibst (Abb. 11.57 a).

Abb. 11.57

Wenn auf einen Gegenstand eine **Kraft quer zur Bewegungsrichtung** wirkt, dann dreht sich der **Geschwindigkeitsvektor** bei gleicher Länge. Das ist zum Beispiel bei einem Auto in der Kurve so (b).

Bei **Drehmoment (*M*) und Winkelgeschwindigkeit (*ω*)** ist es ganz ähnlich. Wenn ***M*** und ***ω*** **parallel** stehen, dann wird die Winkelgeschwindigkeit größer. Das ist der Fall, wenn du auf einem Ringelspiel Schwung gibst (Abb. 11.58).

Abb. 11.58

Wenn ***M*** und ***ω*** aber **normal aufeinander stehen,** dann wird der Vektor der Winkelgeschwindigkeit bei gleicher Länge gedreht. Und das ist eben bei einem Kreisel der Fall. Man würde bei Abb. 11.59 a erwarten, dass die Achse durch die Schwerkraft nach rechts kippt, aber sie kippt im rechten Winkel dazu – in diesem Fall nach hinten. Ein rotierender Gegenstand weicht der erwarteten Bewegung immer im rechten Winkel aus. Oder anders ausgedrückt: **Die Kräfte, die an einem Kreisel angreifen, wirken sich scheinbar um 90° in Rotationsrichtung verdreht aus.** Dadurch entsteht eine kreisende Achsenbewegung, die man **Präzession** nennt (b).

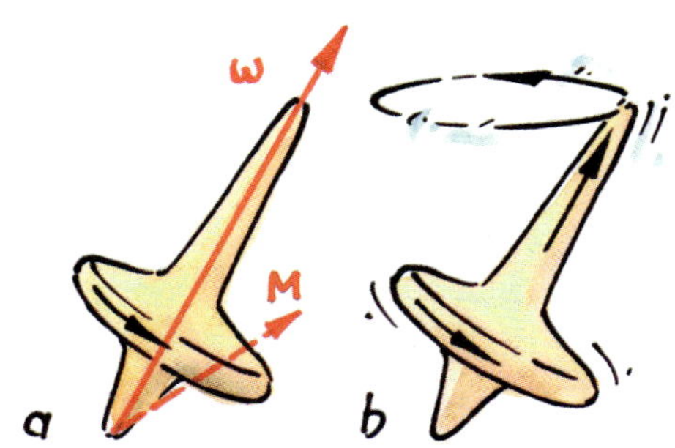

Abb. 11.59

Diese Präzession ermöglicht zum Beispiel den Rückkehrflug eines **Bumerangs** (Abb. 11.60). Dieser wird beinahe senkrecht abgeworfen. Der Startwinkel ist also etwa 0°. Ein Bumerang besteht aus zwei Tragflächen und ist somit ein Kreisel mit Flügeln (Abb. 11.61 a). Wenn er rotierend durch die Luft fliegt, dann strömt diese von den Stirnkanten an und erzeugt an beiden Tragflächen einen **Auftrieb** (Abb. 11.61 b). Weil sich der obere Arm durch die Rotation in Flugrichtung bewegt und der untere dagegen, ist die Anströmgeschwindigkeit der Luft oben größer als unten (in Abb. 11.62 a in m/s angegeben). Deshalb erhält der obere Arm auch den größeren Auftrieb (b).

Abb. 11.60

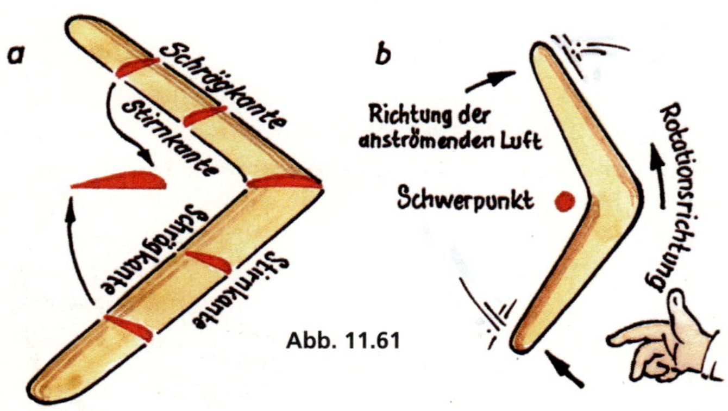

Abb. 11.61

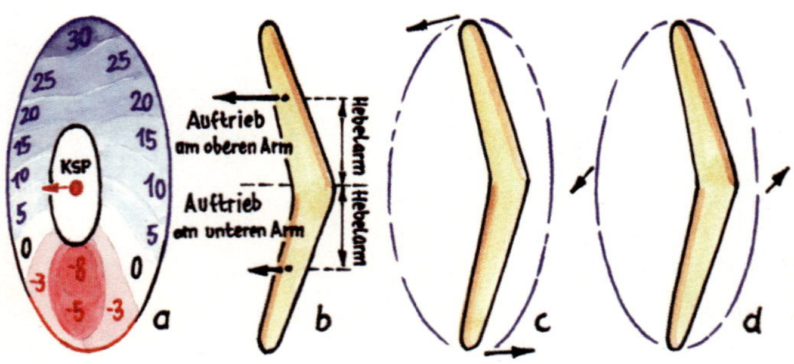

Abb. 11.62

Man würde nun erwarten, dass der Bumerang so kippt, wie in c dargestellt. Die Kräfte, die an einem Kreisel angreifen, wirken sich aber **um 90° in Rotationsrichtung verdreht** aus. Daher kippt der Bumerang so wie in Abb. 11.62 d. Er lenkt gewissermaßen ein und beschreibt dadurch seine Kreisbahn.

▸▸▸ **e** | **Zimmerbumerang** |
▸▸▸ **a** | **Physik am Ringelspiel** |

| Physik am Ringelspiel |

F29 ▸L Ein Auto fährt durch eine Kurve, deren engster Radius 15 m beträgt. Welche Zentripetalbeschleunigung wirkt bei einem Tempo von 30, 60, 90 und 120 km/h? Und welche dieser Beschleunigungen ist realistisch?

F30 ▸L Was macht die Zwirnrolle in Abb. 11.18, wenn die Wirkungslinie genau durch den Auflagepunkt geht und warum?

F31 ▸L Die Einheit des Drehmoments ist das Newtonmeter. Das ist dieselbe Einheit wie die der Arbeit. Ist das Drehmoment daher eine Arbeit?

F32 ▸L Zeichne in Abb. 11.21 die Drehmomentsvektoren ein.

F33 ▸L Früher hieß es, dass farbige Sprinter deswegen so gut sind, weil sie längere Fersenbeine besitzen. Was ist dazu aus physikalischer Sicht zu sagen?

F34 ▸L Die Eisläuferin zieht ihre Arme an und erhöht dabei ihr Winkelgeschwindigkeit. Was ist mit dem Drehimpuls und der Drehenergie? Verändern sie sich?

F35 ▸L Versuche die Gleichung für die Drehmasse abzuleiten. Gehe von den Gleichungen für die kinetische Energie und die Bahngeschwindigkeit aus und nimm an, dass sich ein rotierender Gegenstand aus vielen kleinen Massenpunkten zusammensetzt.

F36 ▸L Um wie viel muss der Anlauf von ALLO DIAVOLO über dem Looping liegen, damit er diesen schaffen kann?

F37 ▸L Eine Raumstation hat einen Radius von 90 m. Wie schnell muss sie rotieren, damit die Zentripetalkraft 1 *g* beträgt? Wie würde sich die künstliche Schwerkraft auswirken?

Abb. 11.64

F38 ▸L Stimmt es, dass das Wasser aus dem Waschbecken auf der Nordhalbkugel im Uhrzeigersinn und auf der Südhalbkugel gegen den Uhrzeigersinn ausläuft? Und dass sich Eisenbahnschienen unterschiedlich abnützen und Flussufer durch die Corioliskraft unterschiedliche Erosion aufweisen?

F39 ▸L Leite die Gleichung für die Tangentialgeschwindigkeit ab. Gehe dabei von der allgemeinen Gleichung für die Geschwindigkeit aus.

e

| Zimmerbumerang |

In der Abb. 11.63 siehst du das Modell eines **Zimmerbumerangs** (Karton mit 350 g/m² wäre ideal). Da du kein Profil einarbeiten kannst, musst du den Karton an den gekennzeichneten Linien nach unten biegen, um eine Art Tragflächenprofil zu erzeugen.

Die abgebildete Seite liegt beim Wurf innen, die umgebogenen Teile zeigen nach außen. Der Durchmesser der Bahn beträgt nur etwa 2 bis 3 m.

Wichtig: mit wenig Kraft, aber viel Rotation werfen. So zu werfen, dass das Ding zurückkommt, ist nicht einfach. Du brauchst Geduld und auch Geschick dazu.

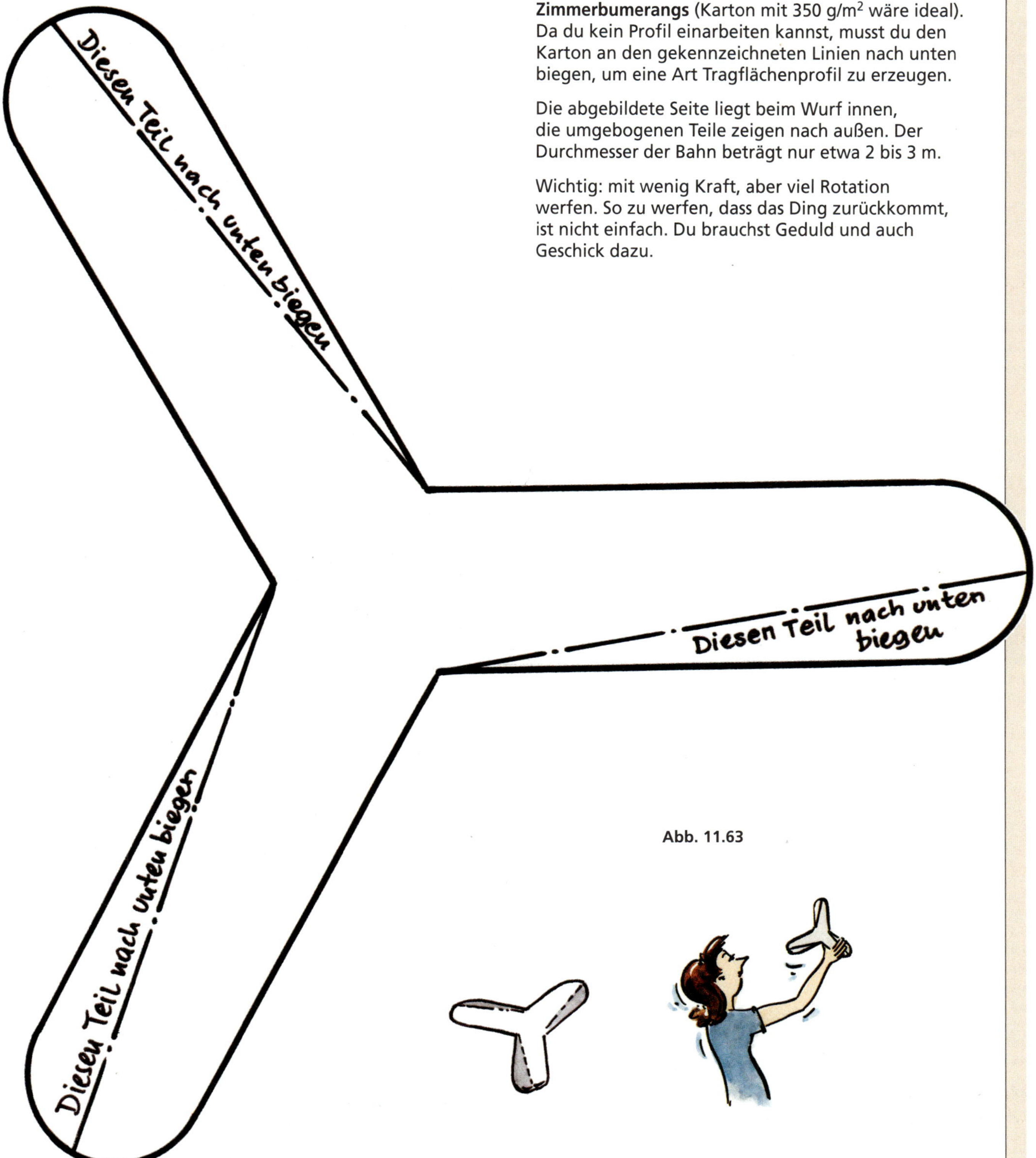

Abb. 11.63

LÖSUNGEN

2 Die sieben SI-Einheiten

F2 Es gelten folgende Umrechnungen: 1 Zoll (oder auch Inch) sind 2,54 cm. Wenn dein Computermonitor eine Diagonale von 17 Zoll hat, dann sind das also 43,18 cm. Ein Fuß sind 30,48 cm. Ein Meter hat somit 3,28 Fuß oder 3 Fuß und 3 3/8 Zoll. Ein Yard sind 91,44 cm.

F3 Die Bezeichnung dpi bedeutet dots per inch, also wie viele Punkte pro Zoll (2,54 cm) ausgedruckt werden. 600 dpi bedeutet also, dass ein einzelner Punkt nur unglaubliche 0,0423 mm groß ist.

F4 In Österreich waren unter anderem Klafter (1,8965 m), Elle (die große Wiener Elle hatte 0,7775 m), Joch (5.754,642 m^2), Eimer (56,589 l) oder Zentner (56,006 kg) üblich.

F5 144, also ein Dutzend Dutzend, nannte man ein Groß. Und dann gab es noch ein Schock (60, also 5 Dutzend) und ein Großdutzend (120). Wie viele Dutzend sind 99? Blöd zu rechnen, hm?

F9 Unser Heimatplanet wird andauernd von Partikeln aus dem Weltall getroffen, von den winzigen Teilchen des Sonnenwindes bis hin zu Meteoriten. Man schätzt grob, dass pro Jahr allein etwa 40.000 Tonnen Material von Meteoriten auf die Erde niedergehen. Aber die Masse der Erde ist so groß, dass man das davon überhaupt nichts merkt. Warum? Vergleich einfach die Größenordnungen: Masse der Erde 10^{25} kg, Massenzunahme pro Jahr 10^4 kg. Selbst seit Bestehen der Erde (etwa 4 Milliarden Jahre) hat ihre Masse nur um 10^{14} kg zugenommen.

F10 Die Architektur eines PC baut auf dem Dualsystem auf und die Zahlen sind immer Potenzen von 2. Deshalb sind ein Kilobyte nicht 1000, sondern 1024 Byte, also 2^{10} Byte. Ein Megabyte sind 1024 Kilobyte und somit 1024^2 oder 1 048 576 Byte, ein Gigabyte 1 073 741 824 Byte. Wenn man genau ist! Aber über den Daumen kommt man auch damit aus, dass 1 Gigabyte etwa 10^9 Byte sind. FLOP ist die Abkürzung für „Floating Point Operations per Second", also Fließkomma-Operationen pro Sekunde. In Teraflops wird also die Rechengeschwindigkeit angegeben. Die Supersuperrechner im Jahr 2004 hatten über 60 Teraflops, also über 60 Billionen Rechenoperationen pro Sekunde.

F13

a) $3{,}7 \cdot 10^6$	b) $52 \cdot 10^9 = 5{,}2 \cdot 10^{10}$	c) $2 \cdot 10^5$
d) $12 \cdot 10^3 = 1{,}2 \cdot 10^4$	e) $2 \cdot 10^{-6}$	f) $7 \cdot 10^{-9}$
g) $7 \cdot 10^{-2}$	h) $3 \cdot 10^{-3}$	i) $5 \cdot 10^{-7}$ m
j) $6{,}37 \cdot 10^6$ m	k) $0{,}37 \cdot 10^9$ m	l) $0{,}3 \cdot 10^{-9}$ m

F16 Jeder Gegenstand dehnt sich aus, wenn er erwärmt wird. Bei Metall ist dieser Effekt übrigens sehr groß. Auf der anderen Seite ist aber Metall sehr robust. Das Problem ist, dass man bei der Längenmessung auf die Temperatur achten muss. Wird das Urmeter von 0 °C auf 20 °C erwärmt, verlängert es sich um 0,3 mm.

F17 Gibt es eine größte und kleinste Länge? Theoretisch zwar nicht, aber rein praktisch gibt es eine obere und untere Grenze. Die sinnvolle obere Grenze ergibt sich aus dem Durchmesser des Universums. Der liegt nach heutiger Ansicht bei etwa 10^{26} m. Wenn etwas noch länger wäre, dann könnte man das im Universum nicht unterbringen.

Am unteren Ende der Sinnhaftigkeit befindet sich mit 10^{-35} m die Planck-Länge. Jedes Objekt, das kleiner wäre als die Planck-Länge, hätte aufgrund der so genannten Unschärferelation (siehe Kap. 26.6, BB 7) so viel Energie bzw. Masse, dass es zu einem Schwarzen Loch kollabieren würde, dessen Gravitation so hoch ist, dass nicht einmal Licht entweichen kann (siehe BB 8). Was kleiner ist, kann nicht gemessen werden. Und zwar nicht, weil unsere Technik zu schlecht ist, sondern weil die Naturgesetze das nicht zulassen.

(**Anm.**: Die Unschärferelation besagt, dass man Impuls und Ort eines Teilchens nicht beliebig genau messen kann und ist ein Kernstück der Quantenmechanik. Ein schwarzes Loch ist ein ausgebrannter und kollabierter Stern, dessen Gravitation so hoch wird, dass nicht einmal Licht entweichen kann.)

F18 Die Gegenstände haben eine Dicke von 4,6 mm und von 15,5 mm.

F20 Aus dem Jahr **1983** ist die aktuelle Definition für das Meter. Es wurde damals mit Hilfe der Zeit bestimmt, die das Licht für 1 m benötigt. Dadurch sind aber Meter und Lichtgeschwindigkeit untrennbar miteinander verknüpft. Messen der Lichtgeschwindigkeit ist sinnlos geworden, weil sich ja aus der Definition des Meters die Lichtgeschwindigkeit ohne Messung ausrechnen lässt: $c = s/t = 1$ m/(1/299 792 458) s = 299 792 458 m/s. Die Messung macht nur zum Eichen eines Geräts Sinn!

F22 Die Sonne dreht sich (natürlich scheinbar) in 24 Stunden einmal um die Erde, das sind also 360°. In einer Stunde dreht sie sich also um 360°/24 = 15°.

F24 Die kürzeste sinnvolle Zeit ist die Planck-Zeit (siehe auch Frage 16). Es handelt sich dabei um die Zeit die das Licht benötigt, um die Planck-Länge zurückzulegen, und sie liegt in der Größenordnung von 10^{-43} s. Die größte sinnvolle Zeit ist das Alter des Universums. Etwas Älteres kann es ja nicht geben! Das Alter des Universums liegt nach heutiger Ansicht bei 13,7 Milliarden Jahren, das sind etwa $4 \cdot 10^{17}$ Sekunden.

F25/26 Die Schwingungsdauer eines Fadenpendels ist von der Masse unabhängig und bei kleinen Auslenkungen auch von der Schwingungsweite. Vielleicht hast du auch herausbekommen, dass t von der Wurzel der Pendellänge abhängt, also vierfache Pendellänge, doppelte Schwingungsdauer. Die Gleichung, mit der man die Schwingungsdauer berechnen kann, lautet:

$$t = 2\pi\sqrt{\frac{l}{g}}$$

g ist die Erdbeschleunigung (da kommen wir später noch dazu) und ist 9,81 ms^{-2}. Du willst ein Pendel, das in 2 Sekunden einmal hin und her schwingt. Für eine Halbschwingung ist das daher 1 Sekunde und deshalb nennt man es auch **Sekundenpendel**. Forme um:

$$l = \frac{t^2 g}{4\pi^2} = 0{,}99396\ \text{m} \approx 99{,}4\ \text{cm}$$

Ein Sekundenpendel ist also knapp 1 m lang.

F27 Die Antwort ist a). Die Masse eines Gegenstandes bleibt immer gleich groß. Was sich ändern kann, ist das Gewicht. Das Gewicht der Astronauten ist am Mond etwa 1/6 von dem auf der Erde, aber die Masse ist gleich groß! Die Masse des Astronauten ist sogar auch dann immer noch gleich groß, wenn er schwerelos im All schwebt. Masse ist also unveränderlich.

F29 Das Volumen einer Kugel lässt sich mit $V = (4r^3\pi)/3$ berechnen und beträgt für eine Kugel mit dem Radius 1 m etwa 4,2 m^3. Da ein Kubikmeter Kork immerhin eine Masse von 300 kg hat, summiert sich das auf 1256 kg!

F31 Der Tabelle kannst du entnehmen, dass Luft eine Masse von etwa 1,2 kg pro m^3 hat. Du musst also nur das Volumen des Physiksaals abschätzen. Ist er zum Beispiel 12 m lang, 6 m breit und 3,5 m hoch, dann ist sein Volumen 252 m^3 und die Luftmasse daher etwa 300 kg. Auch überraschend viel, oder?

3 Woraus alles besteht

F3 Die Wissenschaftler sprechen lieber von Teleportation. Darunter versteht man, dass man eine exakte Kopie eines Gegenstandes an einem anderen Ort erstellt (momentan sind diese „Gegenstände" Quanten) und nach dem Kopieren der ursprüngliche Gegenstand nicht mehr vorliegt.

F5 Der Durchmesser eines Atoms liegt in der Größenordnung von 10^{-10} m. Auf einem Meter kannst du daher 10^{10} Teilchen anordnen und auf einem Zentimeter 10^{8}, also 100 Millionen Teilchen. Wer kann sich das schon vorstellen?

F8 Wasserstoff ist nicht nur das häufigste Element, sondern hat auch die kleinsten Atome. Quecksilber und Brom sind die einzigen Elemente, die bei Zimmertemperatur flüssig sind. Quecksilber ist übrigens ein flüssiges Metall! Und Kohlenstoff ist das einzige Element, mit dem man jene langen Moleküle bauen kann, aus denen alle Lebewesen bestehen.

F16 In ein Schnapsglas passt ja etwa ein Mol Wasser. Wenn du dieses Mol in den Weltmeeren verteilst, dann bleiben trotzdem noch in jedem Liter Wasser etwa 7000 Moleküle!

F24 Die Wahrscheinlichkeit Kopf zu werfen ist 50 %. Mit jedem Wurf verringert sich – statistisch gesehen – die Zahl der Schüler um 50 %. Nach einem Wurf sind also noch 16 über, dann 8, 4, 2 und 1 Schüler. Statistisch gesehen! In der Praxis wird es viele Abweichungen davon geben. Im Prinzip könnte sein, dass schon nach dem ersten Wurf alle draußen sind. Je größer die Ausgangszahl, desto besser stimmt die Prognose. Auch beim Roulette kann man nicht die nächste Zahl voraussagen. Aber man kann voraussagen, wie oft im Schnitt welche Zahl kommt, wenn man sehr viele Versuche hat.

4 Tooltime

F14 Nur das Newton wird als Vektor beschrieben.

F17

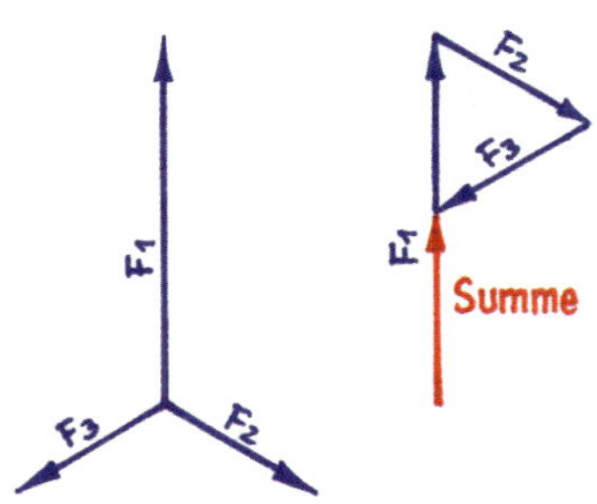

F20 Du drehst dich so, dass der Regen von schräg hinten kommt und beginnst zu laufen. Dadurch bekommt aus deiner Sicht der Regen eine zusätzliche Horizontalkomponente (in der Abb. von links nach rechts). Wenn du so schnell läufst, dass der Regen aus deiner Sicht senkrecht fällt, dann herrschen Verhältnisse wie in der Abb. dargestellt. Der Geschwindigkeitsvektor der Regentropfen im ruhenden System ist dann die Diagonale eines Quadrats und für die Laufgeschwindigkeit ergibt sich

$$8 \text{ m/s} / \sqrt{2} \approx 5{,}66 \text{ m/s}$$

Wenn du in diesem Tempo läufst, dann kommt von dir aus gesehen der Regen genau von oben.

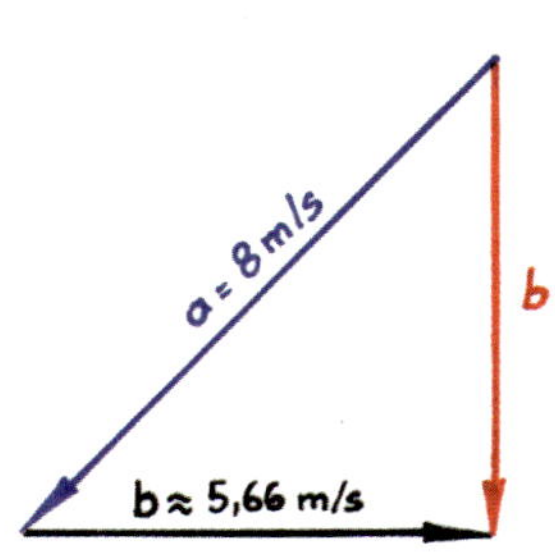

5 Gedachte Singularität

F5 Dieser Trick ist wirklich sehr verblüffend, aber mit Hilfe des KSP sofort zu verstehen. Das Besteck macht ja einen Knick und deshalb liegt der KSP etwa dort, wo sich der Kopf des Streichholzes befindet. Also innerhalb der Tischplatte. Und ein Gegenstand, dessen KSP sich auf der Tischplatte befindet, fällt eben nicht runter.

F12 Viele Fragen, eine Antwort: Weil dann die potenzielle Energie ein Minimum ist.

F21 Jetzt wirst du dich wundern, aber die Balkenwaage geht bei den Federn hinauf. Warum? Diese haben eine viel geringere Dichte und verdrängen daher mehr Luft. Auch Luft erzeugt einen Auftrieb, wenn auch einen viel geringeren als Wasser. Die Federn bekommen mehr Auftrieb als das Eisen und daher sind sie in Summe leichter. Am Mond wäre der Balken waagrecht.

F22 Du musst dazu das Buch so über eine Ecke schieben, dass diese genau unter dem KSP liegt.

F23 Weil bei ihnen der KSP höher liegt.

F24 Im indifferenten Gleichgewicht.

F25 Egal in welche Position du das Rad drehst, es muss ruhig bleiben, wenn du es auslässt.

F26 Pendel und Schaukel stabil, Handstand, Radfahren und Seiltanzen labil, Stehaufmännchen stabil.

F28 Wenn man von der Seite schiebt, im stabilen Gleichgewicht. Wenn man in Längsrichtung bei gelöster Handbremse schiebt, ist es im indifferenten Gleichgewicht, bei gezogener Handbremse im stabilen Gleichgewicht.

F29 Der Frosch muss durch Vorbringen der freien Beine den KSP über die Verbindungslinie bringen, damit er in ein neues stabiles Gleichgewicht kommt.

F30 a) stabil, b) labil und c) indifferent.

F32 Die Summen sind 1,938, 1,998 und 2 bzw. 2,283, 2,929 und 4,499. Die erste Reihe strebt sehr schnell dem Wert 2 zu, die zweite Reihe hat keinen Grenzwert. Probiere zum Beispiel einmal 1000 Glieder aus!

6 Formen der geradlinigen Bewegung

F7 Es ist völlig egal, in welche Richtung der Stock geworfen wird. Die gelaufene Strecke hängt nur von der Laufgeschwindigkeit des Hundes ab. Wenn er etwa mit 15 km/h eine Stunde läuft, dann legt er 15 km zurück.

F11

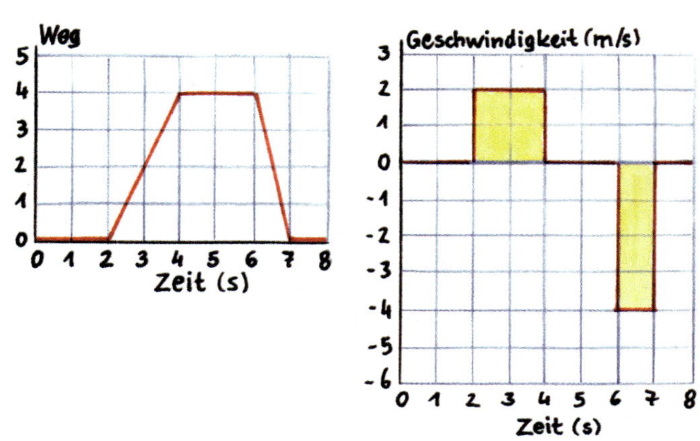

F22 Die Antwort lässt sich auch mit Hilfe einer Gleichung zeigen. In der Gleichung für die Geschwindigkeit musst du nur die Zeit als s/v anschreiben. Der Weg hin und zurück ist gleich groß, daher ist ein Wegstück $s/2$. Die Geschwindigkeiten hinauf und hinunter sind unabhängig (v_1 und v_2).

$$v = \frac{s}{t} = \frac{s}{\frac{s/2}{v1} + \frac{s/2}{v2}}$$

Wenn du jetzt 30 km/h einsetzt, siehst du, dass du auf etwa 15 km/h im Schnitt kommst:

$$v = \frac{s}{t} = \frac{20\text{ km}}{\frac{10\text{ km}}{10\text{ km/h}} + \frac{10\text{ km}}{30\text{ km/h}}} \approx 15\text{ km/h}$$

Nur wenn die Geschwindigkeit zurück unendlich groß ist, ergeben sich im Schnitt 20 km/h:

$$v = \frac{s}{t} = \frac{20\text{ km}}{\frac{10\text{ km}}{10\text{ km/h}} + \frac{10\text{ km}}{\infty\text{ km/h}}} = \frac{20\text{ km}}{\frac{10\text{ km}}{10\text{ km/h}} + 0} = 20\text{ km/h}$$

F25 Wie schnell bewegen sich deine Füße, wenn du mit 5 m/s läufst? Du denkst dir vielleicht, dass das eine ganz blöde Frage ist, schließlich kommen diese ja gemeinsam mit dir im Ziel an. Klar, die Durchschnittsgeschwindigkeit ist gleich groß! Wie ist es aber mit der Momentangeschwindigkeit?

Du darfst nicht vergessen, dass dein Fuß beim Schritt ja eine ganz schöne Zeit lang am Boden steht (Stützphase). In dieser Zeit ist die Momentangeschwindigkeit null. Das muss der Fuß natürlich aufholen. Schließlich muss die Durchschnittsgeschwindigkeit des Fußes so groß sein wie die deines KSP. Deshalb bewegt sich der Fuß beim Vorschwung für kurze Zeit mehr als doppelt so schnell wie der Gesamt-KSP.

F26 Die Lichtgeschwindigkeit ist immer gleich groß, egal welche Bewegung man ausführt. Deshalb messen die Laster auch dieselbe Geschwindigkeit. Würden sie unterschiedliche Geschwindigkeiten messen, dann wäre die Relativitätstheorie falsch.

F27 $v = s/t$, daher gilt $t = s/v$. Das Ergebnis ist in Sekunden und muss erst umgerechnet werden. Für die Werte aus der Tabelle ergeben sich dann für die Frauen rund 2 h und 16 Minuten und für die Männer 2 h und 5 Minuten.

F28 Der Erdumfang beträgt etwa $40 \cdot 10^6$ m und das Licht hat $3 \cdot 10^8$ m/s. Das macht also ziemlich genau 7,5 Umrundungen pro Sekunde. Sehr flott!

F30 Die Gleichung für die Falltiefe ist $s = (a/2) \cdot t^2$. Für die Beschleunigung a musst du in diesem Fall eben 3,72 m/s² einsetzen. Das ergibt für die ersten 6 Sekunden folgende Falltiefen: 1,86 m, 7,44 m, 16,74 m/s, 29,76 m/s, 46,5 m/s und 66,96 m/s. Die Fallbeschleunigung beträgt etwa 1/3 der Erde, daher ist auch die Falltiefe pro Zeit nur 1/3 des Werts auf der Erde.

F32 Sportwagen haben natürlich sehr gute Bremsverzögerungen. Nehmen wir einmal 10 m/s², das ist mehr als das Doppelte des gesetzlich vorgeschriebenen Wertes. Nun musst du $s = v^2/2a$ umformen und kommst auf $v = \sqrt{2as}$. Macht also etwa 75 m/s oder 270 km/h. Der Fahrer hat also eindeutig gelogen. Bei 150 km/h oder etwa 42 m/s dürfte der Bremsweg bei einem Sportwagen nur etwa 88 m betragen. Rechne nach!

7 Zusammengesetzte Bewegungen

F8 Nach dem Unabhängigkeitsprinzip ist es völlig egal, welche zusätzliche Horizontalbewegung der Stein hat. Es ist also genau so wie Frage 14 in Kap.6.4.2. Der Stein fliegt 45 m hoch.

F13 Je leichter ein Gegenstand, desto mehr wirkt sich der Luftwiderstand aus. Schlagbälle haben um 80 g und sind viel schwerer als Tennisbälle. Die werden durch die Luft daher nicht so stark gebremst.

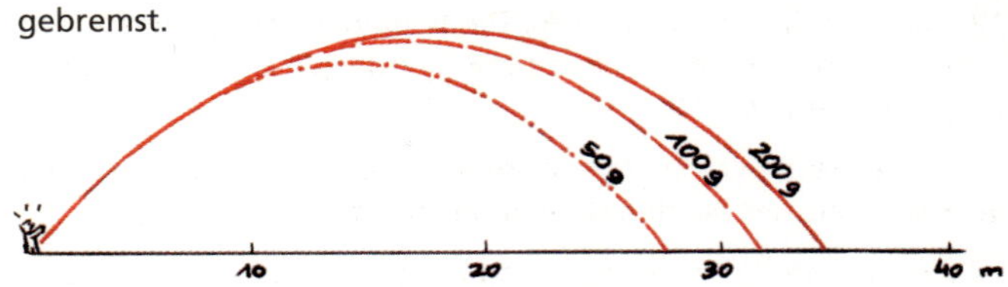

F14 Der Turm ist 80 m hoch. Der Stein fliegt 35 m weit.

F15 5 cm, 20 cm und 45 cm.

F16 Das Paket muss bei c abgeworfen werden. Das Paket befindet sich immer genau unter dem Flugzeug! Für eine Person am Boden beschreibt es eine Flugparabel wie bei einem horizontalen Wurf.

F17 Selbst wenn es ein Superholz gäbe, könnte man mit diesem Bogen nicht mehr schießen. Höhere Abfluggeschwindigkeit bedeutet, dass der Bogen mehr Kraft erzeugt. LEGOLAS könnte den Bogen daher gar nicht mehr spannen.

8 Newton mal drei

F2 Wenn du schnell ziehst, dann reißt die Schnur auf Grund der trägen Masse des Gegenstandes unten. Wenn du langsam ziehst, dann wirkt auf der Schnur unten nur die Zugkraft, auf der oben aber die Zugkraft und das Gewicht des Gegenstandes. Deshalb reißt die Schnur oben.

F14 Nehmen wir an, dass der Tisch eine Masse von 20 kg hat. Was wiegt dann die Erde (bzw. der Tisch)? Erde und Waage ziehen einander mit derselben Kraft an, die durch das Newton'sche Gravitationsgesetz beschrieben wird:

$$F_G = G\frac{m_1 m_2}{r^2} = 6{,}67 \cdot 10^{-11} \frac{20 \cdot 6 \cdot 10^{24}}{(6{,}37 \cdot 10^6)^2}\text{ N} \approx 197\text{ N}$$

Es überrascht nicht, dass ziemlich dasselbe rauskommt wie mit der Gleichung $F_g = mg$. Die kleinen Abweichungen ergeben sich, wenn man g bzw. r für einen bestimmten Ort nicht völlig exakt weiß.

F17 Bei ABS wird elektronisch gesteuert der Druck im Bremssystem automatisch herabgesetzt, wenn die Räder blockieren. Dadurch liegt Haftreibung vor und keine Gleitreibung, und der Bremsweg wird kürzer. Durch ABS wird aber nicht nur der Bremsweg etwas kürzer, sondern man kann auch lenken und dem Hindernis trotz Bremsung ausweichen.

F24 Durch die träge Masse des Autos könnte das Seil abreißen.

F25 Die Zeit, die das Auto benötigt, ist $t = v/a = 2{,}78$ s! Daraus folgt mit $s = (a/2) \cdot t^2 = 38{,}6$ m.

F26 Das Raumschiff muss eine Gegenkraft erzeugen, die sein Gewicht kompensiert. Es müssten also Mordsdüsen da sein. Nur einfach schweben geht nicht!

F27 Die Masse in der Gleichung $F = ma$ bezieht sich auf die Kugel, die gestoßen wird und nicht auf den Kugelstoßer.

F28 Jede Masse kann durch ihren Gesamt-KSP ersetzt werden. Wenn sich die rechte Masse aufbläht, dann bleibt dieser aber an derselben Stelle. Und nur auf den Abstand der KSP kommt es im Newton'schen Gravitationsgesetz an. Also bleibt die Kraft gleich groß.

F29 Sie würde anzeigen, wie stark einander du und die Waage anziehen. Die gegenseitige Anziehungskraft wäre aber extrem gering und würde in der Größenordnung von 10^{-8} N liegen (zum Gravitationsgesetz siehe „Big Bang 6", Kap. 13.1).

F30 Der Bremsweg ergibt sich durch die Gleichung $s = \frac{v^2}{2a}$ (siehe Kap. 6.4.2). Es gilt also $s \sim 1/a$. Die Gleichung für die Kraft lautet allgemein $F = m \cdot a$ (siehe Kap. 8.3). Die Reibungskraft ergibt sich aus $F_R = \mu \cdot F_N = \mu \cdot m \cdot g$. Die Reibungskraft ist jene Kraft, die das Auto abbremst. Daher gilt $F = m \cdot a = \mu \cdot m \cdot g$. Daraus folgt $a \sim \mu$ und daher $s \sim 1/\mu$.

F31 Der erste Gang übersetzt zu sehr auf Kraft, und dann können die Räder leichter durchdrehen als im zweiten.

F32 Das Türscharnier soll eine möglichst geringe Reibung haben, damit es nicht knarrt. Der Bogen soll eine große Reibung haben, damit er die Saite auslenken und in Schwingung versetzen kann. Ein eingefetteter Bogen könnte keinen Ton erzeugen.

F33 Der Simulator funktioniert nur wegen der Ununterscheidbarkeit von träger und schwerer Masse. Will man etwa eine Beschleunigung des Flugzeugs beim Start simulieren, dann wird die Spitze gehoben und das Heck gesenkt, und du wirst in die Sitze gedrückt. Deshalb kann man auch maximal 1 ***g*** Beschleunigung simulieren.

9 Energie und Arbeit

F13 Wenn ein Ball nach dem Aufprall höher springt als er vorher war, dann würde Energie gewonnen werden. Der Wirkungsgrad müsste dann mehr als 100 % betragen, was nicht möglich ist. Mit dem Ball könnte man ein Perpetuum mobile bauen.

F14 Betrachten wir zunächst nur die beiden Kugeln, die sich auf Höhe der Drehachse befinden (siehe Abb.). Es ist klar, dass sich in diesem Fall das Rad im Uhrzeigersinn dreht. Es ist wie bei einer Wippe, bei der eine Person weiter draußen sitzt.

Es gibt aber noch einen zweiten Effekt, den du sicher vom Ringelspiel kennst. Wenn du dich hinauslehnst, dann sinkt die Geschwindigkeit, wenn du dich hineinlehnst, dann steigt sie (das hat mit der Erhaltung des Drehimpulses zu tun, siehe Kap. 11.4). Durch das Hinausrollen der rechten Kugel sinkt daher die Drehgeschwindigkeit. Das „Übergewicht" der rechten Kugel und das gleichzeitige Abbremsen durch das Hinausrollen sind zwei gegenläufige Effekte, die einander aufheben.

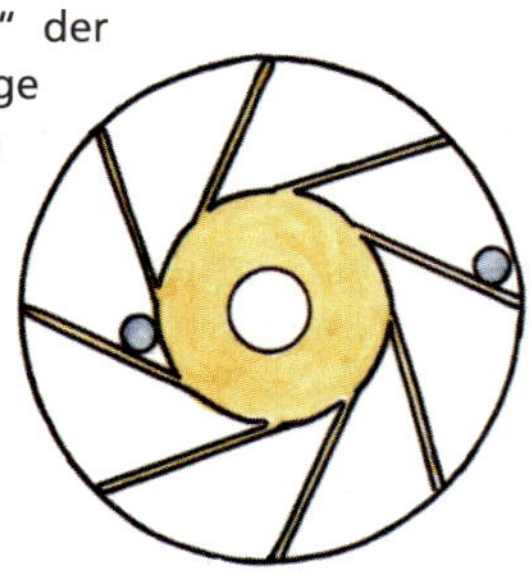

F24 Wenn der Läufer beschleunigt, dann steckt er seine chemische Energie in kinetische Energie. Es geht aber praktisch keine Energie in den Boden, weil die Erde so träge ist. Wenn der Schwimmer aber eine Handvoll Wasser einen Meter rückwärts drückt, bewegt sich sein Körper um viel weniger als einen Meter vorwärts, weil die Masse des Wassers sehr viel geringer als die Masse des Schwimmers ist. Der Schwimmer steckt also viel mehr Energie in das Wasser als in sich selbst. Und eben daher kann ein schlechter Läufer schneller vorwärts kommen als ein hervorragender Schwimmer.

F25 Natürlich nicht. Das Hin- und Herpendeln wird letztlich durch das Verdunsten des Wassers erzeugt, und die Energie dazu kommt in letzter Konsequenz von der Sonne. Die Energie bleibt immer erhalten (siehe auch Frage 37, Kap. 9.7, Big Bang 6).

F26 Man denkt zunächst einmal an 14 m/s. Es addieren sich aber nicht die Geschwindigkeiten, sondern die Energien. Rechnen wir in Energieeinheiten (die Masse spielt keine Rolle). Die kinetische Energie wächst mit dem Quadrat der Geschwindigkeit. Durch das Hinunterfahren gewinnt er also 8 m/s oder 64 Energieeinheiten. Kommt er im zweiten Fall schon mit 6 m/s zur Kuppe, hat er zusätzliche 36 Energieeinheiten. Am Fuße des Hügels besitzt er dann 36 + 64 = 100 Energieeinheiten. Die richtige Antwort ist daher 10 m/s.

F27 Das Pendel kommt rechts oben nicht zum Stillstand, sondern hat kinetische Energie. Deshalb kann es nicht auf dieselbe Höhe schwingen.

F28 Du kannst so rechnen: Bei 80 m fällt der Stein 4 Sekunden lang. Weil die Geschwindigkeit pro Sekunde um 10 m/s zunimmt, muss er am Ende 40 m/s haben. Oder du setzt in die Gleichung $v = \sqrt{2gh}$ ein, da kommt ebenfalls 40 m/s raus.

F29 Ein Perpetuum mobile hätte einen Wirkungsgrad von über 100 %, weil die Nettoenergie größer wäre als die Bruttoenergie.

F30 100 W sind 100 J/s. Das sind 6 kJ/min und 360 kJ/h. Das ist aber die Nettoenergie. Der Bruttoumsatz ist 5-mal so groß, also 1800 kJ. In diesem Tempo müsstest du über 22 h fahren, um 1 kg Fett abzunehmen.

F31 Der Gesamthöhenunterschied pro Tag ist 30 m und im Jahr somit 10950 m. Die Nettohebearbeit W_H ist daher mgh = 8213 kJ. Weil der Wirkungsgrad 20 % beträgt, macht die Bruttoarbeit 41065 kJ aus, das ist der Brennwert von 1 kg Fett.

10 Impuls

F4 Ein Gegenstand allein kann seine Geschwindigkeit nicht ändern. Die Erde bewegt sich dabei unmerklich in die Gegenrichtung. Der Gesamt-KSP Teller-Erde bleibt bei diesem Vorgang an derselben Stelle. Der horizontale Impuls ist vor dem Aufprall null. Die Summe der horizontalen Einzelimpulse $\boldsymbol{p}_1$ bis $\boldsymbol{p}_5$ nach dem Aufprall muss daher ebenfalls null sein.

F8 Es geht nur die Energie verloren, die in der Normalkomponente steckt (E_n). Allgemein gilt für den Energieverlust in Abhängigkeit vom Aufprallwinkel:

$$v_n = v \sin\alpha \Leftrightarrow \frac{E_n}{E} = \left(\frac{v_n}{v}\right)^2 = (\sin\alpha)^2$$

F12 Die Gummikugel wird den Pflock eher umwerfen! Wenn du eine Tonkugel gegen eine unbewegliche Wand wirfst, dann ist die Geschwindigkeitsänderung $\Delta\boldsymbol{v} = \boldsymbol{v} - \boldsymbol{v}' = \boldsymbol{v} - 0 = \boldsymbol{v}$. Wenn du einen Flummi gegen die Wand wirfst, dann kehrt sich die Geschwindigkeit um und die Geschwindigkeitsänderung ist $\Delta\boldsymbol{v} = \boldsymbol{v} - \boldsymbol{v}' = \boldsymbol{v} - (-\boldsymbol{v}) = 2\boldsymbol{v}$. $\Delta\boldsymbol{v}$ und somit auch $\Delta\boldsymbol{p}$ sind im zweiten Fall also doppelt so groß.

Weil sich der Pflock bewegt, ist der Effekt geringer als Faktor 2. Trotzdem überträgt die elastische Kugel mehr Impuls und wirft den Pflock daher leichter um.

v v' Δv	→ • →	plastisch
v v' Δv	→ ← ⟶	elastisch

F13 Das Gewicht erhält durch den freien Fall einen Impuls von

$$p = mv = m\sqrt{2\,gh} \approx 4{,}5\,\text{kgms}^{-1}$$

Wenn es weich fällt und der Stoßvorgang 0,5 Sekunden dauert, dann entsteht (zusätzlich zum Gewicht von 10 N) eine Kraft von 9 N. Fällt es aber hart, etwa auf einen Steinboden, und der Stoßvorgang dauert nur 10^{-2} Sekunden, dann entstehen 450 N!

F14 Die Fliege drückt die Luft mit den Flügeln nach unten, und nach dem Gegenwirkungsgesetz erfährt sie eine gleich große Gegenkraft nach oben. Wenn diese Gegenkraft und die Gewichtskraft gleich groß sind, dann bleibt sie an derselben Stelle. Die Luft strömt nach unten, bekommt also einen Impuls. Am Boden wird die Luft wieder abgebremst. Der Impuls sinkt wieder auf null ab und erzeugt einen Kraftstoß. Die entstehende Kraft ist so groß wie das Gewicht der Fliege.

F16 Berechnen wir zuerst den Impuls der Patrone: $mv = 0{,}02 \cdot 900 = 18\,\text{kgms}^{-1}$. Um die Kraft berechnen zu können, braucht man die Abschussdauer. Wir nehmen vereinfacht an, dass die Kugel gleichförmig beschleunigt. Die Durchschnittsgeschwindigkeit ist daher 450 m/s. $v = s/t$ und daher ist $t = s/v$. Deshalb benötigt die Patrone für 0,5 m $1{,}1 \cdot 10^{-3}$ s. $\boldsymbol{F} = \Delta\boldsymbol{p}/\Delta t$. Auf den Schützen wirken daher beachtliche 16200 N! Das entspricht dem Gewicht einer Limousine. Allerdings wirkt die Kraft aber extrem kurz. Wenn der Schütze eine Masse von 75 kg hat, dann bekommt er eine Geschwindigkeit $\Delta\boldsymbol{v} = \Delta\boldsymbol{p}/m = 0{,}24$ m/s in die Gegenrichtung. Also fest hinstellen!

F17 Der rollende Wagen hat nur einen horizontalen Impuls, der Regen nur einen vertikalen. Daher kann der Regen den Impuls des Wagens nicht beeinflussen. Es erhöht sich jedoch mit der Zeit die Masse, und nach dem Impulssatz muss sich die Wagengeschwindigkeit dadurch verringern.

Das ausfließende Wasser kann keinen Einfluss auf die Geschwindigkeit des Wagens haben, weil es ja hier keine Wechselwirkung gibt (das Wasser stößt sich ja nicht ab). Die Geschwindigkeit muss daher gleich bleiben. Gleiche Geschwindigkeit und kleinere Masse bedeuten kleineren Impuls. Der Impuls wird letztlich auf die Erde übertragen.

F18 Wir nehmen an, dass die Erde zunächst ruht, $\boldsymbol{v}_2$ also null ist. Es gilt dann $m_1\boldsymbol{v} = (m_1 + m_2)\,\boldsymbol{v}'$. Weil die Masse des Meteoriten nach dem Stoß nicht ins Gewicht fällt, können wir m_1 weglassen und bekommen: $m_1\boldsymbol{v} = m_2\boldsymbol{v}'$ bzw. $\boldsymbol{v}' = \boldsymbol{v}_1 m_1/m_2$.
Für m_2 setzen wir die Erdmasse ein: $6 \cdot 10^{24}$ kg.
Der Impuls des Meteoriten ist: $10^8\,\text{kg} \cdot 10^4\,\text{m/s} \approx 10^{12}\,\text{kgms}^{-1}$.
v' ist daher $10^{12}/(6 \cdot 10^{24})$ m/s $= 1{,}7 \cdot 10^{-13}$ m/s.
Seit dem Einschlag sind 50.000 Jahre oder $1{,}58 \cdot 10^{12}$ Sekunden vergangen. Die Erde hat sich durch den Aufprall inzwischen um also um etwa 26 cm weiterbewegt.

F19 Die Impulse sind $\boldsymbol{p}_{PKW} = 1000\,\text{kg} \cdot 20\,\text{m/s} = 2 \cdot 10^4$ kgm/s und $\boldsymbol{p}_{LKW} = 3000\,\text{kg} \cdot 6{,}67\,\text{m/s} = 2 \cdot 10^4$ kgm/s.

Die Impulse sind somit genau gleich groß. Das bedeutet, dass sich der Gesamtschwerpunkt unter 45° der Kreuzung nähert. Weil der Impuls erhalten bleibt, werden die beiden Autos nach dem Aufprall auch in diese Richtung weiter rutschen.

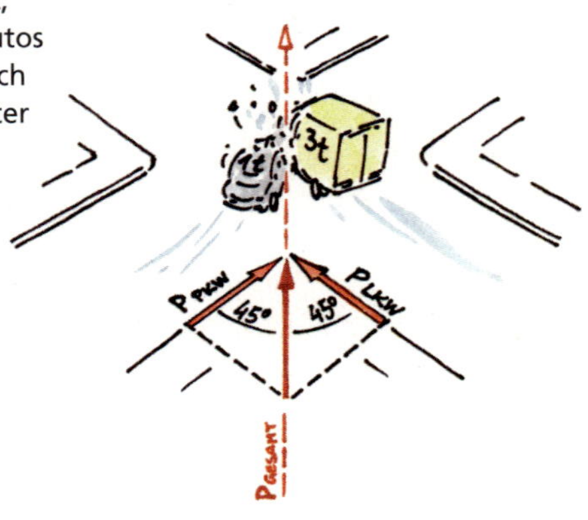

F20 $[F \cdot t] = \text{Ns} = \text{kgms}^{-2}\text{s} = \text{kgms}^{-1}$

F21 Das Gewicht ist sogar einen Tick größer! Es ist ähnlich wie beim Glas voller Fliegen (Frage 14). Zwar befindet sich ein Teil des Sandes im freien Fall, aber es entsteht eine zusätzliche Kraft beim Aufprallen des Sandes. Das gleicht sich aus. Zusätzlich wird aber der Gesamtschwerpunkt des Sandes nach oben beschleunigt, und dadurch wächst die angezeigte Kraft ein wenig.

F22 Die Zeigerbewegung kommt von der Impulsänderung des Blutes, die durch den Rhythmus des Herzens verursacht wird.

F23 Es fliegen immer genauso viel Kugeln weg, wie auf der anderen Seite aufprallen. Würden 2 Kugeln aufprallen und auf der anderen Seite nur 1 Kugel wegfliegen, muss aufgrund der Impulserhaltung $v' = 2v$ gelten. Für die kinetische Energie gilt daher:

$$E_k = \frac{2\,mv^2}{2} = mv^2$$

und

$$E_k' = \frac{m(2v)^2}{2} = \frac{m4v^2}{2} = 2\,mv^2$$

Die kinetische Energie würde sich dann verdoppeln, und der Apparat wäre ein Perpetuum mobile!

11 Physik am Ringelspiel

F7 Kleine Störungen führen zu Kräften, die den Körper noch weiter von seiner Ausgangsposition auslenken. Nur die Position mit der größten Drehmasse (c) ist stabil.

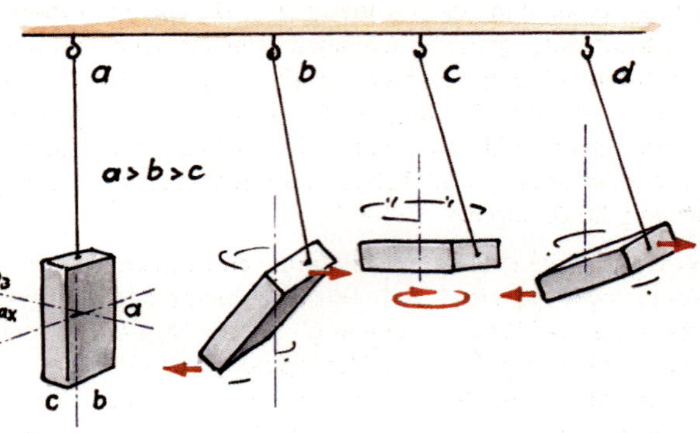

F13 El Niño bremst die Erde ab! Das Verlagern des Meerwassers in die Regenwolken erhöht die Drehmasse der Erde, so als würde die Eisläuferin ihre Arme bei der Pirouette wieder ausstrecken. Der Effekt liegt nur in der Größenordnung von 1/10 000 Sekunde pro Tag. Ähnliches passiert, wenn sich die Kontinentalplatten bei einem Erdbeben nach oben oder unten verschieben.

F27 Durch den Drall bleiben die Geschosse im Flug stabil, d. h., dass die Spitze während des Flugs auch wirklich nach vorne zeigt. Je größer der Drall, desto weniger wirken sich angreifende Drehmomente aus.

F28 Der Mythos des zurückkehrenden Jagdbumerangs setzt sich aus zwei – für sich alleine richtigen – Tatsachen zusammen. Es gibt nämlich zwei Arten von Bumerangs: 1) Solche, die für die Jagd geeignet sind, aber nicht zurückkehren (Nicht-Rückkehrer, Jagdbumerangs). 2) Solche, die für Sport und Spiel geeignet sind und zurückkehren (Rückkehrer, Sportbumerangs), aber wiederum nicht für die Jagd geeignet sind. Aus der Vermischung dieser beiden Tatsachen wurde der große Mythos, der bis heute bestehen blieb.

F29 Aus $a = v^2/r$ ergeben sich für a folgende Werte: 4,6 m/s², 18,5 m/s², 41,7 m/s² und 74 m/s². Die letzten beiden Werte entsprechen über 4 g bzw. 7 g und sind nicht mehr realistisch.

F30 Sie rutscht aber dreht sich nicht, weil in diesem Fall kein Drehmoment erzeugt wird.

F31 Nein! Worin liegt dann der Unterschied? Nein, Arbeit ist Kraft in Kraftrichtung mal Weg (siehe Kap. 9.1). Die Kraft zeigt also in diesem Fall in Wegrichtung. Das Drehmoment ist aber definiert als Kraft mal Normabstand zur Drehachse (siehe Kap. 11.3). In diesem Fall zeigt die Kraft immer normal auf *r*.

F32 ***F, r*** und ***M*** stehen unter 90° aufeinander. $\boldsymbol{M}_1$ zeigt aus der Buchebene heraus, $\boldsymbol{M}_2$ zeigt hinein.

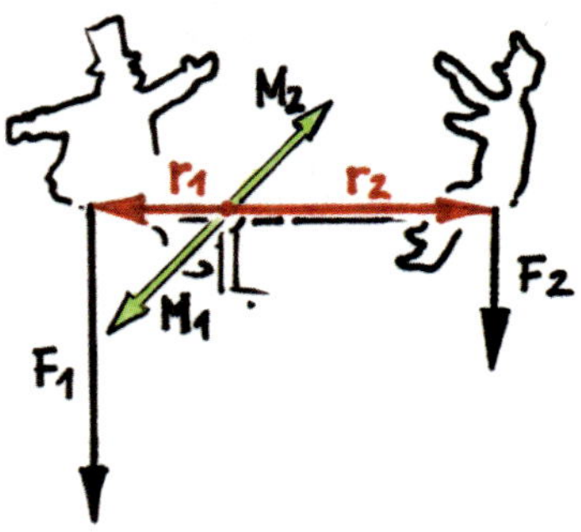

F33 Bei Afrikanern ist das Fersenbein tatsächlich oft länger als bei Europäern. Für einen Sprinter wäre das allerdings sogar ein Nachteil! Warum? Der Wadenmuskel muss zwar die 2,5fache Kraft aufbringen, dafür bewegt sich aber auch der Fußballen 2,5-mal so schnell wie das Fersenbein. Der Sinn der Fußkonstruktion ist es daher, auf Geschwindigkeit zu übersetzen. Für einen Sprinter wäre es daher eher von Vorteil, ein kurzes Fersenbein zu besitzen – vorausgesetzt, er kann mit dem Wadenmuskel die dann erforderliche höhere Kraft erzeugen. Die Dominanz der farbigen Sprinter ist wohl auf den hohen Prozentsatz an schnell zuckenden Muskelfasern zurückzuführen. Ein längeres Fersenbein hat nur dann Sinn, wenn man es nicht eilig hat, aber – wie in Afrika – große Strecken zurücklegen muss. Der Kraftaufwand pro Schritt wird dadurch geringer und die Ökonomie größer.

F34 Wenn sich die Drehmasse halbiert, dann verdoppelt sich die Winkelgeschwindigkeit. Der Drehimpuls bleibt dadurch gleich. Was bedeutet das für die Drehenergie? Diese ist proportional zu $I\omega 2$. eine Halbierung von I und Verdopplung von ω bedeutet daher eine Verdopplung der Gesamtenergie. Wo kommt die zusätzliche Energie her? Aus der chemischen Energie in den Muskeln der Läuferin!

F35 Um die Drehmasse zu berechnen, nimmt man zunächst an, dass der rotierende Gegenstand aus vielen kleinen Teilen besteht. Seine kinetische Energie ist dann

$$E_k = \frac{m_1 v_1^2}{2} + \frac{m_2 v_2^2}{2} + \frac{m_3 v_3^2}{2}$$

Nun ersetzt man die Tangentialgeschwindigkeit durch $v_i = \omega \cdot r_i$ und erhält

$$E_k = \frac{m_1 \omega^2 r_1^2}{2} + \frac{m_2 \omega^2 r_2^2}{2} + \frac{m_3 \omega^2 r_3^2}{2}$$

Wenn man heraushebt, ergibt sich

$$E_k = \tfrac{1}{2} \sum m_i r_i^2 = \tfrac{1}{2} I \omega^2$$

I ist daher

$$\sum m_i r_i^2$$

F36 Die erforderliche Mindestgeschwindigkeit am höchsten Punkt beträgt

$$v = \sqrt{gr}$$

Die Geschwindigkeit hängt aber gleichzeitig immer von der Fallhöhe *h* ab, und zwar mit der Gleichung

$$v = \sqrt{2gh}$$

Man kann daher gleichsetzen und nach *h* auflösen: $h = r/2$. Generell muss also mindestens 0,5 Radien über dem Looping gestartet werden. Im konkreten Fall sind das 1,5 m über dem Looping bzw. 7,5 m über dem Boden.

F37 Für die Winkelgeschwindigkeit ergibt sich

$$m\omega^2 r = mg \Leftrightarrow 90\,\omega^2 = 10\,\mathrm{ms}^{-2} \Leftrightarrow \omega = \sqrt{\tfrac{10}{90}}\,\mathrm{s}^{-1} = \tfrac{1}{3}\,\mathrm{s}^{-1}$$

Das bedeutet für die Umlaufzeit *T*:

$$\omega = \frac{2\pi}{T} \Rightarrow T = \frac{2\pi}{\omega} = 18{,}85\,\mathrm{s}$$

Die Winkelgeschwindigkeit muss zur Erzeugung einer normalen Schwerkraft 1/3 s^{-1} sein, das ergibt eine Umlaufzeit von knapp 19 Sekunden. Die Schwerkraft würde aber anders sein, als in der Fernsehserie Star Trek dargestellt ist, weil die nach außen wirken würde. Die Köpfe der Insassen würden also zueinander zeigen (wie in Abb. 11.52 rechts). Außerdem würden bei Bewegung unangenehme Corioliskräfte auftreten

F38 Je nach Geschwindigkeit ist die Coriolisbeschleunigung nur 10^{-5} bis 10^{-3} *g*, also verschwindend klein. Einige Leute schwören darauf, dass sich die Wirbel in allen Abflüssen auf der nördlichen Hemisphäre gegen den Uhrzeigersinn drehen. Tatsache ist aber: Das Wirbeln in einer Richtung ist bedingt durch so unkontrollierbare Faktoren wie Form des Abflusses oder die Richtung, in der der Stöpsel herausgezogen wird, restliche Wirbel vom Einlaufen des Wassers, Luftströmungen über dem Wasser oder Form und Lage des Beckens, wodurch die Corioliskraft selbst wohl kaum einen Einfluss hat. Auch bei der asymmetrischen Abnutzung von Eisenbahnschienen handelt es sich um eine Ente. Die geringste Abweichung der Gleisverlegung von der Horizontalen (um 0,1 mm) oder die leiseste Kurve (Kurvenradius etwa 200 km!) hätten einen stärkeren Effekt auf die Asymmetrie der Abnutzung.

Bei der Erosion der Flussufer gehen die Meinungen auseinander. Immerhin kann das Wasser eines 1 km breiten, in N-S-Richtung fließenden Stroms tatsächlich am rechten Ufer bis zu 1 cm höher stehen als am linken. Sind Bodenwellen vorhanden, so wäre es denkbar, dass sich der Fluss nach rechts an sie heranarbeitet und die Flussufer somit asymmetrisch erodieren.

F39 Die Gleichung für die Geschwindigkeit lautet allgemein $v = \Delta s/\Delta t$. Bei einer Kreisbewegung entspricht der zurückgelegte Weg dem Kreisbogen Δb, also $v = \Delta b/\Delta t$. Der Kreisbogen berechnet sich aus $\Delta b = r \cdot \Delta\varphi$ (siehe Abb.). Außerdem gilt $\omega = \Delta\varphi/\Delta t$. Daraus folgt:

$$v = \frac{\Delta s}{\Delta t} = r\,\frac{\Delta\varphi}{\Delta t} = r\omega$$

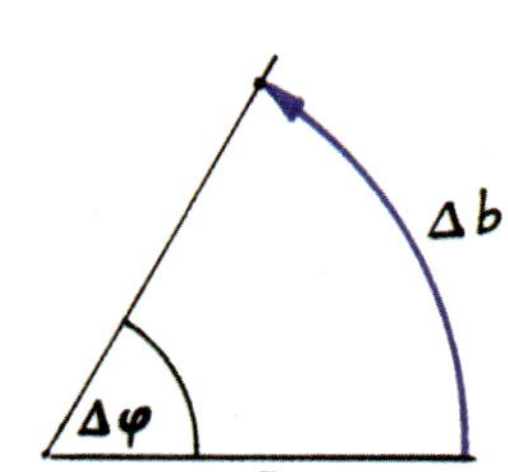